아동권리와 복지

서보준 · 김우호 · 김극명 · 서명환
송은희 · 이정미 · 전대성 · 정정란 · 조 웅

KNOWLEDGE COMMUNITY 공동체

거시적인 의미에서의 아동복지는 아동의 건강 발달 및 건전하고 행복한 삶을 영위하기 위한 제반 활동이라고 할 수 있다. 즉, 아동의 건전한 성장과 발달은 한 사회의 미래를 좌우하는 중요한 관건이기 때문이다. 그러나 현대사회에서는 지속적인 경제성장과 산업화 및 민주화, 정보화, 도시화로 인한 사회환경의 급격한 변화 속에서 가족의 제도, 구조, 가치관, 기능 면에서 다양한 변화를 가져오게 되었다.

가족구조가 대가족에서 핵가족으로 변화되면서 가족의 역할 및 지위가 변화되었을 뿐만 아니라 자녀의 수가 감소하고, 여성의 사회경제적 활동이 증가하게 되었다. 더불어 가장 시급한 문제는 사회변화로 인한 한부모가족의 증가 및 이혼과 가족해체 현상 증가로 인해 부모의 보살핌을 제대로 받지 못하거나, 버림받아 입양되거나 위탁되는 아동뿐만 아니라 부모나 교사에게 학대받는 아동, 정신적·신체적으로 생존의 위협을 받는 아동 등 아동의 문제가 심각한 사회문제로 대두되고 있다.

이러한 시대의 흐름 속에 과거와 달리 현대사회에서는 더 이상 부모만의 책임이 아니라 가족의 차원을 넘어 국가나 우리 사회가 다 함께 책임져 해결해야 할 과제이다. 따라서 이 책에서는 아동문제를 발생시키는 사회구조와 환경적 요소뿐만 아니라 개인적 특성과 심리적 원인 등에 대해 인식하고 실제적인 현황을 파악하여 그에 따른 대처방안에 대해 살펴보고자 한다.

이에 이 책은 사회복지사나 미래에 아동복지를 이끌어 갈 전공분야의 학생들뿐만 아니라 아동복지에 관심을 가지는 부모들에게는 안내서로서 지식과 정보를 제공하고자 하였으며, 특히 실천현장에서는 아동에게 올바른 역할을 수행할 수 있도록 기여하고자 하는 목적에서 집필하였다.

이 책의 내용은 총 13장으로 구성되어 있다.

제1장부터 제4장까지는 아동복지에 대한 일반적인 이해로서 아동복지의 개념, 아동복지의 역사, 아동복지 정책 및 관련법, 아동복지 대상 및 서비스에 대해 언급하였다.

제5장부터 제12장까지는 아동복지의 실천분야로서 빈곤아동, 입양아동, 가정위탁보호아동, 학대아동, 장애아동, 다문화가정 아동, 한부모가정 아동, 시설보호아동에 대해 언급하였다. 즉, 전반적인 개념과 사업현황, 제공되는 서비스 및 아동복지의 개선과제에 대해 살펴보았다.

제13장에서는 아동복지의 전망과 과제에 대해 언급하였다. 즉, 미래 아동복지의 발전 및 증진에 관해 살펴보았다.

그러나 저자들의 의도에도 불구하고 세부전공이 다른 교수님들이 분담하여 집필하였기에 각 영역 간 체계성과 논리성이 미흡한 점이 있을 수 있다. 따라서 전문가 및 학생들의 기탄없는 비판과 충고를 겸허하게 수용하여 미흡한 부분을 수정·보완하여 완성도를 높이도록 하겠다.

이 책이 출간되기까지 저자들은 바쁜 학기 일정에도 불구하고 이 책에 대해 열정과 정성을 쏟아 담았다. 따라서 이 책이 사회복지학뿐만 아니라 아동복지를 공부하는 모든 이들에게 유용한 자료로 활용되기 바라며, 아동복지 발전에 기여하길 바란다. 끝으로 이 책이 출간되기까지 많은 관심과 도움을 주신 도서출판 공동체 김동훈 사장님을 비롯한 김원희 상무님과 편집부 직원들에게 깊은 감사를 드린다.

2017년 8월

대표 저자 서 보 준

차 례

Contents

CHAPTER 02 아동복지의 역사

CHAPTER 03 아동복지 정책 및 관련법

Contents

CHAPTER 05 빈곤아동을 위한 복지서비스

CHAPTER 06 입양아동을 위한 복지서비스

Contents

CHAPTER 07 가정위탁보호아동을 위한 복지서비스

CHAPTER 08 아동학대를 위한 복지서비스

CHAPTER 09 장애아동을 위한 복지서비스

CHAPTER 10 다문화가정 아동을 위한 복지서비스

Contents

CHAPTER 11 한부모가정 아동을 위한 복지서비스

CHAPTER 10 다문화가정 아동을 위한 복지서비스

Contents

CHAPTER 12 시설보호아동을 위한 복지서비스

Contents

CHAPTER 13 21세기 아동복지를 위한 전망과 과제

01

아동복지의 개념

제1절 아동과 아동복지의 개념

제2절 아동의 인권 및 권리와 특성

제3절 아동발달 및 이론

제4절 아동복지의 전제조건과 제 원칙

제 1 절 아동과 아동복지의 개념

• 아동복지를 좀 더 가까이 알기 위해서는 아동에 대해 살펴보아야 할 것이다. 그리고 아동이란 어느 시기의 연령까지를 일컫는지를 살펴보아야 한다. 이에 아동 및 아동복지의 개념에 대해서 살펴보고자 한다.

1. 아동의 개념

아동을 다양하게 유아, 어린이, 소년, 소녀 등 보통 연령에 맞추어 구분하고 있다(이숙종 외, 1997).

생물학적 측면에서 보면 아동은 출생 이후 신체적 성숙이 완성되는 기간 사이의 생애주기 내에 있는 연령층 집단을 의미하기도 한다. 이러한 아동의 연령층을 발달심리학적 관점, 교육철학적 관점, 법적·제도적 관점의 정의를 통해 아동의 개념을 구체적으로 살펴보고자 한다.

1) 발달심리학적 관점

발달심리학적 관점의 아동 연령은 관심영역이나 학자에 따라 연령 구분에서 차이가 없지는 않으나, 인간발달이론에 근거하여 대략 다음과 같이 연령으로 구분하고자 한다(최순옥 외, 2011).

〈표 1-1〉 인간발달의 단계와 주요 발달내용

발달단계	주요 발달내용
태내기 (수정~출생)	• 기본적인 신체 구조와 기관이 형성된다. • 신체의 성장이 일생 중 가장 빠른 속도로 이루어진다. • 태내환경으로부터 크게 영향을 받는다.
영아기 (0~만 2세)	• 신생아는 의존적이기는 하나, 나름대로 다양한 능력을 가지고 있다. • 신체의 성장과 발달의 속도가 매우 빠르다. • 학습능력과 기억력이 신생아기에도 형성된다. • 첫돌 무렵에 부모에 대한 애착이 형성된다.
유아기 (만 2~6세)	• 운동기능과 체력이 신장된다. • 자기중심적이다. • 인지적 미성숙으로 인해 세상을 보는 눈이 비논리적이다. • 자율성과 자기통제력이 크게 증가한다.
아동기 (만 6~11세)	• 신체적 성장속도가 이전 시기에 비해 느려진다. • 체력과 운동기능이 더욱 신장된다. • 유아기의 자기중심성이 사라진다. • 기억력과 언어기능이 증가한다. • 자아개념이 발달한다. • 친구가 생활의 중심이 된다.
청년기 (만 11~20세)	• 신장과 체중이 급격히 성장하고 성적 성숙이 이루어진다. • 추상적 사고가 가능하다. • 청소년기의 자기중심성이 나타난다. • 자아정체감의 확립이 심각한 문제로 대두된다. • 또래집단이 형성되고, 그 영향력이 커진다.
성년기 (만 20~40세)	• 신체적 건강이 최고조에 달하다가 서서히 감퇴하기 시작한다. • 지적 능력이 더 복잡해진다. • 친밀한 관계가 이루어지며, 대부분의 사람들이 부모가 된다. • 직업을 갖는다.
중년기 (만 40~60세)	• 신체적 건강과 정력이 감퇴하기 시작한다. • 실생활의 지혜는 증가하나, 새것에 대한 문제해결 능력은 저하된다. • 자녀들이 집을 떠나고 빈 둥지 증후군이 나타난다.
노년기 (60세 이후)	• 지적 능력과 기억력이 감퇴한다. • 은퇴로 인한 수입은 감소하지만 여가시간은 많아진다. • 다가오는 죽음에 대비하여 삶의 목적을 찾을 필요가 있다.

출처 : Papalia, D. E., & Olds, S. W.(1989). Human Development(7th ed.). McGraw-Hill; 최순옥 외(2011).

2) 교육철학 관점

교육철학적 관점으로서 아동의 연령을 구분하려는 다양한 시도 중 우리 사회에서는 초등교육 과정에 해당하는 시기, 즉 6~12세에 해당하는 자로 하고 있다.

루소(Rousseau)가 그의 저서 『에밀(Emile)』을 통해 제시한 교육단계는 현대의 교육단계에 영향을 미쳤다.

코메니우스(Comenius)는 그의 저서 『대교수학(Didactica Magna)』에서 학교제도론을 통해 유아기에서 대학에 이르는 완전한 학제를 제시하였다(Rousseau 저, 김중현 역, 2003 : 33-45; Comenius 저, 정확실 역, 2011).

〈표 1-2〉 교육철학적 관점의 아동 연령 구분

루소의 교육단계		코메니우스의 교육단계	
교육단계	연 령	교육단계	연 령
신체발육	출생~5세	어머니 무릎 학교(유아기)	출생~6세
감각기관훈련	5~12세	모국어 학교(아동기)	6~12세
지식교육	12~15세	라틴어 학교(청소년기)	12~18세
도덕과 종교 교육	15~20세	대학(청년기)	18~24세

출처 : 이순자 외(2013).

3) 법적 · 제도적 관점

우리나라의 아동개념은 아동과 관련된 국내법의 성격에 따라 규정하고 있다. 각각의 법에서 규정하고 있는 아동의 연령은 다소 상이하게 규정되어 있다. 국내법에서의 아동 관련 개념들은 다음과 같다.

〈표 1-3〉 국내법률에서 규정하는 아동의 정의

아동 관련 법률	용 어	연령 구분
아동복지법	아동	18세 미만의 자
영유아보육법	영유아	6세 미만의 취학 전 아동
유아교육법	유아	만 3세부터 초등학교 취학 전 유아
청소년기본법	청소년	9세 이상 24세 이하의 자
청소년보호법	청소년	만 19세 미만의 자(단, 만 19세에 도달하는 해의 1월 1일을 맞이한 자는 제외)
청소년복지지원법	청소년	9세 이상 24세 이하의 자
소년법	소년	19세 미만의 자
모자보건법	영유아	출생 후 6세 미만의 자
한부모가족지원법	아동	18세 미만의 자(단, 취학 중인 경우에는 22세 미만)
입양특례법	아동	18세 미만의 자
근로기준법	연소자	15세 미만의 자(단, 초·중등교육법에 따른 중학교에 재학 중인 18세 미만의 자 포함)
민법	미성년자	만 20세 미만의 자
형법	형사미성년자	14세 미만의 자
도로교통법	어린이	13세 미만의 자
	유아	6세 미만의 자
실종아동 등의 보호 및 지원에 관한 법률	실종아동	실종 당시 18세 미만

출처 : 이순자 외(2013) 재구성.

2. 아동복지의 개념

아동복지를 어원적인 관점에서 볼 때 '아동(child)과 복지(welfare)의 합성어'로 웹스터 사전에 의하면, welfare는 "행운, 건강, 행복, 번영 등의 상태로 정의되고 있으며, 복지라는 뜻의 또 다른 표현인 well-being은 존재의 좋은 또는 만족스러운 상태, 건강, 행복 그리고 번영으로 특징되는 상태"라고 정의되고 있다(이소희, 2005).

학자에 따라 아동복지를 시대적·사회환경적 변화에 따라 협의의 개념, 광의의 개념으로 나누어 정의하고 있다.

1) 협의의 아동복지

일반적으로 부모의 양육이 불가능하여 요보호가 필요한 아동을 중심으로 한 사회복지실천 활동을 말하며, 개인이나 민간단체를 중심으로 이루어지는 활동이다.

카두신(Kadushin)과 마틴(Martin)은 "협의의 아동복지란 특수한 문제를 가진 아동과 그 가정을 대상으로 사회복지기관을 비롯한 특정 기관에서 제공하는 활동"이라고 정의하였다.

2) 광의의 아동복지

특수욕구를 가진 아동과 가족은 물론 모든 아동과 그 가족을 대상으로 다양한 복지주체들이 서로 유기적인 관련하에 체계적으로 복지활동을 전개하는 것이다(최순옥 외, 2011).

카두신(Kadushin)은 "광의의 아동복지란 모든 아동들의 행복 및 사회적응을 위해 심리적·사회적·생물적 잠재력을 계발시켜 주기 위한 각종 활동"이라고 정의하였다.

좀 더 아동복지의 개념을 살펴보면, 성영혜 · 김연진(2001)은 "아동복지란 특수아동과 일반아동을 대상으로 모든 아동들이 가족 및 사회의 일원으로서 신체적 · 정신적 · 사회적으로 건전하게 성장 · 발달할 수 있도록 지역사회나 아동복지 분야에 있는 공 · 사 단체 또는 기관들이 협력하여 아동의 권리에 필요한 사업을 계획하고 실행에 옮기는 조직적 활동"으로 정의하였다. 또한 한성심 · 송주미(2009)는 "아동복지는 모든 아동과 그들의 가족이 지닌 욕구와 문제를 해결하고 행복한 생활을 할 수 있도록 공 · 사 단체 및 국가에 의해 이루어지는 일련의 계획적이고 조직적인 활동을 포함한 제도를 총칭하는 것"으로 정의하였다.

이상의 아동복지에 대한 학자들의 개념들을 종합해 볼 때, 현대에는 보편적이고 광의의 아동복지 개념을 받아들이고 있음을 알 수 있다. 아동복지에서는 종래의 복지 개념인 치료적 · 보호적 성격에서 보다 적극적이고 예방적이며 삶의 질에 관심을 갖고 이러한 측면을 지향하고 있다.

제 2 절 아동의 인권 및 권리와 특성

1. 아동 인권 및 권리의 개념과 중요성

1) 아동인권의 개념

인권이란 일반으로 인간이기 때문에 마땅히 가지는 것이다. 인권은 생물학적 인간이 이성적이고 도덕적인 존재로서 존엄하고 가치 있게 생명을 유지하고 살아가기 위해 최소한 것을 보장받고 요청할 수 있는 권리이다(오선영, 2016). 즉, 인간으로서 생존하기 위해 당연히 누려야 할 고유한 권리이지 국가나 헌법에 의하여 창설된 권리가 아니므로 인권은 천부성이라는 특질을 갖고 있다. 이러한 관점에서 인간의 존엄성은 어떤 조건에 따라 생겨나는 것이 아니라 천부적으로 주어지는 것이고, 인권은 어떤 예외라든지 정도의 차이를 인정하지 않고 보편적으로 주어지는 것이며, 남녀노소와 인종의 차이에 따라 다르게 주어지지 않으며, 또한 개인의 재산이나 학식에 따라 인권이 달라지는 것도 아니므로 아동 인권도 본질적으로 성인의 인권과 다를 것이 없다(김종세, 2008). 그럼에도 불구하고 아동 인권에 대하여 논의하는 이유는 아동이 가지는 특수성이나 그러한 특수성에 기인한 사회적 대우와 관련이 있기 때문이다(조기제, 2006).

2) 아동권리의 개념

아동 고유의 권리라는 것은 아동이 가지고 있는 정신적 · 신체적 요구를 법적으로 승인하는 것이다. 그 내용의 원칙은 아동의 인격을 전면적으로 발달시키는 것을 목적으로 하여 생존을 확보한다는 것이다. 따라서 아동권리는 인간이면 누구나 갖는 권리로서 그 주체인 아동이 자신의 권리를 가지고 권리를 향유하고, 주체로서 행사할 수 있는 권리를 말한다(황성기, 1994). 아동의 권리를 수동적 권리와 능동적 권리로 나누어 구분할 수 있다(이순자 외, 2013).

① 수동적 권리

수동적 권리란 아동은 발달단계상 아동기의 특성으로 부모와 다른 성인, 지역사회, 국가 등 이들은 아동을 보호하고 지킬 의무가 있으며, 양육주체에게 보호와 양육을 제공받을 권리가 있다. 수동적 권리에는 학대, 방임, 빈곤, 노동력 착취, 양육보호시설 아동 등에 대한 서비스의 질을 충분히 보장하는 것이며, 대부분 과거 아동권리의 보장은 수동적 권리이다.

② 능동적 권리

능동적 권리란 아동이 권리의 주체로서 아동 본인의 삶에 영향을 미치는 것에 대하여 자신의 의견을 표현하고, 주장하며 삶을 결정하는 방법과 직접 참여하는 권리를 의미한다.

3) 아동권리의 중요성

아동권리의 중요성은 현대사회에서 더욱 강조되고 있을 뿐만 아니라 아동권리에 대한 사회적 인식도 점차 긍정적으로 변모해 가고 있는 상황이다. 구체적인 내용을 살펴보면 다음과 같다(황해익 외, 2016).

① 아동기의 가치가 인정되고 그 중요성에 대한 인식이 증대

아동을 성인의 축소판으로 여기고 나약하고 힘이 없으며 생산성이 부족한 열등한 존재로 여기던 관점에서 벗어나 아동기가 한 인간의 성장에 기초가 되며, 삶에 기반이 되는 발달을 이루어 내는 결정적 시기임을 인정받게 되었다. 또한 아동은 성인과 질적으로 다른 존재로 무한한 잠재력을 가진 독립적인 존재라는 인식이 확산되게 되었다.

② 가족구조의 변화가 아동권리에 관한 인식을 변화

현대사회는 핵가족화가 두드러지고 출산율이 현저하게 낮아지게 되었다. 적은 수의 가족으로 구성된 가정에서 소수의 자녀를 낳아 기르면서 아동은 가족 내에서 매우 소중한 구성원으로 자리 잡게 되었으며, 부모를 비롯한 성인들은 아동의 존귀성을 더욱 높이 인식하게 되었다.

③ 교육의 보편화가 아동권리 증진에 영향

교육을 통해 인권과 아동권리에 대한 지식을 습득할 기회가 많아졌고 아동권리 보장에 대한 인식도 높아지게 되었다. 뿐만 아니라 아동의 교육받을 권리가 법적으로 보장되게 되었으며, 의무교육 기간이 연장되었고 이에 대한 국가 및 지역사회, 부모의 책무성도 커지게 되었다.

④ 의료기술의 발달로 인한 영아 사망률 감소 또한 아동권리에 대한 인식 강화에 긍정적으로 작용

생애 초기 사망의 원인이었던 선천적 이상, 전염성 질환 등이 의료기술의 발달로 개선 및 치료될 수 있게 됨에 따라 아동의 존엄성에 대한 인식이 더욱 고취되었다.

⑤ 아동권리에 대한 인식 증진에는 경제성장이 큰 영향

우리나라에서는 불과 수십 년 전까지만 해도 기초생활 유지를 위해 아동들이 노동을 해야 하는 가정이 많아 아동기에 필요한 교육이나 놀이, 문화생활을 누리기 어려웠다. 경제성장과 더불어 국가적 차원에서 아동권리 보장을 위한 정책 수립이 가속화되었으며, 복지예산도 증대되었고, 개인적인 차원에서도 자녀가 아동기를 아이답게 누릴 수 있는 환경을 제공하는 양육자들이 많아졌다.

⑥ 정보통신기술의 발달 및 미디어의 영향력 강화에 따라 현대사회에서 아동권리가 더욱 중요하게 인식

국내외의 소식이 언론과 개인 간 통신 네트워크를 통해 신속하게 전달되고 있으며, 여론을 형성하고 공유하기 용이해졌다. 아동권리 관련 법제나 침해 사

례가 미디어를 통해 소개되고, 이에 대한 의견 교환이 원활해지면서 아동권리에 대한 경각심이 높아지고 있다.

2. 아동권리의 발달

1) 아동권리의 발달 과정

아동권리 사상은 18세기 후반 미국의 독립 선언(1776)과 프랑스 인권 선언(1789)에 의해서 부각되기 시작하였다. 이후 1922년 영국 아동복리회(Save the Children Fund)의 창설자인 에글렌타인 젭(Eglantyne Jebb, 1876~1928)에 의해 성문화된 '아동권리 선언문'은 1924년 9월 국제연합(UN)에서 아동의 권리에 관한 제네바 선언(The Geneva Declaration of the Child, 이하 제네바 선언)으로 채택되었다. 제네바 선언은 세계 최초 아동권리에 관한 선언이라는 점에서 큰 의미를 갖는다. 이 선언은 제1차 세계대전 이후 전쟁의 피해로 어려움에 처한 이들을 보호해야 한다는 사회보장 성격을 갖고 있어 5개 조항 중 3개의 조항이 아동의 생존과 보호에 관련이 있다(박정은, 2014). 이후 1948년 국제연합은 2개의 원칙을 추가하여 최종적으로 7개항의 아동권리 조항을 국제사회에 선언하였다. 그러나 이것은 실제적 의미보다는 선언적인 의미에 제한된 것이었다.

또한 1959년에는 아동의 특별한 요구를 다루는 별도의 선언이 필요하다는 입장에서 10개항으로 구성된 아동권리 선언을 발표하였다. 이것은 법적 강제력을 갖지는 못하나 국제적으로 아동의 권리보장을 위한 세계 각국의 노력을 추구하는 계기가 되었다.

20년 이후 1979년 세계 아동의 해를 선포하며 10년간의 협의 끝에 1989년 44회 유엔총회에서 54개 조항으로 구성된 유엔아동권리협약(UN CRC : UN Convention on the Rights of the Child)을 통과시켰다. 즉, 유엔아동권리협약은 전 세계 아동의 경제, 사회, 문화에 대한 권리를 규정하는 국제협약이다. 우리나라는 1991년에 가입했으며 2015년까지 미국을 제외한 196개국이 비준하였다. 이후

1990년 9월에 국제법으로 공표되어 공식적으로 인권법으로서의 효력을 발휘하게 되었으며, 같은 해 뉴욕에서 아동을 위한 세계정상회담을 개최하여 보건, 영양, 교육에 관한 내용을 채택하였다.

1995년에 매년 11월 20을 세계 어린이날로 지정하여 아동권리의 보장을 위한 지속적인 활동을 하고 있다.

〈표 1-4〉 **아동권리의 발달 과정**

연 도	주요 내용
1789	인권선언 발표
1924	국제연맹의 제네바 아동권리 선언 채택
1948	UN의 세계 인권 선언 채택
1959	UN의 아동권리 선언 채택
1979	세계 아동의 해
1989	UN의 아동권리협약 채택
1990	세계아동정상회담 개최
1995	세계 어린이날 지정

출처 : http://www.unicef.or.kr

3. 아동인권사상의 발달

아동인권사상의 발달 과정을 근대 이전의 아동인권사상의 발달과 근대 이후의 아동인권사상의 발달로 나누어 살펴보면 다음과 같다(임시아, 2017).

1) 근대 이전의 아동인권사상의 발달

서구사회에서 고대나 중세에는 인생과정에서 아동기와 성인기를 구분하지 아니하고 아동이라는 말도 없이 '작은 어른'으로 호칭하였으며, 어른에게 절대 보호되는 7세가 넘으면 아동은 벌써 어른 사회에 참여하였다. 성인은 인권이라는 측면에서 아동의 신체에 대한 물리력 행사를 정당시하였다. 아동을 성인의 작은 모습으로 보아 관념적으로 아동기는 인정하지 아니하였으며, 본성이 약하다고 하여 비인격적으로 다루었는데, 이는 아동과 아동기에 대한 이해의 부족에서 비롯되었다고 할 수 있다.

2) 근대 이후의 아동인권사상의 발달

(1) 로크의 아동인권사상

로크(John Locke, 1962~1704)는 부모와 아이와의 관계를 지배－복종 관계로 보고 아이의 양육 여부도 부모의 마음에 달려 있다고 본 홉스(Thomas Hobbes, 1588~1679)와는 달리, 부모의 자식에 대한 권한을 성장까지의 일시적인 조건부의 것으로 보고 친권 역시 보호의 부모부터 나오는 것으로 보았다는 점에서 완화된 부권주의자라고 할 수 있다. 다만, 부모의 권리도 그가 권리를 포기하면서 자녀양육에 대한 책임까지 포기한다면 파국을 초래할 것이며, 권리남용의 가능성에 대한 대책이 없으며 단순히 부모의 자연적 애정에 의지할 뿐이라는 한계가 있다. 결국 로크의 '태어나면서부터의 평등'이라는 말은 같은 연령층 내에서의 '수평적 평등'인 것이며 아이들과 어른들 사이의 '수직적 평등'까지 의미하는 것은 아니었고, 자유 · 평등 · 이성에 대한 그의 사상은 힘과 능력에 의한 권리가 아닌 '아동 그 자체의 존엄성'에서 비롯되는 아동 인권의 실체를 보여주지 못하였다.

(2) 루소의 아동인권사상

사회계약론에서 어린이들은 인간으로서 그리고 자유인으로서 태어난다. 그들의 자유는 그들의 것이며, 다른 어떤 사람도 그것을 멋대로 처분할 권리를 가지지 않는다고 주장하여 어린이들의 자유와 권리에 대한 그의 아동(인간) 평등사상을 보여주고 있다. 특히 『에밀』이라는 교육소설에서 개인의 자유로운 자기 형성을 중심으로 하는 근대 이상적인 사교육론을 전개하였다.

루소(Jean-Jacques Rousseau, 1712~1778)에 의하면, 아동 역시 불가침의 자유와 권리가 있다는 점, 교육은 아동의 요구, 흥미, 관심에서 출발해야 한다는 점, 교육은 아동 자신이 아름답게 살아갈 권리를 보장하며 아동을 주체적으로 살아가는 인간으로 육성하는 것이어야 한다고 본 점에서 아동인권사상의 전기가 마련되었다고 평가할 수 있다.

(3) 페스탈로치와 프뢰벨의 아동인권사상

루소에서 시작된 아동인권사상은 교육사상가 페스탈로치(Johann Heinrich Pestalozzi, 1746~1827)와 프뢰벨(Friedrich Frobel, 1782~1852)에 의하여 발전되었다. 페스탈로치는 "어린이의 내면에 아직 꽃봉오리로서 인간성의 전 능력이 내재하고 있다"고 보고, 어린이를 하나의 완전한 주체적인 인간으로 정의하였다. 그의 교육방법 중 직접교수의 원리는 "인간의 정신을 감성적인 직관으로부터 명료한 개념으로 높이는 영원의 법칙에 모든 교수의 형식을 따르게 한다"는 원리로 자연의 포괄적인 지식과 본질적인 개념과 본질적인 능력을 훈련시킨다는 요구에 따른 것이다.

그는 개별적 실제로서의 인간을 그 직관의 축으로 파악하고 있는데, 직관에서 파악한다는 것은 대상인 자연과 사회를 주체적으로 파악하는 일이 된다. 직관은 단순한 감각적 지각이 아니라 인간의 주체성을 내포한 개념이며 인간의 해방을 지향하는 개념으로 아동인권사상의 핵심개념이라고 할 수 있다. 또한 어린이를 단순히 작용을 받는 존재, 수동적인 존재로 보지 말고 작용하는 주체, 적극적으로 사고하는 주체가 되도록 하라고 한다. 유아교육의 아버지로 불리는 프뢰벨은 페스탈로치의 사상을 이어받아 초등교육을 어린 유아들의 교육에 직용하였으며, 교육에 있어서 인간 내변으로부터 조화로운 성장을 강조하였다. 그는 아이는 자신의 내부에 개별적인 성향을 지닌 존재로 인식되고 존중되어야 한다고 주장하여 아동의 인권존중을 강조하였다. 루소의 인권사상은 '고아의 아버지요, 인류 교육자'인 페스탈로치와 유치원의 창시자 프뢰벨 등의 근대 교육사상가에 의하여 심화·발전하여 아동인권사상이 실천에 옮겨졌다.

(4) 듀이의 아동인권사상

듀이(John Dewey, 1859~1952)는 아동중심의 교육사상을 확립한 진보주의 교육 철학자이다. 아동의 본능과 능력이 교육할 자료를 제시해 주며 출발점을 제시해 주므로 아동중심교육을 해야 한다고 강조하였다. 교육의 목표는 아동들의 보다 활발한 성장이며, 이러한 교육목표 설정을 위한 기준은 개인의 모든 내적 활동과 요구에 기초해야 하고, 아동들이 수행하는 모든 활동들이 아동의 성장·발달에 적합하도록 설정되어야 하며, 일반적 목적과 궁극적 목표에 대해 잘못이 없도록 미리 조심하여야 한다고 하였다.

듀이의 교육사상은 아동의 자연의 권리를 존중하고 개성신장을 도모하고, 아동의 자기표현을 존중하고 자유로운 창조적 활동을 장려하여야 한다는 아동중심주의 교육관이라 할 수 있다.

3) 한국의 아동존중사상

(1) 전통사상의 아동관

유교를 근본으로 하는 전통사회에서 유교의 민주주의, 아동의 인권이라는 관념은 성립하기 힘들다. 성리학에서 아동의 본성을 선하다고 인식하고 교육을 통한 본래의 선성을 회복할 수 있는 대상으로 인식하고 있다고 할지라도, 선천적인 신분질서와 수직적인 장유유서의 인간관계를 중심으로 하는 전통사회의 한계로 인하여 아동은 가족이라는 운명공동체의 대를 잇는 수단으로서 사회의 주변인 위치에 머무를 수밖에 없었다.

아동관에 대한 근본적인 인식의 변화는 동학사상에서 엿볼 수 있는데, 동학의 인내천사상(人乃天思想)은 인간을 누구나 한울님을 모시는 평등한 존재로 인식함으로써 인간존중 정신을 보여주고 있다. 동학에서는 아동을 '하늘'의 이치를 몸속에 지닌 존재로 인식하고, 인간이 교육을 통하여 돌아가야 할 이상적인 상태를 어린이의 마음으로 보고 있다. 또한 교육을 인간을 인간답게 하는 기본적인 조건으로 인식하여 아동의 교육을 중요시하면서도, 단지 피교육자로서의 아동의 입장이 아닌 아동 역시 성인을 가르칠 수 있는 대등한 존재로 인식하고, 아동에 대한 체벌을 금하고 있다. 이처럼 동학의 아동관은 아동 역시 개별적인 존재로 인식함으로써 근대적인 아동관을 보여주고 있으며, 훗날 한국에서의 아동존중사상의 밑바탕이 된다는 점에서 의미가 있다(천도교 경전, 1969 재인용).

(2) 소파 방정환의 아동존중사상

한국의 아동존중사상의 대표적인 인물로는 소파 방정환을 들 수 있다. 소파는 성인중심 사회의 병폐를 지적하고 아동중심 사회를 지향할 것을 촉구하고 성인의 세계와 다른 아동의 세계를 인정하고 어른의 존재가 어린이의 성장에 방해가 되지 말아야 한다고 강조하였다(이재연, 1999 재인용). 그는 1923년 색동회와 천도교의 협력으로 '조선소년운동협회'를 창립하여 5월 1일을 적극적인 '어린이날'로 선포하고 그 기념식에서 소년운동협회 주재로 '아동의 권리공약 3장'을 선포하여 '어린이의 완전한 인격적 예우와 경제적 압박으로부터의 해방 및 놀이시설의 제공' 등을 촉구하기도 하였다.

소파의 아동존중사상은 유학 당시 일본에서 소개되기 시작한 듀이의 교육이론과 일본에 팽배했던 아동중심 교육사상에서 영향을 받은 것으로 여겨지고 있다. 소파 방정환의 아동존중 사상과 아동운동은 우리 전통사회의 장유유서의 수직적 인간관과 일본 제국주의라는 이중적인 억압구조와 지배하의 상황에 처해있던 아동의 입장을 대변하고 아동해방을 주장하였다는 점에서 의미가 있다고 할 수 있다(우남희, 1999 재인용).

4. UN 아동권리에 관한 주요 내용

1) 제네바 선언 5개 조항(1924)

① 아동에게는 정상적인 발달에 필요한 물질적 · 정신적 수단이 제공되어야 한다.
② 굶주린 아동에게는 먹을 것을, 병든 아동에게는 치료의 혜택을, 발달이 늦은 아동에게는 도움을, 비행아동에게는 교화와 기회를, 고아와 부랑아에게는 주거와 원조를 제공하여야 한다.
③ 아동은 위험에 처한 경우 가장 먼저 구제를 받아야 한다.
④ 아동은 생계연명을 보장받아야 하며, 모든 형태의 착취로부터 보호받아야 한다.
⑤ 아동은 자신의 재능을 인류에게 이바지해야 한다는 인식하에서 양육되어야 한다.

2) 제네바 선언 7개 조항(1948)

① 아동은 인종, 민족, 국적, 종교에 구애받지 않고 보호받아야 한다.
② 아동은 하나의 실체로서의 가정을 존중하며 보호받아야 한다.
③ 아동은 물질적 · 도덕적 · 정신적으로 정상발달을 위해 필요조건이 충족되어야 한다.
④ 아동은 굶주려서는 안 되고, 아플 시에는 간호를 받아야 하며, 신체적 · 정신적 장애가 있을 경우 도움을 받아야 하고, 부적응적 아동은 재교육을 받아야 하며, 고아나 부랑아는 수용과 보호를 받아야 한다.
⑤ 아동은 위험상황에서 제일 우선적으로 구조되어야 한다.
⑥ 아동은 사회복지와 사회보장의 혜택을 받아야 하며, 적절한 시기에 생계를 위한 훈련을 받아야 하고, 모든 형태의 착취로부터 보호받아야 한다.
⑦ 아동은 자신의 능력을 다른 동포를 위해 봉사한다는 인식 속에서 양육되어야 한다.

3) 유엔아동권리선언(1959)

① 아동은 인종, 피부색, 성, 언어, 종교, 정치적 견해, 출신, 재산, 기타의 지위로 인해 처벌받지 않는다.
② 아동은 보호를 받으며 건전하고 정상적인 방법, 자유의 존엄성의 상태하에서 신체적, 지능적, 정신적 및 사회적으로 성장할 수 있는 기회를 갖는다.
③ 아동은 출생 시부터 국적과 이름을 갖는다.
④ 아동은 사회보장의 혜택을 받고 건강하게 성장하고 발달할 권리가 있다.
⑤ 신체적 · 정신적 · 사회적으로 장애가 있는 아동은 특별한 교육과 보호를 받아야 한다.
⑥ 아동은 건강한 발달을 위해 애정과 이해를 받아야 하며, 원가정에서 자라야 한다. 원가정의 보호를 받지 못하는 아동은 사회가 특별한 보호와 양육을 제공해야 한다.
⑦ 아동은 교육을 받을 권리가 있다.
⑧ 아동은 어떤 상황에서도 우선적으로 보호와 혜택을 받아야 한다.
⑨ 아동은 방임, 학대, 착취, 매매의 대상이 되어서는 안 되며, 최저연령에 도달하기 전까지는 유해한 활동과 직업에 고용되어서는 안 된다.
⑩ 아동은 인종과 종교 등 차별을 조장할 수 있는 관습으로부터 보호받아야 한다.

4) 유엔아동권리협약(1989)

UN 아동권리에 관한 국제협약의 바탕을 이루는 기본 가치는 '일반원칙(general principles)'이라고 하는데 일반원칙에는 무차별의 원칙, 아동의 최선의 이익 원칙, 생명존중과 발달보장의 원칙, 아동의 의사존중의 원칙 등의 네 가지 원칙이 포함된다. 구체적인 내용을 살펴보면 다음과 같다.

① 무차별의 원칙

모든 아동에게 적용된다. 인종, 종교, 능력, 사고, 언어, 어떤 가족의 유형이든지 간에 거주 지역에 관계없이, 그들 부모의 직업에 관계없이, 남아, 여아 관계없이 문화, 장애를 가지고 있든지, 부하거나 가난하거나 관계없이, 어떠한 아동도 불공정하거나 편견 없이 다루어져야 한다.

② 아동의 최선의 이익 원칙

아동에게 영향을 끼칠 수 있는 모든 것을 결정할 때는 아동의 이익을 최우선적으로 고려해야 한다.

③ 생명존중과 발달보장의 원칙

아동 고유의 생명권을 인정하고, 아동의 생존과 발달을 위해서 최선의 환경을 제공해야 한다는 것이다. 모유수유와 영아에 대한 예방접종, 조기 선별검사와 개입 등이 그 예가 될 수 있다.

④ 아동의 의사존중의 원칙

아동이 자신의 모든 문제에 대해서 의견 표명을 할 수 있어야 한다는 것으로, 아동의 자기결정권, 참여권을 의미한다. 예컨대 아동이 진로 선택과 같은 자기 삶의 중요한 결정을 할 수 있어야 하며, 어린 유아에게 다양한 상황에서 선택할 수 있고 자기 생각을 충분히 표현할 수 있는 기회를 제공하는 것이다.

이러한 기본 원칙하에 아동의 생존권, 보호권, 발달권, 참여권을 비롯하여 시민권과 자유, 가정환경 및 대리보호, 복지권(기초 보건 및 복지), 교육권 및 문화 향유권(교육, 여가 및 문화적 생활을 위한 권리), 특별조치 등으로 분류하고 있다. 구체적인 내용을 살펴보면 다음과 같다.

〈표 1-5〉 아동의 4대 기본권

구분	내용
생존권 	적절한 생활수준을 누릴 권리, 안전한 주거지에서 살아갈 권리, 충분한 영양을 섭취하고 기본적인 보건서비스를 받을 권리 등 기본적인 삶을 누리는 데 필요한 권리이다.
보호권 	모든 형태의 학대와 방임, 차별, 폭력, 고문, 징집, 부당한 형사처벌, 과도한 노동, 약물과 성폭력 등 어린이에게 유해한 것으로부터 보호받을 권리이다.
발달권 	잠재능력을 최대한 발휘하는 데 필요한 권리이다. 교육을 받을 권리, 여가를 즐길 권리, 문화생활을 하고 정보를 얻을 권리, 생각과 양심과 종교의 자유를 누릴 권리가 여기에 속한다.
참여권 	자신의 생활에 영향을 주는 일에 대하여 의견을 말할 수 있어야 하며 그 의견을 말하고 존중받을 권리이다. 표현의 자유, 양심과 종교의 자유, 평화로운 방법으로 모임을 자유롭게 열 수 있는 권리, 사생활을 보호받을 권리, 유익한 정보를 얻을 권리 등이 있다.

출처 : http://www.unicef.or.kr

〈표 1-6〉 아동권리협약

분 류	내 용
시민권과 자유	• 이름과 국적을 가질 권리(제7조) • 신분을 보존할 수 있는 권리(제8조) • 표현 자유의 권리(제13조) • 사상, 양심, 종교 자유의 권리(제14조) • 결사와 집회 자유의 권리(제15조) • 사생활 보호의 권리(제16조) • 정보접근법(제17조) • 고문 및 기타 비인도적 취급을 받지 않을 권리(제37조 제1항)

가정환경 및 대리보호	• 부모의 지도와 책임을 받을 권리(제5조 및 제18조 제1 · 2항) • 부모로부터의 분리가 가능한 권리(제9조) • 아동을 위한 양육비 회수(제27조 제4항) • 입양(제21조) • 불법 해외이송 및 미귀환(제11조) • 아동학대 · 유기 및 신체적 · 심리적 회복과 사회복귀(제39조) • 양육 및 보호 기관에 대한 심사(제25조)
기초 보건 및 복지	• 생존 및 발달(제6조 제2항) • 보건서비스를 받을 권리(제24조) • 장애아동의 권리(제23조) • 사회보장 및 아동보호시설에 대한 권리(제26조 및 제18조 제3항) • 생활수준에 대한 권리(제27조 제1 · 2항)
교육, 여가 및 문화적 활동	• 교육을 받을 권리(제28조) • 교육목표에 대한 권리(제29조) • 여가, 오락 활동 및 문화적 활동에 대한 권리(제31조)
특별보호 조치	• 소년형사행정(제40조), 난민아동(제22조), 전쟁 시의 아동(제32조) 등 위급한 상황에 처한 아동의 보호, 자유가 박탈된 아동(제37조 제2 · 3 · 4항), 아동에 대한 사형 및 종신형 금지(제37조 제1항), 사회복귀 지원(제39조) • 아동의 노동력 착취(제32조), 마약(제33조), 성적 착취와 학대(제34조), 기타 형태의 착취(제36조) 등 특별보호 조치에 대한 권리

출처 : http://www.unicef.or.kr

5. 우리나라 아동의 권리

1) 대한민국 어린이 헌장

대한민국 어린이 헌장에는 아동이 누려야 할 기본적 권리에 대하여 나타나 있다. 1957년 5월 5일 어린이날을 맞이하여 아동인권 존중에 대한 우리 사회의 약속을 선포한 것이다.

우리나라 최초의 어린이 헌장은 전문과 9개 조항으로 구성되었으나, 1988년 5월 5일 개정하였고, 2개 조항을 더하여 현재는 전문과 11개 조항으로 구성되어 있다.

전문은 무차별 원칙과 인간존엄성에 대하여 선언하고 있으며, 본문은 건전한 가정, 영양, 교육, 문화의 전승, 놀이, 위험, 확대, 비행, 노동으로부터 보호, 장애아교육 등에 관한 권리를 포함하고 있다. 이 어린이 헌장의 의의와 중요성에 대하여 구자헌(1969)은 첫째, 어린이에 대한 기본적 규범이다. 아동의 육성에 관하여 어른이 지켜야 할 윤리적 규범이라는 것이다. 둘째, 국법이 아니고 국민의 약속을 선포한 것으로서 강제력이 따르는 것이 아니라 국민의 자유로운 생각에 의한 공동인정을 선포한 것으로 강제력은 없으나, 각자의 인식에서 나오는 자율적 효과를 기대하므로 형식적으로는 약하나 실질적으로는 강할 수도 있다. 셋째, 어린이의 본질을 명확히 하고 아동을 어떻게 육성하는지를 정한 것이다. 넷째, 어린이 헌장은 고정불변의 것이 아니라 변화·발전하며, 진보하고 필요하다면 국가의 발전이나 사회의 변화에 따라서 변화될 수 있다는 것이다. 1988년 재개정된 전문과 본문은 다음과 같다.

대한민국 어린이 헌장

대한민국 어린이 헌장은 어린이날의 참뜻을 바탕으로 하여, 모든 어린이가 차별 없이 인간으로서 존엄성을 지니고, 나라의 앞날을 이어나갈 새사람으로 존중되며, 아름답고 씩씩하게 자라도록 함을 길잡이로 삼는다.

1. 어린이는 건강하게 태어나 따뜻한 가정에서 사랑 속에 자라야 한다.
2. 어린이는 고른 영양을 취하고, 질병의 예방과 치료를 받으며, 맑고 깨끗한 환경에서 살아야 한다.
3. 어린이는 좋은 교육시설에서 개인의 능력과 소질에 따라 교육을 받아야 한다.
4. 어린이는 빛나는 우리 문화를 이어받아, 새롭게 창조하고 널리 펴나가는 힘을 길러야 한다.
5. 어린이는 즐겁고 유익한 놀이와 오락을 위한 시설과 공간을 제공받아야 한다.
6. 어린이는 예절과 질서를 지키며, 한겨레로서 서로 돕고, 스스로 이기며, 책임을 다하는 민주시민으로 자라야 한다.
7. 어린이는 자연과 예술을 사랑하고 과학을 탐구하는 마음과 태도를 길러야 한다.
8. 어린이는 해로운 사회환경과 위험으로부터 먼저 보호되어야 한다.
9. 어린이는 학대를 받거나 버림을 당해서는 안 되고, 나쁜 일과 힘겨운 노동에 이용되지 말아야 한다.
10. 몸이나 마음에 장애를 가진 어린이는 필요한 교육과 치료를 받아야 하고, 빗나간 어린이는 선도되어야 한다.
11. 어린이는 우리의 내일이며 소망이다. 나라의 앞날을 짊어질 한국인으로, 인류의 평화에 이바지할 수 있는 세계인으로 자라야 한다.

2) 청소년 헌장

청소년 헌장은 1990년 5월에 처음 제정·공포되었으며, 1998년 10월에 청소년의 주체적 삶과 자율성을 강조하는 새로운 내용으로 개정·선포되었다. 청소년의 권리가 포함된 헌장에는 생존의 보장과 성장의 권리, 차별받지 않을 권리, 폭력과 학대로부터 보호받을 권리, 사적인 삶을 보호받을 권리, 생각과 느낌 및 사상과 표현의 권리, 소속 및 단체 모임활동의 권리, 배움의 권리, 문화예술 활동 및 참여의 권리, 정보접근의 권리, 민주적 참여의 권리 등이다.

청소년 헌장

청소년은 자기 삶의 주인이다. 청소년은 인격체로서 존중받을 권리와 시민으로서 미래를 열어갈 권리를 가진다. 청소년은 스스로 생각하고 선택하며 활동하는 삶의 주체로서 자율과 참여의 기회를 누린다. 청소년은 생명의 가치를 존중하며 정의로운 공동체의 성원으로 책임 있는 삶을 살아간다. 가정, 학교, 사회 그리고 국가는 위의 정신에 따라 청소년의 인간다운 삶을 보장하고 청소년 스스로 행복을 가꾸며 살아갈 수 있도록 여건과 환경을 조성한다.

청소년의 권리

1. 청소년은 생존에 필요한 기본적인 영양, 주거, 의료, 교육 등을 보장받아 정신적·신체적으로 균형 있게 성장할 권리를 가진다.
1. 청소년은 출신, 성별, 종교, 학교, 연령, 지역 등의 차이와 신체적·정신적 장애 등을 이유로 차별받지 않을 권리를 가진다.
1. 청소년은 물리적 폭력뿐만 아니라 공포와 억압을 포함하는 정신적인 폭력으로부터 보호받을 권리를 가진다.
1. 청소년은 사적인 삶의 영역을 침해받지 않을 권리를 가진다.
1. 청소년은 자신의 생각과 느낌을 자유롭게 펼칠 권리를 가진다.
1. 청소년은 자유로운 의사에 따라 건전한 모임을 만들고 올바른 신념에 따라 활동할 권리를 가진다.
1. 청소년은 배움을 통해 진리를 추구하고 자아를 실현해 갈 권리를 가진다.
1. 청소년은 일할 권리와 직업을 선택할 권리를 가진다.
1. 청소년은 여가를 누릴 권리를 가진다.
1. 청소년은 건전하고 다양한 문화, 예술활동에 자유롭게 참여할 권리를 가진다.
1. 청소년은 다양한 매체를 통하여 자신의 삶에 필요한 정보에 접근할 권리를 가진다.
1. 청소년은 자신의 삶과 관련된 정책결정 과정에 민주적 절차에 따라 참여할 권리를 가진다.

청소년의 책임

1. 청소년은 자신의 삶을 소중히 여기며 자신이 선택한 삶에 책임을 진다.
1. 청소년은 앞 세대가 물려준 지혜를 시대에 맞게 되살려 다음 세대에 물려줄 책임이 있다.
1. 청소년은 가정, 학교, 사회, 국가, 인류 공동체의 성원으로서 자기와 다른 삶의 방식도 존중할 줄 알아야 한다.
1. 청소년은 삶의 터전인 자연을 소중히 여기고 모든 생명들과 더불어 살아간다.
1. 청소년은 통일시대의 주역으로서 평화롭게 공존하는 방법을 익힌다.
1. 청소년은 남녀평등의 가치를 배우고, 이를 모든 생활에서 실천한다.
1. 청소년은 가정에서 책임을 다하며 조화롭고 평등한 가족문화를 만들어 간다.
1. 청소년은 서로에게 정신적·신체적 폭력을 행사하지 않는다.
1. 청소년은 장애인을 비롯한 소외받기 쉬운 사람들과 더불어 살아간다.

대한민국 어린이 헌장과 청소년 헌장은 우리 사회의 아동에 대한 다짐과 약속을 나타내고 있으나 선언적 의미가 강하다(박현선 외, 2006).

6. 부모의 아동권리 인식

1) 가정에서의 아동권리 존중 실천방법 안내문

1. 아동학대란?
   보호자를 포함한 성인에 의하여 아동의 건강과 복지를 해치거나 정상적 발달을 저해할 수 있는 신체적·정서적·성적 폭력, 가혹행위 및 아동의 보호자에 의한 유기와 방임을 말함(아동복지법 제3조 제7호)
2. 학대의 유형
   ① 신체학대
   - 신체적 손상을 입힌 경우와 신체적 손상을 입도록 허용한 경우
   - 생후 36개월 이하의 영아에 가해진 체벌은 이유 여하를 막론하고 학대

   예 물건을 던지는 행위, 떠밀고 움켜잡는 행위, 뺨을 때리는 행위, 발로 차는 행위 등

   ② 정서학대
   - 언어적·정서적 위협, 억제, 감금, 기타 가학적 행위
   - 아동의 인격, 감정이나 기분을 심하게 무시하거나 모욕하는 행위

• 좁은 공간에 장시간 혼자 가두어 두는 행위. 원망적 · 가부적 · 적대적 · 경멸적 · 언어 폭력
㉾ 언어적 폭력(소리를 지르는 행동), 공포 분위기를 조성하는 행위 등

③ 성학대

• 성인이 성적 충족을 목적으로 아동과 함께하는 모든 성적 행위

④ 방임

• 고의적 · 반복적으로 아동 양육 및 보호를 소홀히 함으로써 아동의 건강과 복지를 해치거나 정상적인 발달을 저해하는 모든 행위

㉾ 예방접종을 제때에 하지 않거나 필요한 치료를 소홀히 하는 행위
아동에게 의식주를 제공하지 않거나 장시간 위험한 상태에 방치하는 물리적 방임
아동의 무단결석을 허용하는 교육적 방임

3. 안 돼요!(금지행위)

• 아동의 신체에 상해를 주는 학대행위
• 아동에게 성적 수치심을 주는 성희롱, 성폭행 등의 학대행위
• 아동의 정신건강 및 발달에 해를 끼치는 정서적 학대행위
• 자신의 보호 · 감독을 받는 아동을 유기하거나 의식주를 포함한 기본적 보호양육, 치료를 소홀히 하는 방임행위
• 아동을 타인에게 매매하는 행위
• 아동에게 음행을 시키거나 음행을 매개하는 행위
• 장애를 가진 아동을 대중에게 관람시키는 행위

4. 이렇게 칭찬해 주세요♥

						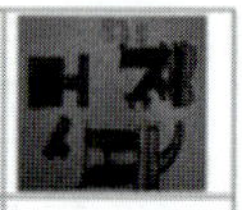
한 번의 미소	정확히 잘 하고 있어	대단한 발견이야~	네가 자랑스럽구나~	웃는 모습이 예뻐~	좋아 보이는데	넌 정말 멋져
				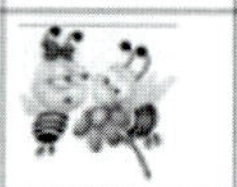		
비밀을 알아냈구나	네가 날 웃게 만든단다	너를 응원한단다	난 네가 좋단다	넌 정말 중요하단다	너에겐 마음의 힘이 있어	넌 나의 희망이야

출처 : 초록우산 어린이재단(http://www.childfund.or.kr).

제3절 아동발달 및 이론

1. 아동발달의 이해

아동발달이란 아동이 시간의 경과에 따라 양적·질적으로 변화하는 과정이라 이해할 수 있다.

양적으로는 키가 자라고, 몸무게가 늘고, 어휘력이 증가하는 등 크기나 양에서의 변화를 의미하며, 질적 변화는 정신기능 등 본질, 구조 또는 조직상의 변화를 의미한다(정옥분, 2006). 아동이 출생 이후 발달과 성장·성숙해 감에 따라 나타나는 것을 살펴보고자 한다.

1) 발달의 원리

발달은 무작위적으로 발생하는 것이 아니라, 출생과 더불어 일정한 규칙과 질서를 가지고 순서대로 이루어진다.

이러한 아동발달의 과정을 구체적으로 살펴보면(문선화 외, 2013),

첫째, 발달에는 일정한 유형이 있다. 두미(頭尾)의 계열이다.
둘째, 발달은 분화와 통합의 과정이다. 발달은 역행하지 않는다.
셋째, 발달은 점진적이며 영속적 과정을 보인다. 다음 단계의 발달을 위한 준비가 진행된다.
넷째, 성장률은 출생 초기일수록 높다.
다섯째, 신체 각 부분은 각기 독자적 발달속도를 보인다.
여섯째, 발달의 모든 측면은 서로 관련된다.
일곱째, 발달은 개인적 차이가 존재한다.

2) 운동 및 신체의 발달

아동기는 신체적 성장과 발달이 진행되는 시기이며, 전체적인 신체의 체계가 안정되는 시기이다. 특히 학령기의 아동은 키가 1년에 약 6cm 정도씩 신장되어 120cm에서 145cm 정도까지 자라며, 몸무게는 22kg 정도에서 36~38kg에 이른다(김동배 외, 1998). 또한 유아기에 비해 아동기에는 체계적이고 다양한 학습과정으로 글자, 그림, 유희, 체조 등 여러 방면의 운동기능을 습득하게 된다.

운동능력의 속도, 정확성, 안정성, 호응성, 역량 등이 더욱 발달하게 되고, 놀잇감보다는 아동 자신의 신체를 이용한 달리기, 던지기, 뛰기 등을 활용한 스포츠와 조직적 단체놀이에 강한 관심을 보인다.

아동기는 신체적 성숙과 학습의 상호작용에 의해 결정되며, 12세경이 되면 성인이 할 수 있는 운동은 대부분 할 수 있다(김동배 외, 1998).

3) 인지 및 지각의 발달

일정한 자극을 조직하여 지식을 얻는 심리적 과정으로서, 부모를 비롯한 여러 사람들과 아동은 상호작용하고, 다양한 대상을 경험하면서 세상을 이해하는 방법을 학습하면서 인지의 발달을 경험한다.

이와 같은 아동의 사고발전 과정을 피아제(Piaget)는 감각운동기, 전조작기, 구체적 조작기, 형식적 조작기로 구분하였다(최순남, 2002).

또한 학령기에 이르면 아동들은 경험하지 못한 사건에 대한 가설을 설명하여 미래의 사건을 예측하는 가설적·연역적 사고가 발달한다. 그리고 모든 가능한 개념적 조합을 고려할 수 있으며, 사건이나 현상과 관련된 변인을 동시에 다룰 수 있는 사고능력인 체계적인 종합적 사고능력이 발달하고, 미래의 이상에 대한 상상과 공상이 많아지는 이상적 사고가 발달하게 된다(김동배 외, 1998).

감각기관을 통하여 사물이나 현상을 식별하는 과정을 지각이라고 한다.

아동기의 지각활동은 연령이 증가함에 따라 더욱 체계적이 되고 융통성을 가지며 상황에 더 적응적이 된다. 또한 선택적·목적적으로 변화해 간다. 과거에 경험한 일이 대뇌피질에 흔적으로 남아있다가 후에 어떠한 사태에 당면하면 다시 의식에서 되살아나는 작용으로서 기억을 학습의 본체라고 할 수 있다(이정덕, 1997).

각 개인이 유목적적으로 행동하고 합리적으로 사고하고 능률적으로 환경에 대처할 수 있는 총체적 능력을 의미하는 지능도 유전과 긴밀하게 관계가 있으며, 가정의 사회·경제적 지위나 지역 등의 환경과도 어느 정도 상관관계가 있다(김동배 외, 1998).

4) 정서적 발달

어떤 자극에 대하여 동요되고 흥분될 때에 경험하는 심리상태나 감동으로서 정서는 감정보다는 더욱 격화된 상태이며 포괄적인 정서적 경험을 말한다(이정덕, 1997). 아동기의 정서장애 중에서 대표적인 것이 등교거부증이나 학교 공포증이다. 아동기에는 애정을 쏟는 대상이 가족구성원에서 또래친구에게로 변화해 간다. 그중에서도 이성친구보다는 동성친구에 대한 애정이 더욱 강하다.

이러한 동성애 경향은 사춘기에 접어들면서 점차 이성애로 변화되며, 점점 사랑의 대상도 넓어지게 된다(김동배 외, 1998).

5) 언어 및 사회성의 발달

아동기에서 출생 직후 아동의 울음은 음조와 강도로 배가 고픈지, 고통스러운지, 졸리거나 관심을 요하는지와 같은 것을 표현하기 시작하는 것이다. 또한 2개월경부터 시작되는 의미 없는 옹알이도 이후 대화의 기초가 된다(문선화 외, 2013).

사회성 발달은 가장 중요한 발달과제 중의 하나로서, 동료집단이 한 아동에게 미치는 영향은 매우 크다. 아동은 동료집단의 한 구성원이 되고 이 집단은 가족 대신에 아동의 행동과 태도에 점차 영향을 미치게 된다. 아동은 동년배 집단의 활동을 통해서 그들의 가족으로부터 독립하며, 자기중심적 태도에서 탈피하고 타인에 대한 동정, 성실, 공정, 준법성, 인내심 등을 형성해 간다. 동년배 집단은 아동의 사회화 과정에 있어서 지배적 역할을 하고 있다(이정덕, 1997).

6) 아동의 발달과업

아동의 정상적 발달을 위해서 일정한 시기별로 나타나는 각 단계에 따라서 이룩해야 할 과제가 필요하다는 개념에서 나온 것이 발달과업이다. 각 단계별 발달과업을 요약하면 다음과 같다(Havighurst, 1972).

〈표 1-7〉 **단계별 발달과업**

구 분	내 용
신생아기~유아기 (0~5세)	• 걷기 배우기 • 고체음식 먹기 배우기 • 말하기 배우기 • 배설작용의 통제 및 처리 • 성의 차이와 예절 배우기 • 생리적 안정의 유지 • 사회적 환경에 대한 개념 형성 • 부모, 형제자매, 타인과의 정서적 관계 형성 • 선악의 구별과 양심의 발달
학령기 (6~12세)	• 일상적 놀이에 필요한 신체기능 습득 • 성장하는 신체에 따른 자의식 형성 • 같은 나이의 친구와의 교우관계 형성 • 성의 구분에 따른 사회적 역할 구별 • 읽기, 쓰기, 셈하기의 기본적 기술의 학습 • 일상생활에 필요한 개념 형성 • 양심 · 도덕 · 가치기준의 발달 • 개인적 독립성 성취 • 사회집단과 제도에 대한 태도의 발달

청소년기 (13~18세)	• 자기 체격의 이해와 성의 인정 • 남녀, 동년배 간의 보다 새로운 관계 형성 • 부모나 다른 성인으로부터의 정서적 독립 • 경제적 독립의 필요성에 대한 자각 • 직업의 선택 및 그에 관한 준비 • 시민적 자질에 필요한 지식과 태도의 발달 • 자아정체성의 형성 • 사회적으로 책임 있는 행동을 원하고 또 이를 성취하기 • 결혼과 가정생활의 준비 • 적절한 과학적 지식에 맞는 인생관 수립

출처 : 문선화 외(2103).

2. 아동발달의 주요 이론

아동의 발달 과정을 이해하기 위한 다양한 이론이 있다. 따라서 아동을 위한 복지서비스 제공자들은 인간발달이론을 바탕으로 아동의 발날과업, 욕구와 문제를 정확히 파악하여 진단과 평가가 이루어질 수 있도록 해야 하며, 아동에게 필요한 복지서비스가 제공될 수 있도록 계획하여 수립해야 한다(문선화 외, 2013).

1) 정신분석이론

프로이트(Freud)의 정신분석이란 인간의 모든 행동, 사고, 감정은 신체적 긴장상태에 의해 유발되는 무의식적인 성적 본능과 공격적 본능에 의하여 결정된다고 보았으며, 인간은 이러한 본능적 긴장을 해소하기 위하여 행동을 한다고 하였다(김성경, 2012). 프로이트는 인간의 발달단계를 5단계로 구분하여 각 단계의 명칭을 구강기, 항문기, 남근기, 잠복기, 생식기로 표현하였다. 이러한 표현들은 발달과정에서 쾌락을 얻게 되는 특정 부위에 따라 붙여진 것이다.

프로이트는 각 단계마다 아동이 추구하는 쾌락을 적절히 만족시켜야만 다음 단계로 넘어갈 수 있다고 하였으며, 지나치게 만족해도 다음 단계로의 진보가 지연되며, 쾌락추구가 거절되어도 욕구불만으로 인해 다음 단계로 넘어가지 못하고 그 단계에 고착하게 된다고 하였다(박정란 외, 2012).

〈표 1-8〉 **프로이트의 심리성적 발달단계**

단 계	특 징	심리발달	의식수준
구강기	• 리비도가 구강영역에 집중 • 수동의존적	• 쾌락원리에 따르는 원초아	• 무의식적 존재 • 엄마와의 분리인식을 못함
항문기	• 리비도가 배변훈련에 집중 • 적극적 공격성	• 배변훈련의 결과로 초자아 발달 • 사회화 시작	• 무의식적 본능보다 좀 더 초자아에 접근
남근기	• 성적 호기심 증가 • 자위행위 • 오이디푸스 콤플렉스 • 리비도가 이성부모에게 집중	• 자아발달, 현실원리 • 동성부모는 경쟁상대	• 자기와 타인을 인식하는 의식적 존재 • 성정체감 인식
잠복기	• 사회화와 현실원리의 부분으로 리비도가 잠복됨	• 이성부모에 대한 사랑을 포기 • 동성부모와의 동일시	• 심리성적 역할 • 부모와의 동일시 시작
생식기	• 리비도가 완전하게 남근에 집중됨	• 생리적으로 성적 활동에 참여	• 완전한 성적 존재로서의 자아경험

출처 : 여성가족부 · 중앙가족아동지원센터(2007).

2) 심리사회이론

에릭슨(Erikson)의 심리사회이론은 인간을 생리적 · 심리적 · 사회적 존재로 보고, 전 생애에 걸친 발달과 변화를 강조하였다. 인간의 심리발달은 생물학적 성숙과정의 요구와 일상생활 중에 직면하는 사회의 요구 혹은 압력 간의 상호작용에서 비롯된 것으로 보는 것이다(김성경 외, 2012).

〈표 1-9〉 **에릭슨의 사회심리 발달단계**

연 령	단 계	특 징
출생~ 12개월	영아기 신뢰감 VS 불신감	관계의 주 대상은 어머니로 양육자에 대한 의지와 신뢰감이 주변 환경으로 확장되고 적절한 양육을 받지 못하면 불안과 불신감 형성

1~3세	초기 아동기 자율성 VS 수치심과 의심	독립적 환경에서 아동은 선택과 자제력을 배우고 자기가치를 강화. 반면 자율성 형성에 대한 실패는 수치심과 의심을 형성
3~5세	학령 전기 주도성 VS 죄의식	주도성을 가지고 학습하고 놀이를 하는 시기이며 오이디푸스 콤플렉스를 해소하면서 남성적, 여성적으로 되는 것을 배움. 실패할 것에 대한 걱정은 죄의식과 불안 초래
6~11세	학령기 근면성 VS 열등감	새로운 사회와 학교의 요구에 대처가 필요한 시기로 생산적인 일에 집중하며 끊임없는 근면으로 직업과 기술, 능력을 신장. 그러나 가정에서 아동의 학교생활을 준비시키지 못했을 경우 열등감 형성
12~18세	청소년기 정체성 VS 역할혼란	다양한 경험으로 가치관, 인생관의 갈등, 방황, 통합이 이루어지고 고유한 주체의식이 발전. 정체감 형성에 실패한 경우 자아 및 역할 혼란 초래
19~40세	성인기 초기 친밀 VS 고립	타인과의 관계 형성의 능력을 키우고 실행하는 시기로 사랑의 능력이 절실하게 요구되는 시기. 친밀감 형성의 실패는 고립과 외로움 초래
40~65세	성인기 중기 생산성 VS 침체	다음 세대에 대한 관심과 책임(부모역할 수행)이 확대되나 실패했을 경우 침체와 자기탐닉에 빠짐
65세 이후	성숙기 통합 VS 절망	자신의 존재가치를 획득하고 인생의 원숙함과 성취만족감을 느끼게 되나 실패했을 경우 인생에 대한 죄책감과 죽음에 대한 공포 경험

출처 : 박정란 외(2012). Erikson's Theory of Psychosocial Development.

3) 인지발달이론

피아제(Piaget)의 인지발달이론은 인간이 외부세계를 이해하고 파악하는 데 바탕이 되는 인지구조가 형성되는 과정을 밝히고 있다. 즉, 인지발달을 유기체와 환경과의 상호작용으로 이루어지는 적응과정으로 정의했다(정옥분, 2006).

피아제는 발달단계를 4단계로 구분하였으며, 아동의 사고는 도식, 동화, 조절, 조직화, 평형을 통해 발달한다고 하였다.

〈표 1-10〉 **피아제의 인지발달**

나 이	단 계	주요 특징
0~2세	감각운동기	• 빠는 것, 잡는 것, 대근육 운동과 같은 감각운동기관을 사용하여 도식을 형성한다. • 대상 영속성이 발달하기 시작한다. • 구체적 표상에 의존한다. • 인지세계는 지금, 여기(here and now)의 세계이다.
2~7세	전조작기	• 언어발달이 가속된다. • 상징을 사용하여 놀고 배운다. • 생각하고 행동하는 것이 자기중심적이다. • 사물을 이유와 목적을 가지고 생각한다. • 직관적으로 생각한다. • 미숙하나마 보존개념이 생기나 의사결정은 아직도 사물이 어떻게 보이는가에 따라 이루어진다.
7~12세	구체적 조작기	• 보존개념이 확실해진다. • 여러 측면에서 상황을 고려할 수 있는 탈중심화 사고를 보인다. • 사고과정에 가역성이 생긴다. • 위계적 유목화와 서열화가 가능하다. • 다소 자기중심적 입장에서 탈피하고 시간과 공간 개념이 형성된다. • 수를 이해하고 논리적 사고를 하기 시작한다.
12~15세	형식적 조작기	• 언어적이고 가설적인 문제를 다룰 줄 안다. • 과학적이며 논리적인 추리능력이 있다. • 구체적 현상단계를 넘어 상징적 사고를 할 수 있다.

출처 : 박정란 외(2013).

〈표 1-11〉 **피아제의 사고개념**

구 분	내 용
도식(schema)	정보를 조직화하여 해석하는 구조를 제공하는 개념 또는 틀(frame)이다.
동화(assimilation)	새로운 정보를 현재 가지고 있는 지식에 적용시킬 때 나타난다.
조절(accommodation)	새로운 정보를 습득함으로써 기존의 도식을 수정하는 것을 말한다.
조직화(organization)	분리된 행동을 질서정연하게 보다 유연하게 작용하는 인지적 체계로 분류하는 과정으로 여러 항목을 범주화하는 과정이다.
평형(equilibration)	아동이 특정 사고단계에서 다음 사고단계로 어떻게 이동하는지를 설명하고자 이 메커니즘을 도입했다.

출처 : 곽금주 외(2006).

제4절 아동복지의 전제조건과 제 원칙

1. 아동복지의 전제조건

아동복지는 아동의 건전한 성장과 발달에 필요한 욕구를 지원하고, 아동이 지니고 있는 잠재능력을 찾아서 발휘할 수 있도록 하는 것이다. 아동복지의 기본 전제로 안정된 가정생활, 경제적 안정, 보건과 의료보호, 교육, 노동, 오락, 특수보호 등이 있다(장인협 외, 2001). 이러한 아동복지의 기본 전제요소는 학자에 따라 다소 견해 차이를 보이며, 아동의 권리에 관한 선언이나 법에 따라서도 제시되고 있다.

〈표 1-12〉 **아동복지의 기본 전제**

엘렌 케이 (Ellen Key, 1909)	프레데릭슨과 멀리건 (Frederickson & Mulligan, 1972)	UN 아동권리협약 (1989)	미국 사회복지 대백과사전 (1995)	장인협 · 오정수 (2001)	이은화 외 (2011)
튼튼하게 태어날 권리	부모역할의 준비	시민권과 자유권	안정된 가족생활	안정된 가정생활	바람직한 부모-자녀 관계
건전하게 양육 받을 권리	경제적 안정	가정환경 및 대리보호에 대한 권리	부모의 보호	경제적 안정	경제적 안정
정상적인 가정생활을 누릴 권리	보건	기초 보건 및 복지에 대한 권리	안정된 가정경제와 주거	보건 및 의료보호	보건
교육받을 권리	교육	교육 · 여가 · 문화 활동에 대한 권리	건강과 의료보호	교육	교육
도덕적 · 정신적 훈련을 받을 권리	종교	특별보호 조치에 대한 권리	교육	노동	노동 착취로부터의 보호

유희나 오락을 즐길 권리	놀이 및 오락		놀이	오락	놀이
	유해한 노동에서의 보호		윤리적 표준	특수보호	특수보호
	특수욕구 아동에 대한 서비스		이념과 가치		
			교육적·직업적 지도		
			법적 보호		

출처 : 이순자 외(2013).

1) 안정된 가정과 부모

아동발달은 성숙과 환경이 상호작용하는 가운데 이루어지는데, 안정된 가정생활과 바람직한 부모의 역할이 수행되는 환경은 아동의 인격발달과 인간관계 형성의 기반이 된다.

건강가정기본법(2008)에서는 '건강가정'을 가족구성원 모두의 욕구가 충족되고 인간다운 삶을 영위할 수 있는 건강하고 안정적인 가정으로 정의하고 건강가정이 아동복지의 최우선 조건임을 강조하였다. 그러나 안정된 가정과 바람직한 부모의 역할을 유지하기 위해서는 개별 가정의 노력뿐 아니라 국가와 지방자치단체의 노력과 지원이 공동으로 요구된다.

2) 경제적 안정

가정의 경제적 안정 여부는 아동이 건강하게 자랄 수 있는 기초적인 기반이 되기 때문에 빈곤가정의 아동은 발달 가능성에 제한을 받을 수 있다. 즉, 가정의 경제적 빈곤은 부모의 마음상태 및 인성에 악영향을 미쳐 결국은 부정적인 양육태도를 가지게 하는 것이다(이은화 외, 2011). 가바리노(Garbarino, 1992)는 빈곤가정을 아동복지의 지표, 원활한 가정의 기능수행 수준을 나타내는 지표로 보았다.

3) 보 건

우리나라의 경우, 아동의 건강과 관련된 법률은 아동복지법과 모자보건법이 있다.

아동복지법에서는 아동이 건강하게 출생하여 행복하고 안전하게 자라나도록 그 복지를 보장함을 목적으로 함을 명시하여 아동의 건강권과 아동복지에 관한 국가의 보장의무를 분명히 하고 있다.
모자보건법에서는 모성의 생명과 건강을 보호하고 건전한 자녀의 출산과 양육을 도모함으로써 국민보건 향상에 이바지함을 목적으로 함을 명시하여 임산부의 건강권과 국가의 보호를 강조하고 있다.

4) 교 육

아동은 교육을 통해 사회의 구성원으로서 살아갈 수 있는 여러 가지 기술과 기능 등을 습득할 수 있어야 한다. 교육권이란 국가가 제도적으로 보장하는 교육의 기회와 국민이 향유하는 권리를 말한다. 또한 무상교육은 해당 국가의 정치 · 경제 · 사회 · 문화적 형편에 따라 다르지만 최소한 입학금과 수업료를 면제하는 공통점을 가지고 있다. 우리나라의 경우 헌법에 의무교육의 무상을 명기하고 있다.

헌법 제31조에서는 모든 국민은 능력에 따라 균등하게 교육을 받을 권리를 지닌다고 명시하여 교육권을 모든 국민의 기본권으로 보장하고 있다.
유아교육법 제24조에서는 초등학교 취학 직전 3년의 유아교육을 무상으로 한다고 명시하고 있다.

그러나 우리나라는 여러 가지 교육과 관련된 사회문제, 입시 위주의 교육, 사교육비 과다지출, 공교육의 질적 저하 등을 초래하고 있다.

5) 놀이 · 문화활동

아동의 여가, 오락활동 및 문화활동에 대한 권리가 「UN 아동권리에 관한 국제협약」 제31조에 명시되어 있다. 아동이 휴식과 여가를 즐기고, 자신의 연령에 적합한 놀이와 오락활동에 참여하며, 문화생활과 예술활동에 자유롭게 참여하는 등의 놀이와 관련된 권리를 인정하고, 아동에게 놀이를 촉진할 수 있는 적절하고 균등한 기회를 제공하도록 장려하고 있다.

우리나라에서는 '어린이 헌장'에서 아동의 놀이 및 오락의 권리를 명시하였고, '청소년 헌장'에서 문화 · 예술활동의 권리를 명시하고 있을 뿐 아동의 놀이 및 오락을 위한 정책이나 시설, 기구 등은 매우 미흡한 실정이다.

6) 특별욕구를 가진 아동을 위한 보호

아동복지가 모든 아동을 대상으로 그들의 복리를 증진시키기 위한 것이라면, 특별한 욕구를 가진 대상자에 대해서도 보다 개별적인 보호와 양육의 서비스가 제공되어야 한다.

2. 아동복지의 원칙

아동의 복지를 실현하는 데 있어 정책을 마련하고 서비스를 실천하기 위해서는 기본적으로 지켜야 할 원칙들이 있다. 아동복지실천의 원칙은 일반적으로 다음과 같은 원칙으로 나누어 살펴볼 수 있다(장인협 외, 2001).

1) 권리와 책임의 원칙

아동복지의 주체는 모든 국민이다. 모든 국민을 구체적으로 언급하면 아동, 부모, 국가와 지방자치단체 등의 사회인데, 아동복지는 이 세 주체가 각자의 권리와 책임을 바탕으로 상호작용과 협력 속에서 수행되어야 바람직한 방향으로 나아가게 된다.

2) 보편성과 선별성의 원칙

보편성의 원칙이란 전체 아동을 대상으로 급여나 서비스를 제공하는 원칙이다. 반면 선별성의 원칙은 빈곤가정의 자녀, 질병이나 장애, 학대, 위협 등과 같은 범주화에 기초하여 보호가 필요한 아동에게 우선적으로 복지서비스를 제공한다(장인협 외, 1999). 우리나라 아동복지서비스는 2000년대 이후 요보호아동대책 외에 아동의 인권과 안전 관련 정책이 강화되어 보편적 복지를 지향하고 있으나, 선별주의에 의한 사후대책적인 성격을 탈피하지는 못하고 있는 상황이다.

3) 개발적 기능의 원칙

아동복지에서 사후대책적인 기능이 주가 되는 과거의 복지지향적인 것이 아니라, 적극적이고 예방적이며 의도적 변화를 가져올 수 있는 개발지향적 아동복지 체계를 형성한다. 켄덜(Kendall, 1973)에 의하면, 사회복지의 개발적 기능이란 '목적에서 적극성을 띠고 접근방법에서 포괄성을 가지며 대상인구의 각 부문에 관여해야 하며, 치료적 혹은 미시적 수준에서 거시적 수준까지 제 복지기능이 관여하는 것'이라 한다.

4) 포괄성의 원칙

아동복지를 달성하기 위해서 경제, 교육, 보건, 주택, 노동 등 여러 분야의 포괄적인 대책이 아동 관련 정책과 서비스에 수반되어야 함을 말한다. 아동의 신체 · 정서 · 인지 · 사회 발달은 각각 분리된 것이 아니라 상호 관련되어 역동적으로 발달하므로 아동의 욕구에 대해 통합적으로 다룰 필요가 있는 것이다(공계순 외, 2003).

5) 전문성의 원칙

아동의 건전한 발달을 위해서 아동복지사업은 전문인력과 전문기관에 의해 이루어져야 한다.

아동복지에 관한 전문지식과 윤리의식을 갖춘 아동복지전문가를 양성하고 지속적으로 관리하며, 아동과 부모의 욕구를 보다 전문적으로 충족시킬 수 있는 아동복지전문기관들이 지속적으로 증가될 필요가 있다.

토론해 보기

1. 아동 및 아동복지의 개념에서 과거와 현재의 차이점은 무엇이며, 그에 대한 여러분의 생각을 토론해 봅시다.

2. 우리나라 아동의 특성에 따른 권리에 대해 여러분의 생각을 토론해 봅시다.

3. 학자들의 개인 성향에 따른 아동의 발달이론에 대해서 여러분의 생각을 토론해 봅시다.

4. 아동복지실천 현장에서 나타나고 있는 원칙에 대해서 여러분의 생각을 토론해 봅시다.

02

아동복지의 역사

제 1 절 아동복지의 역사적 과정

서양과 우리나라의 아동복지의 역사 과정을 살펴보고자 한다. 이를 통해 아동의 지위와 처우가 시대별로 어떻게 달라지고 있는지, 아동복지의 중요한 서비스가 어떻게 시작되었는지를 살펴보아야 할 것이다. 서양의 아동복지를 중세 이전, 산업혁명 시기, 근대사회, 현대사회별로 나누어 아동복지의 과정을 알아보고, 이에 우리나라의 아동복지의 역사를 살펴봄으로써 주요한 복지 정책과 그 형성과정을 확인하고 앞으로 아동복지제도가 나아갈 방향에 대해 살펴보아야 할 것이다.

1. 아동복지의 역사적 배경

아동복지에 대한 관심은 이들 아동문제를 해결하기 위한 대안으로 시작되었다. 아동복지서비스와 제도는 20세기 전후의 사회적 변화와 깊은 관계가 있으며, 카두신(Kadushin)과 마틴(Martin)은 시대적 분위기를 여덟 가지로 정리하고 있다(Kadushin & Martin, 1988).

첫째, 인본주의 이념과 함께 발전하였다. 기존의 아동문제의 해결방법을 거부하는 움직임이 증대하였으며, 기독교의 생명존중사상과 18세기 이후의 계몽주의는 아동복지를 개인적 의무에서 종교적·시민적 의무로 인식하는 원동력이 되었다.

둘째, 인도주의적 이념이 강화되고, 지원할 수 있는 산업혁명을 토대로 한 경제발전과 아동문제를 사전에 예방해야만 미래의 사회적 짐을 줄일 수 있다는 인식과 더불어 투표권이 빈민에게까지 확대되어, 이들의 욕구와 이익에 관심을 기울일 수밖에 없는 정치적 상황이 아동복지 발전에 기여하게 되는 계기가 되었다.

셋째, 아동기가 인간의 성장과정에서 중요한 시기이며, 아동을 특수한 성질, 독특한 욕구와 능력을 가진 인구집단으로 인식하기 시작하였다.

넷째, 가족과 이웃의 기능 쇠퇴와 사회제도의 전문화가 요구되었다.

다섯째, 사회 내에서 가족과 아동이 차지하는 지위가 향상되었다.

여섯째, 사회가 저출산과 고령화로 변화하면서 부모와 자녀의 정서적 애착관계가 보다 친밀하고 강화되었다.

일곱째, 과학적 지식의 진보는 아동복지 학문과 전문직을 탄생시켰다.

여덟째, 아동의 법적 지위가 향상되었다.

1954년 11월 국제연합총회에서 아동권리선언이 채택되고, 더 나아가 아동의 권리에 관한 국제협약이 1989년 유엔총회에서 만장일치로 채택되면서, 아동을 단순히 보호를 필요로 하는 대상이 아니라 권리의 주체로서 인정하고 아동 최선의 이익이 1차적인 기준이 되어야 함을 법적으로 명시하여 아동의 법적 지위를 높여 놓았다. 이 법은 강제성은 없지만 국내법과 동일한 효력을 발생하므로 많은 국가들의 아동복지서비스와 아동복지제도를 개선시키는 데 크게 기여하는 계기를 이루었다(윤매자 외, 2012).

제 2 절 서양 아동복지의 역사

아동복지는 그 시대적 상황, 즉 사회, 문화, 경제구조, 가족제도 및 아동의 위치에 따라, 아동관에 따라 아동을 대하는 태도가 다르게 이어져 왔다. 아동을 위한 복지사업은 19세기 이후에서야 조직적인 아동복지 활동이 이루어졌다. 현재적인 의미에서 엘렌 케이(Ellen Key)는 아동복지사업을 20세기의 산물이라고 하였다.

여기에서는 세계의 아동복지 역사를 검토해 보고 아동관의 변화과정을 살펴보고자 한다.

1. 고대사회

고대사회에서 아동 개인의 가치나 존엄성은 무시되었고 단지 아동은 부모, 부족의 소유물로 여겨져, 부족 보존이나 노동력에의 기여 여부가 아동들의 생존을 판단하는 시대였다. 고대사회는 사회와 가정에 부담이 되는 아동은 원하지 않았으며, 그러한 문제를 해결하는 방법으로 낙태, 유아살해, 유기, 기아 등의 방법이 공공연히 사용되었다(한미현 외, 2001).

카두신(Kadushin)에 의하면, 아마존 강 유역의 인디언들은 아기가 태어나면 강물에 그 아이를 넣어 건강한 아이만을 끄집어 내며, 그렇지 않은 아이들은 그대로 내버려 두는 생존시험을 했다고 하는 보고가 있다. 로마시대에 고문관 세네카(Seneca)는 "훌륭한 아기와 아무짝에도 쓸모없는 아기는 구별해야 한다"고 하면서 영아살해와 기아가 중요한 인구조절 수단임을 강조하였다(Aries, 1973). 아리스토텔레스(Aristoteles, BC 384~322)의 말처럼 아동은 어릴 때부터 '말하는 가축'으로서 길러지는 한편 지배층 아동들에게는 매우 엄격한 교육이 행해졌다. 오스트레일리아의 어떤 부족의 풍습에서는 짐이 되는 허약한 아동이나 장애아동을 두려워하여 이들을 유기하기도 했다. 각 나라마다 고대사회에서는 영아 살해나 유기가 성행했음을 역사적 사실로 알 수 있다.

기독교 정신에 영향을 받았던 콘스탄틴 황제는 "아동을 살해할 수 없다"는 조항을 콘스탄틴 법전에 명시하면서 부양능력이 없을 때는 다른 사람이 옷과 음식을 제공하여 그 아이를 부양하도록 했다.

이른바 고대사회에서 아동은 본능적인 존재로서 종족보존의 수단으로서의 가치가 인정되었을 뿐, 그 사회 내의 풍습이나 미신에 의해 크게 생명의 위협을 받아야 하는 무력한 존재였다.

2. 중세사회

중세는 봉건제도의 사회로서 신분적 계급을 중시하여 종교의 사회적 영향이 강했던 시대였다. 장원중심의 자급자족 사회로서 요보호아동은 자식이 없는 농노의 집이나 빈집에서 상호부조를 통해 양육되었으며, 공동체 사회의 노동력으로 활용되었고, 공동체가 보살피지 않는 아동은 교회나 수도원에서 길러졌다(박정란 외, 2012).

중세는 엄격한 신분사회였기 때문에 아동의 지위도 신분에 따라 달라지게 되었는데, 신분이 높은 계급의 아동들은 신분상의 혈통의 승계자로, 신분이 낮은 계급의 아동들은 농노로서 무가치한 생명으로 취급받았다. 중세에는 종교단체나 가톨릭 교회에서 생명을 빼앗는 행위를 금지하였으며, 낙태, 영아살해, 기아, 아동성매매 등을 죄악시했고, 아동 유기나 살해 등의 대안으로 구호아동노역장, 도제제도 등이 실시되었다. 이때부터 아동보호사업 서비스가 싹트기 시작했다고 볼 수 있으나, 근대적 의미의 전문적 아동복지사업은 아니었다(장인협 외, 1999).

3. 근대사회

근대사회는 상공업의 발달과 산업혁명의 영향으로 농노제도와 장원제도로 운영되던 중세봉건 사회가 급격히 무너지면서 자본주의 제도가 탄생한 시대이다.

영국의 빈민법 탄생으로 이 법에 따라 아동이 국가의 보호를 받기 시작하였다.

18세기 계몽주의 시대에 아동에 대한 존재와 가치에 대한 사회적 인식이 이루어졌다(Aries, 1973). 루소(Rousseau)는 저서 『에밀』을 통해 유아기에서 청년기에 이르기까지의 교육의 중요성과 그 방법을 제시하였으며, 이후 아동기에 대한 인식을 전환하는 데 크게 공헌하였다. 18세기 후반부터 시작된 산업혁명은 값싼 노동력을 얻기 위해 가난한 가정의 아동들을 모집해 노동시켰고, 특히 장시간의 노동에 시달려야 했다. 그리고 아동 보호와 보육을 위한 시설이 18세기 후반부터 시작되었다.

또한 1767년 프랑스의 오베를란(Oberlin)은 편물학교를 설립하였는데, 이 편물학교는 부모가 일터에 있는 동안 아동을 보호하는 역할을 맡고 있는 적극적인 탁아기능에 중점을 둔 교육기관이었다.

또한 스위스의 페스탈로치(J. H. Pestalozzi, 1746~1827)는 『린하르트와 게르트루트는 어떻게 그녀의 자녀를 가르치는가』 등의 교육소설을 쓰면서 모성의 위대한 교육적인 힘을 찬양했고, 노이호프(새 농장이라는 뜻)를 만들어 그곳에다 가난한 아이들을 교육시킬 빈민학교를 열어 노작교육을 통한 인간교육에 힘썼다.

영국의 오웬(Owen)은 자신의 방직공장에 다니는 직원의 보호를 목적으로 '성격형성학원'을 설립하여 보다 좋은 환경에 교육을 포함시켜야 한다고 했다(홍순정 외, 1997).

- 기계에 의한 공장의 노동시간을 1일 12시간으로 할 것
- 12세까지는 노동시간을 6시간 이내로 제한할 것
- 위의 연한 이후에라도 남녀 모두 읽기, 쓰기를 잘할 수 있고 산수의 법칙을 터득할 때까지, 특히 여아는 거기에다 평소에 입는 옷을 바느질할 수 있을 때까지 고용해서는 안 되도록 정할 것 등 위의 사상을 바탕으로 1816년 그가 경영하는 방직공장 내에 '성격형성 신학원'을 설립하였다.

이렇게 '성격형성 신학원'이라고 불리는 시설을 공장부지 중심에 세운 이유는 좋은 환경에 교육을 포함시켜야 한다고 생각했기 때문이다(박정란 외, 2012).

19세기 중반까지 고아나 유기된 아동은 시설에서의 수용보호가 전부였으나, 그들이 수용된 시설의 생활은 열악했고 수용·보호받던 많은 아동이 죽었으며, 이에 대한 비판으로 19세기 후반부터는 가정보호운동이 수용·보호 중심의 아동보호에서 위탁가정운동이 펼쳐졌다.

4. 현대사회

20세기는 '아동의 세기'로 불리기도 한다. 아동권리의 사상, 권리로서의 아동복지사상이 더욱 강조되었다. 엘렌 케이(Ellen Key)는 저서 『아동의 세기』에서 "아동을 살리자"라고 호소하였다. 아동은 적어도 여섯 가지의 권리, 즉 건강하게 출생할 권리, 건강하게 자랄 권리, 정상적인 가정생활을 누릴 권리, 교육을 받을 권리, 정신적·도덕적 훈련을 받을 권리, 놀이와 오락을 즐길 권리를 누릴 수 있어야 한다고 했다.

아동복지에 대한 국가의 책임을 강조한 1909년 미국에서 열린 백악관 회의에서 루스벨트(Franklin D. Roosevelt)는 아동을 위한 부모 역할, 가정생활의 중요성을 언급하였다. 이후 연방정부에 아동문제를 전담하는 아동국을 설치하고, 아동문제, 아동노동, 비행 등 아동 관련 사항을 담당하도록 하였으며, 매 10년마다 백악관 회의를 열어 변화하는 사회에서의 아동복지정책을 모색하도록 하였다. 한편 아동이 가정과 같이 느낄 수 있도록 하는 대리서비스의 중요성이 강조되었다. 대규모 아동시설은 가정형태의 소규모 시설로 발전하였으며, 위탁가정과 시설의 특성을 동시에 갖춘 소규모 가정시설이 개발되었으며, 특수아동의 욕구를 충족시키기 위한 특별위탁가정이 개발되었다(장인협 외, 2001).

아동복지서비스의 발전을 요약해 보면 다음과 같다.

- 집단적 수용보호 → 소규모 수용보호
- 시설보호 중심 → 재가보호와 지역사회에 의한 보호의 강조
- 포괄적인 서비스 → 분화된 다양한 서비스
- 비전문적 서비스 → 전문적인 서비스로 발전

〈표 2-1〉 **시대별 아동복지의 발전사**

분 류	고대사회	중세사회	근대사회	현대사회
아동관	• 아동의 개인 가치, 존엄성이 무시됨 • 부족보존, 생산기여에 따라 생존판단 • 아동을 본능적 존재로 간주함	• 아동을 성인의 축소판으로 봄 • 엄격한 신분사회로 아동의 지위도 신분에 따라 높은 계급의 아동은 신분상 혈통계승자로, 신분이 낮은 아동은 농노로 무가치한 생명으로 취급함	• 약자에 대한 보호문제가 사회문제로 등장 • 빈곤은 사회구조의 변화에 따른 사회적·국가적 책임	• 아동권리사상이 강조됨 • 권리로서 아동복지사상이 강조됨 • 아동을 하나의 독립된 인격을 지닌 존재로 봄
양육 방법	여성의 본능적 양육	• 농노, 고아의 경우 공동체 사회의 노동력으로 활용됨 • **장애아동** : 교회, 수도원에서 양육 • **도시수공업자, 상인의 자녀** : 도제훈련 5~6세 • **고아** : 길드의 상호부조로 양육 • **영주·관리인·무사계급의 자녀** : 가업을 이어받기 위한 엄격한 교육받음	• 1611년 엘리자베스 구빈법에 의해 구빈원에 혼합수용으로 많은 문제 발생 • 집단수용아동에 대한 비판집중 : 유력인사·민간단체 등이 집단수용으로부터 보호하려는 운동 전개	• 포괄적 서비스-분화된 다양한 서비스 • 비전문적 서비스-전문적 서비스

아동 복지 제도	• 영아 살해, 유기 및 인신매매 성행함 • 유아살해가 사회적으로 용납됨 • **유스티니아누스법전**: 아동매매 합법화 • **콘스탄틴 법전**: 아동살해 불가	• 가난하고 의지할 곳 없는 아동을 보호하기 위해 시설을 활용 • **교회의 아동보호사업 서비스가 싹틈**: 종교적 자선행위	• 영국의 구빈법 탄생 – 1601년 영국의 엘리자베스 구빈법 규정: 아동복지 제도의 기원 – 아동시설: 혼합수용에서 아동중심 시설로 반전이 이루어짐 – 분리수용보호, 가정위탁제도 실시	• 공공부조에 의한 권리까지 보장 • 미국 루스벨트 대통령 연방아동국 설치 • **제1차 백악관 회의**: 아동복지에 대한 정부의 책임을 처음 공식화함 • 1930년 아동헌장 채택 • 1924년 아동권리에 의한 제네바 선언
학 자	카두신	• 코메니우스(1592~1670): 대교수학, 세계도회, 학교제도 • 로크(1632~1704): 백지설 주장, 환경과 조기교육 강조 • 루소(1712~1778): 성선설, 『에밀』 • 오베를란(1740~1826): 편물학교 • 페스탈로치(1746~1827): 빈민학교, 노작교육 · 인간개혁을 통한 사회개혁 • 오웬(1771~1858): 성경형성학교 설립		
비 고	**로물루스**: 기아 출신	**아동학자**: 출현되지 않음	자연주의 학자의 혈통이 이어짐	아동을 무한한 잠재능력을 가진 존재로 인정함

출처: 전남련 외(2012).

제3절 우리나라 아동복지의 역사

우리나라의 경우 사회와 가족의 변화에 따라 아동의 욕구에 얼마나 민감히 대처해 나가고 있는지 알 수 있다. 고대로부터 아동보호에 대한 장치가 있었고 서양의 아동복지를 능가하는 제도와 실천이 있었다. 전근대사회에서는 민생규휼의 책임이 국왕에게 있음을 뜻하는 책기론에 입각한 강력한 왕도정치에서 아동보호가 실행되었고 민간중심의 아동복지실천은 세계사적인 관점에서도 뒤지지 않는 것이라고 한다. 여기에서는 근대 이전, 근대, 현대사회로 나누어 살펴보고자 한다(전남련 외, 2012).

1. 근대 이전 한국의 아동복지

1) 고려시대

우리나라의 아동에 대한 관심은 가계를 계승하기 위한 수단으로서의 남아선호사상이 강하였다고 할 수 있다.

삼국시대 이래 우리나라에서 전통적인 구제의 대상은 환과고독의 무의탁한 빈민이었으며, 아동은 보호의 중심이었다.

『삼국사기』에 의하면, 신라 제3대 유리왕 때 환과고독노병(홀아비, 홀어미, 고아, 아들 없는 이, 늙은이, 병든 이)을 요보호대상자로 정해 무료급식과 양육을 왕명으로 하였다(전남련 외, 2012).

삼국시대 구제의 특징

- 각종 재해로 인한 이재민의 구휼사업
- 4궁(환과고독)에 대한 보호
- 병과 자립 불가능한 자에 대한 구제
- 국고를 통한 재원조달

고려시대의 『고려사』에 보면, 성종 13년에 왕명으로 부양할 부모나 친족이 없는 어린 고아는 10세까지 관에서 수용·양육하고 10세가 지나면 본인의 희망에 따라 거주하게 하였다고 한다. 하상락(1989)은 이것을 아동복지에 있어 우리나라 최초의 시설구제로 보고 있다. 고려시대의 사회제도는 엄격한 신분 차별을 지키는 계급사회였다. 고아수용도 폐단이 없진 않았다. 종교적인 차원에서 수용·양육하여 승려 또는 사역승으로 양성했고, 민간에서는 양자녀 혹은 노비로 삼았다고 한다.

고려시대 구제의 특징

- 불교의 자비사상을 기본 사상으로 여김
- 서양의 종교적 동기의 자선사업의 의미와 유사
- 구빈과 관련된 공적 기관이 설치
- 빈곤정책이 제도화되기 시작

2) 조선시대

조선시대의 아동복지는 정조 7년(1783)에 제정한 자휼전칙이 우리나라 전근대의 대표적 아동복지 법령이다. 이것은 정조가 흉년으로 증가한 유기아, 행걸아의 구제를 목적으로 제정하였는데 국가의 책임과 역할을 어느 정도 인정하고 있다는 것이다(하상락, 1989). 다음은 자휼전칙의 전교이다.

자휼전칙 전교

전교하여 가라사대 흉년에 내 백성의 굶은 거동과 허약하여 엎어지는 거동을 하는 자가 누구 하나 임금의 정사에 건지고 구할 바 아니겠는가마는 그중 가장 하소연할 데 없고 가장 불쌍한 자는 아이들과 어린 것이니, 저 자란 것은 남의 고공이 되어 물도 기르며 나무도 져 오히려 가히 자립하여 살 수 있거니와 아이들 어린 것은 이와 달라 몸을 가리고(입고) 먹을 도리 스스로 힘쓸 길이 없어 울고 부르짖어 살기를 빌어도 가히 의지할 곳이 없나니, 길가에 내어 버린 류에 이르면 그 사이에 무슨

> 연고있는지 알지 못하거니와 대강 부모 없어서 이러한 지경에 이르렀고 비록 부모 있을지라도 굶주림과 추위가 몸에 간절하여 둘이(자식과 제 몸과 둘이란 말) 다 살아나지 못할 줄 헤아리고 인정을 베고 사랑하는 마음을 끊고 거리에 내어 버려서 보는 사람이 불쌍히 여겨 살리기를 바라는 것이니, 만일 착한 사람이 있어 데려다 기르면 다행하거니와 그렇지 못하여 여러 때가 지나면 문득 죄 없이 죽으리니 슬프다 하늘과 땅이 만물을 내는 뜻이 어찌 한갓 이러하리오.
> 활인(活人), 혜민(惠民) 두 마을을 두기는 이곳의 약으로 죽는 것을 구하려 한 뜻이라, 백성이 병이 있어도 오히려 관원을 두어 구하려 하거든 하물며, 이 아이들과 어린 것들이 혹 다니며 빌고 혹 내어 버리는 것이 병든 것보다 더욱 긴급하니 관제원과 육영사(두집 이름이니 옛적 걸인을 구하고 아이를 기르던 마을)의 아름다운 법제는 고금이 달라 일조에 두로 행하기 어렵되 서울은 팔방의 본이 되는 곳이니 약간 옛법을 모방하여 먼저 서울에서부터 시작하여 비로소 점차로 본받게 하기가 실로 어진 상사의 시작이 될 것이다. 내 저번에 우연히 생각하고 대신들에게 의논하니 모든 의논이 다 같으니 이제 어찌 지란하여 의심하리오. 유사(일 맡은 관원들)로 하여금 깊이 의논하고 강구하여 마땅히 할 일을 절목으로 만들어 이를 근거로 즉시 중외(서울과 시골)에 두루 보여 각각 길을 준행하게 하되 풍흉의 범례 다르기와 연원의 법제를 정하기를 가히 자세히 헤아려 구별하고 차등하지 아니치 못할 것이니, 친척 있고 주인 있는 자는 두루 찾아 맡길 것이며 자식 없고 종 없는 자가 거두어 길렀을 경우 허락하여 주는 법을 극진하게 하여 끝까지 은혜 있게 하라.

자휼전칙은 특히 모든 백성에게 알리려는 의도에서 한글로 번역하여 반포된 점에서 법 실행에 대한 “정조”의 강한 의지를 엿보게 한다. 자휼전칙은 “정조”의 전교와 다음의 9개 절목으로 나누어져 있는데, 구체적 내용은 다음과 같다(하상락, 1989).

(1) 나이 및 구제기간

구휼대상의 아동은 연령에 따라 유기아와 행걸아로 구별되는데, 행걸아는 4~6세, 7~10세로 세분해 급여를 제공하며, 유기아는 0~3세까지의 아동으로 자력으로 생존이 불가능한 가장 어려운 처지의 아동이다.

(2) 행걸아 구제에 있어서 친족 책임의 원칙

행걸아 구제의 친족 책임의 원칙은 『경국대전』 이래 일관되었다.

(3) 행걸아 구제방법

급여는 민가수양과 진휼청 유양으로 대별된다. 민가수양의 경우 자신의 고공(雇工, 관가노비) 또는 노비로 수양되는 것이다. 유양은 움집을 진휼청 외창문 밖에 마련하였는데, 일종의 간이주거시설로 매우 열악했다. 아동들에게 제공되는 식량급여는 7~10세 행걸아의 경우 매일 쌀 7홉과 장 2홉, 미역 2잎이, 4~6세의 행걸아는 매일 쌀 5홉과 장 1홉, 미역 2잎이 주어졌다. 0~3세의 유기아와 젖어미는 매일 쌀 1되, 4홉과 장 3홉, 미역 3잎을, 유기아로 수양모가 가난한 경우는 매일 쌀 1되, 장 2홉, 미역 2잎을 제공하였다.

(4) 유기아 발견, 보고절차

발견·보고는 진휼청 직원과 관리, 일반백성의 소임이나 급여와 수양 관련 실무는 진휼청 낭관(6품관)이다.

(5) 젖어미 제도

젖어미는 '걸식 여인 중에서 젖이 있는 여인'으로 유기아동과 걸식아동을 결합해 구제한 젖어미 유양(乳養)은 매우 지혜로운 방책이었다.

(6) 행걸아·유기아 입양과 추거(推去 : 본래의 연고권자가 찾아가는 것)

입양의 방법은 대개 수양과 유양, 솔양 등으로 이루어졌다. 유양은 진휼청 유접소(留接所)에서 수용·보호한다는 의미로 행걸아의 시설보호라 할 수 있다. 수양은 오늘날의 입양과 비슷해 주로 자식으로 삼기 위한 것이며, 유양(乳養)은 유기아를 대상으로 젖어미를 활용해 양육하는 것이다. 솔양(率養)은 주로 노비나 고공으로 삼기 위한 입양으로 추측되고 있다.

(7) 서비스 절차와 사후감독

법에 따르면 낭관은 매달 그믐에 아동의 발육과 성장상태를 점검하여 비리가 있을 경우 진휼청 고직이와 젖어미를 문책하는 기능을 수행하도록 되어 있었다.

(8) 의복과 의료구제

유기아, 행걸아를 막론하고 의복이 없는 경우는 지어주고, 의료는 진휼청 혜민서에서 구료하도록 하였다.

(9) 지방에서의 절차와 재정

지방에서는 지방관의 책임 아래 구휼업무가 수행되었는데, 수령은 매달 그믐에 이를 감사에 보고하고 감사는 다시 왕과 진휼청에 보고하는 절차를 거친다. 지방의 경우 행걸아는 흉년이 들어 진휼을 베푸는 경우에만 구휼하고 유기아는 어느 고을에서나 구휼하도록 하였다. 아동구휼의 재정은 중앙의 경우 진휼청의 곡식이 그 재원이었으며, 지방은 상진곡(常賑穀)과 자비곡(自備穀)에서 충당되었다. 장과 미역은 지방의 경우 수령이 마련하는 것으로 보아 재정적 측면에서 지방관의 책임이 강조된 것을 알 수 있다.

> 조선시대 구제의 특징
>
> - 빈민의 구제는 왕의 책임이며, 신속한 구제를 중시
> - 1차적인 구빈행정의 실시책임은 지방관이 짐
> - 중앙정부는 구호관계의 교서나 법을 제정하였음
> - 중앙정부는 지방의 구호행정을 지도·감독하였음

2. 근대 한국의 아동복지

조선시대 말부터 대한제국기까지 정치적 격동기와 맞물려 정부의 구제사업은 공백기였다고 할 수 있다. 특히 아동복지 분야는 서양 선교사의 종교적인 자선사업이었으며, 한국인으로는 유학자 이필화가 고아원을 설립하였다. 여기서는 박정란(2012)의 연구를 중심으로 기술한다.

1) 19세기 말에서 대한제국기까지

1855년 프랑스인 메스트로(Mestro) 신부에 의한 고아구제사업은 우리나라의 근대적 육아사업의 효시로 들 수 있으며, 1880년 프랑스 장 블랑(Jean Blans) 신부가 한양에 양로원과 고아원을 처음으로 개설하였다. 1894년 갑오개혁으로 서양 선교사들은 포교활동의 일환으로 활발히 자선사업을 전개하기 시작하였고, 고종 32년에는 인천에 천주당 부속 고아원이 설립되었고, 광무 10년에는 이필화가 경성고아원을 세워 근대적인 영유아복지사업이 시작되었다. 이 시기의 민간아동복지는 19세기 말 한국을 둘러싼 치열한 국제정세 속에서 구제의 여력을 갖지 못했던 대한제국 정부를 대신하여 전국 각지에서 착실하게 행정의 공백을 메우는 역할을 했다.

1888년 프랑스 가톨릭 신부에 의해 명동에 세워진 고아원은 근대 우리나라에 최초로 세워진 아동시설이었으며, 그 밖에도 인천의 가톨릭고아원, 평양의 감리교계 맹아학교 등은 이 시대 선구적인 아동복지시설이었다. 당시 대한제국 정부의 높은 관심을 반영한 유학자 이필화가 세운 경성고아원은 대한제국 학부 대신의 설립인가를 받아 연액 360원의 한국 황실의 하사금과 연액 180원의 정부보조금 그리고 기부금으로 설립되었다는 사실이 중요하다. 특히 기부금의 경우 황실의 지원 속에 전국적 규모로 이루어졌으며, 많은 사람의 호응과 지지 속에 모아졌다.

2) 식민지 시대의 아동복지

이 식민지 시대는 공적 사회사업의 범위가 확대되고, 특히 영흥학교(1923년에 설립된 우리나라 최초의 공적 비행청소년 감화구제시설) 등의 감화시설이 총독부 직영으로 제도화되었으며, 그보다 앞선 1910년대 조선총독부 재생원이 설립되어 빈곤아동과 맹아들의 교육과 자활을 도모하였다. 재생원은 경성고아원의 전신이다.

식민지 시대의 많은 지식인들은 민족해방의 기대를 아동에게 걸고 1920년대, 특히 아동(소년)보호를 위한 민간 차원의 운동이 활발하게 일어났는데, 운동의 주체가 되었던 국내외 소년단체는 서울에 119개, 지방과 해외를 합하여 564개에 달했다.

식민지 시대의 소년운동은 조선시대 후기 실학사상에서 시작되어 동학의 소년애호사상, 독립협회와 소년교육 중시 등의 사회분위기 속에서 잡지 「소년한반도(1906)」, 「소년(1908)」 등의 창간을 거쳐 1919년 신한국소년애국단, 원산소년단, 천도교소년회, 조선소년척후단 등 소년단체의 잇따른 창립으로 본격적인 실천활동에 들어갔다.

1922년 천도교소년회가 창립 1주년을 맞이하여, 어린이날을 5월 1일로 선포하였다. 그러나 정식으로는 다음 해 1923년부터 실시되었다.

1930년대에 들어서면서 각 지방에 보육원을 비롯한 사회복지시설을 설립하기 시작하여 1939년에는 60개의 시설이 전국적으로 설치되었다. 특히 조선총독부는 천도교의 소년운동이나 기독교의 아동보호사업 등에 주도권을 잃은 1920년대 말부터 대대적인 아동애호운동을 벌이게 된다.

아동애호운동은 1930년대 식민지 사회사업에서 농촌사회사업과 함께 중심축을 이루었으며, 이는 자생적인 민간활동을 한편으로 억압하면서 전개된 것이었다(박정란 외, 2012).

1944년에는 조선총독부 구호령이라는 법령이 제정되었는데, 이 법령에서는 생활이 빈곤한 임산부와 13세 이하의 아동을 대상으로 가택구호를 원칙으로 한다고 규정하고 있다. 가택구호가 불가능·부적당할 경우 개인 가정에 위탁, 구호시설에 수용조치하였다. 그러나 세계대전 말기의 극심한 어려움으로 제대로 구호활동을 전개하지 못하였고, 사실상 조선총독부 구호령은 명목적인 것에 불과하였다.

> **'조선구호령'의 내용**
>
> 65세 이상의 노약자, 13세 이하의 아동, 임산부, 불구, 폐질, 질병, 상병, 기타 정신·신체장애에 의해 일할 수 없는 자를 대상으로 하였다. 그러나 일본보다 12년이나 늦게 한국에 적용하게 된 '조선구호령'은 한국인에 대한 순수한 구빈을 목적으로 하기보다 전쟁을 보다 성공적으로 수행하기 위해, 조선인을 학도병이나 징병, 징용의 형태로 차출하기 위한 대가로 지불한 일본의 치안사의 선심정책에 불과한 것이다.

〈표 2-2〉 **1909년 12월 일본 관보에 나타난 자선단체의 현황**

명 칭	소재지	구 분	설립연월	설립자 및 관리자
천주교회 영아원	서울	육아	1989	천주공교성바오로수도회
천주당 부속 고아원	인천	육아	1895	프랑스천주공교회
사립맹아학교	평양	맹인교육	1898	미국감리교부인 외국인선교협회
세브란스병원	서울	시료(施療)	1883	기독교회 5파 연합
사립간이병원	평양	시료	1896	미국감리교회
동양합동광업회사병원	운산	시료	1897	동양합동광업회사
사립광혜여병원	평양	시료	1898	미국감리교부인 외국인선교협회
원산연합예수교병원	원산	시료	1899	미국남감리교회, 캐나다장로회
사립함흥제혜병원	함흥	시료	1905	캐나다장로회
미동병원	선천	시료	1901	미국장로교전도회
경성행려병인수용소	서울	행려병자 수용	1906. 2.	동본원사별원
경성부인회	서울	교육위생 등에 기부, 빈곤자 구조, 불행자 위문	1897. 7.	수원고토
고아원(경성고아원)	서울	고아부양, 교육	1906. 2.	최식
기아수용소	서울	기아수용, 부양	1908. 2.	유세춘
자혜부인회	서울	고아원사업 보조	1908. 7.	조민희
자선부인회	서울	자선사업	1908. 4.	차천경
구제소	서울	여아만 수용	미상	니콜라스
사립인천자선회	인천	행려병자 및 빈곤자 구제	1886. 5.	信夫淳平
예수자혜병원	목포	환자구제	1901. 4.	市明世(미)
마산부인자혜회	마산	빈곤병자 구호	1907. 11.	三增友子
부산자선교사	부산	빈곤자, 행려병자 구휼	1877. 12.	井上香芯
구읍(舊邑)고아원	용천	고아구제 및 교육	1908. 5.	장영화

출처 : 박정란 외(2012).

3. 현대 한국의 아동복지

1945년 광복 후 미군정이 시작되었고, 당시의 혼란스럽던 사회상황에서 빈곤가정의 영유아들이 대거 발생하였다. 미군정은 이 문제를 해결하는 데 자선적 활동에 의한 수용·보호시설을 증설하였다.

1948년 8월 15일 대한민국 정부가 수립되었으나, 그 이전의 법률이 당분간 적용되었다. 정부는 1950년 2월 27일에 후생시설 설치기준을 제정한 후, 모든 시설로 하여금 이에 준한 설비를 하도록 강화하고 운영을 충실히 하도록 촉구하였다.

1950년의 한국전쟁은 수많은 전쟁고아와 요보호영유아를 일시에 발생시켰다. 이들에 대한 보호대책은 외국단체들에 크게 의존하였다. 그리고 보호시설 종류도 다양해져서 영아원(3세 미만의 아동수용), 육아원(3~18세 미만의 아동수용)이 설립되었으며, 이 시설들은 오늘날까지 영아시설, 육아시설이라는 명칭으로 존속해 오고 있다.

해방 이후 아동복지 관련법령 공포를 보면 다음과 같다.

미군정은 법령 112호로 '노동법규',

1947년 과도정부령 제14호에서는 '미성년자 노동보호법',

제1·2공화국에서는 '교육법(1949)', '소년법(1958)', '근로기준법(1953)',

제3·4공화국에서는 '아동복리법(1961)', '생활보호법(1961)', '소년원법(1979)', '특수교육진흥법(1977)',

제5·6공화국에서는 '아동복지법(1981)', '생활보호법(1982)', '심신장애자복지법(1981)', '유아교육진흥법(1981)', '청소년육성법(1987)', '모자복지법(1989)', '영유아보육법(1991)'이 제정·공포되었다.

제5공화국 이후에는 유아교육이 확대·실시되고 있다는 점과 민간아동복지단체가 활성화되고 있다는 것이 특히 주목할 만한 일이다.

토론해 보기

1. 외국의 시대별 아동복지의 발전사에서, 특히 그 나라별 가치관에 대해서 여러분의 생각을 토론해 봅시다.

2. 우리나라 아동복지의 역사에서 근대 아동복지에 대해 여러분의 생각을 토론해 봅시다.

03

아동복지 정책 및 관련법

제1절 아동복지정책의 이해

제2절 아동복지정책의 분석

제3절 아동복지정책의 구성 및 내용

제4절 아동복지정책의 개선방향

제5절 아동복지 관련법

제 1 절 아동복지정책의 이해

지난 수세기 사회적 변화에서 가족의 형태도 다양화되었고, 가치체계도 변화되었다.

정책(policy)이란 정해진 계획, 분명한 행동노선, 특정한 목적을 이루기 위해 필요한 행동원칙(김상균 외, 2001)으로 국가 차원에서 각종 사업을 추진하기 위한 방침을 설정하는 것이다.

따라서 아동복지정책을 사회복지정책의 한 부분으로 간주할 때 아동복지정책이란 “아동의 기본적 생활과 권리를 보장하기 위한 정부의 노력, 즉 아동복지를 위한 정부의 정책적 활동”이라고 할 수 있다(장영인 외, 2006).

이 장에서는 아동복지정책과 관련법 등에 대하여 살펴보고자 한다.

1. 아동복지정책의 개념

일반적으로 아동복지정책(child welfare policy)의 개념은 복지의 대상인 ‘아동’, 목표인 ‘복지’ 그리고 아동복지를 구현하기 위한 수단인 ‘정책’의 합성어이다. 여러 학자들의 아동복지정책의 개념정의와 관련한 설명이 있는데, 아동복지정책을 광의로 정의하는 포괄적 개념에서부터 단순히 아동 및 가족복지와 관련된 정책으로 정의하는 협의적 개념에 이르기까지 다양하다. 아동복지정책을 아동복지법과 법 규정 그리고 이러한 법 규정에 따른 아동서비스로 정의하는 입장(장동일, 2001), 아동에게 영향을 주는 모든 정책, 프로그램과 활동으로 보는 입장(Kadushin & Martin, 1988), 그리고 가족지원정책을 포함한 아동 및 가족복지정책으로 정의하는 입장(Downs et al., 2000; Pecora et al., 1997; Antler, 1985)

등으로 대별될 수 있다.

지금까지 우리나라의 아동정책은 요보호아동의 보호와 양육이라는 소극적이고 잔여적인 대책에 급급해 왔다. 취약계층 위주의 아동복지는 보편적 문제인 양육과 보육의 공공성에 대한 사회통합적 인식이나 공감대 형성보다는 국가서비스를 시혜적인 것으로 받아들이는 경향을 강화했을 뿐이다(신윤정 외, 2007). 그러나 아동기에 대한 불확실성과 위험요소의 증대, 그리고 보다 적극적인 아동에 대한 투자가 필요한 현시점에서 종래의 요보호아동 중심의 아동정책에서 탈피하여 보다 적극적인 아동정책 방향이 모색되어야 할 것이다(서울대사회복지연구소, 2006).

위와 같은 여러 학자들의 견해를 볼 때 현대적 의미의 아동복지정책은 종래의 시혜적이고 선별적이던 방식에서 벗어나 보다 보편적이고 적극적인 방법에서의 아동에 대한 신체적·심리적 욕구를 충족시켜 주기 위한 법적 장치와 이에 근거한 서비스 지원을 위한 총체적 의미로 해석할 수 있다.

〈표 3-1〉 **사회복지정책과 아동복지**

사회복지정책 영역		사회복지제도
협의의 사회복지 정책	소득보장정책	국민연금, 고용보험, 산업재해보상보험, 공공부조, 사회수당제도
	의료보장정책	건강보험, 의료급여, 국민보건서비스
	주거정책	저소득층을 위한 임대주택, 주거환경개선사업
	사회복지서비스정책	아동복지, 청소년복지, 장애인복지, 노인복지, 여성복지, 한부모가족복지
광의의 사회복지 정책	교육정책	저소득층 교육비 지원, 학교급식
	조세정책	소득재분배 목적의 누진과세, 근로소득공제제도
	노동정책	고용보장, 최저임금제도, 직업훈련, 산업복지
	사법정책	보호관찰제도, 갱생보호제도, 법률구조제도

출처 : 박병현(2011); 송근원 외(1995).

1) 아동복지정책의 유형

아동복지정책의 유형을 크게 가족 유지 및 지원 정책, 대체가정서비스 정책, 아동강제보호서비스 정책으로 분류하여 아동에게 직접적으로 영향을 주는 정책의 유형을 살펴보고자 한다(장인협 외, 2001).

(1) 가족 유지 및 지원 정책

아동양육을 지원하는 정책으로 소득보장에 의한 방법과 가족을 지원하는 서비스 정책

(2) 대체가정서비스 정책

가정위탁, 친족보호, 주거시설보호 등 일시적인 대체가정보호 정책 및 입양과 같은 영구적인 대체가정보호 정책

(3) 아동강제보호서비스 정책

아동의 학대와 유기에 대한 대응으로 학대 및 방임부모나 기타 보호자로부터 아동을 분리시켜 보호하는 정책

카머만과 칸(Kamerman & Kahn, 1985)은 아동 및 가족 복지정책의 유형을 아동이 있는 가족을 위한 소득보장, 사회복지서비스, 기타 현물급여 등으로 나누었다.

제 2 절 아동복지정책의 분석

사회복지의 목적, 목표에 프로그램이나 활동이 잘 수행되고 있는지를 알아보고 있는 것이 그 정책을 분석한다는 것이다. 따라서 어떤 분석의 틀을 적용한 사회복지정책 형성은 정책형성이 이루어지는 데 유용할 뿐 아니라, 이후 평가도 함께 이룰 수 있다(이한우 외, 2013).

이런 맥락에서 사회복지정책 분석의 가장 대표적인 것은 길버트와 스펙트(Gilbert & Specht, 1986)이다. 그들은 급여나 서비스의 대상, 즉 대상체계, 급여나 서비스의 형태와 내용에 해당하는 급여체계, 전달체계, 재정체계의 네 가지를 제시하고 있다.

1. 대상체계

대상체계(allocation)는 '어떤 대상자에게 사회복지급여를 할당할 것인가?' 하는 질문에 대한 것으로 수급자격을 결정하는 것이다.

보편주의, 선별주의로 아동복지 적용대상을 결정한다. 대상자격을 결정하는 조건으로는 거주 여부, 기간, 시민권, 연령 등 인구학적 조건, 근로능력, 사회보험의 기여 여부, 소득 및 자산 조사, 전문적 · 행정적 판단 등이 있다. 그러나 이 조건들은 각 국가마다 가치관을 반영하고 있기 때문에 국가마다 서비스 수급자격이 다르게 나타날 수도 있다.

우리나라 빈곤아동정책의 적용대상은 가구소득이 최저생계비 이하 내지 120% 차상위계층 가구의 만 18세 미만의 아동이며, 양육비(만 6세 이하)와 보육비의 경우에는 아동의 연령을 별도로 규정하여 정책을 반영하고 있으며, 매년 조금씩 그 대상이 확대되고 있다(이한우 외, 2013).

2. 급여체계

급여체계는 수급자격자에게 어떤 형태의 급여를 제공할 것인지를 결정하는 것으로 기회제공, 정책결정 참여, 비물질적 사회서비스 제공, 물품 제공, 신용 제공, 물품교환권, 현금 제공 등이 해당된다.

이 중에서 현금급여 선택기준의 가치는 경제적 효용의 극대화, 소비자주권의 보장, 인간존엄성의 유지 등이며, 현물급여의 선택기준의 가치는 목표효율성의 제고, 규모의 경제효과 활용 등이 된다.

우리나라 빈곤아동을 위한 사회복지정책의 급여·서비스 내용을 보면, 국민기초생활보장의 급여 중에서 현금형태로 제공되는 생계급여, 주거급여, 교육급여(학용품비 등), 양육비, 보육비, 장제급여, 자활급여가 있으며, 소년소녀가정 아동에게 급여되는 결연후원금이 있다. 또한 현물형태로 제공되는 것은 의료급여, 해산급여, 교육급여, 자활급여, 그 밖에 급식이 필요한 아동에게 제공되는 급식이 있다.

서비스 형태로 급여되는 것은 지역아동센터를 통한 방과 후 보호, 학습지원 놀이, 소년소녀가정 아동에 대한 정서적 후원, 사회복지관의 각종 사업을 통한 다양한 형태의 전문적 상담과 지원 등이 있다(이한우 외, 2013).

3. 전달체계

전달체계는 '수급권자에게 급여를 어떻게 효율적으로 전달하기 위하여 조직적 체계를 어떻게, 어떤 방법으로 설계할 것인가?' 하는 질문에 해당한다.

특히 아동복지정책 영역에서는 전달체계가 다양하고 복잡하다.

〈표 3-2〉 **아동복지 전달체계**

구 분	내 용
공공조직	• 모든 국민을 대상으로 공공재를 전달할 때 유용 • 사회적 적절성과 서비스의 통합적 성취 가능 • 가격과 질 저하, 관료주의적 경직성, 접근성 곤란
민간조직	• 다양성, 선택의 자유, 창의성, 접근용이성, 융통성 • 서비스의 통합성과 지속성, 안정성 취약
혼합형태조직	• 공공조직과 민간조직의 장점 결합 형태

출처 : 이한우 외(2013).

우리나라 빈곤아동복지정책은 또한 공공부문 단독형태와 공공부분과 민간부분의 혼합형태가 함께 혼용되어 활용되고 있다.

국민기초생활 보장제도는 전적으로 공공부분서비스로 전달되며, 공공부분과 민간부분의 혼합형태는 대부분 빈곤아동복지서비스에서 볼 수 있다.

아동보육의 경우 정책은 공공부분이 맡고 있으며, 아동에게 직접 전달하는 체계는 국·공립, 사회복지법인, 민간 등의 어린이집이 담당하고 있다.

또 다른 공공부분과 민간부분의 혼합형태는 소년소녀가정 결연후원서비스로서 정부는 대상자 선정과 정책을 담당하고 한국복지재단이 직접 사업을 수행하고 있다(이한우 외, 2013).

4. 재정체계

재정체계는 '급여나 서비스 비용을 어떻게 조달할 것인가?' 하는 것을 결정하는 자원조달의 문제이다.

모든 사회복지를 실현함에 있어 자원확보의 문제는 중요한 부분이 아닐 수 없다. 따라서 아동복지의 실현을 위해서 필요한 재원을 공공이든 민간이든 어떤 방법으로 충당할 것인지를 결정해야 한다.

우리나라의 빈곤아동복지재정 체계는 공공재정 · 공공과 민간의 혼합형태 · 공동모금 형태를 가지며, 국민기초생활 보장제도, 급식지원서비스는 100% 공공재정에 의하여 충당되는 반면, 보육서비스는 공공과 민간의 혼합형태로 운영되고, 불우이웃결연사업의 경우에는 민간의 공동모금에 의하여 운영되는 방식을 취하고 있다(이한우 외, 2013).

〈표 3-3〉 **아동복지정책의 분석 틀**

선택체계	의 미	선택의 대안
할당체계	수급자격 : 대상체계	• 사회적 공헌, 사회적으로 부당하게 당한 손실에 대한 보상 • 전문가 판단에 의한 진단적 차별 • 귀속적 욕구 • 개인, 가족의 자산상태에 따른 욕구
급여체계	급여종류 : 급여체계	현금, 사회서비스, 물품, 신용, 물품교환권(증서), 기회, 권력 등
전달체계	전달방법 : 전달체계	• 중앙집권 또는 지방분권 • 협력관계 또는 대화단절 • 복수 또는 단수 서비스 • 동일 또는 다른 건물 배치 • 공공행정가 또는 민간행정가 • 전문가 또는 소비자 및 준전문가 의존
재정체계	재정 마련 방법 : 재정체계	• 공공재원(사회보험, 과세) • 민간재원(사용자 부담, 민간모금 등) • 공공과 민간재원의 혼합

출처 : 이한우 외(2013).

제 3 절 아동복지정책의 구성 및 내용

1. 아동복지정책의 구성

일반적으로 사회복지정책은 그 특성에 따라 사회보장, 사회복지서비스이다.

우리나라는 아직 아동수당을 도입하지 않았지만, 아동복지서비스는 대개 저소득아동을 우선적인 대상으로 잔여적 아동복지정책을 하고 있다. 그러나 보육서비스만은 특수한 사회여건을 반영하여 그 대상이 확대되고 있다. 아동복지정책의 다양한 정책구성이 이루어져야 한다(이한우 외, 2013).

1) 사회보험제도

사회보험제도는 일정한 기여금을 납부하고 개인이 감당하기 어려운 사회적 위험이 나타나면 현금 또는 현물을 지원하는 것이다. 또한 비교적 사회보험제도는 시장의 논리가 강한 사회에서 나타나는 경향이 있다. 그 이유는 각 나라마다 기여의 소득비례 정도는 다르지만, 기여를 전제로 하고 있기에 대상자의 기여를 가능하게 하는 소득, 특히 시장을 통한 소득에 영향을 받기 때문이다.

아동과 그 가족을 대상으로 하는 별도의 사회보험은 드물기 때문에 대부분의 사회보험은 소득보장과 의료보장의 형태로 이루어진다.

스웨덴의 '부모보험제도'와 영국의 '출산수당', '미망인연금'이 있으며, 우리나라는 아동이 있는 가족만을 대상으로 특화된 사회보험은 없으나, 모든 가구를 대상으로 하는 국민연금이나 고용보험은 아동이 포함된다는 측면에서 영향을 주고 있다.

2) 데모그란트

데모그란트(demogrant)는 인구학적 조건이 충족되면 지급되는 일정액의 급여로 기여를 하지 않아도 수급할 수 있으며, 보편적 특성을 나타내는 사회수당을 말한다.

데모그란트는 비교적 큰 규모의 재원을 필요로 하는 보편적 급여로, 비용효과성이 낮아 사회의 경제적 수준과 세제, 비기여 보편급여에 대한 사회적 합의·수용 수준에 크게 영향을 받는다.

영국의 '아동수당', '후견인수당', 스웨덴의 '가족수당', 일본의 '아동수당', '아동부양수당', '특별아동수당'이 있으며, 이들은 공공부조의 성격이 된다. 그러나 우리나라는 재원 마련의 어려움으로 아직 시행되지 않고 논의만 지속적으로 이루어지고 있다.

3) 공공부조제도

공공부조제도는 일반적으로 자산조사를 기초로 하여 일정 자산 이하의 사람들에게 급여를 제공하는 것이다. 공공부조제도는 최후의 사회적 안전망이라고도 하며, 데모그란트처럼 기여를 하지 않아도 급여가 지급되지만 자산조사를 통한 선별과정을 거치는 선별적 급여이다. 따라서 비용효과성이 높은 장점을 가지고 있지만, 수급자에 대한 낙인이 부과되는 문제도 가지고 있다.

영국의 '소득지원(income support)제도'와 미국의 '한시 빈곤가정지원(TANF)제도', '의료부조(medicaid)제도'가 있다. 우리나라도 아직 미약하지만 '국민기초생활 보장제도', '저소득 모·부자가정지원'이 있다.

4) 아동복지서비스

아동복지서비스는 시설보호와 아동 및 가족에 대한 상담, 문제예방을 위한 조사, 교육, 취약아동가구의 재가지원 등 현금 또는 현물을 지원한다.

우리나라는 주로 현물지원으로 이루어지고 있으며, 아동복지법과 관련이 있다.

사회복지정책의 구성을 정리해 보면 <표 3-4>와 같다.

〈표 3-4〉 **사회복지정책의 구성**

범 주		사회보험	공공부조	데모그란트	복지서비스
재 원		기여	비기여/ 세입	비기여/ 세입	비기여, 기여/ 세입, 민간
대상 선정 기준		비자산조사	자산조사	비자산조사	자산조사 또는 비자산조사
		비인구학적	비인구학적	인구학적	인구학적
급여형태		현금, 현물	현금, 현물	현금	주로 현물(서비스)
시장원리		시장에서의 위치 반영	비반영	비반영	공급에서 일부 반영 가능
관리주체		중앙정부	중앙, 지방정부	대체로 중앙정부	중앙, 지방정부, 민간

출처 : 이한구 외(2013).

2. 아동복지정책의 내용

1) 아동정책과 청소년정책의 통합

아동복지정책은 최근 큰 전환점인 아동과 청소년 정책의 통합을 맞고 있다. 국가청소년위원회가 담당하던 청소년정책을 보건복지가족부의 아동청소년정책실에서 담당하게 됨으로써 사실상 아동과 청소년 정책이 통합되고, 여성가족부에서 담당해 오던 보육까지 하게 되었다. 정부의 이러한 통합정책은 '출생에서 자립 시까지 맞춤형으로 지원할 수 있는 새로운 계기의 마련(김두현, 2008)'이라고 평가되고 있다. 따라서 그동안의 분리정책을 파기하고 '아동·청소년기본법(안)'이란 통합법제하에 운용될 방침이다.

이 배경에는 그동안 아동정책(아동 18세 미만 대상)과 청소년정책(9세부터 24세까지 대상)이 중복과 사각지대의 발생 등 비효율적으로 추진되었다는 것(김두현, 2008)을 핵심으로 구체적으로 다음과 같은 문제점이 거론되었다(이태수, 2003).

첫째, 아동 및 청소년 정책이 각 부처별로 분절적 추진이 관행되면서 양 정책이 상당 부분 중첩됨에도 불구하고 '부처 이기주의'와 '부처 칸막이' 현상으로 마치 다른 대상인 것처럼 혼란스러운 정책이 추진되어 왔다는 것이다.

둘째, 아동정책의 보편화와 청소년정책의 복지영역 확대 등으로 인해 정책간 중복현상이 확대되어 왔다.

셋째, 학계 및 현장의 상호 이해부족과 피해의식의 증폭, 기존 질서에 대한 맹목적 애착 등으로 갈등의 골이 존재하고 있다.

정부는 아동・청소년정책을 크게 다섯 가지 방향으로 설정하고 있다(김두현, 2008).

첫째, 아동과 청소년 정책의 연계를 위한 법과 제도의 정비를 통해 그 내용을 선진국 수준으로 향상시키고, 국제적 수준에 부합하는 아동・청소년정책 중장기 미래전략을 수립하여야 한다.

둘째, 아동과 청소년의 생활역량, 직업역량 등 종합적 역량을 계발하여 문화적 감성, 전문적 직업능력, 외국어능력, 국제감각, 민주시민 의식, 창의성과 도전의식 등 글로벌사회를 주도할 수 있는 자질과 능력을 갖출 수 있어야 한다.

셋째, 가난, 가정해체 등으로 사회적 지원이 필요한 취약계층의 아동, 청소년 가출, 학교부적응, 비행청소년 등 위기에 처한 청소년과 그럴 우려가 있는 청소년 등에게 특성에 맞는 맞춤형 서비스가 제공되어야 한다.

넷째, 아동과 청소년에게 유해한 환경을 정비하고 이들이 건강하게 성장할 수 있는 사회환경을 조성하여야 한다.

다섯째, 아동과 청소년 관련 기관, 단체가 비전과 목표를 공유하고 수평적 파트너십을 구축하여 유기적 협력이 이루어져야 하며, 가정, 학교, 지역사회간 네트워크가 형성되고 실질적으로 가동되어야 한다.

2) 아동복지정책의 구체적 내용

2016년 보건복지부 업무보고에 따른 보육료 지원과 가정양육수당 지원에 대한 내용을 살펴보면 다음과 같다.

(1) 영유아 보육서비스 현금 지원, 보육시설 지원

현금지원은 영유아보육료와 양육수당으로 구분할 수 있으며, 보육시설 지원은 어린이집 이용을 의미한다. 영유아보육료 지원은 2012년 3월부터 시행되었다. 2013년 누리과정 프로그램이 시행되면서 만 3~5세 전체 영유아를 대상으로 하는 무상보육 지원체계를 마련했다. 유아의 학비(유치원) 지원은 유치원에 다니는 초등학교 취학 직전 3년의 유아에 대해 학비를 지원한다.

(2) 보육료 지원 대상

영유아보육법 제10조에 따른 국공립, 사회복지법인, 법인·단체 등, 직장, 가정, 협동, 민간 어린이집을 이용하는 영유아로, 어린이집을 이용하는 모든 만 0~5세 아동이다. 정부지원보육료 지원방식은 부모가 아이행복카드(기존 아이사랑카드, 아이 즐거운 카드, 2015년 1월)를 결제하면 해당 어린이집으로 입금된다. 시간제보육서비스는 지정된 제공기관(어린이집, 육아종합지원센터 등에 설치된 시간제보육반)에서 시간단위로 이용할 수 있는 보육서비스이다. 2015년 11월 기준 전국 17개 시·도에서 시간제보육반을 230개를 운영하고 있으며, 2016년 추가로 150개 반이 문을 연다.

(3) 가정양육수당

2016년 상반기부터 자녀를 가정에서 양육하는 부모에게 지급한다. 양육수당은 어린이집을 이용하지 않는 취학 전 만 5세 이하 영유아에게 수당을 지원하여 부모의 양육부담을 경감시키고자 하는 것이다. 소득수준에 관계없이 보육료, 유아학비, 종일제, 아이돌봄서비스 지원을 받지 않고 가정에서 직접 만 5세 이하의 영유아를 돌보는 경우에 지원한다.

정부의 주요 아동복지정책 중에서 드림(희망)스타트 사업, 아동청소년 방과 후 서비스 지원사업, 디딤씨앗통장(CDA) 사업을 살펴보고자 한다(임시아, 2012).

정부의 주요 아동복지시책 중에서 드림(희망)스타트 사업, 아동청소년 방과 후 서비스 지원사업, 디딤씨앗통장(CDA) 사업을 살펴보고자 한다(임시아, 2012).

① 드림(희망)스타트 사업

드림(희망)스타트 사업은 2007년부터 빈곤아동과 가족에게 보건·복지·교육·문화 등 맞춤형 서비스를 제공하며, 지역사회 보건복지협력 파트너십을 구축·활용하고 문제를 조기진단하고, 치료하여 사전예방적 차원의 능동적 복지실현을 위한 것이다.

주로 개별 사례관리와 지역사회 자원의 조직화 및 네트워킹의 실천방법이 활용된다. 이 사업의 대상은 16개 시범지역에서 취약지역에 거주하는 임산부 및 0~12세 빈곤아동이며, 이는 선진국이 복지와 고용·교육이 연계된 사회서비스를 통해 양극화의 위협에 대응하고, 빈곤아동의 인적자본 개발을 통한 사회통합과 지속적 성장을 도모하기 위한 방법과 일맥상통한다.

지역사회의 빈곤아동에 대한 다양한 서비스를 제공하기 위한 수행기관(보건·복지·교육)을 총괄 조정·지원·평가·연계하는 역할수행이 요구된다.

② 아동청소년 방과 후 서비스 지원사업

방과 후 서비스 지원사업은 2008년부터 방과 후 부모의 맞벌이, 한부모 등의 사유로 인해 나 홀로 방치되어 있는 아동·청소년의 비행·범죄 노출위험을 사전예방하며, 학습부진을 해소하기 위한 서비스를 제공하며, 저소득층 청소년들에게 보충학습·적성교육·급식·상담 등 종합 서비스 제공으로 계층간 양극화 해소 및 사회통합에 기여하기 위한 것이다.

정부는 2009년까지 지역아동센터 2,200개소, 방과 후 아카데미 200개소, 방과 후 지원서비스 운영시설 확충을 통한 이용 아동·청소년 수의 단계적 확대를 계획하고 있다.

③ 디딤씨앗통장(CDA)사업

2007년 4월부터 실시되고 있는 아동발달지원계좌(Child Development Account)는 요보호아동의 사회 진출 시 경제활동에 소용되는 초기비용 마련을 위한 자산형성을 지원하여 빈곤의 대물림을 방지하기 위한 것으로 전통적 복지국가가 대응하지 못한 신사회적 위험에 대한 '사회투자정책' 패러다임이 등장한 것이다. 이 전략은 아동이 미래의 노동자로 인식되면서 아동에 대한 투자를 강조한 것이다.

지원대상은 요보호아동으로 아동복지 시설보호아동, 가정위탁보호아동, 소년소녀가정 아동, 공동생활가정(group home) 아동, 장애인시설보호아동, 가정복귀아동, 국민기초생활 수급자가정 아동 등이며, 정부의 가정회복 및 가정보호 확대정책으로 중도에 가정을 복귀하는 아동(희망 시 계속 지원)이다. 지원내용은 아동이 보호자, 후원자의 후원으로 월 3만 원 이내의 기본 적립금을 적립하여 국가 또는 지방자치단체에서 만 17세까지 같은 액수(1 : 1 매칭펀드)를 지원하는 것으로 적립금의 사용용도는 아동의 만 18세 이후 학자금(2·3년제 대학, 4년제 대학, 대학원 입학금, 등록금, 대학 기숙사비), 창업지원금(사무실 보증금, 장비구입비, 시설설치비), 결혼 지원(본인 희망 시 결혼생활 비용 지원), 기술자격 취득(국가자격증, 국제자격증, 국가고시, 학원등록금, 운전면허증 등), 의료비 지원(진료비, 의료비, 재활치료비, 기타 의료비), 주거비 마련 지원(임대아파트 보증금, 주택 구입자금, 전세금) 등 자립의 용도(제한적)로 사용하도록 하고 있다.

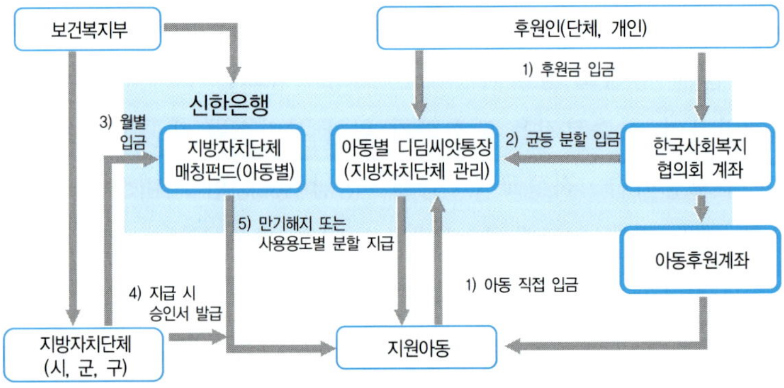

그림 3-1 CDA계좌 운영절차

출처 : 디딤씨앗통장(http://www.adongcda.or.kr).

〈표 3-5〉 디딤씨앗통장 가입대상 (2015년 9월 말 기준)(단위 : 명)

구 분	총 합계	시설보호 아동	가정위탁 보호아동	소년소녀 가장아동	공동생활 가정 (group home) 아동	장애인 시설보호 아동	가정복귀 아동	기초생활 수급자 가정 아동
총 가입자	74,796	18,532	15,285	854	2,879	2,938	2,930	31,378

출처 : 디딤씨앗통장(http://www.adongcda.or.kr).

제4절 아동복지정책의 개선방향

우리나라 아동복지정책은 아동을 양육하는 가정에 대해서 실질적인 지원은 거의 하지 않고 있다. 왜냐하면 사회복지 재원의 문제와 더불어 복지분야에 대한 인식의 차이로 인해 아동복지보다 타 사회복지 분야를 더 시급한 지원대상으로 편성하고 있기 때문이다.

아동복지정책의 목표가 아동의 문제를 미연에 예방하는 것임을 감안해 볼 때 국가적인 인식 변화가 있다면, 아동복지의 목적과 목표를 향해 더 나아갈 수 있을 것이다(이한우 외, 2013).

1. 보호가 필요한 아동의 예방

아동복지의 제 기능을 적절하게 수행할 수 있도록 지원하는 아동복지뿐만 아니라 가정복지까지 확장된 아동복지사업을 의미한다.

아동양육가정을 지원하는 정책으로 아동수당 도입에 대한 논의는 계속되어 왔지만 재원 부족이라는 이유로 실시되지 못하고 있다. 따라서 아동수당 제도의 빠른 시행으로 아동양육비 부담 경감, 가정빈곤화 방지, 건전한 아동 육성이 이어질 것이다.

2. 사회적 보호에 대한 환경 변화

보호가 필요한 상황에 있는 아동에게 가정과 근접하고 유사한 위탁보호나 그룹홈과 같은 기관을 확대하고 재원으로써 확충해야 하며, 양육시설 또한 가정과 유사한 환경시설로 새롭게 조성할 필요가 있다. 예를 들면, 사회적 인식, 가정과 같은 보호환경을 조성하면서도 친가정과의 연계, 친가정 복귀를 위한 프로그램 등 각 영역에 대한 고려와 함께 다양한 프로그램을 활용할 수 있는 새로운 정책에 대한 아이디어가 필요하다.

3. 사회복지사의 전문성 강화

아동복지에서의 전문성 강화이다. 급격한 현대사회의 변화에 따라 다양하고 차별적인 아동들의 욕구에 적합한 프로그램이 제공되어야 한다. 또한 아동에게 적합한 차별화된 프로그램을 적용하기 위해서는 전문성을 가진 전문가가 확보되어야 한다.

아동복지의 다양한 욕구는 한 명의 전문가가 해결하는 것이 아니라, 다양한 분야의 전문가들이 함께 협력할 때 사회복지사들의 전문성이 충분히 발휘될 수 있을 것이다.

4. 국가의 의무 및 책임 강화

아동복지정책이 지금까지 보여준 일관된 특성 중 하나는 국가가 가능한 아동복지 영역에서 그 의무수준이나 범위를 최소화하고 있다는 것이다. 특히 저출산과 관련하여 아동복지에 대한 여러 문제들이 발생되고 있음에도 불구하고 여전히 소극적이고 문제 발생 후 제한적으로 해결책을 강구하고 있다. 따라서 국가 수준의 의무를 보다 더 강화할 수 있도록 정책분야에 대한 새로운 해결방안 모색이 꼭 필요하다.

제 5 절 아동복지 관련법

아동복지를 보장하기 위한 사회적 책임을 명문화한 아동복지 관련법은 아동복지사업의 실시근거가 된다. 즉, 법의 목적에 따른 적용대상, 조직, 사업의 종류와 운영관리 및 비용 등이다.

아동복지 관련법은 그 나라의 정치이념, 사회구조 및 문화적 배경에 따라 종류와 법적 조치의 내용이 다양하다(이소희 외, 2005; 도미향 외, 2005).

1. 아동복지 관련법의 의의

산업화가 진행될수록 가정에서 부모의 양육기능은 점점 약화되고 사회 및 국가의 책임이 점점 강조되어 국가는 아동복지의 책임을 다하기 위해 여러 가지 정책을 입안하게 되었다. 입안된 정책은 관련법률의 공포를 통해 실현하게 되며, 아동복지실천을 보장하기 위해 명문화된 아동복지 법률체계는 법의 목적에 따라 적용대상, 조직, 사업의 종류와 운영관리 및 비용 등의 근거가 된다. 또한 이러한 아동복지 법률체계는 그 나라의 정치이념, 사회구조 및 문화적 배경에 따라 종류와 법적 조치의 내용이 달라질 수 있다. 아동복지 관련법은 아동에 대한 그 사회를 반영한 것이므로, 이에 아동복지 관련법의 의의가 있다(주정일 외, 1985; 이한우 외, 2013).

우리나라도 1991년 11월 20일 UN 아동권리에 관한 협약에 가입하고 1991년 12월 20일 서명・비준하여, 아동의 시민적・사회적・경제적・문화적 권리와 보호에 관한 사항을 실천하고 있다. 앞으로도 정부의 아동복지에 관한 시책은 요보호아동의 발생을 예방하고 일반아동을 포함한 모든 아동의 복지 증진 및 권리 향상을 위한 계발시책을 강구해 나가야 할 것이며, 또한 가구, 주택 등 시설설비, 놀이기구, 놀이터 등 아동안전에 관한 사항의 제도적 보완을 강구할 필요가 있겠다(임시아, 2012).

〈표 3-6〉 **아동복지 대상에 따른 각국의 아동 관련법**

구 분	국가명	법 명
일반아동	한국	아동복지법, 한부모가족지원법, 영유아보육법, 청소년기본법, 청소년보호법, 청소년성보호법 등
	일본	아동복지법, 모자보건법
	미국	아동영양법, 아동학대방지법, 가족지원법
	영국	아동양육수당법
	독일	청소년보호법
보호대상아동	한국	소년법, 보호소년 등의 처우에 관한 법률, 입양특례법, 장애인복지법, 한부모가족지원법 등

출처 : 이한우 외(2013) 재구성.

2. 아동복지법

1) 아동복지법의 발달 과정

우리나라 아동복지 기본법은 1961년 아동복리법으로 제정되었으며, 1981년 모든 아동을 대상으로 한 아동복지법으로 전문개정되어 법명이 변경되었다. 1993년 '유엔아동권리협약'의 서명과 1996년 한국의 OECD 가입으로 아동안전에 대한 정책이 필요함에 따라 1998년 하반기에 새롭게 개정을 추진, 2000년에 개정 시행하였고, 2009년 6월부터 새롭게 개정하여 시행하고 있다.

2) 아동복지법의 목적 및 기본 이념, 책임

(1) 목적(제1조)

아동이 건강하게 출생하여 행복하고 안전하게 자랄 수 있도록 아동의 복지를 보장함을 목적으로 한다고 규정하였다.

(2) 기본 이념(제2조)

① 무차별 평등의 이념

아동은 자신 또는 부모의 성별, 연령, 종교, 사회적 신분, 재산, 장애 유무, 출생지역, 인종 등에 따른 어떠한 종류의 차별도 받지 아니하고 자라나야 한다.

② 안정된 환경의 제공

아동은 완전하고 조화로운 인격발달을 위하여 안정된 가정환경에서 행복하게 자라나야 한다.

③ 아동이익 최우선 원칙

아동에 관한 모든 활동에 있어서 아동의 이익이 최우선적으로 고려되어야 한다.

④ 아동의 권리보장과 복지증진

아동은 아동의 권리보장과 복지증진을 위하여 이 법에 따른 보호와 지원을 받을 권리를 가진다.

(3) 국가와 지방자치단체의 책무(제4조)

아동복지 실현을 위한 국가와 지방자치단체의 책임을 규정하였다.

첫째, 아동의 안전 · 건강 및 복지 증진을 위하여 아동과 그 보호자 및 가정을 지원하기 위한 정책을 수립 · 시행하여야 한다.

둘째, 보호대상아동 및 지원대상아동의 권익을 증진하기 위한 정책을 수립·시행하여야 한다.

셋째, 장애아동의 권익을 보호하기 위하여 필요한 시책을 강구하여야 한다.

넷째, 아동이 자신 또는 부모의 성별, 연령, 종교, 사회적 신분, 재산, 장애 유무, 출생지역 또는 인종 등에 따른 어떠한 종류의 차별도 받지 아니하도록 필요한 시책을 강구하여야 한다.

다섯째, 아동의 권리에 관한 협약에서 규정한 아동의 권리 및 복지 증진 등을 위하여 필요한 시책을 수립·시행하고, 이에 필요한 교육과 홍보를 하여야 한다.

여섯째, 아동의 보호자가 아동을 행복하고 안전하게 양육하기 위하여 필요한 교육을 지원하여야 한다.

(4) 용어(제3조)

① 아동

18세 미만의 자

② 보호대상아동

보호자가 없거나 보호자로부터 이탈된 아동 또는 그 보호자가 아동을 학대하는 경우 등 그 보호자가 아동을 양육하기에 부적당하거나 양육할 능력이 없는 경우의 아동

③ 보호자

친권자, 후견인, 아동을 보호·양육·교육하거나 그 의무가 있는 자 또는 업무·고용 등의 관계로 사실상 아동을 보호·감독하는 자

④ 아동학대

보호자를 포함한 성인에 의하여 아동의 건강·복지를 해치거나 정상적 발달을 저해할 수 있는 신체적·정신적·성적 폭력 또는 가혹행위 및 아동의 보호자에 의하여 이루어지는 유기와 방임

⑤ 아동복지시설

다음의 규정에 의하여 설치된 시설

- 국가 또는 지방자치단체는 아동복지시설을 설치할 수 있다.
- 국가 또는 지방자치단체 외의 자는 관할 시장 · 군수 · 구청장에게 신고하고 아동복지시설을 설치할 수 있다.
- 아동복지시설의 시설기준 및 설치 등에 관하여 필요한 사항은 보건복지부령으로 정한다.

⑥ 가정위탁

보호를 필요로 하는 아동을 가정과 같은 환경에서 보호하기에 적합한 가정에 일정 기간 위탁하는 것

3) 아동에 대한 책임 관련 기관

아동에 대한 책임 관련 기관에는 크게 국무총리 소속하에 있는 아동정책조정위원회와 시 · 군 · 구에 배치되어 있는 아동위원이 있다. 이외 보건소와 가정위탁지원센터가 있다.

3. 아동복지 관련법

1) 영유아보육법

(1) 영유아보육법의 발달 과정

우리나라 보육사업은 1921년 태화사회관에서 처음으로 시작되었으며, 해방, 6 · 25전쟁 전후에는 구호 · 보호적인 형태를 지녔다. 1961년 제정된 아동복리법에서는 자녀들을 위탁받아 낮 동안 보호하는 탁아시설로 규정되었다. 그러나 탁아시설은 보호에만 중점을 두고 있어 교육 관련 서비스가 결여되어 있다는 지적에 따라 1982년 유아교육진흥법으로 새로이 제정 · 공포되었고, 보

육시설은 내무부 관장의 새마을유아원으로 통폐합되었다. 새마을유아원은 종일반 기능의 보육시설 운영에 관한 조항이 빠져있어 문제가 발생하게 되자 1989년 9월 19일 아동복지법 시행령이 개정되면서 탁아시설의 조항을 삽입하였다.

보육사업의 체계화와 효율적인 추진을 위해 보건복지부가 관장하는 독립적인 운영체계가 될 수 있도록 1991년 1월 14일 영유아보육법으로 제정되었다. 그 후 영유아 보육업무는 2004년 정부조직법 개정에 따라 여성가족부가 관장하다 2008년 다시 보건복지여성부로 변경되었다가, 2010년 3월 보건복지부와 여성가족부가 이원화되면서 보육 관련 사업은 보건복지부장관이 맡게 되었다.

(2) 영유아보육법의 목적과 보육이념, 책임

① 목적(제1조)

영유아의 심신을 보호하고 건전하게 교육하여 건강한 사회구성원으로 육성함과 아울러 보호자의 경제적·사회적 활동이 원활하게 이루어지도록 함으로써 가정복지 증진에 이바지함을 목적으로 한다.

② 보육이념(제3조)

첫째, 영유아 이익의 최우선 원칙

둘째, 안전한 환경 속에서의 성장

셋째, 무차별의 원칙

③ 책임(제4조)

첫째, 모든 국민은 영유아를 건전하게 보호할 책임

둘째, 국가와 지방자치단체의 책임

셋째, 특별자치도지사·시장·군수·구청장의 적정한 어린이집 확보의 책임

넷째, 국가와 지방자치단체는 보육교직원의 양성 및 근로여건 개선을 위하여 노력하여야 한다.

④ 용어(제2조)

- 영유아 : 6세 미만의 취학 전 아동
- 보육 : 영유아를 건강하고 안전하게 보호·양육하고 영유아의 발달 특성에 맞는 교육을 제공하는 보육시설 및 가정양육 지원에 관한 사회복지서비스
- 어린이집 : 보호자의 위탁을 받아 영유아를 보육하는 시설
- 보호자 : 친권자, 후원자, 그 밖의 자로서 영유아를 사실상 보호하고 있는 자
- 보육교직원 : 어린이집에서 영유아의 보육, 건강관리 및 보호자와의 상담, 그 밖에 어린이집의 관리·운영 등의 업무를 담당하는 자로서 어린이집의 장 및 보육교사와 그 밖의 종사자

(3) 영유아보육법 정책조직

국무총리 소속 보육정책조정위원회(제5조), 중앙 및 지방 보육정책위원회(제6조), 육아종합지원센터(제7조), 보육개발원(제8조)을 두어 보육정책에 관한 관계부처 간의 의견을 조정한다. 또한 3년마다 보건복지부장관은 이 법의 적절한 시행을 위하여 보육실태조사를 하여야 하고, 조사의 방법과 내용 등에 필요한 사항은 보건복지부령으로 정해야 한다. 보육계획도 5년마다 보건복지부장관, 시·도지사 및 시·군·구청장이 보육사업의 기본 방향, 보육시설의 설치 및 수급에 관한 사항, 보육시설 종사자에 관한 사항, 보육시설 운영 및 평가에 관한 사항, 보육비용에 관한 사항, 그 밖에 영유아보육에 관하여 필요한 사항을 수립하여야 한다.

〈표 3-7〉 영유아보육법에 의한 보육정보센터의 역할

	중앙보육정보센터	지방보육정보센터
설치·운영	보건복지부장관	시·도지사 및 시·군·구청장
설치 필수	자료실, 상담실, 교육실	
기 능	• 보육에 관한 정보의 수집 및 제공 • 보육 프로그램 및 교재·교구의 제공 또는 대여 • 보육시설 종사자에 대한 상담 및 구인·구직 정보의 제공	

	• 보육시설 이용자에 대한 안내 · 상담 및 교육 • 장애아보육 등 취약보육에 대한 정보의 제공 • 육아지원에 대한 정보의 제공 • 그 밖에 보육시설 운영지원 등에 관하여 필요한 사항	
의 무	지방보육정보센터의 업무 지원	관할지역 내의 보육시설과 보육수요자에 대하여 지역 특성에 기초한 서비스를 제공
배 치	• 보육정보센터의 장 • 보육에 관한 정보제공 및 상담업무 등을 담당하는 보육전문요원	

출처 : 이한우 외(2013).

2) 한부모가족지원법

(1) 한부모가족지원법의 발달 과정

① 1948년 처음으로 보건사회부에 '부녀국'이 창설되었다.

② 1989년 '모자복지법'과 시행령이 제정됨으로써 부녀복지행정에 대한 제도적 지원이 가능하게 되었다.

③ **2002년 '모 · 부자복지법' 개정** : 1989년 '모자복지법'으로 제정되었다가 2002년 12월 법률 제6801호로 일부 개정되면서 '모 · 부자복지법'으로 법명이 변경되었다. 이 법은 산업화 · 도시화 · 핵가족화 등 사회구조적 변화와 함께 이혼, 별거, 사별 등의 원인으로 한부모가족의 증가와 확대되는 대상가족의 범주 및 복지욕구를 충족시키기에 미흡하여 법이 제정된 것이다.

④ 2007년 10월 17일 '한부모가족지원법'으로 개정, 2008년 1월 18일 시행되었다. '모 · 부자복지법'에 의한 저소득 모자가정을 위한 제도적 지원은 매년 한정된 예산범위에서 제공되며, 인적자본이 취약한 한부모가족들의 경제적 문제, 건강문제, 자녀양육 및 사회 · 심리적 문제 등에 종합적인 지원을 하기에는 한계가 있음을 인식하여 '한부모가족지원법'으로 개정되었다.

(2) 한부모가족지원법의 목적과 보육이념, 책임

① 목적(제1조)

한부모가족이 건강하고 문화적인 생활을 영위할 수 있도록 함으로써 한부모가족의 생활안정과 복지증진에 이바지함을 목적으로 한다.

② 책임(제2조)

첫째, 국가와 지방자치단체는 한부모가족의 복지를 증진할 책임을 진다.

둘째, 국가와 지방자치단체는 한부모가족의 권익을 지원하기 위하여 노력하여야 한다.

셋째, 국가와 지방자치단체는 한부모가족에 대한 사회적 편견과 차별을 예방하고, 사회구성원이 한부모가족을 이해하고 존중할 수 있도록 교육 및 홍보 등 필요한 조치를 하여야 한다.

넷째, 교육부장관과 특별시·광역시·특별자치시·도·특별자치도의 교육감은 유아교육법 제2조 제2호의 유치원, 초·중등교육법 제2조 및 고등교육법 제2조의 학교에서 한부모가족에 대한 이해를 돕는 교육을 실시하기 위한 시책을 수립·시행하여야 한다.

다섯째, 국가와 지방자치단체는 청소년 한부모가족의 자립을 위하여 노력하여야 한다.

여섯째, 모든 국민은 한부모가족의 복지 증진에 협력하여야 한다.

③ 용어(제4조)

- 한부모가족지원법상 '모' 또는 '부' : 다음의 어느 하나에 해당하는 자로서 아동인 자녀를 양육하는 자를 말한다.
  - 배우자와 사별 또는 이혼하거나 배우자로부터 유기된 자
  - 정신이나 신체의 장애로 장기간 노동능력을 상실한 배우자를 가진 자
  - 미혼자(사실혼 관계에 있는 자는 제외한다)
  - 위에 규정된 자에 준하는 자로서 여성가족부령으로 정하는 자

- **한부모가족** : 모자가족 또는 부자가족
- **모자가족** : 모가 세대주(세대주가 아니더라도 세대원을 사실상 부양하는 자를 포함한다)인 가족
- **부자가족** : 부가 세대주(세대주가 아니더라도 세대원을 사실상 부양하는 자를 포함한다)인 가족
- **아동** : 18세 미만(취학 중인 경우에는 22세 미만을 말한다)의 자
- **보호기관** : 이 법에 따른 보호를 행하는 국가나 지방자치단체
- **한부모가족복지단체** : 한부모가족의 복지 증진을 목적으로 설립된 기관이나 단체

(3) 지원대상자의 범위 및 복지서비스

① 지원대상자의 범위(제5조)

지원대상자의 범위는 여성가족부령으로 매년 지원대상자의 최저생계비·소득수준 및 재산 정도 등을 고려하여 보호의 종류별로 정하는 기준에 해당하는 한부모가족으로 한다.

② 지원대상자의 범위에 대한 특례(제5조의2)

- 출산한 아동을 양육하지 않지만, 미혼모자가족복지시설을 이용하는 미혼모
- 해당 아동과 그 아동을 양육하는 조부모

  다음의 어느 하나에 해당하는 아동과 그 아동을 양육하는 조부 또는 조모로서 여성가족부령으로 정하는 자는 이 법에 따른 지원대상자가 된다.
  - 부모가 사망하거나 생사가 분명하지 아니한 아동
  - 부모가 정신 또는 신체의 장애, 질병으로 장기간 노동능력을 상실하여 부양을 받을 수 없는 아동
  - 부모의 장기복역 등으로 부양을 받을 수 없는 아동
  - 위에 규정된 자에 준하는 자로서 여성가족부령으로 정하는 아동
- 대한민국 국민과 혼인하여 아동을 양육하며 체류하는 외국인

③ 복지서비스의 내용

지원대상자의 조사보고(제10조), 복지급여의 신청(제11조), 복지급여 내용(제12조), 복지자금 대여(제13조), 고용지원(제14조), 공공시설에 매점 및 시설 설치(제15조), 시설 우선이용(제16조), 가족지원서비스(제17조), 국민주택의 분양 및 임대(제18조) 등을 규정하였다.

(4) 한부모가족지원법 정책 관련 기관

① 복지서비스 전달기관

한부모가족복지단체 등

② 한부모가족복지시설의 종류(제19조)

모자가족복지시설, 부자가족복지시설, 미혼모자가족복지시설, 일시지원복지시설, 한부모가족복지상담소

〈표 3-8〉 **한부모가족복지상담소의 역할**

한부모가족복지상담소	
설 치	시장·군수·구청장, 시·도지사의 승인
한부모가족복지상담원	한부모가족복지상담소에는 소장과 상담에 필요한 한부모가족복지상담원을 두어야 한다.
상담소의 분소 및 이동상담소 설치·운영 기능	한부모가족복지상담소를 설치하는 기관의 장이 필요하다고 인정할 경우에는 동 상담소의 분소 또는 이동상담소를 설치·운영할 수 있다.
상담실 및 보호실의 운영	한부모가족복지상담소에 상담실을 두어야 하며, 피보호자를 일시적으로 보호하기 위한 보호실(이하 '일시보호실'이라 한다)을 운영할 수 있다.

출처 : 이한우 외(2013).

4. 기타 아동복지 관련법

1) 건강가정기본법

가족을 건강하게 유지하고 발전시키기 위해 건강가정기본법이 2003년 12월 29일 제정되어 2005년 1월 1일부터 시행되고 있다. 건강가정기본법에는 국가 및 지방자치단체와 국민들의 의무와 책임에 대해 규정하고 있으며, 건강가정사업을 위하여 가정에 대한 지원, 자녀양육 지원, 가족단위 복지 증진, 가족의 건강 증진, 가족부양 지원, 가정생활문화 발전, 건강가정교육 등에 대한 지원을 추진함으로써 가족단위의 정책을 강화하고 있다.

2) 입양특례법

1961년 입양을 위한 최초의 고아입양특례법이 제정되었으며, 이 법은 6·25전쟁으로 인한 고아와 부모의 유기로 인한 아동을 외국인에게 양자로 입양함에 따른 요건과 절차를 규정하였다. 현재의 입양특례법은 1971년 12월 31일 제정·공포된 이후 1991년 1월 5일 「입양촉진 및 절차에 관한 특례법」으로 개정되었다가 다시 입약특례법으로 법명 개정 및 최근 2015년 5월 개정이 있었다.

3) 실종아동 등의 보호 및 지원에 관한 법률

아동실종으로 인한 본인 및 그 가족의 신체적·정신적·경제적 고통을 제거하고, 가정해체에 따른 사회적·국가적 손실을 방지하며 아동의 실종예방과 실종아동 등의 복귀 및 복귀 후 지원이 필요하였다. 이러한 이유로 국가차원에서 체계적이고 효율적인 실종아동 관련 시스템을 마련하기 위해서 2005년 5월 31일 제정되었다.

4) 청소년 관련법

1987년 11월 28일 청소년육성법이 제정되었고, 이후 청소년 기본 계획이 수립되었으며, 이어 1991년 12월 31일 청소년기본법이 제정되었다. 1997년 3월 7일 제정된 청소년보호법은 청소년기본법의 근본규범(제2 · 3조)에 근거하여 동법 제47조 및 제48조에 대한 특별법으로서 청소년육성법 체계 안에 속한다.

청소년기본법은 2004년 전면 개정되었으며, 이와 더불어 청소년활동지원법, 청소년복지지원법이 함께 제정되었다. 이는 청소년기본법에는 청소년육성의 기본 원리와 정책적 근간에 관한 사항 중심으로 규정하고, 종전 청소년기본법에서 규정하고 있던 청소년 활동에 관한 사항은 청소년활동진흥법, 청소년의 복지에 관한 사항은 청소년복지지원법으로 별도 제정함으로써 청소년 관련법을 체계화하는 한편, 청소년 활동, 청소년 복지, 청소년 보호에 대한 정책적 지원이 유기적이고 종합적으로 이루어지도록 하려는 것이다.

이 외에도 아동복지와 관련이 있는 법들은 「성매매방지 및 피해자보호 등에 관한 법률」, 「아동 · 청소년의 성보호에 관한 법률」, 유아교육법, 「장애인 등에 대한 특수교육법」 등이 있다.

아동복지 관련법들의 제정 및 개정은 최근 우리 사회의 아동복지에 대한 시각과 관심의 흐름을 대변하고 있다고 할 수 있다(이한우 외, 2013).

토론해 보기

1. 아동복지정책의 구성 및 내용에서 여러분의 생각을 토론해 봅시다.

2. 아동복지정책의 현재 관련법 및 개선방향에 대해서 여러분의 생각을 토론해 봅시다.

04

아동복지 대상 및 서비스

제 1 절 아동복지의 대상

아동복지는 기본적으로 모든 아동이다. 이를 사회복지의 대상 분류방법의 하나인 선별주의와 보편주의 원칙에 의거하여 적용할 때는 보호를 필요로 하는 아동과 그렇지 않은 일반아동으로 구분할 수 있다. 여기에서는 아동복지의 대상을 확대시켜 보호를 필요로 하는 아동과 일반아동, 부모(보호자), 국가와 지방자치단체(전체 국민)로 구분하고자 한다. 아동복지의 대상 서비스는 수행기능에 따라 몇 가지로 분류될 수 있으며, 아동복지서비스를 계획하고 전개할 때는 기준이 되어야 할 기본 원칙이 있으므로 그 내용을 구체적으로 살펴보고자 한다(문선화 외, 2013).

1. 대 상

아동복지의 대상은 아동복지법에 근거하여 18세 미만의 아동은 모두 아동복지의 대상이 된다. 즉, 18세 미만의 모든 아동과 부모, 가족이 아동복지의 대상이라 할 수 있다. 이렇게 아동복지의 대상에 부모와 가족이 포함된다는 것은 아동의 발달단계 특성상 건강한 발육과 성장을 위해서는 보호와 양육의 1차적인 역할을 담당하는 보호자가 필요하기 때문이다. 따라서 아동복지서비스는 아동중심적인 동시에 가족친화적인 서비스로 제공되어야 한다(윤매자 외, 2012).

아동의 개별적인 발달단계와 그 단계에서 요구되는 것, 부모의 양육능력, 가족 및 환경적 요소 등에 대해 함께 살펴보아야 한다. 아동의 발달단계에 따른 욕구를 살펴보면 다음과 같다(이한우 외, 2013).

〈표 4-1〉 **아동발달 단계의 욕구**

발달단계	욕 구
유아기 (infancy)	• 보호자에 대한 애착 • 언어 • 환경으로부터 자아의 분리 • 자아통제와 순응
아동 중기 (middle childhood)	• 학교에의 적응(출석, 적절한 행동) • 학업성취(읽기, 쓰기, 수학) • 또래집단과의 관계(수용, 관계형성) • 규칙에 따른 행동(도덕적·사회적 행동)
사춘기 (adolescence)	• 제2학령기로 성공적 전환 • 학업성취(교육적 성취를 위한 기술의 학습) • 과외활동에의 참여(스포츠, 음악, 클럽) • 동성 및 이성 간 친구관계의 형성 • 자아정체감의 형성

출처 : Horwath. J.(2001). The Child's World. Department of Health.

아동복지는 아동의 욕구와 문제를 해결하기 위한 복지서비스이기 때문에 아동복지 대상을 구분하는 일은 아동복지서비스를 보다 효율적으로 제공하는 일이 되며, 아동복지 대상의 구분방법으로는 아동의 연령이나 문제에 따라 구분할 수 있고, 사회복지서비스 또는 급여의 할당원칙에 의해 보편주의와 선별주의에 따라 구분할 수 있다.

보편주의에 따르면, 아동복지의 대상체계는 아동과 부모, 가족이라 할 수 있으며, 낙인의 문제를 최소화하고 사회통합을 적극적으로 극대화할 수 있다는 장점을 가진다. 반면 선별주의에 따르면, 자신의 욕구를 스스로 충족시키는 것이 불가능한 한계집단에게 집중적으로 급여가 제공되는 것으로 아동복지의 대상체계는 요보호아동과 그 가족이 된다. 욕구를 충족하지 못한 대상자에게 우선적·집중적 서비스를 제공하여 공공자원을 효율적으로 활용할 수 있어야 한다.

여기서는 보편주의와 선별주의에 입각하여 아동복지 대상을 요보호아동과 일반아동으로 구분하여 살펴보고자 한다.

1) 요보호아동

아동복지 대상은 아동복지법 제3조 제4호에 따르면 '보호대상아동'은 보호자가 없거나 보호자로부터 이탈된 아동 또는 보호자가 아동을 학대하는 경우 등 보호자가 아동을 양육하기에 부적절하거나 양육할 능력이 없는 경우의 아동으로 규정하고 있다. 즉, 요보호아동은 욕구를 충족시키거나 문제를 해결할 가정이 부재한 경우나 개별 가정의 능력으로 해결할 수 없는 경우에 처해진 아동을 의미한다(윤매자 외, 2012).

장인협과 오정수(2001)의 요보호아동의 분류를 알아보면 다음과 같다.

첫째, 양육환경과 보호가 필요한 아동이다. 다양한 가족구조의 변화와 가족기능의 약화나 결손으로 건강한 아동양육이 어려운 아동들로 구체적으로 빈곤가정 아동, 결손가정 아동, 부모부재 아동 등이 포함된다.

둘째, 신체적·정신적·정서적으로 문제나 장애를 지닌 아동이다. 자신들이 가진 독특한 심신상의 결함으로 정상적인 사회참여에 제한을 받고, 독립적인 인격체로서의 존엄성을 침해당하고 있는 경우가 이에 해당된다. 장애아동복지지원법(2011. 8. 5. 제정)에서 장애아동이란 18세 미만의 사람 중 장애인복지법 제32조에 따라 등록한 장애인을 말한다. 장애아동이란 "신체적·정신적 장애로 인하여 장기간에 걸쳐 일상생활 또는 사회생활에서 상당한 제약을 받는 자"로 정의되고 있다. 장애아동은 신체장애아동과 정신장애아동으로 구분되며, 신체장애아동은 외부 신체기능의 장애와 내부기관의 장애로 나누어진다. 정신장애아동은 지적장애아동, 정신장애아동, 발달장애아동으로 구분될 수 있다.

셋째, 사회적으로 법적인 보호가 필요한 아동이다. 우범소년으로 가출아동, 비행아동 등이 포함된다.

넷째, 특별보호를 요하는 아동이다. 부모나 그 밖에 성인으로부터 학대와 유기된 아동, 미혼모의 아동 등이 포함된다.

요보호아동 발생유형 및 보호내용은 다음과 같다.

〈표 4-2〉 요보호아동 발생유형

(단위 : 명, %)

연 도	계	기 아	미혼모 아동	미 아	비행 가출 부랑아	빈곤, 실직, 학대 등 기타
2016	4,592	264	856	10	314	3,148

출처 : 보건복지부(2016). 보건복지부 통계연보.

〈표 4-3〉 요보호아동 보호내용

(단위 : 명, %)

연 도	계	보호내용							
		시설보호				가정보호			
		계	아동	장애아	공동생활 가정	계	위탁보호	입 양	소년소녀 가정책정
2016	4,592	2,894	2,277	12	605	1,698	1,449	243	6

출처 : 보건복지부(2016). 보건복지부 통계연보.

〈표 4-4〉 요보호아동 분류

양육환경상 보호가 필요한 아동	• 가족의 구조와 기능이 결손되어 건강한 양육환경에서 성장하기 힘든 경우 • 빈곤가정 아동, 결손가정 아동, 부모부재 아동
신체적 · 정신적 · 정서적으로 문제나 장애를 가진 아동	• 아동 · 청소년이 가진 독특한 심신상의 결함으로 인해 정상적인 사회참여에 제한을 받고 있고, 독립적인 인격체로서의 존엄성을 침해받는 경우 • 신체장애아동, 정신장애아동, 정서장애아동
사회적 · 법적 보호가 필요한 아동	• 가출아동, 비행아동
특별보호를 요하는 아동	• 학대 및 유기된 아동, 미혼모의 아동

출처 : 이한우 외(2013).

1961년 제정된 아동복리법 제1 · 2조의 '요보호아동'은 아동이 그 보호자로부터 유실, 유기 또는 이탈되었을 경우, 그 보호자가 아동을 육성하기에 부적당하거나 양육할 수 없는 경우, 아동의 건전한 출생을 기할 수 없는 경우 또는 기타의 경우라고 보았다.

1981년 아동복지법 제2조 제3항에서는 '요보호아동'을 아동이 그 보호자로부터 유실, 유기 또는 이탈된 경우 그 보호자가 아동을 양육하기에 부적당하거나 양육할 능력이 없는 경우 또는 기타의 경우에 이 법의 보호를 받을 아동이라고 규정하였다. 또한 제2조 제5항에서는 '보호자'를 친권자, 후견인 또는 기타의 자로서 아동을 현재 보호 · 양육하고 있는 자라고 규정하였다.

2000년 개정 아동복지법 제2조 제2항에서는 '보호를 필요로 하는 아동'이라 함은 보호자가 없거나 보호자로부터 이탈된 아동 또는 보호자가 아동을 학대하는 경우 등 그 보호자가 아동을 양육하기에 부적당하거나 양육할 능력이 없는 경우의 아동으로 규정하였으며, 제2조 제3항에서는 '보호자'를 친부모뿐만 아니라 친권자, 후견인, 아동을 보호 · 양육 · 교육하거나 그 의무가 있는 자 또는 업무 · 고용 등의 관계로 사실상 아동을 보호 · 감독하는 자라고 규정하였다.

2) 일반아동

일반아동이란 아동이 속한 가정에서 제공되는 보호 이외의 다른 특별한 보호를 받지 않고 생활할 수 있는 아동을 의미한다. 우선적으로 사회적 보호와 책임이 필요한 요보호아동과는 명확히 구분되는 일반아동의 경우, 현재 심각한 문제가 없다는 개념이므로 앞으로도 문제를 경험할 가능성이 전혀 없다는 의미는 아니다(윤매자 외, 2012).

요보호아동을 중심으로 아동복지서비스의 정책 및 대체적 아동복지서비스가 이루어져 왔고, 예방적 차원에서 모든 아동을 대상으로 하는 서비스는 상대적으로 미흡한 실정이다(김성경 외, 2013). 1981년 아동복지법의 전면개정 이후 일반아동의 복지에 대한 사회적 관심은 점점 증가하고 있다.

아동복지법은 아동이 건강하게 출생하여 행복하고 안전하게 자라도록 그 복지를 보장함을 목적으로 하기 때문에 궁극적으로 일반아동에 대한 복지는 보존 · 개발 · 예방의 측면에 관심이 있다. 즉, 인간은 자립하여 사회적 인간으로 성숙하기까지 일정 기간 동안 타인의 도움이 절대적으로 필요하다. 따라서 일반아동에 대한 복지도 모든 아동이 자신의 잠재능력을 보존하고, 기본적인 생활을 유지하며, 인간다운 삶을 영위할 수 있도록 이루어져야 한다. 또한 아동이 건강하고 행복하게 성장·발달할 수 있도록 아동이 필요로 하는 욕구를 사전에 제공해 줌으로써 이후 발생하게 되는 여러 가지 문제들을 방지할 수 있는 예방적 차원에서의 복지서비스가 이루어져야 한다(이한우 외, 2013).

카두신(Kadushin, 1980)은 모든 아동들의 행복과 사회적응을 위해 심리·사회적 및 타고난 잠재능력을 길러주는 각종 활동을 아동복지사업으로 정의하였는데, 일반아동에게 제공되는 복지서비스는 <표 4-5>와 같다.

〈표 4-5〉 **일반아동에게 제공되는 복지서비스**

구 분	내 용
아동의 건강적 측면	• 아동의 심신건강에 유해한 영향을 미치는 지역사회 환경을 정화하고 선도하는 사업 • 임산부, 젖먹이 영아 및 유아를 대상으로 한 보건지도 및 모자건강센터 운영 등의 모자보호사업
아동의 교육적 측면	• 만 5세 아동을 대상으로 한 취학 전 1년 무상교육 및 초·중등 의무교육 • 지식정보 사회에 적응하기 위해 취학 전 및 초등학생을 대상으로 한 정식교육 과정 속의 컴퓨터 교육 • 취학 전 아동을 위한 보육사업 • 취업여성 증가로 인한 초등학교 저학년 아동의 보호 및 교육공백을 보충하고자 하는 학령기 아동에 대한 방과 후 아동지도사업
아동의 경제적 측면	• 경제적 안정과 관련한 아동수당 및 의료보험과 같은 각종 연금제 등의 소득보장사업 • 가족수당 : 20세 미만 자녀와 부모를 부양하고 있는 가족에게 기본적으로 지불되는 정규적인 현금급여(학비 지원, 출산비 지원 모자보건서비스 비용 등)
아동의 정책적 측면	• 가정의 자녀양육 기능 약화로 보호자로부터 적절한 보호와 지도를 받지 못하는 아동이 증가함에 따라 예방적 차원에서의 정책적 노력에 의한 아동복지사업 • 지역아동센터, 아동상담, 일시보호 및 아동급식지원센터, 아동학대예방센터, 건강가정지원센터 등
아동의 놀이적 측면	• 아동전용시설 확충 및 다양한 활동 프로그램 운영사업
아동의 권리 및 보호 측면	• 아동안전과 권리강화의 정책목표를 달성하기 위한 아동복지사업 • 어린이 헌장, 청소년 헌장, 어린이날, 성년의 날, 가정의 달 등을 제정하거나, 국제적으로 세계아동의 해, 아동의 권리에 관한 국제협약 등을 마련하고 어린이보호재단 등을 통해 아동권리 교육 및 보호사업을 실시하는 활동

출처 : 이한우 외(2013).

3) 부모(보호자)

아동의 환경 중 가장 중요한 환경이 되는 부모의 역할은 아동복지에서 아동 외에 가장 필요하고 관심을 두어야 하는 복지의 대상이다. 아동의 행복을 보장하기 위해서는 모든 계층의 부모들에게 아동양육의 책임에 대한 준비 및 이를 위한 상담과 지도 프로그램을 제공해야 한다.

아동복지법 제3조 제3항에 의하면, '보호자'라 함은 친권자, 후견인, 아동을 보호・양육・교육하거나 그 의무가 있는 자 또는 업무, 고용 등의 관계로 사실상 아동을 보호・감독하는 자를 말한다.

아동은 적절한 보호, 사랑, 교육, 안전을 통하여 성장・성숙할 수 있으며, 이러한 환경을 제공하는 것은 부모를 비롯한 보호자이다. 특히 아동의 보호를 담당하는 보호자가 존재하지 않는다면, 아동은 국가나 권위 있는 기관으로부터 보호자(친권자, 후견인)를 제공받아야 한다(문선화 외, 2013).

제 2 절 아동복지서비스 분류

아동복지서비스는 아동서비스 제공장소, 아동서비스 기능을 기준으로 다음과 같이 분류된다.

1. 아동복지서비스 제공장소에 따른 분류

아동복지서비스 제공장소에 따른 분류는 아동이 어느 장소에서 생활하고 있는지에 따라 분류하는 방법이다.

아동이 원가정에서 생활하면서 서비스를 제공받는 재가서비스(in-home service)와 원가정을 떠나 시설이나 다른 가정에서 생활하면서 서비스를 받는 가정 외 서비스(out of home service)가 있다(장인협 외, 2001).

1) 재가서비스

재가서비스는 아동이 부모를 비롯한 가족구성원과 함께 생활하면서 필요한 양육과 서비스를 제공받는 것이다. 이는 아동의 양육에서 가장 중요한 가정의 중요성을 강조한 것이다.

재가서비스는 가족의 구조적 결손이 없지만, 심각한 스트레스나 역기능의 위험요소를 가지고 있을 경우 제공된다. 또한 한부모가정, 조손가정과 같이 구조적 결손을 경험하면서 가족기능의 원활한 수행이 어려울 경우 제공한다.

재가서비스는 원가정의 기능 중 결핍된 부분을 지지하거나 보충해 줌으로써 원가정의 해체, 붕괴를 막아주는 기능을 수행한다. 동시에 대상가정의 강점을 지원하여 어느 시점에서의 위기를 극복할 수 있도록 돕는 역할을 한다(김성경 외, 2012).

2) 가정 외 서비스

가정 외 서비스는 아동이 자신이 거주하는 가정과 가정 외의 장소를 왕래하면서 제공받는 서비스와 자신의 원가정을 떠나 일시적·장기적으로 아동보호시설이나 위탁가정에 거주하면서 제공받는 서비스를 의미한다.

아동의 양육과 보호에 있어 안정된 가정생활과 가정보호 원칙이 중요함에도 불구하고 가정이 해체되거나 아동의 특별한 욕구를 충족시키기 위해 가정을 떠나 가정 외에서 양육과 보호를 받는 경우이다. 따라서 가정 외 서비스를 단순히 부정적인 관점으로 보기보다는 아동의 권리와 아동의 행복 추구를 위해 국가와 사회가 적극적인 지원을 선택하고, 그 결과로 아동에게 긍정적 영향을 제공할 수 있는 최선의 대안서비스가 될 수 있도록 관심을 지속적으로 가져야 한다.

2. 아동서비스 기능에 따른 분류

아동복지사업은 아동이 받게 되는 사업의 기능이 가정에 관한 것인지 아닌지에 따라 분류할 수 있다. 즉, 아동복지사업은 아동과 부모 사이의 역할 수행의 불이행으로 빚어지는 문제에 대처하기 위한 서비스로, 아동이 가정에서 양육될 수 있도록 부모역할을 지지해 주는 서비스인지, 부적절하거나 부족한 부모역할을 보충해 주는 서비스인지, 아동의 필요에 따라 양육을 일시적 혹은 영구적으로 대행·대리하여 보호해 주는 서비스인지에 따라 지지적 서비스, 보충적 서비스, 대리적 서비스로 분류하고 있다(Kadushin & Martin, 1988). 또한 최근 중요시되는 가족기반서비스에 대해서 좀 더 살펴보고자 한다.

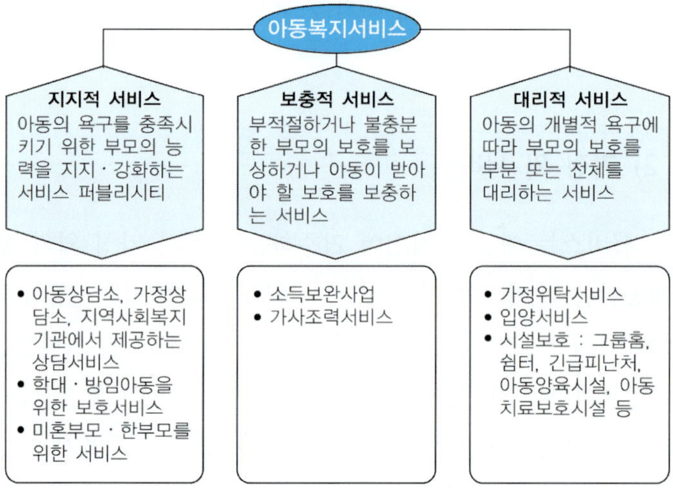

| 그림 4-1 | 카두신(Kadushin)의 아동복지서비스 유형 분류

1) 지지적 서비스

지지적 서비스(supportive service)는 부모와 아동이 그들의 역할을 다할 수 있도록 그들의 능력을 지지하고 강화시키는 서비스로 장소를 옮기지 않고 자기 집에 살고 있는 아동에게 제공되며, 가장 예방적인 서비스이다.

가족과 부모-아동관계 체계가 구조적으로 손상되지는 않았지만, 스트레스 상황에 처해 가족 내에 갈등이 초래되면 결국 이혼, 별거, 유기, 학대 등 가족 결함이 진행될 수 있다.

지지적 서비스는 가정이 스트레스 상황에서 아동의 기본적 욕구를 충족시킬 수 없는 위험에 처했을 경우 긴장을 완화시키고, 가족기능을 회복 · 유지 · 강화시켜 준다(Kadushin & Martin, 1988).

지지적 서비스는 아동복지의 제1차 방어선으로 부모와 아동이 그들 각자의 책임을 효율적으로 수행할 수 있도록 그들의 능력을 지원하고 강화시켜 주는 서비스로, 이때 서비스를 제공하는 아동복지기관은 부모나 아동의 역할 수행을 전적으로 대행하기보다는 외부에서 부분적으로 역할기능이 제대로 수행되도록 원조하는 역할을 한다.

지지적 서비스 프로그램의 종류는 가족치료, 부모교육(아동학대, 부모교육, 미혼부모교육, 장애아동 부모교육 등), 익명 부모모임(parents anonymous), 개별사회사업서비스, 가족상담사업, 집단상담사업, 지역사회 프로그램 등이 있다.

〈표 4-6〉 **지지적 서비스의 종류와 내용**

서비스 종류	서비스 내용
가족복지사업	가족해체·붕괴·가족구성원의 역기능 수행을 예방하거나 치료하기 위한 사업
학교사회사업	학교에서 아동이 그의 능력과 기능을 성취함에 있어 방해가 되는 사회적·정서적 문제를 극복하도록 돕기 위해 수행되는 사업
근로아동복지사업	근로아동의 취업활동, 근로환경 개선 및 교육기회를 제공하기 위한 사업으로, 직업훈련, 특별학급 및 산업체 학교 운영 등이 이에 포함
상담사업	가정 내에서 부모와 아동이 바람직한 관계를 가지며 행복할 수 있도록 지지·강화해 주는 사업으로, 부모나 아동의 면접을 통한 상담서비스, 가족면담, 유사한 문제에 관심이 있는 여러 가족들의 모임 주관, 공공복지 혜택을 받을 수 있도록 관련부서와 협상 등이 이에 포함
미혼부모복지사업	법적인 혼인관계 이외의 남녀관계에서 자녀를 갖게 된 여성과 남성 그리고 그 자녀가 경험하는 문제를 해결하도록 지원하는 서비스 활동 및 미혼부모의 발생을 예방하는 교육적 활동사업

출처 : 이한우 외(2013).

2) 보충적 서비스

보충적 서비스(supplementary service)는 부모역할의 부족함의 일부를 보조하는 서비스로 부모의 보호, 양육환경 개선 및 양육이 부적절하거나 많은 제약 가운데 처해있을 때 보충할 수 있도록 제공되는 서비스이다.

여러 가지 여건에 의하여 부모나 가족의 힘만으로는 아동을 양육하기 어려운 경우, 가정 및 가족의 형태를 그대로 유지하면서 부적절하고 부족한 부모의 자녀양육 역할을 대행하거나 도와주는 것이다. 즉, 부모의 사망, 유기, 이혼, 별거 등으로 인해 부모의 역할이 영구적으로 수행하기 어려울 때 혹은 교도소 수감, 질병, 직업상의 이유, 기타 등으로 일시적으로 부모의 역할의 수행이 어렵고 힘들 때 제공될 수 있다(Zuckeman, 1983).

보충적 서비스란 아동복지의 제2차 방어선으로, 가족의 사회적 체계 안에서 제공된다는 점에서 앞의 지지적 서비스와 차별된다.

보충적 서비스 방법으로는 경제적 지원을 위한 소득보완사업, 가사조력서비스, 보육사업 등을 들 수 있다.

소득보완사업은 부모의 소득 창출 역할을 보충하여 아동양육 기능을 향상시킨다는 점에서 중요하다. 가사조력서비스는 어머니의 부재로 어머니의 역할기능이 불충분할 경우, 또는 어머니의 직무과다로 역할이 부적절하게 수행될 때 어머니의 역할을 일정 기간 제공함으로써 가정생활의 정상적인 보호와 유지가 가능하도록 하는 서비스 활동을 말한다. 가사조력서비스를 수행하는 가정봉사원은 단순히 가사를 보조하는 가사도우미의 역할뿐 아니라, 아동을 양육하는 역할, 가정을 관리하고 아동을 돌보는 것과 관련하여 모범적인 모델의 역할을 수행한다.

보육사업은 보호자가 근로, 질병 및 기타 사정으로 아동을 보육하기 어려운 경우 보호자의 위탁을 받아 하루 중 일정 시간 동안 신체적·심리적·교육적 발달을 가져올 수 있도록 아동을 보호하고 교육해 주는 서비스를 말한다.

이러한 것에서 보충적 서비스의 성격은 치료적이며 예방적이라고 할 수 있다(성영혜 외, 2001; 장인협 외, 1991; Kadushin, 1998; Ziefert, 1985).

〈표 4-7〉 **보충적 서비스의 종류와 내용**

서비스 종류	서비스 내용
소득보완사업	가정의 경제를 책임지는 보호자가 사망하거나 질병, 실업으로 무능하여 가정경제가 위기에 처했을 경우, 가정을 유지하기 위해 사업에서 연대책임을 지고 공적 부조와 사회보험을 통해 경제적인 지원을 제공해 주는 사업
가사조력서비스	어머니의 사정으로 자녀를 양육하기 어렵거나 가사를 적절히 처리할 수 없을 때, 사회사업기관에서 파견된 가사조력원이 적절한 도움을 제공하는 사업
보육사업	보호자가 근로, 질병, 기타 사정으로 아동을 보육하기 어려운 경우 보호자의 위탁을 받아 하루 중 일정 시간 동안 신체적·정신적·교육적 발달을 가져올 수 있도록 아동을 보호하고 교육해 주는 사업

비행아동복지사업	20세 미만으로 범죄행위를 하거나, 그의 성격상 또는 환경적 요인들로 범죄행위를 할 우려가 있는 비행아동을 대상으로 비행행동을 예방하거나 교정하는 사업
장애아동복지사업	신체장애, 지적장애, 정서장애아동에게 의료적 · 직업적 · 교육적 · 사회적 · 심리적 재훈련을 통합적 · 협동적으로 실시함으로써 가능한 한 각 개인의 기능 회복을 최대한 도모하는 사업
아동복지서비스	신체적 · 정서적 · 도덕적 · 의료적 · 교육적 · 성적 · 지역사회적 측면에서 유기 및 학대받은 아동을 위한 보호활동

출처 : 이한우 외(2013).

3) 대리적 서비스

대리적 서비스(substitute service)는 아동의 부모가 그들의 역할을 전적으로 수행할 수 없어서 부모역할의 전부를 제3자가 대신하여 맡는 경우를 말한다.

부모가 당면한 문제를 잘 해결할 수 없어 양육기능을 일시적 · 영구적으로 포기하고 아동은 자신의 가정을 떠나서 다른 가정이나 시설에서 생활하게 된다(Kadushin, 1988).

대리적 서비스는 가정위탁서비스, 입양서비스, 시설보호서비스 등이 포함되는데, 이 대리적 서비스는 아동을 양육하기 위한 마지막 대책서비스이다.

가정위탁서비스(foster care)란 자신의 가정에서 도저히 아동의 양육이 어렵거나, 시설보호가 불가능하거나 바람직스럽지 못할 때, 일정 기간 동안 타인의 가정에서 제공하는 대리보호를 의미한다. 따라서 계획된 기간 동안 위탁사유가 되었던 상황이 해소되면 다시 친부모 가정으로 돌아갈 수 있다.

입양서비스는 법적 · 사회적 관계에 의해 영원한 친자관계를 맺는 것이다. 이에 친부모가 가지고 있던 아동의 현재와 미래에 대한 모든 권리와 의무가 소멸되고, 행정적 · 법적 권한에 의해 혈연관계가 없는 타인에게 양육의 권리와 의무가 이양되는 것이다(공계순 외, 2003).

가정위탁서비스나 입양서비스와 같이 대리가정을 통해 아동에 대한 보호 · 양육서비스를 제공할 수 없을 경우, 아동복지사업의 제3차 방어선인 시설에 수용하여 집단적 보호서비스를 제공하게 된다.

시설보호서비스는 소규모의 아동으로 구성된 그룹홈에서 대규모 아동양육시설에 이르기까지 그 규모나 형태가 다양하다(Kadushin & Martin, 1988).

〈표 4-8〉 대리적 서비스의 종류와 내용

서비스 종류	서비스 내용
가정위탁사업	시설보호에서의 미비점을 보충하기 위해 보호가 필요한 아동에게 계획된 일정 기간 동안 대리가정에서 보호·양육받도록 하는 사업
입양사업	행정적·법적 권한에 의해 혈연관계가 없는 타인에게 친자관계를 형성시켜 줌으로써 인위적으로나마 아동이 가정 안에서 부모와 함께 생활할 수 있도록 하는 사업
시설보호사업	부모가 부모의 역할을 수행할 능력이나 의사가 없는 경우 부모를 전적으로 대리하여 아동을 일시적·장기적으로 집단보호하는 사업
공동생활가정사업	보호를 필요로 하는 아동에게 사회복지사 등의 보호자와 함께 가정형태를 구성하여 생활하도록 하는 새로운 보호사업으로, 가정보호 형태를 통해 보호를 필요로 하는 아동의 건전한 성장과 발달을 도모하고 지역사회 내 사회적응 능력을 배양시키고자 함

출처 : 이한우 외(2013).

4) 가족기반서비스

가족기반서비스(family-based services)란 가족중심 서비스의 한 형태로 가족을 불충분한 존재로 여기는 것이 아니라 많은 강점과 자원을 가지고 있는 것으로 보는 것이다. 예를 들면, 미국의 경우 가족에 기반을 둔 서비스가 나타난 배경은, 우선 본인의 가정에서 돌볼 수 있는데도 아동이 대리서비스 기관에 배치되는 경우가 있고 배치된 후에도 명확하게 구체화된 사례계획이 세워지지 않았으며, 위탁가정에 배치된 경우 가정을 여러 번 바꾸게 되거나 부모의 참여나 방문이 장려되지 않았고, 정부도 예방적 서비스에는 투자를 하지 않는 등 아동복지서비스에 많은 문제들이 제기되었기 때문이다.

이러한 가족기반서비스를 제공하기 위해서 몇 가지 개입원칙이 있다.

첫째, 아동에 대한 과거의 진단은 그다지 중요시하지 않으며, 아동의 현재

상황에 대한 정보의 파악을 강조한다.

둘째, 가족의 강점을 중심으로 일하고 가족을 위한 생활상의 도움을 줄 수 있는 구체적 서비스를 제공하며, 아동을 면담할 때 가능하다면 아동의 가정을 방문하여 실시한다(Pecora et al., 1997).

제3절 우리나라 아동복지서비스의 유형

아동복지서비스를 제공하는 아동복지시설에서는 고유한 업무 이외에 가정지원사업, 주간보호사업, 전문상담사업, 학대아동보호사업, 공동생활가정사업, 방과 후 지도사업, 가정보호사업 등을 수행하고 있다[아동복지법(안), 2008].

〈표 4-9〉 **아동복지사업의 유형**

유 형	목 적
아동가정지원사업	지역사회 아동의 건전한 발달을 위하여 아동, 가정, 지역주민에게 상담조언, 정보를 제공하는 사업
아동주간보호사업	부득이한 사유로 가정에서 낮 동안 보호를 받을 수 없는 아동을 대상으로 개별적인 보호와 교육을 통하여 아동의 건전한 성장을 도모하는 사업
아동전문상담사업	학교부적응 아동 등을 대상으로 올바른 인격 형성을 위한 상담, 치료, 학교폭력 예방을 실시하는 사업
학대아동보호사업	학대아동의 발견, 보호, 치료와 아동학대의 예방 등을 전문적으로 실시하는 사업
공동생활가정사업	보호를 필요로 하는 아동에게 가정과 같은 주거여건과 보호를 제공하는 사업
방과 후 아동지도사업	저소득층 아동을 대상으로 방과 후 개별적인 보호와 교육을 제공하는 사업

출처 : 윤매자 외(2012).

우리나라 아동복지법 체계에서 운영하는 아동복지 시설 및 기관의 유형을 살펴보면, 요보호아동을 대상으로 하는 아동보호시설로서 보호자가 없는 경우 아동양육시설, 아동일시보호시설, 아동직업훈련시설, 아동자립지원시설 등이 있고, 일반가정에서 아동을 일시적으로 보호하지 못할 사정이 있을 경우 아동단기보호시설이 있으며, 일반아동과 요보호아동을 대상으로 하는 아동상담소, 아동전용시설, 아동복지관 등이 이에 속한다.

〈표 4-10〉 **아동복지시설의 유형**

유 형		목 적
생활시설	아동양육시설	보호를 필요로 하는 아동을 입소시켜 보호·양육함
	아동일시보호시설	보호를 필요로 하는 아동을 일시 보호하고 아동에 대한 향후 양육대책 수립 및 보호조치를 행함
	아동보호치료시설	불량행위를 하거나 불량행위를 할 우려가 있는 아동으로서 보호자가 없거나 친권자나 후견인이 입소를 신청한 아동, 가정법원, 지방법원소년부지원에서 보호위탁된 아동을 입소시켜 그들을 선도하여 건전한 사회인으로 육성함
	아동직업훈련시설	아동복지시설에 입소되어 있는 만 15세 이상의 아동과 생활이 어려운 가정의 아동에 대하여 자활에 필요한 지식과 기능을 습득시킴
	아동자립지원시설	아동복지시설에서 퇴소한 자에게 취업준비 기간 또는 취업 후 일정 기간 보호함으로써 자립을 지원함
	아동단기보호시설	일반가정에서 아동을 보호하기 곤란한 일시적 사정이 있는 경우 아동을 단기간 보호하며, 가정의 복지에 필요한 지원조치를 제공
	공동생활가정	보호를 필요로 하는 아동에게 가정과 같은 주거여건과 보호를 제공
이용시설	아동상담소	아동과 그 가족의 문제에 관한 상담, 치료, 예방과 연구
	아동전용시설	어린이공원, 어린이놀이터, 아동회관, 체육, 연극, 영화, 과학실험전시시설, 아동휴게숙박시설, 야영장 등 아동에게 건전한 놀이, 오락, 기타 각종 편의를 제공하여 심신의 건강 유지와 복지 증진에 필요한 서비스를 제공하는 것을 목적으로 하는 시설
	아동복지관	지역사회 아동의 건전한 육성을 위하여 심신의 건강 유지와 복지 증진에 필요한 서비스 제공
	지역아동센터	지역사회아동의 보호, 교육, 건전한 놀이와 오락의 제공, 보호자와 지역사회의 연계 등 아동의 건전한 육성을 위하여 종합적인 아동복지서비스 제공(18세 미만 학교에 다니지 않는자 포함)

출처 : 윤매자 외(2012).

지금껏 우리나라 아동복지서비스 체계는 요보호아동 보호와 양육이라는 소극적 대책에 머물러 왔다. 더욱이 그 보호내용도 마지막 방어선으로 제공되어야 할 대리적 서비스로서의 시설보호가 높은 비중을 차지하고 있다(김성경 외, 2012).

앞으로 우리나라 아동복지서비스는 요보호아동을 주 대상으로 치료적·사후처리적 개입에 초점을 두는 차원을 넘어 모든 아동 및 청소년과 그 가족들을 위한 적극적·예방적 서비스 체계로 변화되어야 하며, 아동 및 청소년 양육에 대한 책임을 사회 및 국가가 보다 적극적으로 반영·부담하여야 한다.

사회 및 국가가 적극적으로 나서야 하는 이유는 대략 다음과 같이 정리될 수 있다(김성경 외, 2012).

첫째, 현재 우리 사회는 여러 가지 변화에 따라 아동의 수가 현저하게 감소하고 있다. 급격한 산업구조 변화에 따른 독신가구 및 맞벌이부부의 증가, 혼인시기의 연장, 개인주의적 가치관의 팽배 등은 아동양육에 대한 부담을 증가시키고 있다. 아동양육에 있어 우선적 책임은 그 부모 및 가족이 져야 한다는 전통적인 사회적 통념은 여전히 남아있기에 더욱 그러하다. 아동의 수가 감소되고 있다고 해도 아동·청소년 복지예산을 축소하기보다는 오히려 아동 개개인의 사회적 가치가 높아지고 있음을 감안하여 보편적 아동·청소년 복지서비스를 질적으로 향상시킬 필요가 있다. 젊은 세대는 한 사회를 이끌어 나가는 원동력일 뿐만 아니라, 국가 미래의 경쟁력이라는 점을 항상 숙고해야 한다.

둘째, 현재 우리 사회는 가족 구조와 기능의 현저한 변화를 겪고 있다는 것이다. 이혼율의 증가로 가족해체의 정도가 높아지고 있으며, 그 결과 한부모와 살고 있는 아동비율이 증가하고, 심지어 가족 내에서 양육받지 못하는 아동들도 늘어나고 있다. 또한 여성의 경제활동 참여의 증가로 아동양육에 필요한 시간과 에너지를 쏟을 수 없을 뿐 아니라, 아동과의 정서적 교류도 감소하고 있다.

이와 같이 아동양육에 대한 책임이 필연적으로 사회로 이양되고 있지만, 사회는 이에 대한 충분한 준비가 여전히 부족하다. 따라서 다양한 상황에 처해있는 아동·청소년과 그 가족의 복합적인 욕구에 부응하는 종합적인 아동·청소년복지서비스 체계의 수립이 필요하다.

토론해 보기

1. 아동복지의 대상에서 그 대상범위에 대해서 여러분의 생각을 토론해 봅시다.

2. 아동복지서비스에 대해서 여러분의 생각을 토론해 봅시다.

3. 우리나라 아동복지서비스에 대해서 여러분의 생각을 토론해 봅시다.

05

빈곤아동을 위한 복지서비스

제 1 절 빈곤아동의 개념

현대사회에서 빈곤은 경제적인 측면뿐만 아니라 사회적 · 심리적 측면에서도 문제점을 내포하고 있다. 즉, 아동에게 빈곤문제는 경제적 결핍의 문제 및 아동의 발달, 건강, 정신건강, 행동문제에 심각한 영향을 미치고 있어 아동발달에 가장 큰 위험요인이 되고 있다. 또한 교육의 기회, 의료의 기회, 사회적 이동의 기회 등과 같이 가치배분 과정에서 발생하는 불평등을 포함하는 동시에 개인의 성취동기, 열망수준, 자아실현 등의 심리적 차원과 관련된 박탈과 문화적 가치로부터 소외 등을 포괄하는 개념이다(김주아 외, 2012).

이 장에서는 빈곤아동의 개념 및 현황을 살펴보고 우리나라 빈곤아동을 위한 복지서비스 등에 대하여 살펴보고자 한다.

1. 빈곤의 개념

1) 절대적 빈곤

절대적 빈곤(absolute poverty)은 인간이 삶을 살아가는 데 절대적으로 필요한 최소한의 자원을 충족시키지 못한 상태를 의미한다. 즉, 절대적 빈곤은 개인 및 가족이 생존에 필요한 의식주를 해결하지 못하는 상태를 말한다. 여기서의 초점은 생존의 수준(subsistence level)이지 불평등의 정도가 아니다. 따라서 절대적 빈곤은 그 수준을 확인할 수 있는 과학적 기준을 설정해야 하는데 그것이 빈곤선(poverty line)이다. 빈곤선이란 개인이나 가구의 소득 또는 지출이 최저생활을 하는 데 필요한 생계비에 미달하는 정도를 나타내는 것으로 소득이 빈곤선 이하일 때 절대적 빈곤상태라 한다. 절대적 빈곤은 주로 기본적 욕구 방법과 음식비 비율방법으로 계측되고 있다(김태성 · 손병돈, 2002).

첫째, 기본적 욕구방법은 음식, 주거, 의복 등의 욕구를 해결하는 데 드는 비용에 따른 수준을 결정하는 방법으로 객관적으로 빈곤을 측정하려는 시도이다. 이 방법은 필수품을 모두 고려하였다는 점에서 전물량 방식으로 불린다. 이 방법은 라운트리(Rountree)가 1899년 요크(York)시 조사에서 이용한 빈곤 개념으로 "총수입이 육체적 효율성의 유지에만 필요한 최저수준을 획득하기에도 불충분한 가구를 제1차적 빈곤"으로 정의한 데서 찾을 수 있다. 우리나라의 경우 최저생계비 계측에 있어서 바로 이러한 기본적 욕구방법에 따라 빈곤대책(국민기초생활 보장)을 위한 대상자 선정과 급여의 수준을 결정하고 있다. 즉, 우리나라 최저생계비는 어떤 품목들이 필수적이며, 그 품목들을 얼마만큼 사용하는지를 구축하는 기초 생필품 목록 및 사용량을 결정하고 그것들을 구매하는 데 드는 비용을 계산함으로써 추계된다.

둘째, 음식비 비율방법은 음식비가 소득에서 차지하는 일정한 비율(예를 들면, 1/3)이 빈곤선이 된다. 이 방법에 따르면, 높은 비율의 음식비를 사용하는 가구는 빈곤가구가 된다. 이 방법을 엥겔방식이라고도 하는데, 이는 모든 필수품이 아닌 최저 식료품비를 중심으로 구성하였다는 점에서 반물량 방식이라고 불린다.

절대적 빈곤의 개념은 육체적 생존을 위한 최저수준의 확보라는 장점도 있지만, 계측의 문제점과 빈곤의 다른 특성을 파악하지 못하는 문제점이 있다.

〈표 5-1〉 **2015년 최저생계비**

구 분	1인 가구	2인 가구	3인 가구	4인 가구	5인 가구	6인 가구	7인 가구
금 액	617,281	1,051,048	1,359,688	1,668,329	1,976,970	2,285,610	2,594,251

출처 : 보건복지부(2015).

2) 상대적 빈곤

상대적 빈곤(relative poverty)은 사회의 평균 또는 일정 생활수준과 비교해 볼 때 상대적으로 적게 가지고 있는 상태를 말한다. 상대적 빈곤을 측정하는 방법은 평균소득(mean income)이나 중위소득(median income)의 일정 수준 이하를 빈곤으로 정의하거나 전체 소득분포상에서 일정 수준 이하를 빈곤으로 정의하는 것이다(이두호 외, 1991). 평균소득을 사용하는 경우, 예를 들어 평균소득 80%를 빈곤선으로 정하고, 그 이하의 소득수준에 해당하는 사람들은 빈민으로 정의할 수 있다. 가계의 평균소득이 50% 이하일 때에는 빈곤층보다 낮은 극빈층이 된다. 중위소득을 사용할 때에는 중간소득(중간위치의 소득)의 50%[1]를 빈곤선으로 보고, 그 수준에 미달하는 소득수준에 해당하는 사람은 빈민이 된다. 전체 소득분포상의 일정 수준 이하를 사용하는 경우에는 가계소득을 저소득에서 고소득까지 순서별로 분포시키고 그 가운데 일정 비율(하위 10% 또는 하위 20%)을 정한 후, 비율 이하의 소득자를 빈민으로 간주한다. 이 방법은 소득분배의 불평등 정도를 분석하는 경우에 활용하고 있다(양정하 외, 2002).

이와 같은 문제로 소득과 지출 수준을 이용한 상대적 계측방식이 일반적으로 사용되고 있는데, 상대적 빈곤 측정의 가장 극단적인 형태는 빈곤을 소득분포의 하위 끝으로 정의하는 것이다. 이 방법에 의한 빈곤선은 한 사회의 소득분포상의 가장 낮은 일정 비율, 예컨대 하위 10% 혹은 하위 20%로 정하여 이 비율 이하의 사람들을 빈곤한 것으로 간주하는 것으로 이러한 관점에서 보면, 빈곤은 불평등이 지속되는 한 계속 존재한다.[2] 이 방법은 인구의 고정된 비율이 항상 가난하다고 간주하는 통계학적 의미에서 빈곤을 영속화한다는 비판이 제기된다.

빈곤의 개념으로는 절대적 빈곤보다는 상대적 빈곤개념이 주로 사용되고 있으며, 기본적 욕구가 충족되더라도 일부 집단이 다른 집단에 비해 자원, 기회 그리고 현물을 부족하게 소유한 경우를 의미한다.

1) OECD 국가들은 중위 가구소득의 40~60%, EU 국가들은 평균 가구소득의 40~60% 미만을 상대적 빈곤으로 규정하고 판정하고 있다(나경희, 2008).

2) 흔히 이 방법을 순수 상대적 빈곤(purely relative poverty)이라고 부른다.

상대적 빈곤은 국가와 국제기구에 따라 다르게 측정되고 있다. OECD에서는 중위소득의 40% 이하로 측정하며, 세계은행은 선진국의 경우 평균소득의 50% 이하, 개발도상국의 경우 평균 가구소득의 1/3 이하를 기준으로 삼는다. 우리나라에서는 평균 가구소득의 하위 20% 또는 평균 가구지출의 60% 정도를 상대적 빈곤선으로 규정하는데, 차상위 계층을 포함할 때는 평균 가구소득의 50%를 규정하고 있다(이현주, 2000).

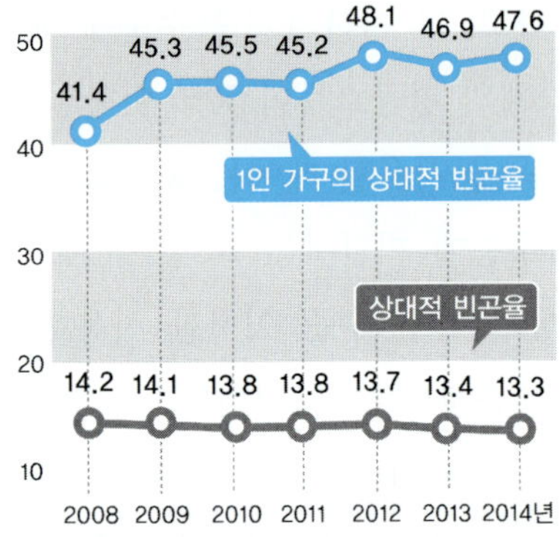

| 그림 5-1 | 우리나라 상대적 빈곤율

출처 : 한국보건사회연구원(2014).

3) 주관적 빈곤

주관적 빈곤(subjective poverty)은 각자 개인이 빈곤으로 간주하는 수준으로 결정되는 인식으로 개인이 생각하기에 충분히 갖고 있지 않다고 느끼는 상태를 기준으로 판정하는 것을 말한다. 이러한 빈곤의 개념은 개개인의 복지와 관련하여 인식하는 것으로 객관적인 기준보다도 주관적인 측면이 더 크게 작용할 수 있다. 주관적 빈곤을 판단할 수 있는 방법은 설문조사 방법과 라이덴(leyden) 방법이 있다. 설문조사 방법은 한 가족이 지역사회에서 살아갈 수 있는 최소한의 비용을 설문조사를 하고 결과에 따라 빈곤선을 결정하는 것이고, 라이덴(leyden) 방법[3]은 개개인 각자가 빈곤선을 결정하는 것이다(이순자 외, 2013).

3) 라이덴(leyden) 방법 : 사람들에게 자신의 상황을 고려하여 그럭저럭 살아가는 데 소요되는 최소소득이 얼마인가를 묻고, 이를 바탕으로 개인 각자가 판단하는 최소소득과 실제 소득의 관계를 분석하여 결정하는 방법이다.

제 2 절 빈곤아동의 현황

1. 빈곤아동의 현황

1) OECD 빈곤아동의 현황

OECD 빈곤아동의 현황 결과 우리나라의 빈곤아동률은 OECD 평균 12.4%보다 적은 10.2%로 나타남으로써 OECD 주요 국가보다도 비교적 낮은 편이다. 또한 아동이 있는 가구의 빈곤율도 OECD 평균 10.6%보다 낮은 9.2%로 조사되었다. 이는 우리나라 빈부의 차이가 상대적으로 낮기 때문이고, 아동이 성인의 보호 아래 기본적인 욕구충족을 할 수 있는 환경이 극히 열악하지 않음을 보여준다.

〈표 5-2〉 OECD 빈곤아동의 현황 (단위 : %)

국가명	아동 빈곤율	아동이 있는 가구의 빈곤율
호주	11.8	10.1
캐나다	15.1	12.6
덴마크	2.7	2.2
핀란드	4.2	3.8
프랑스	7.6	6.9
독일	16.3	13.2
이탈리아	15.5	14.3
일본	13.7	12.5
한국	10.2	9.2

영국	10.1	8.9
미국	20.6	17.6
OECD 평균	12.4	10.6

출처 : 보건복지가족부(2009). 통계연보.

2) 아동의 빈곤율

국내 아동 절대빈곤율은 2007년 7.9%에서 2008년 7.8%, 2009년 7.7%로 제자리 걸음을 계속하고 있다. 전체 가구소득 분포에서 한가운데 소득인 중위(中位)소득의 절반에도 못 미치는 비율을 뜻하는 상대빈곤율은 2007년 11.3%에서 2009년 9.7%로 1.6% 포인트 감소하는 데 그쳤다. 보건복지가족부가 2008년 6,923가구를 대상으로 처음 실시한 전국규모의 아동빈곤실태조사에서는 절대빈곤가정의 0~8세 아동의 기억력이 평균 4.78점인 데 비해 최저생계비 120% 소득을 버는 차상위계층 이상 가정의 아동은 11.74점으로 크게 차이가 났다. 표현하는 어휘수준도 차상위 이상 아동이 109.3점인 데 비해 절대빈곤아동은 44.66점에 불과했다.

국내 아동 빈곤율이 개선되지 않는 것은 일해도 생계비를 벌지 못하는 '워킹푸어(working poor)' 문제 등 빈곤가구 확대와 맞물려 있으며, 지금 40~50대의 경우 가난해도 열심히 공부하면 계층 상승이 가능하다는 희망이라도 있었지만, 갈수록 교육보다 부모의 소득이 계층형성에 더 큰 변수로 나타나 가난의 대물림이 고착화될 우려가 있다.

〈표 5-3〉 아동의 빈곤율 (단위 : 명, %)

	절대적 빈곤율				상대적 빈곤율			
	전 체	빈곤층	차상위	차상위 이상	전 체	대도시	중소 도시	농어촌
0~2세	100 (1,367,861)	5.9 (81,174)	4.6 (62,898)	89.5 (1,223,789)	38.5 (138,205)	8.4 (50,220)	9.8 (64,445)	20.3 (23,540)
3~5세	100 (1,411,294)	4.7 (65,930)	3.7 (51,851)	91.6 (1,293,513)	29.2 (110,916)	5.1 (31,385)	9.1 (61,571)	15.0 (17,960)

6~8세	100 (1,751,162)	6.3 (109,228)	4.3 (80,945)	89.5 (1,560,989)	30 (173,805)	8.5 (63,744)	11.2 (93,744)	10.3 (16,317)
9~11세	100 (1,957,199)	7.9 (155,320)	4.1 (80,945)	87.9 (1,720,934)	41.7 (229,987)	10.3 (88,504)	11.6 (108,490)	19.8 (32,993)
12~18세	100 (4,797,281)	9.1 (437,956)	4.5 (209,418)	86.5 (4,149,907)	45 (646,109)	9.5 (210,902)	16.6 (361,917)	18.9 (73,290)
전체	100 (9,910,558)	7.8 (768,435)	4.2 (416,683)	88.0 (8,725,440)	39.2 (1,299,020)	8.8 (444,754)	13.1 (690,167)	17.3 (164,099)

출처 : 보건복지가족부(2009). 한국아동청소년 종합실태조사.

3) 가족구조에 따른 아동의 빈곤율

아동빈곤 관련 선행연구에서도 가족구조에 따라 아동의 빈곤율에 차이가 있음을 밝히고 있다(류연규 · 최현수, 2003). <표 5-4>와 같이 가구유형에 따른 아동 빈곤율 추이를 보면, 시기를 막론하고 조손가구의 빈곤율이 가장 높아 조손가구는 대부분 빈곤한 것으로 나타난다. 그 다음이 모자가구, 일반가구, 맞벌이가구의 순이었다. 맞벌이가구의 경우는 빈곤율이 매우 낮아서 OECD에서 주장하듯이 2인 생계부양자 가구에서 아동빈곤이 확연하게 낮음을 반증해 주고 있다. 모자가구의 빈곤율도 높은 편으로 이러한 경향은 한부모가정의 빈곤화를 보여주는 것으로 전체 가구의 아동 빈곤율보다 세 배 정도 높은 빈곤율을 나타내고 있다(김미숙 외, 2007).

〈표 5-4〉 **가구유형별 아동 빈곤율(자영업자 제외)** (단위 : %)

가구유형	구 분	2003	2004	2005	2006
전체가구	도시	5.3	7.4	5.7	4.8
	전국	5.9	8.5	6.1	5.3
조손가구	도시	64.0	100.0	80.1	67.8
	전국	47.1	85.7	65.0	63.7
모자가구	도시	16.3	30.0	14.9	16.1
	전국	16.7	33.9	16.4	17.7

맞벌이가구	도시	1.9	2.4	2.8	1.6
	전국	2.0	2.5	2.6	1.5
일반가구	도시	6.2	8.3	6.6	5.4
	전국	7.2	9.0	7.2	5.6

출처 : 김미숙 외(2007).

4) 경제위기하 빈곤아동 · 청소년 현황

보건복지가족부는 2008년 현재 자립지원의 필요 청소년을 복지시설에서 살거나 가정위탁된 아동 · 청소년 34,626명, 18세 미만 기초생활수급자 366,813명, 청소년쉼터를 이용하는 가출청소년 14,308명, 학업중단 청소년 46,898명 등 462,645명으로 계산하고, 자립 당면 청소년은 시설퇴소아동 · 청소년 등 4,646명, 가출 · 비행 · 학업중단 청소년 35,432명 등 40,078명으로 계산하고 있다. 따라서 보건복지가족부가 파악한 자립지원의 필요와 당면 위기아동 · 청소년의 규모는 502,723명이지만, 그중에는 가족의 빈곤 등으로 인한 경우와 당사자의 학업중단, 가출 · 비행 등의 경우가 혼재되어 있다.

〈표 5-5〉 **자립지원의 필요 및 당면 위기아동 · 청소년의 규모**

위기형태	내 용	인 원	총 계
빈곤	18세 미만 기초생활수급자	366,813명	462,645명 (자립 필요 청소년)
요보호	시설 · 가정위탁아동 · 청소년	34,626명	
학업중단	청소년쉼터를 이용하는 청소년	14,308명	
	학업중단 청소년	46,898명	
시설퇴소	양육시설 퇴소아동 · 청소년	813명	40,078명 (자립 당면 청소년)
	가정위탁 종결	3,833명	
가출 · 비행 학업중단	17세 이상 쉼터이용 청소년	7,502명	
	고교학업중단 청소년	27,930명	

출처 : 보건복지가족부(2008). 취약계층 청소년 자립지원 대책(안).

한편 보건복지부는 위기단계를 위기전조, 위기표식, 문제행동, 위기결과로 분류하고, 그 규모를 위기전조 109만 4천 명, 위기표식 90만 명, 문제행동 32만 명, 위기결과 16만 6천 명으로 계산하여 전체 위기청소년을 연인원 263만 명으로 파악하였다.

〈표 5-6〉 **위기단계 및 유형별 위기청소년의 규모**

위기단계	위기유형	유형별 규모	추정규모
위기결과	학업중단	1만 4천 명	22만 6천 명
	가출	10만 명(16,894건)	
	범죄	10만 4천 명	
	자살	8천 명	
문제행동	자살시도	12만 명	32만 명
	폭력가해	19만 3천 명	
	성매매	7천 명	
위기표식	학대피해	3,891명	90만 명
	성범죄 피해	5,862명	
	폭력피해	15만 명	
	범죄피해	3만 4천 명	
	학업부진	48만 7천 명	
	실업	22만 명	
위기전조	빈곤	93만 명	109만 4천 명
	소년소녀가장	5,444명	
	이혼자녀	150,010명	
	요보호	9,393명	

출처 : 보건복지가족부(2008). 위기청소년 자립지원방안연구.

2009년 기준 보건복지부가 공식적으로 지정한 서비스 지원 대상은 학업중단, 가출, 빈곤 등 위기아동・청소년의 50%인 273,000명으로 보고 있다. 복지부는 9세 이상 18세 이하 위기아동・청소년 수를 933,603명으로 보고, 그중 교육과학기술부가 관리하는 돌봄위기학생 387,355명을 뺀 546,248명 중에서

50%인 273,124명을 정책대상으로 본다. 교육과학기술부의 돌봄서비스를 받는 학생들도 국민기초생활 보장제도 등을 적용받기에 복지부와 무관하다고 할 수 없지만, 보건복지부 아동·청소년정책과 그 수를 뺀 아동·청소년 중에서 50%를 우선적인 지원대상으로 삼고 있는 것이다.

5) 소년·소녀가장 현황

우리나라 소년·소녀가장 현황은 점차 줄어들고 있는 현황이다. 1985년 합계 11,125명에서 2013년 합계 155명으로 나타나고 있다. 우리나라의 소년·소녀가장 현황을 살펴보면 <표 5-7>과 같다.

〈표 5-7〉 **소년·소녀가장 현황** (단위 : 세대, 명)

구 분	1985	1990	1995	2000	2003	2005	2007	2009	2011	2013
세대 수	6,224	6,696	8,107	6,229	3,994	2,755	1,630	1,504	699	338
세대원 수	11,125	13,778	15,118	9,579	6,184	4,332	2,501	1,596	1,020	155

출처 : 보건복지가족부(2014).

제 3 절 빈곤이 아동발달에 미치는 영향과 문제

1. 빈곤이 아동발달에 미치는 영향

빈곤은 빈곤가정에서 자라는 아동에게 결정적 손상을 가져올 수 있다. 특히 신체적·인지적·정서적 발달이 급격히 일어나는 학령기 아동들에게 그 영향은 더욱 크다고 할 수 있다(구은미 외, 2012). 따라서 빈곤이 아동의 가정생활에 미치는 영향을 살펴보면, 빈곤아동들은 안정된 주거환경을 제공받지 못하거나 적절한 교육환경을 제공받지 못할 가능성이 높다. 빈곤가족은 경제적 이유로 인해 아동에게 공부방 등 적절한 학습공간을 제공하거나 학업에 필요한 물품이나 자료를 제공하지 못해 학업성취를 저해하기도 한다. 즉, 빈곤가족은 책, 장난감, 컴퓨터 등과 같은 물품을 구입할 수 있는 자원이 부족하고, 도서관이나 박물관 방문 등의 문화생활의 기회가 부족하기 때문에 인지적으로 자극받을 수 있는 환경에서 성장할 기회가 비빈곤가족 아동보다 더 부족하게 된다.

빈곤아동의 부모들은 생계를 위해 장시간 노동을 하게 되어 피곤하거나 시간이 없어 자녀와의 상호작용이 부족하거나 부적절한 양육태도를 보이게 되어, 아동의 언어나 인지 발달에 부정적인 영향을 미치게 된다. 그리고 빈곤한 사람들은 자신들이 처해있는 환경을 스스로 통제할 수 없다는 무력감, 수치감 또는 자존감의 상실 등으로 스트레스나 우울증에 빠져들기 쉽다. 이러한 부모의 스트레스와 우울은 부부간이나 가족 간의 갈등을 유발하는 동시에 부모의 양육행동이나 친구관계 등에 대한 지도·감독을 제대로 하지 못하고, 언어적인 훈계보다는 신체적인 체벌을 더 자주 사용하고, 아동에 대한 정서적 지지의 수준도 낮은 것으로 나타나고 있다(Conger et al., 1994).

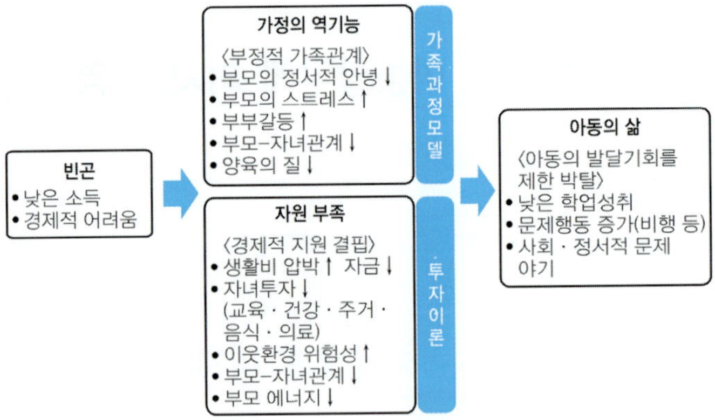

[그림 5-2] 빈곤아동의 영향경로

출처 : 김효진(2008).

2. 빈곤아동의 문제

빈곤아동들이 경험하는 문제는 크게 아동의 신체적 건강, 인지능력, 학업수행 문제, 가족문제, 심리·사회적 문제 등으로 구체적인 내용을 살펴보면 다음과 같다(공계순 외, 2013; 구은미 외, 2012; 도미향 외, 2013).

1) 신체적 건강

비빈곤가족의 아동과 빈곤가족의 아동들을 다양한 기준을 가지고 비교해 볼 때 빈곤아동들은 신체건강에 있어서 부정적인 결과를 보이고 있다.

미국의 1988년 국민보건조사에 따르면, 비빈곤가족 아동의 경우 유아 사망률이 100명당 0.8명인 데 비해 빈곤가족은 1.4명으로 1.7배 높은 것으로 나타났으며, 0세부터 14세까지의 아동기의 사망률은 비빈곤가족은 0.8명인 데 비해 빈곤가족은 1.2명으로 나타났다. 또한 건강상태가 아주 좋다고 부모가 평가한 비율에 있어서 비빈곤가족의 경우 55.2%인 데 비해 빈곤가족은 37.4%에 불과했으며, 지난 1년간 병원에 입원한 기간을 살펴보면 비빈곤가족 아동의 경우 3.8일이나 빈곤가족 아동의 경우 5.3일로 나타나는 등 빈곤가족 아동의 건강상태가 비빈곤가족 아동에 비해 전반적으로 낮게 나타나고 있음을 보여준다.

2) 인지능력

빈곤과 아동의 인지능력 발달과의 관계를 살펴보면, 빈곤가족의 아동의 경우 비빈곤가족 아동에 비해 낮은 것으로 나타나고 있다. 미국의 1988년 국민보건조사에 따르면, 17세까지 아동기의 인지발달 지체 비율을 살펴보면, 비빈곤가족 아동은 3.8%이나 빈곤가족은 5%로 높게 나타났고, 학습장애 비율에 있어서도 비빈곤가족은 6.1%이나 빈곤가족의 아동은 8.3%로 높게 나타나고 있다.

3) 학업수행 문제

빈곤아동은 학교환경에서 상대적으로 더 높은 디스트레스를 경험하고 학교로부터의 지지가 낮다고 인식하는 것으로 나타났다(Eamon, 2001).

미국의 조사에서는 학년유급 및 학교중퇴 문제에 있어 빈곤아동이 비빈곤아동에 비해 두 배가량 높으며, 학습장애 비율도 1.4배 높은 것으로 나타났다(Duncan & Brooks-Gunn, 2000). 구인회(2003)의 연구에 따르면, 빈곤은 청소년의 학력성취에 부정적 영향을 미치는 중요한 요인으로 나타났다. 오승환(2000)의 연구에서도 소년소녀가정 아동의 학업성적은 일반가정의 아동에 비해 낮은 것으로 나타났으며, 최선희(2003)의 연구에서도 빈곤아동의 학업적응 점수가 66점이며, 비빈곤아동은 72점으로 빈곤아동이 비빈곤아동에 비해 학업적응 점수가 낮은 것으로 나타났다. 이처럼 빈곤아동은 비빈곤아동에 비해 학업수행에 있어서 보다 많은 어려움에 처해있음을 알 수 있다.

4) 가족문제

빈곤아동의 가족문제에 있어서는 상반된 연구결과들이 보고되고 있는데, 일부 연구에서는 빈곤아동은 비빈곤아동에 비해 상대적으로 가족문제를 더 많이 경험하는 것으로 보고되었다. 그러나 일부 연구들은 빈곤이 가정문제를 유발시키지 않으며 부모-자녀관계의 질에 따라 가정문제가 유발된다고 보고하고 있다. 한편 빈곤아동은 상대적으로 가정에서 아동학대와 방임을 6.8배 이상 더 경험하고 폭력피해도 2.2배 이상 더 높은 것으로 보고되었다(Duncan & Brooks-Gunn, 2000). 최선화(2003)의 연구에 의하면, 부모-자녀관계를 주 부양자와의 신뢰관계, 의사소통, 훈육 및 감독, 양육활동 등으로 나누어 볼 때 모든 영역에서 빈곤아동은 비빈곤아동에 비해 낮으며, 특히 빈곤아동의 경우 부모의 양육환경이 부족한 것으로 나타났다.

5) 심리 · 사회적 문제

교육수준이 대체로 낮은 빈곤가정의 부모들은 아동의 정서와 행동 발달에 대한 이해가 부족하여 어린 시절 자신의 양육경험을 기준으로 자신의 자녀를 양육하는 경향이 높으며, 생활상의 어려움으로 자녀에 대한 관심과 애정을 표현할 기회가 적으며, 자녀에 대한 지도·감독수준이 낮고 신체적 체벌을 더 많이 사용하며 낮은 정서적 지지를 제공하는 것으로 나타났다. 아동양육기술의 부족은 부모-자녀관계의 약화를 가져오며 빈곤아동은 비빈곤아동보다 우울 및 충동성, 행동상의 문제를 더 많이 경험하는 것으로 지적하고 있다. 특히 가출을 하거나 무단조퇴 등의 도피비행의 발생률이 높게 나타났다.

3. 빈곤의 대물림(성인기 빈곤의 영향)

빈곤은 아동의 정상적인 발달을 저해하는 요인이 될 뿐만 아니라 성인이 되어서까지 부정적인 영향을 미치게 된다. 빈곤은 아동기 삶의 차이를 만든다. 출발선의 차이는 성인기가 되어서도 다시 삶의 차이를 만들어 준다. 빈곤이 세습된다는 것은 빈곤가정에서 성장한 아동, 즉 아동기 빈곤이 다시 성인기 빈곤으로 연결된다는 것이다. 아동기 빈곤이 만들어 낸 낮은 학업성취 및 학교실패와 학업중단, 신체의 건강상태 저하 및 질병, 문제행동 및 사회부적응 등은 직업선택의 기회나 노동능력을 저하시킨다. 즉, 아동기의 빈곤이 기회의 박탈을 초래할 가능성을 높이고 이것이 다시 성인기에 후유증으로 남는다. 어린 시절 경험한 빈곤은 경각심보다는 빈곤에 대한 익숙함을 학습시키며, 만성적인 무력감을 갖게 하여 빈곤에서 벗어나려는 시도보다는 복지의존성을 갖게 하며 빈곤의 악순환으로 이어지게 한다. 연속적인 장기빈곤일수록, 빈곤경험 시기가 어릴수록 빈곤의 부정적인 영향은 더 커진다고 할 수 있다. 빈곤의 대물림 경로에 대해 살펴보면 【그림 5-3】과 같다.

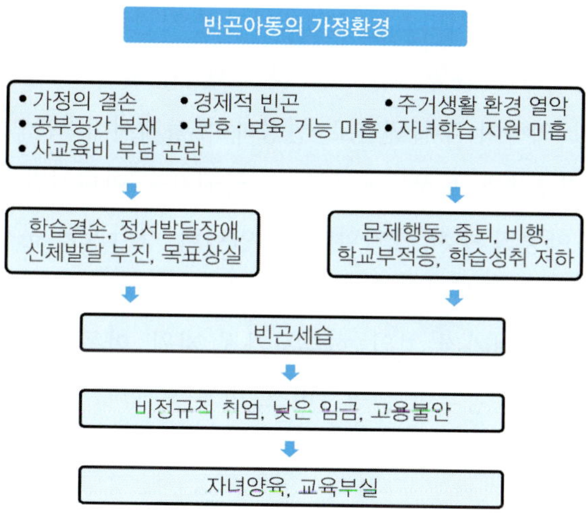

【그림 5-3】 **빈곤의 대물림 경로**

출처 : 이순자 외(2013).

제 4 절 빈곤아동을 위한 복지서비스 현황

빈곤아동을 위한 복지서비스는 소년소녀가정 지원과 한부모가정 지원을 통해 단순하게 경제적 지원을 제공하는 것이 대부분이며, 이들 대상은 국민기초생활보장법에 의하여 수급권자로 선정하여 복지서비스를 지원하고 있다. 최근에는 국민기초생활 보장법에 의한 수급권자는 아니지만 빈곤층인 차상위계층에 있는 아동의 수가 증가할 뿐만 아니라 결식아동 문제가 사회적 문제로 대두되면서 국가의 책임이 강화되었다.

이 장에서 소년소녀가정 지원, 한부모가정 지원, 아동급식 지원, 아동발달지원계좌 서비스, 수능공부방 운영서비스, 방과 후 학교서비스 등의 구체적인 내용을 살펴보면 다음과 같다(구은미 외, 2012; 김민경 외, 2012; 이순자 외, 2013).

1. 소년소녀가정 지원서비스

소년소녀가정이란 국민기초생활 보장 수급자 중에서 18세 미만의 아동으로만 구성된 세대이거나 18세 미만의 아동이 부양능력이 없는 부모와 동거하는 세대로 빈곤아동이 실질적으로 가정을 이끌어 가고 있는 세대를 말한다.

18세 미만의 아동이 국민기초생활 보장법상 부양의무자(부모 제외)와 동거하는 경우 대리양육가정으로 선정하고, 부양의무자가 아닌 친인척과 동거하는 경우에는 가정위탁으로 선정한다. 위탁보호는 현행 아동복지법상 대리양육가정, 친인척가정, 일반가정으로 구분한다. 15세 미만의 아동으로만 세대를 구성할 경우 소년소녀가정 지원서비스의 목적은 실질적으로 가정을 이끌어 가는 소년소녀가정의 아동에 대하여 생활보장을 실시함으로써 자립능력을 배양하고 건전한 사회인으로 성장하도록 지원하는 데 있다.

소년소녀가정이 겪는 가장 큰 문제는 생계유지의 문제이다. 선행연구에 의하면, 경제적 빈곤을 가장 큰 어려움으로 지적하였는데, 이러한 경제적 빈곤의 원인은 가정 내 근로능력자가 없기 때문이다. 따라서 이들이 성장하기 위해서는 공공부조나 민간의 지원에 의존할 수밖에 없다. 이들은 부모로부터 보호를 받아야 할 나이에 가정을 책임져야 하는 경제적 어려움뿐만 아니라 자신의 일을 스스로 결정해야 한다는 점에서 심리적·정서적 어려움을 겪고 있다. 이들에 대한 지원서비스의 내용을 살펴보면 다음과 같다.

첫째, 국민기초생활 보장법에 의한 생계급여와 교육급여를 제공한다. 생계급여로는 주·부식비, 연료비, 피복비, 장제비가 지급되고, 중·고교생의 교통비, 교복비, 영양급식비, 부교재 및 교양도서비 등이 지급된다. 교육급여로는 초·중·고교생의 학비가 지원된다.

둘째, 의료급여로 의료급여법에 의해 1종 보호대상자로 선정하여 외래 및 입원 진료비 전액을 국가가 부담하고 있다.

셋째, 부가급여로 보조비가 지급되며, 효정신 함양비, 자립정착금, 대학입학금, 직업훈련비, 미진학생 학원수강비 등이 지급되고 있다.

넷째, 아동만으로 구성된 세대에 대해서는 이웃에 거주하는 아동위원, 종교인, 공무원 등을 후견인으로 지정하여 고충이나 애로사항을 의논하여 해결하도록 정서적 후원을 하고 있다.

다섯째, 결연사업 활성화를 위해 위탁 실시하며, 이에 대한 각종 경비를 지원하고 있다.

2. 한부모가정 지원서비스

한부모가정이란 부 또는 모와 그들의 자녀로 구성된 가정을 말한다. 저소득 모・부자가정 지원사업의 지원대상은 이혼, 사별 등으로 배우자가 없는 부 또는 모와 18세 미만의 자녀로 이루어진 가정으로서 당해 연도 선정기준을 충족하는 가정이다. 한부모가정에 대한 지원내용은 국민기초생활 보장법에 의한 생계비 지원과 양육비, 교육비 및 의료비 지원이다. 구체적인 지원내용을 살펴보면 다음과 같다.

첫째, 국민기초생활 보장법에 의한 생계급여 및 교육급여를 제공한다.

둘째, 자녀학비 및 아동양육비를 지원한다. 국민기초생활 보장사업 수급권자가 아닌 경우, 모・부자가정 자녀의 중・고교생 입학금 및 수업료가 지원되고, 6세 미만의 아동에게 아동양육비가 지원된다.

셋째, 복지자금 대여를 지원한다. 장기 저리의 복지자금을 대여함으로써 생업기반을 조성하여 조기 자립 및 생활안정을 도모한다.

넷째, 영구임대주택 입주를 지원한다. 무주택, 저소득 모・부자가정을 대상으로 지방자치단체가 관리하는 영구임대주택의 일정량을 우선 공급한다.

다섯째, 모・부자가정에 대한 상담서비스를 제공한다.

여섯째, 모・부자 보호시설, 자립시설 및 일시보호시설을 운영한다.

일곱째, 미혼모시설 및 양육하는 미혼모를 위한 중간의 집을 운영한다. 미혼의 임산부 및 출산 후(6월 미만) 보호가 요구되는 여성으로서 분만혜택과 숙식보호가 필요한 희망자를 대상으로 미혼모시설을 운영하고, 2세 미만의 영유아를 양육하는 미혼모로서 숙식보호를 필요로 하는 사람을 대상으로 미혼모를 위한 중간의 집을 운영한다.

3. 아동급식 지원서비스

보건복지부의 2007년 아동복지사업안내에 명시된 아동급식의 목적은 저소득가정의 아동들이 건강하고 행복하게 자라날 수 있도록 민·관이 협조체계를 구축하여 지역실정과 아동의 가정환경과 욕구에 맞는 급식을 효율적으로 제공하기 위한 것이다. 아동은 신체적·정신적으로 성숙하지 않아 스스로의 급식능력이 부족하다. 아동급식의 개념은 아동이 가정빈곤, 가족해체, 가정위탁, 소년소녀가정, 부모(보호자)의 실직·질병·가출 및 직업의 특성, 아동학대·방임·유기·부양 기피 및 거부, 그 밖에 여러 가지 가정사정으로 제대로 보살핌을 받지 못해 끼니를 거르거나, 먹는다 해도 필요한 영양을 충분히 공급받지 못하는 경우에 아동의 건강한 성장과 발달을 위하여 식사를 직접 제공하거나 식사를 할 수 있도록 관련 식품 등을 지원하는 일체의 행위를 말한다.

급식대상 지원연령은 아동복지법 제3조에서 정한 18세 미만의 취학 및 미취학 아동이며, 18세 이상인 경우에도 고등학교 재학 중인 아동을 포함한다.

지원대상은 국민기초생활 보장 수급자 및 차상위 저소득계층 중 가정사정 등으로 급식지원이 필요한 아동이며, 지역아동센터 및 사회복지관 등의 아동복지 프로그램을 이용하는 아동 모두에게 급식을 지원한다. 그리고 학기 중 학교급식비 지원대상자 중(각 지역교육청 지방자치단체 명단 통보) 가정사정 등으로 급식지원이 필요한 아동, 학교교사와 민간 사회복지사, 이장·통장·반장 등 아동 관련 민간관계자가 추천하는 자 중 가정사정 등으로 급식지원이 필요한 아동, 그 밖에 이에 준하는 자로 시장·군수·구청장이 급식지원이 필요하다고 판단한 아동이 포함된다. 지원방법은 아동(가정)의 취사능력 유무, 지역사회의 식사제공 가능시설 등을 고려하여 아동에게 맞는 방법으로 지원하지만 현금지급은 하지 않는다. 아동 개인별 급식방법, 급식장소, 담당공무원 및 자원봉사자 전화번호 등을 포함한 급식지원 계획을 수립하여 시행하고 있다.

4. 아동발달지원계좌 서비스

사회계층의 양극화 현상이 심화됨에 따라 빈곤층이 증가하며, 가정해체의 영향으로 아동 빈곤율이 늘어나는 추세이다. 빈곤계층의 아동은 심리적 또는 물리적 박탈감으로 부정적 영향을 받는 것뿐만 아니라, 성인기 초기에 사회진출 시 필요한 학자금이나 기타 부대비용 등 경제활동에 소용되는 초기비용 마련을 위한 기초자산 부족에 의해 여러 가지 문제를 경험할 수 있다. 이에 이들의 초기자산 형성을 적극적이고 장기적으로 지원할 필요성이 사회적으로 요구되었으며, 빈곤의 대물림을 방지하고, 건전한 사회인 육성을 위해 아동발달지원계좌(CDA : Children Development Accounts)를 도입하여 2007년 4월부터 사업을 시행하였다.

아동발달지원계좌의 지원대상 아동인 보호아동은 전체 4만 1,500명으로 아동복지법에 의한 요보호아동 3만 7,000명, 장애인복지법에 의한 장애인시설 아동 4,500명이다. 아동발달지원계좌 지원기간은 0세부터 만 17세까지며, 만 18세 이후의 보호아동 및 보호기간 6개월 미만인 보호아동은 지원대상에서 제외된다. 그러나 가정회복 및 정부의 가정보호 확대정책으로 중도에 가정으로 복귀하는 차상위계층 이하 아동이 희망할 시에는 계속 지원한다.

아동발달지원계좌사업의 비전은 아동을 미래 성장동력으로 육성하는 것이며, 목표는 아동에게 보다 나은 사회출발 여건을 제공하기 위한 자산형성과 경제교육을 지원하는 것이다. 추진전략은 아동의 자립을 목표로 하여 자산형성 지원, 경제(금융)교육, 후원활성화, 운영지원 체계 확립이다. 사업추진 체계를 살펴보면, 사업관리 체계를 총괄하는 부서는 여성가족부이며, 계좌운영은 금융기관에서 관리하고, CDA 후원기관에서 아동후원 정보를 통합관리하게 된다.

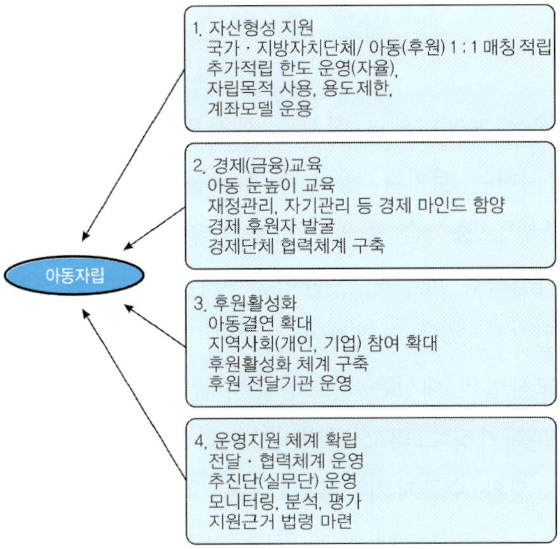

| 그림 5-4 | 아동발달지원계좌 서비스 사업의 효과

5. 저소득층 학생 수능공부방 운영서비스

수능공부방 운영서비스는 저소득층 아동과 청소년에게 EBS 교육방송과 수능방송을 시청할 수 있도록 학습공간을 마련하고 부대장비를 제공하는 것이다.

서비스 제공은 저소득층 밀집지역과 영구임대주택과 같은 면학환경이 취약한 지역에 우선적으로 설치하고 지원한다. 지원되는 내용은 공공요금, 연료비, 인터넷 이용 요금, 위성 TV와 케이블 방송수신료, 관리요원 인력비 등 운영경비이다. 수능공부방의 대상은 초등학생은 지역아동센터와 방과 후 학교에서 이용하고, 중 · 고등학생은 저녁과 야간시간대에 이용하며 필요에 따라 심야시간대에 운영하기도 한다.

수능공부방 운영시간은 지역실정에 따라 지방자치단체가 운영기관과 협의하여 이루어진다. 또한 대학생, 교사, 주부 등 자원봉사자들이 운영요원으로 활동하며, 공부방 운용 활성화를 위해 홍보활동과 컴퓨터 환경을 개선하도록 한다.

6. 방과 후 학교서비스

방과 후 학교는 2006년부터 실시된 사업으로 학교 정규교육 과정 이외의 교육활동을 실시하는 것이다. 방과 후 학교는 기존의 방과 후 교실, 특기 및 적성교육, 수준별 보충학습 등으로 사용된 명칭 등을 통합한 개념이다. 2007년 이후에는 저소득층 바우처, 농산어촌 지원, 초등학교 보육 프로그램, 대학생 멘토링 사업으로 보다 확대하여 지원되고 있다.

방과 후 학교사업의 대상은 기초생활 수급자의 자녀, 저소득층 학생, 대학생 멘토링, 다문화가정 그리고 맞벌이부부의 자녀 등이다. 방과 후 학교사업의 내용은 기초생활 수급자의 자녀를 위한 학교 자유수강권(바우처사업), 대학생멘토링, 초등교육 프로그램 등이 있다. 이러한 사업이 보다 원활하게 수행되기 위해서는 지역 교육청별 순회강사와 전담인력 채용을 권장하고, 학생과 대학생을 위한 수강신청, 출결사항 점검, 통계관리를 위해 온라인 관리시스템을 도입하고, 방과 후 학교 운영에 따른 교원의 업무를 줄일 필요성이 있다. 또한 다양한 인적·물적 자원이 활용될 수 있도록 방과 후 학교지원센터 시범사업을 추진하고, 창의적이고 수준 높은 프로그램을 개발하기 위해 현장 교원가, 전문가를 대상으로 방과 후 학교 프로그램을 홍보하고, 홈페이지 운영을 통해 방과 후 박람회를 실시하고 우수 사례집을 발간하며, 다양한 연수와 지속적인 모니터링을 실시할 필요가 있다.

〈표 5-8〉 **방과 후 학교의 목표**

비 전	정책목표
학교 교육기능 보완	특기·적성, 교과 프로그램 및 다양하고 창의적인 교육 프로그램 운영
사교육비 경감	보육 등 질 높고 다양한 프로그램 운영으로 학교 밖 사교육 수요를 학교 안으로 흡수
교육복지 실현	농산어촌 및 도시 저소득층 자녀를 위한 방과 후 학교운영 지원
학교의 지역사회화	지역주민을 대상으로 한 프로그램 운영, 지방자치단체·대학 등 지역의 인적·물적 자원 활용

출처 : 김민경(2012).

제 5 절 빈곤아동을 위한 복지대책 및 과제

1. 빈곤아동의 복지대책

1) 위스타트

위스타트(We Start) 운동은 2004년 5월에 사회 모두(we)가 나서 빈곤층 아동의 출발(start)을 도와줌으로써 가난의 대물림을 끊어주자는 빈곤아동 시민운동으로 시작되었다. 그리고 We는 복지(welfare)와 교육(education)의 영문 머리글자로, 이 두 부문이 운동의 핵심영역이란 의미가 포함되어 있으며, Start[4]는 선진국에서 사용하고 있는 빈곤아동을 위한 지원사업의 일반적인 명칭으로 사용되고 있다.

빈곤아동을 위해 지원하고 있는 We Start 운동의 주요 프로그램을 살펴보면 다음과 같다(김호년 외, 2011).

① We Start 마을을 조성하는 것이다. 이는 복합적인 문제에 직면한 빈곤가정에 대해 사회복지사를 파견해 상담을 하고 종합적인 해결책을 모색한다.
② 건강지킴이로 열악한 주거환경과 건강을 위협하는 빈곤아동에게 시행되는 건강검진사업인데, 이는 보건소, 병원, 약국 등과 협력해 정기검진을 함으로써 질병을 조기에 발견하고 치료해 준다.
③ 희망의 집 꾸미기이다. 이는 방과 후 갈 곳이 없거나 부모의 보호를 받지 못하는 빈곤아동에게 공부를 할 공간과 쉴 수 있는 휴식공간을 제공하는 것이다.

4) Start는 외국의 빈곤아동지원사업의 일반적인 명칭으로 Head Start(미국), Start(영국), Fair Start(캐나다)에서 사용되었다.

④ 교육출발선 만들기이다. 이는 빈곤아동에게 인지능력을 개발하고, 기초 학력을 높여주는 사업으로 사회성 발달 프로그램, 학원과 학습지 기관과 협력하여 운영되고 있다.

2) 드림스타트

드림스타트(Dream Start)는 취약지역에 거주하는 임산부 및 0~12세 아동과 가족에게 보건, 복지, 교육을 통합한 전문적 서비스를 제공하여 조기에 문제를 진단하고 개입하는 예방체계 구축, 빈곤가정 지원을 위한 지역사회 지원 간의 협력관계 구축을 목적으로 하고 있다. 이 사업은 취약아동에 대한 조기 투자를 통해 공평한 출발을 보장하여 아동기에 발생할 수 있는 문제를 예방하고 빈곤의 대물림을 예방한다는 취지를 가지고 있다.

〈표 5-9〉 **드림스타트(Dream Start) 사업의 내용**

신체/ 건강 서비스	• 취약계층 아동의 건강한 마음과 신체발달 증진 • 취약계층 임산부의 건강한 출산 및 양육 지원 • 건강한 생활을 위한 사전 예방적 건강검진, 치료적 개입 및 부모교육
인지/ 언어 서비스	• 취약계층 아동의 의사소통 및 기초학습 능력 강화 • 맞춤형 학습 지원을 통한 개별 아동의 강점 계발 • 부모-자녀 상호작용 및 적합한 교육환경을 위한 부모 역량 강화
정서/ 행동 서비스	• 자아존중감 및 긍정적 성격 형성을 위한 정서발달서비스 제공 • 올바른 사회 인식 및 이해를 도와 성숙한 사회시민으로의 성장을 도모 • 취약계층 아동과 가족의 생활안정, 삶의 질 개선, 가족 유대감 증진
가족 및 통합지원 서비스	• 맞춤형 아동 및 가족방문으로 전문 사례관리자 1 : 1 가정방문 지원, 부모의 자긍심 강화 및 양육기술 지원

출처 : 보건복지부(2012).

〈표 5-10〉 **각 국의 Start 사업**

한국 Dream Start	취약지역에 거주하는 임산부 및 0~12세 아동가구를 대상으로 보건·복지·교육의 맞춤형 통합서비스를 제공하고, 지역사회 보건복지 협력 파트너십을 구축·활용함으로써 빈곤의 대물림을 차단하고 공평한 양육 여건을 보장하는 프로그램이다.
미국 Head Start	빈곤의 주요 원인인 무지·문맹을 제거하기 위한 교육지원사업으로 시작하였다. 아동의 발달에 필요한 보건, 복지, 교육을 연계한 프로그램을 병행하여 제공하고, 아동뿐만 아니라 부모를 포함한 2세대 프로그램으로 발전하고 있다. 지역사회기관을 선정하여 프로그램을 운영하고 자금을 지원한다.
영국 Sure Start	2020년까지 빈곤층 아동을 '제대로 만들겠다'는 목표로 진행되고 있다. 모든 아이들에게 공정한 출발을, 부모들에겐 일할 수 있는 의지를, 지역공동체에는 안정을 도모하고자 한다. 가난하고 소외되어 있는 아동을 위한 복지정책으로, 모든 아이들이 보육될 수 있는 인프라 구축과 빈곤층 아동을 위한 교육 제공, 부모들의 취업 및 양육 지원 등을 통해 아동·부모·지역공동체에 더 나은 삶의 여건을 마련해 주는 프로그램이다.
캐나다 Fair Start	18개월부터 취학 전까지의 아동에게 시력, 청력, 사회성, 언어능력, 체력, 손놀림의 여섯 가지 검사를 무료로 받게 하는 프로그램이다. 뇌의 75% 이상이 5세 이전에 발달하기 때문에 문제를 빨리 발견, 치료해 주고 빈곤아동에게 공정한 출발을 보장한다는 것이다.
호주 Best Start	'빈곤의 순환을 끊고, 밝은 미래를 만든다.' 0~7세 아동의 보건, 발달, 인지 등에 있어서 발달단계에 적합한 성장을 할 수 있도록 돕고, 소득, 인종, 지역 등에 따른 영유아의 발달 차이를 줄일 수 있도록 부모·가족·지역사회를 지원하는 '예방적 조기개입' 프로그램이다.

출처 : 보건복지부(2012) 재구성.

3) 희망스타트

정부는 가정해체 등에 따라 빈곤아동이 증가함에 따라 기존의 사후적 개별 서비스만으로는 효과적인 대응이 곤란하다고 판단하고 2007년부터 사회적 투자사업의 일환으로 희망스타트(Hope Start) 사업을 시범으로 하고 있다. 희망스타트 사업 목표는 빈곤의 대물림을 차단하고 모든 아동에게 공평한 출발기회를 보장하는 것이다. 이를 위해 정부는 지방자치단체 중심의 지역사회보건복지 협력 파트너십을 구축하여 빈곤아동의 실제 욕구에 부응하는 맞춤형 통합서비스를 제공한다. 희망스타트의 사업목표 및 추진방향은 ㅣ그림 5-4ㅣ와 같다(보건복지부, 2007).

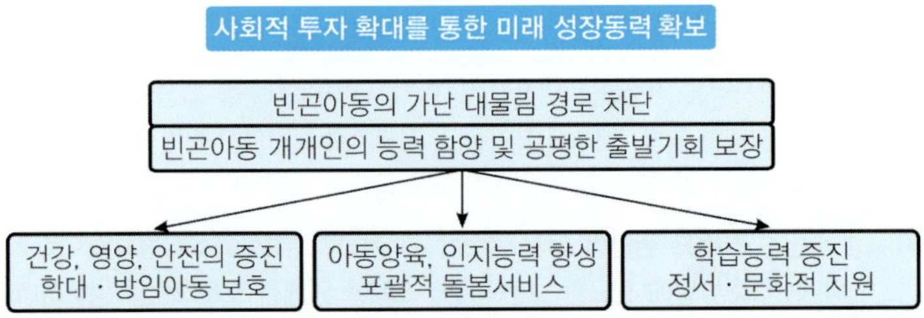

| 그림 5-5 | 희망스타트의 사업목표 및 추진방향

출처 : 박순자(2007) 재구성.

2. 빈곤아동을 위한 과제

지금까지 우리나라 빈곤아동 및 청소년 대책은 요보호아동 · 청소년 중심의 사후대책으로서 빈곤아동 · 청소년의 입장에서 빈곤의 예방과 탈출을 지원하기 위한 거시적 정책비전 없이 과제별로 필요에 따라 추진되어 왔다. 그 결과 서비스 전달체계의 분산화와 파편화의 문제점이 나타나고 있다.

현재 정부의 빈곤아동 관련 정책을 보면 저소득층 빈곤가정에 대한 정책은 아동들을 대상으로 하는 보육 프로그램과 결식아동정책, 시설보호에 집중되어 있다. 이에 따라 중등학생과 청소년들에 대한 정부의 정책은 극히 제한적으로 이루어지고 있다. 특히 국가의 청소년 예산은 문화관광부의 청소년 건전 육성사업과 수련활동, 수련시설 설치 · 운영에 집중된 가운데 보건복지부는 청소년 전담부서가 없이 주로 요보호아동에 대한 복지서비스를 담당하고 있다.

둘째, 관련 서비스의 전달체계도 지방자치단체, 학교별로의 민간기구 등으로 다원화되어 있으나 연계체계가 미약한 것으로 나타나고 있다. 또한 그 결과 복지 · 건강 · 교육 · 상담이 연계된 통합적 서비스가 제공되지 못하였다. 따라서 빈곤아동 문제의 해결과 자활 · 자립을 위해서는 상대적으로 불리한 여건을 개선하기 위해 교육, 주거, 건강, 환경을 보상하는 지원이 필요하다. 특히 빈곤의 원인 가운데 가장 중요한 변수인 교육수준을 높이기 위해서는 교육, 복지, 문화서비스를 포괄적으로 제공해야 효과적이다(김민경, 2012). 특히 아동기 초기에는 아동의 인지 및 사회·정서적 기술이 빠르게 발달하며, 부모 및 가정학습 환경과 아동양육 환경, 보건환경으로부터의 투입에 아주 민감하게 반응한다. 즉, 빈곤아동에 대한 개입 및 투자가 아동기 초기에 이루어질수록 그 효과 및 효율성이 높아지므로 빈곤아동에 대한 조기개입 및 투자는 빈곤아동의 문제를 해결하기 위해 필수적이다. 따라서 빈곤아동 문제 조기개입을 위한 아동수당의 도입 및 드림스타트 사업의 확대실시 등이 중요하다.

최근 들어 「아동의 빈곤예방 및 지원 등에 관한 법률」이 시행되어 빈곤아동이 다양한 분야에서 소외와 차별을 받지 않고 우리 사회의 구성원으로 성장하기 위한 제도적 기반을 마련할 수 있게 되었다. 그러나 추진전략의 수립과 추진주체를 지정하지 않은 점 그리고 법조항에 추상적이고 선언적인 규정이 많다 보니 선언적인 규정으로 전락할 우려가 많이 있다는 비판도 있다. 이러한 문제점을 극복하기 위해서는 예산이 뒷받침되는 다양한 대안들이 마련될 필요가 있다.

셋째, 빈곤사각지대 아동에 대한 종합적인 대책 마련이 필요하다. 어린이재단의 사각지대 빈곤가구 아동에 대한 연구(2012) 결과를 살펴보면, 기초보장과 복지서비스에서 '차상위 및 저소득 빈곤가구'는 오히려 자원이 '수급가구'보다 더 부족한 역차별을 받고 있는 것으로 나타나고 있다. 그 결과 사각지대 빈곤가구는 빈곤한 가계위기 상황으로부터 아동을 보호하는 것이 쉽지 않은 것으로 나타나고 있다. 따라서 기초보장제도의 대상 확대나 차상위계층에 대한 개별급여 시행과 같은 제도적 보완이나 아동수당의 지급 등의 국가적 차원의 대책이 마련될 필요가 있다. 이와 더불어 민간기관에서도 사각지대 아동을 적극 발굴하여 다양한 복지서비스를 제공함으로써 사각지대 아동들이 건강 및 영양, 정서, 인지, 관계 등에서 총체적인 발달이 가능할 수 있도록 지원할 필요가 있다(공계순 외, 2013).

토론해 보기

1. IMF 이후 경제적 어려움으로 인해 이혼하는 가정이 증가함에 따라 빈곤아동들이 가정에서 정상적인 보호를 받지 못하고 있는 현실이다. 이러한 현시점에서 빈곤아동들에게 가장 시급히 해결해야 할 문제점과 중요한 서비스 지원은 무엇인지에 대해 여러분의 생각을 토론해 봅시다.

2. 일반가정 아동에 비해 빈곤가정의 아동들이 느끼는 차별은 무엇인지 토론해 봅시다.

06

입양아동을 위한 복지서비스

제 1 절 입양의 개념 및 목적

1. 입양의 개념

입양은 생물학적 과정이 아닌 법적인 그리고 사회적인 과정을 통하여 친권관계를 창조하는 행위를 말한다고 볼 수 있다(Kadushin, 1980). 즉, 입양이란 대리보호의 한 형태로서, 혈연관계가 아닌 사람과 사회적 또는 법적 관계에 의해서 부모－자녀관계를 형성하는 것을 말한다(김민경, 2012). 따라서 아동은 법적·사회적으로 다른 부모의 아이가 되고, 다른 가족의 구성원이 됨과 동시에 친부모와 자녀 사이에서 얻게 되는 것과 똑같은 권리와 의무를 갖게 된다. 입양은 입양 3자－입양아, 친부모, 입양부모－에게 도움이 되고 그들이 적응해 가야 하는 과정이다(Downs, More, & Mcfadden, 2007).

미국의 사회사업백과사전에서는 “입양이란 부모가 되는 사회적이고 법적인 과정이며, 입양 후에 부모와 아동은 그들이 생물학적으로 관련되는 것과 똑같은 상호권리와 의무를 갖는다”고 하였다(장인협 외, 2003).

입양은 다른 아동복지서비스와 달리 몇 가지 다른 특성을 가지고 있는데, 그 특성을 구체적으로 살펴보면 다음과 같다(성영혜 외, 2002).

① 아동을 위한 비시설보호의 방법이다.
② 가족관계를 창출하며, 아동을 위하여 항구적인 가정을 제공한다.
③ 양부모와 양자 공동적으로 인간적인 욕구를 충족시키는 노력이다.
④ 아동을 위해 보다 큰 안전과 보다 좋은 보호를 위하여 일정한 법적 절차에 따라 이루어진다.
⑤ 양부모는 양자의 양육에 관하여 무제한적인 책임을 장기간 지게 된다.

2. 입양사업의 목적

한국의 입양특례법(1976)과 아동복지법(1981)은 기아 또는 결손·결함 가정의 아동 중 요보호아동의 시설보호를 억제하고 국내 건전가정에 입양하여 건전하게 양육되도록 하는 데 입양의 목적이 있음을 명시하고 있다.

카두신(Kadushin)이 제시한 입양의 목적과 기능에 대한 구체적인 내용을 살펴보면 다음과 같다(박정란 외, 2009).

① 아동에게 영구적인 가정과 가족관계를 갖게 한다.
② 불임부모에게 부모가 될 수 있는 기회를 제공한다.
③ 가문계승의 수단이 된다.
④ 유산을 물려주는 수단이 된다.
⑤ 자녀를 원하지 않거나 보호할 능력이 없는 부모를 위한 대체수단이다.
⑥ 자녀가 있는 사람이 아동을 더 양육하려는 욕구와 능력이 있을 때 이를 만족시키는 제도가 된다.

제 2 절 입양사업의 역사 및 현황

입양사업의 역사를 외국의 역사, 한국의 역사로 나누어 설명하면 다음과 같다(정옥분 외, 2012; 전남련 외, 2012; 공계순 외, 2013).

1. 외국의 역사

입양의 목적은 나라와 시대에 따라 다양하였다. 예를 들면, 가족의 종교적인 전통을 계승하기 위한 목적, 상속을 하기 위한 목적, 부적합한 자녀를 적법한 자녀로 인정하기 위한 목적, 그리고 최근에 이르러서는 가정이 없는 아동에게 가정을 마련해 주는 목적 등이 있다.

역사적인 기록에 의한 최초의 입양은 기원전 2,800년경 함무라비 법전에서 양자에 대한 법적 근거를 찾을 수 있다. 또한 고대 로마제국에서의 입양은 가계의 혈통을 계승하기 위한 것이었다. 가계의 전통과 가산은 있으나 아들이 없는 남성만이 사내아이를 입양할 권리를 가지며 입양된 아동은 직계 상속자가 되었다. 따라서 여자아이는 입양될 수 없었고 여성에게는 입양의 권리가 부여되지도 않았다. 따라서 입양은 단지 입양하는 남성의 지위를 강화시켜 주는 수단이었으며 아동의 복지는 고려되지 않았다. 이러한 로마의 전통은 프랑스의 나폴레옹 법전에서 발견되는 입양에 관한 조항에 영향을 미쳤으며, 이후 이 법전의 내용은 서구 각국의 입양에 관한 법률의 기원이 되고 있다. 미국에서는 1851년 매사추세츠주에서 최초로 양자법을 제정하였고, 스위스와 스웨덴은 1907년 양자법을 제정하였으며, 영국은 1926년 양자법을, 그리고 프랑스는 1928년에 양자법을 제정하였다.

입양이 전문적인 사회복지서비스 분야로 발전한 것은 제2차 세계대전 이후이며, 전쟁고아의 발생은 입양서비스에 대한 수요를 증가시켰다. 아울러 입양서비스를 제공하기 위해서는 특수한 훈련과 준비를 갖춘 전문가가 필요하다는 인식이 생기기 시작했으며, 사회복지기관들은 입양서비스를 자신들의 책임으로 인식하기 시작하였다.

2. 한국의 역사

우리나라의 경우 17세기 초 부계중심의 가족·친족 질서가 정착하면서 양반층은 입양을 적극적으로 수용하였고, 18세기가 되면서 입양이 보편화되었다(권내현, 2009). 예를 들면, 안동 권씨의 족보를 보면, 17세기 전반인 25세손 이전까지는 가계단절에도 불구하고 입양을 하지 않았지만, 17세기 후반에서 18세기 전반 사이에는 입양을 적극적으로 수용하여 26세손의 8.8%가 양자였고, 그 비율은 점차적으로 증가하였다. 18세기 후반에서 19세기 전반의 인물들은 15.4%가 양자였으며, 이때의 가계 단절률은 1% 이내로 떨어졌다.

입양이 활성화된 배경은 6·25전쟁 이후 급격히 증가한 고아와 혼혈아동들을 보호하기 위해 미국을 중심으로 해외입양 정책을 실시하였으며, 한국아동양호회(1954), 가톨릭구제회(1955), 안식교성육양자회(1955), 홀트아동양자회(1956), 국제사회봉사회(1957) 등의 외국 민간원조단체가 설립된 데 있다.

1961년에는 고아입양특례법을 제정하면서 해외입양을 위한 법적 근거가 마련되었고, 1966년 개정되었으며 국외입양을 통해 전쟁고아의 수는 많이 감소하였다.

1976년 2월에 제정된 입양특례법은 보호시설 수용아동의 국내외 입양절차를 간소화하면서 국내입양을 활성화시키기 위한 시책으로 '요보호아동에 대한 입양 및 가정위탁 5개년 계획'을 수립하였다. 이 계획에 따라 입양기관 및 상담기관을 설치하여 입양대상 가정의 발굴, 상담, 권고, 계몽 등의 의무를 수행하도록 하였으나 별다른 효과를 거두지 못하였다. 정부는 또한 국내입양을 늘리기 위하여 해외입양 알선기관별로 일정 건수의 국내입양을 늘리고, 1982년까지 해외입양을 전면금지한다는 계획을 세웠으나 이는 결과적으로 입양의 질적 저하를 가져왔으며, 결국 해외입양 전면금지 정책이 철회되었다.

1980년에는 '이민 확대 및 민간외교'의 차원에서 국외입양을 완전 개방한다는 입장을 결정했고, 이에 따라 입양아동 수가 급증하였다. 그러나 정부는 1988년 서울올림픽 개최를 계기로 '고아수출국'이라는 오명을 벗기 위해 해외입양을 금지시켰고, 이는 해외입양에서 국내입양으로 방향을 돌리는 결정적 계기가 되었다. 하지만 국내입양이 활성화되지 못하여 1994년 국외입양의 중단 정책을 취소하였다.

1995년에는 입양특례법상의 미비점을 보완하여 국내입양 저해요인을 제거하고 또 해외입양의 사후관리 등을 의무화하는 등의 내용으로 전문개정한 「입양촉진 및 절차에 관한 특례법」이 1995년 1월 5일 제정되었다. 1997년 보건복지부는 해외입양아 수를 전년도보다 매년 3~5%씩 줄여가는 '해외입양 감축 정책'을 발표하였다. 그러나 IMF 이후 기아가 증가하면서 해외입양 감축정책을 보류하고 있다.

지난 10년간 국내입양 비율이 점차 증가추세를 보이고 있다. 그러나 여전히 50%대에 머무르고 있기는 하지만 이전에 비해 점점 증가하고 있는 것이다. 이는 우리나라 사람들의 입양에 대한 사고와 가치관이 개방적인 방향으로 변화되고 있다는 것으로 볼 수 있다.

3. 입양의 현황

우리나라 입양의 역사를 보면, 1950년대 6·25전쟁으로 인해 증가한 고아와 혼혈아가 주 입양대상이었고, 1960년대에는 빈곤으로 인한 기아가 많았으나 1970년대 이후 경제개발계획의 도입과 함께 성개방 풍조 등의 영향으로 미혼모가 포기하는 아동이 입양대상 아동의 가장 큰 비율을 차지하게 되었다. 이러한 추세는 약간의 차이는 있지만 크게 변화하지 않았다. 사회 전반의 출산율 저하와 피임법의 보급 등으로 입양대상 아동의 수는 전체적으로 감소하고 있는 실정이다.

2006년 전체 입양아동의 수는 227,983명이었으나 그 수가 점점 줄어들어 2015년에는 총 1,057명이 입양되었다. 2006년부터 2015년까지의 국내외 입양아동의 수의 변화를 살펴보면 <표 6−1>과 같다.

〈표 6−1〉 **연도별 국내외 입양 현황** (단위 : 명)

구 분		계	2006년 이전	2007	2008	2009	2010	2011	2012	2013	2014	2015
전체	계	245,600	227,983	2,652	2,556	2,439	2,475	2,464	1,880	922	1,172	1,057
	국내	79,088 (32.2%)	68,939 (30.2%)	1,388 (52.3%)	1,306 (51.1%)	1,314 (53.9%)	1,462 (59.1%)	1,548 (62.8%)	1,125 (59.8%)	686 (74.4%)	637 (54.4%)	683 (64.6%)
	국외	166,512 (67.8%)	159,044 (69.8%)	1,264 (47.7%)	1,250 (48.9%)	1,125 (46.1%)	1,013 (40.9%)	916 (37.2%)	755 (40.2%)	236 (25.6%)	535 (45.6%)	374 (35.4%)

출처 : 중앙입양원(http://www.kadoption.or.kr).

2013년 국내 입양대상 아동의 발생유형 및 보호 실태를 보여주는데, 총 686명의 입양아동 중 미혼부모의 아동이 641명으로 가장 높은 비율을 차지하고 있다(표 6−2 참조).

〈표 6−2〉 **2013년 국내 입양아동의 발생유형 및 보호유형** (단위 : 명)

구분	입양아동유형						보호유형	
	계	미혼모(부) 아동 (혼외자 포함)	유기 아동	빈곤가정 아동	한부모가정 아동	기 타	시설보호 아동	위탁보호 아동
계	686	641	24	5	8	8	260	426

출처 : 보건복지부(2014).

2013~2015년 국내외 입양아동의 성 및 연령별 현황에 따르면, 국내입양은 3개월~1세 미만의 아동을 선호하는 경향이 매우 강하며, 남자보다 여자를 더 선호하는 것으로 나타났다. 국외입양은 1~3세 미만의 아동을 선호하는 경향이 강하며, 여자보다 남자를 더 선호하는 것으로 나타났다(표 6−3 참조).

〈표 6-3〉 **2015년도 국내외 성 · 연령별 현황** (단위 : 명)

연도	국내입양							국외입양					
	계	성 별		연 령				계	성 별		연 령		
		남	여	3월 미만	3월~ 1세 미만	1~3세 미만	3세 이상		남	여	1세 미만	1~3세 미만	3세 이상
2013	686	203	483	39	548	72	27	236	194	42	–	229	7
		(29.6%)	(70.4%)	(5.7%)	(79.9%)	(10.5%)	(3.9%)		(82.2%)	(17.8%)		(97.0%)	(3.0%)
2014	637	223	414	20	398	167	52	535	438	97	2	464	69
		(35.0%)	(65.0%)	(3.1%)	(62.5%)	(26.2%)	(8.2%)		(81.9%)	(18.1%)	(0.4%)	(86.7%)	(12.9%)
2015	683	222	461	29	394	215	45	374	287	87	–	338	36
		(32.5%)	(67.5%)	(4.2%)	(57.7%)	(31.5%)	(6.6%)		(76.7%)	(23.3%)		(90.4%)	(9.6%)

출처 : 보건복지부(2016).

2015년 국내 입양아동은 전체 입양아동 수가 683명 중 건강이 양호한 아동 659(96.5%)명으로 나타나 가상 많이 선호하는 것으로 조사되었다. 국외 입양아동은 전체 374명 중 건강이 양호한 아동 275(73.5%)명으로 나타나 가장 많이 선호하는 것으로 나타났다(표 6-4 참조).

〈표 6-4〉 **2015년도 국내외 입양아동 건강상태 현황** (단위 : 명)

연도	국내입양					국외입양				
	계	건강 양호	건강 이상			계	건강 양호	건강 이상		
			계	미숙아 · 저체중아	기타			계	미숙아 · 저체중아	기타
2015	683	659	24	20	4	374	275	99	35	64
		(96.5%)	(3.5%)				(73.5%)	(26.5%)		

출처 : 보건복지부(2016).

2014년 국외입양의 경우 전체 입양아동 535명 중 남아가 438명으로 남아의 수가 지속으로 높은 데 비해, 국내입양의 경우 전체 입양아동 637명 중 여아가 414명으로 여아선호 경향을 나타내고 있는데, 이는 가계승계보다 가정화목을 중요시하며, 남아의 경우 재산분배 문제 등이 생길 수 있다는 다양한 이유 때문인 것으로 볼 수 있다(표 6-5 참조).

〈표 6-5〉 **연도별 성별 국내외 입양아동 수** (단위 : 명)

구 분	국 내			국 외		
	계	남 자	여 자	계	남 자	여 자
2002	1,694	632	1,062	2,365	1,379	986
2003	1,564	543	1,021	2,287	1,367	920
2004	1,641	494	1,147	2,258	1,385	873
2005	1,461	482	979	2,101	1,353	748
2006	1,332	485	847	1,899	1,253	646
2007	1,388	541	847	1,264	722	542
2008	1,306	469	837	1,250	773	477
2009	1,314	459	855	1,125	722	403
2010	1,462	479	983	1,013	675	338
2011	1,548	482	1,066	916	629	287
2012	1,125	410	715	755	590	165
2013	686	203	483	236	194	42
2014	637	223	414	535	438	97

출처 : 보건복지부(2015).

2001년부터 2012년까지 입양된 통계를 보면 2012년 장애아동의 국내입양은 52명이다. 반면에 국외가정으로 입양된 아동 가운데 장애아동은 148명으로 국내입양과 대비된다(표 6-6 참조).

〈표 6-6〉 **연도별 국내외 장애아동 입양 수** (단위 : 명)

구 분	전 체			국내입양			국외입양		
	계	비장애	장 애	계	비장애	장 애	계	비장애	장애
2002	4,059	3,216	843	1,694	1,678	16	2,365	1,538	827
2003	3,851	3,182	669	1,564	1,544	20	2,258	1,638	649
2004	3,899	3,187	712	1,641	1,634	7	2,258	1,553	705
2005	3,562	2,798	764	1,461	1,434	27	2,101	1,364	737
2006	3,231	2,506	725	1,332	1,320	12	1,899	1,186	713
2007	2,652	2,112	540	1,388	1,348	40	1,264	764	500
2008	2,556	2,403	153	1,306	1,277	19	1,250	1,126	124
2009	2,439	2,306	133	1,314	1,278	36	1,125	1,028	97
2010	2,475	2,223	252	1,462	1,415	47	1,013	808	205
2011	2,464	2,189	275	1,548	1,483	65	916	706	210
2012	1,880	1,680	200	1,125	1,073	52	755	607	148
2013	922	–[1]	–	686	–	–	236	177	59
2014	1,172	–	–	637	–	–	535	–	–

출처 : 보건복지부(2015).

우리나라에는 총 24개의 입양기관이 있다(표 6-7 참조). 그중 서울에 있는 4개 기관(홀트아동복지회, 대한사회복지회, 동방사회복지회, 한국사회봉사회)이 국내입양과 해외입양을 병행하고 있고, 나머지 20개 기관이 전국에 분포되어 있는데 국내입양만을 담당한다.

1) 2013년 이후 자료에는 국내 입양 장애/ 비장애 분류가 되어있지 않음

〈표 6-7〉 **전국 입양기관**

기관명		주 소	전화번호
홀트 아동 복지회	홀트아동복지회	서울특별시 마포구 양화로 19	02-331-7032
	부산사무소	부산광역시 수영구 장대골로 20-5	051-465-0224
	대구사무소	대구광역시 달서구 두류공원로 259, 4층	053-756-0183
	충청사무소	대전광역시 중구 보문산로 329	042-586-1983
	인천사무소	인천광역시 남동구 남동대로 904 홀트인천복지센터 3층	032-424-0145
	광주사무소	광주광역시 서구 화운로 164(화정동)	062-227-8877
	경기사무소	경기도 수원시 팔달구 경수대로 616번길 17-3(우만동)	031-217-5999
	강원사무소	강원도 춘천시 공지로 305	033-521-2344
	전북사무소	전라북도 전주시 완산구 백제대로면 279, 사라빌딩 9층	063-288-0880
	경남사무소	경상남도 창원시 마산회원구 3·15대로 521	055-243-0009
대한 사회 복지회	대한사회복지회	서울특별시 강남구 논현로 86길 21(역삼동 718-35)	02-552-1017
	부산지부	부산광역시 남구 유엔평화로 10번길 62(대연동)	051-621-7003
	대구지부	대구광역시 수성구 국채보상로 906(범어동)	053-756-1392
	광주지부	광주광역시 동구 지원로 26(소태동)	062-222-1095
	경기지부	경기도 의정부시 입석로 32번길 30(녹양동)	031-877-2849
	전남지부	전라남도 나주시 보현길 12(보산동 127-1)	061-333-2882
동방 사회 복지회	동방사회복지회	서울특별시 서대문구 연희로 26(창천동 493)	02-332-3941
	부산지부	부산광역시 중구 중앙대로 123-2	051-469-5586
	대구지부	대구광역시 동구 동대구로 425	053-755-1077
	인천지부	인천광역시 부평구 백범로 478번길 8-7	032-502-2226
	대전지부	대전광역시 서구 계룡로 318, 2층	042-526-3129
	안양지부	경기도 안양시 동안구 경수대로 883번길 70	031-442-7750
한국사회봉사회		서울특별시 도봉구 삼양로 162 가길 70	02-908-9191
성가정입양원		서울특별시 성북구 선잠로 2길 242	02-764-4741

출처 : 중앙입양원(2015).

제3절 입양의 유형 및 구성요소

입양은 입양아동과 입양부모 사이의 가족관계 유무에 따라 친족입양과 비친족입양으로, 기관을 통해 이루어지는지 아니면 개인적으로 이루어지는지에 따라 기관입양과 독립입양으로, 입양사실의 공개 여부와 친부모와의 접촉 유무에 따라 비밀입양과 공개입양으로 분류할 수 있다. 이 절에서 친족입양과 비친족입양, 기관입양, 독립입양, 공개입양, 비밀입양, 국내입양과 국외입양 등 구체적인 내용을 살펴보면 다음과 같다(문선화 외, 2013; 이순자 외, 2013; 윤매자 외, 2012; 김소미, 2011).

1. 입양의 유형

1) 친족입양과 비친족입양

입양아동이 계부, 계모 등 친부나 친모의 재혼으로 인한 가족관계 또는 큰아버지, 작은아버지 등 친인척의 혈연관계를 이루고 있는 사람에 의해 입양되는 경우를 말한다. 의붓아버지 입양도 이에 해당된다. 비친족입양은 입양아동이 전혀 가족관계나 혈연관계를 갖고 있지 않은 입양부모에 의해 입양되는 경우를 말한다.[2)]

우리나라에서 과거에는 혈통을 중시하여 대를 잇기 위한 수단으로 입양이 행해졌었다. 그러므로 혈족관계에 있는 아동을 입양하여 대부분이 친족입양이었다. 그러나 최근 입양추이를 보면 친족입양의 수는 격감하고 있다.

2) 미국에서 비친족입양 아동의 대부분(80~85%)은 혼외자로 태어난 아동이며, 비친족입양의 입양부모의 대부분은 불임부부이다.

미국에서는 친척에 의한 입양이 영구계획의 하나로 좋은 평가를 받고 있다. 친족입양은 가정위탁보호보다 많은 이점이 있으며 가족보존의 한 형태로 간주되고 있다(Downs et al., 1996). 또한 확대가족, 친지의 자원 속에 아동이 양육될 수 있으며, 아동은 생물학적·문화적 동질성으로 적응에 큰 어려움을 겪지 않는다는 이점으로 인해 좋은 호응을 얻고 있다.

2) 기관입양

기관입양이란 보건복지부의 인가를 받은 아동복지기관에서 이루어지는 입양을 말하는 것으로, 입양기관에서 전문가에 의해 친생부모로 하여금 친권을 포기하게 하고, 기관이 모든 법적 대리인이 되어서 입양절차를 밟게 되는 경우를 말한다. 기관입양은 양쪽 부모 및 가정을 조사하여 가장 적절한 가정과 연결시켜 준다(윤영옥, 2008). 우리나라의 경우 입양기관을 통해서만 입양이 가능하도록 법에 규정되어 있다. 기관입양은 서류상의 절차가 약간 복잡하며 입양을 기다리는 기간이 길다는 단점이 있지만, 입양에 대해 전문가의 도움을 받을 수 있고, 신중하게 아동을 위한 가정을 선정하는 것이 가능하여 아동복지를 고려한 입양을 실천할 수 있는 장점이 있다(서란숙, 2007).

3) 독립입양

독립입양은 독자적 입양을 말하는데 입양기관을 거치지 않고 사적으로 하는 입양이다. 독자적 입양에는 세 가지 유형이 있다. 구체적으로 살펴보면 다음과 같다.

첫째, 직접 배치하는 입양으로서(direct placements) 법적인 부모 혹은 친부모가 자신이 알고 있는 사람에게 직접 아동을 입양시키는 것이다.

둘째, 무료중개를 통해 배치하는 입양(intermediary placement not for profit)인데, 이는 아무런 대가를 바라지 않는 제3자에 의해 이루어지는 것이다. 실제로 입양부모와 친부모 간에 대해 금전적인 예를 들면, 임신으로 인한 의료비용이나 생활비 등이 오갈 수 있겠지만 입양 자체가 금전을 목적으로 한 것은 아니다.

셋째, 유료중개를 통해 배치하는 입양(intermediary placement for profit)이다. 이는 대상아동이 암시장에서 수익의 수단으로 팔리므로 아동을 위험에 빠뜨릴 우려가 있다.[3)]

미국의 몇 개 주(state)에서는 아이를 가질 수 없는 불임부부가 아기를 구하는 광고를 하는 것을 법적으로 허용하고 있다.[4)] 그러나 우리나라에서는 입양특례법에서 입양기관을 통한 입양을 명시하고 있어 독자적 입양은 불법이다. 그러나 입양기관에서의 절차를 까다롭게 생각하고 또 절대비밀을 우려한 양부모로 인해 독자적 입양이 이루어지고 있는 실정이다. 이는 전문적 서비스를 받지 못할 뿐만 아니라 친부모로 인한 문제가 발생할 경우에 적절한 대책이 없으며, 아동의 권익 차원에서도 아동 위주의 입양이 되지 못하기 때문에 바람직하지 못하다.

4) 공개입양

공개입양은 양부모가 자녀를 입양한 사실을 입양아동과 주위의 모든 사람들에게 공개하는 것을 말한다. 비밀입양은 입양아동에게 자신의 뿌리를 알 수 있는 인간의 기본적 권리를 차단하고, 아동이 성장하면서 갑자기 입양사실을 알게 되었을 때 혼란을 겪게 되며, 아동을 비밀스러운 일의 주인공으로 만들 수 있다. 양부모는 자녀에게 사실을 숨긴 죄책감과 입양사실이 알려져 어려움을 겪지나 않을까 염려하는 마음으로 지내게 된다. 또한 입양이 공개된 경우에는 쉽게 해결할 수 있는 일도 외부의 도움을 받기가 어려워 문제가 커질 수도 있다(권지성, 2005). 이러한 문제점 때문에 어려서부터 입양을 자연스러운 것으로 받아들일 수 있도록 입양사실을 알려야 한다는 입장이다.

3) 카두신 등(Kadushin et al., 1988)은 독립입양 중 무료중개입양을 gray market을 통한 입양, 유료중개입양을 black market을 통한 입양(암시장 입양)이라고 했다.

4) 아기를 입양하기를 원하는 불임부부가 「New York Times」에 낸 광고 "입양 : 매우 행복한 결혼생활을 하고 있는 부부가 갓난 백인아기를 입양하고 싶음. 교육수준이 높고 안락한 생활을 하고 있음. 모든 비용을 지불하겠으며, 전적으로 비밀보장함. 언제라도 수신자 부담 전화를 요함(New York Times, 1984. 7. 26)(Kadushin et al., 1988)"

5) 비밀입양

비밀입양은 입양부모가 입양아동과 주위에 입양사실을 알리지 않고, 입양아동의 생물학적 부모인 것처럼 가장하여 입양의 비밀을 계속 유지하는 것이다. 한국사회의 비밀입양 배경에는 혈연의식에 기인된 바가 크다. 혈연으로부와 연관되지 않은 자녀의 경우에는 사회에서 그 자녀의 가계계승 및 자녀로서의 정당성에 의문을 던지는 경우가 많기 때문이다. 정당한 혼인관계를 가진 부모에게서 아동이 태어났다고 말함으로써 사회적 편견으로부터 아동을 보호하고 동시에 양부모를 불임의 낙인에서 보호할 수 있다고 여겼다(배태순, 1998).

6) 국내입양과 국외입양

국내입양은 입양대상 아동이 태어난 국가의 부모에게 입양되는 경우이다. 국외입양은 입양대상 아동이 다른 나라의 부모에게 입양되는 경우를 말한다. 우리나라의 경우 1950년대에 전쟁고아와 혼혈아의 보호정책으로 해외입양이 시작되어 세계에서 가장 많은 아동이 입양되는 오명을 받기도 했다. 그러나 우리나라 국외입양 아동은 국내입양 활성화 정책과 인식개선으로 점차 그 숫자가 감소하고 있다.

2. 입양의 구성요소

입양사업은 입양되는 아동과 이 아동을 입양하는 입양부모, 그리고 입양아동의 친권 및 양육을 포기하는 친부모로 구성된다. 이 절에서 입양아동, 입양부모, 친부모의 자격 및 특성에 대해 살펴보면 다음과 같다(윤매자 외, 2013; 문선화 외, 2013).

1) 입양아동

입양대상은 18세 미만의 아동으로서 부모, 직계존속이나 후견인의 동의가 있는 아동이며, 15세 이상 아동의 경우에는 본인의 동의가 있어야 한다.

입양특례법[5] 제9조에 따른 입양대상 아동의 법적 자격(양자가 될 자격)은 다음과 같다.

① 보호자로부터 이탈된 사람으로서 특별시장・광역시장・도지사 및 특별자치도지사 또는 시장・군수・구청장이 부양의무자를 확인할 수 없어 국민기초생활 보장법에 따른 보장시설에 보호의뢰한 사람

② 부모(부모가 사망이나 그 밖의 사유로 동의할 수 없는 경우에는 다른 직계존속을 말한다) 또는 후견인이 입양에 동의하여 보장시설 또는 입양기관에 보호의뢰한 사람

③ 법원에 의하여 친권상실의 선고를 받은 사람의 자녀로서 시・도지사 또는 시장・군수・구청장이 보장시설에 보호의뢰한 사람

④ 그 밖에 부양의무자를 알 수 없는 경우로서 시・도지사 또는 시장・군수・구청장이 보장시설에 보호의뢰한 사람

2) 입양부모

아동을 입양하고자 하는 입양부모의 입양동기는 크게 두 가지가 있는데, 먼저 불임 혹은 전통적 입양부모로서 생물학적 방법으로 자신의 자녀를 가질 수 없는 경우 입양을 통해 자녀를 얻고자 하는 경우이다. 이는 사회적 혹은 인도주의적 이유보다는 개인적 이유로 해서, 또 대체로 건강한 아동을 원하는 경향이 있다. 다른 경우는 선택적 입양(preferential adoption)으로서 아이를 낳을 수 있으나 입양을 통해 가족구성원을 늘리고자 하는 부모이다. 이들은 일반적으로 개인적이기보다는 아동복지적 또는 인도주의적 동기를 갖고 입양

5) 입양특례법은 「입양촉진 및 절차에 관한 특례법」이 2011. 8. 4. 전부 개정된 법으로 2012. 8. 5.부터 시행됐다. 여기서 양자가 될 자격은 제4조 → 제9조로 개정되었을 뿐 내용에 다름이 없어 입양특례법으로 기재했다.

한다. 따라서 선택적 입양부모들은 자신들과 다른 인종집단의 아동, 연장아동 또는 정서적 문제를 갖고 있는 아동과 같이 특수한 욕구를 지닌 아동을 양육하는 데 관심을 갖는 경향이 있다. 어떠한 동기에서 입양을 원하든지 간에 입양부모로서 갖추어야 할 자격요건에 대해 살펴보면 다음과 같다(Kadushin, 1980).

(1) 연령

입양부모의 적당한 연령은 아동과의 나이차에 달려있다. 유아인 경우 입양부모의 나이가 35~45세가 적당하다고 본다. 아동이 독립할 수 있는 나이가 될 때까지 부모가 건강하고 경제력을 갖추어야 하기 때문이기도 하고, 부모의 나이가 너무 많을 경우 세대차에서 오는 문제를 예방하여야 하기 때문이다. 그리고 부모가 나이가 너무 많으면 아동을 양육하는 데 신체적 부담을 감당하기 어렵고 자라나는 아동의 활동에 맞추어서 부모가 참여하기에 어려움이 있기 때문이다.

(2) 신체적 건강

입양부모가 건강하지 못하거나 장애를 지녔다면 안정적 직업을 갖지 못할 수 있고, 아동에게 필요한 경제적 욕구를 충족시키지 못한다.

(3) 결혼상태

입양부모는 혼인상태에 있어야 하며, 대체로 3~5년간의 결혼기간을 가진 부부가 좋다.

(4) 불임

원칙적으로는 불임이어야 한다. 의학적으로 불임이 증명되어야 하고, 불임이 아닐 경우에는 임신이 어머니의 건강에 매우 유해한 경우에 해당된다.

(5) 불임에 대한 태도

입양부모는 여러 가지 사유로 아이를 갖지 못하는 사람이다. 따라서 아이를 갖지 못하는 데서 오는 상실감에 관한 적응문제를 사전에 고려해 보는 것은 중요하다.

(6) 입양동기

입양동기는 양부모의 욕구충족보다는 아동의 입장에서 입양이 성립되는 것이 보다 바람직하다. 비록 다른 요건들이 충족되더라도 입양동기가 불안정한 가정을 안정시키기 위해서 혹은 최근에 잃은 자신의 아이를 대체하기 위한 것이라면 바람직하지 못하다. 이 외에도 아동의 친부모와 입양부모가 같은 종교를 지닌 것이 보다 바람직하며, 입양부모가 정서적으로 성숙되고 부모역할을 감당할 능력이 있어야 하며, 다른 가족구성원이 아동의 입양에 대해 긍정적 태도를 지녀야 한다.

3) 친부모

입양대상 아동의 친부모는 아동에 대한 친권포기를 자발적 또는 비자발적으로 할 수 있다. 친부모가 친자녀의 입양을 위해 자발적으로 친권을 포기하는 원인은 경제적 빈곤, 이혼·별거로 야기된 가족해체, 가정결손, 미혼모, 사망 등이며, 친권을 박탈당하는 경우는 아동을 심각하게 학대·유기하는 경우이다(도미향 외, 2013). 따라서 친부모는 입양을 선택했을 때 많은 심리적인 어려움을 경험한다.

입양을 선택한 친부모가 가지는 문제는 다음과 같다.

첫째, 친권포기를 하기 전 친부모에게 필요한 복지서비스에 대한 정보를 거의 제공받지 못한다는 것이다. 대부분의 미혼부모는 입양 이외의 다른 대안에 대한 정확한 정보, 친부모로서의 권리, 입양과정에 대한 정보 등 아동에 대한 친권포기를 하기 전 친부모에게 필요한 서비스나 정보를 거의 제공받지 못한다(공계순 외, 2013).

둘째, 입양과정에서 친부모는 부수적인 존재로 간주되고 친권포기 후에 얼마나 강한 상실감과 심리적 고통을 경험하게 될 것인지, 그런 감정들을 표현해도 되는 것인지에 대해 아무런 조언도 듣지 못한다. 특히 입양과정에서 다른 사람의 설득 혹은 회유로 입양을 선택했다는 인식이 높을수록 입양 후 심리적 고통은 더욱 큰 것으로 나타났다.

셋째, 입양을 선택하는 미혼모들은 입양에 대한 긍정적 태도, 부모역할 능력 부족, 높은 교육적 기대를 가지고 있으며, 가족이나 친척 중 입양경험 유무, 성관계 시 미혼부와의 감정 일치도, 어릴 때 성학대 경험과 성폭행 경험 유무 등이 입양결정에 영향을 미치는 것으로 나타났다.

〈표 6-8〉 **입양 선택 미혼모의 슬픔 과정**

단계	분 류	내 용
1	무감각과 부인의 단계	상실에 대한 고통에 대처하기 위한 방어기제로서 부인을 활용하며, 기쁨, 사랑 같은 긍정적 감정을 허용하지 않는다.
2	감정폭발	우울한 감정과 슬픔, 공포, 두려움, 분노, 절망, 죄의식, 수치심 등의 감정을 폭발적으로 겪는다.
3	자신의 결정을 수용하고 인정	입양의 결정 자체가 어렵고 힘든 만큼 오랫동안 자신의 결정이 옳았는지를 생각하고 수용하게 된다.
4	불확실성에 대한 적응과 삶	상실을 현실로 받아들이게 되면 점차 자신의 감정을 해소할 수 있는 방법을 찾게 되고, 적응하게 된다. 여기서 적응이란 자신이 내린 결정에 따라 살아가는 것을 배우는 것의 지표이며, 미래의 자녀와의 만남이나 관계형성에 대한 불명확한 상황을 수용하며 살아가는 것을 의미한다.
5	저평가와 재정립	자기 자신에 대한 감정들을 재평가하는 과정은 계속되며, 여기에는 자신을 바라보는 관점, 자신을 가치 있는 사람으로 인식하는 것 등을 포함한다.

출처 : 박정란 외(2010).

제4절 입양의 절차

2011년 전면 개정된 입양특례법에 따라 입양절차가 개정되었다. 개정 전과 개정 후의 입양절차를 비교하면 ❙그림 6-1❙과 같다. 또한 입양부모의 자격 강화, 입양허가제 등 아동입양의 절차가 아동의 복리 증진을 중심으로 이루어질 수 있도록 국가의 관리와 감독을 강화하는 방향으로 변화하였다. 개정된 입양특례법에 따른 국내외 입양절차를 여섯 가지로 나누어 살펴보면 ❙그림 6-2❙와 같다.

1. 입양절차

1) 입양신청 접수

입양을 원하는 부모는 양친가정조사신청서, 가족관계증명서, 혼인관계증명서, 주민등록등본을 입양기관에 제출하여 입양을 신청한다.

2) 양친가정 조사 및 준비

입양을 원하는 부모가 양친가정조사신청서를 접수하면 입양기관에서는 2회 이상 가정방문을 실시한다. 입양부모의 입양동기와 욕구를 파악하고, 입양하기에 적합한 자격을 갖추었는지 파악한다.

입양기관은 양친가정조사서를 작성해 입양신청인(입양부모)에게 발급한다. 양친가정조사서를 발급받은 입양신청인은 입양기관으로부터 입양에 대한 교육을 받아야 한다. 총 8시간 동안 입양에 대한 이해 및 부모의 역할, 입양아동의 특성과 입양아동의 양육에 도움이 되는 정보에 대한 교육을 이수하면 양친교육이수증명서가 발급된다. 우리나라의 입양특례법에서 사용하는 양부모(양친) 가정조사서는 <표 6-9> 및 <표 6-10>과 같다.

3) 결 연

입양에 대한 교육을 이수하면 입양대상 아동과 입양을 원하는 부모가 만나 선을 보는 자리가 마련된다. 결연이 맺어지면 입양특례법에 따라 입양기관을 통해 양친이 될 부모의 성명, 생년월일, 국적, 연락처 정보 등이 입양정보통합관리시스템(ACMS)에 입력된다.

4) 가정법원 허가

입양대상 아동과 입양을 원하는 부모 간에 결연이 맺어지면 입양기관은 가정법원에 입양허가를 신청한다. 법원은 자체 판단에 따라 추가자료(건강진단서, 범죄경력조회서 등)를 요청할 수 있고, 입양허가를 반려할 수도 있다. 이 경우 구비서류를 다시 갖춰야 하고 필요하면 예비 양부모나 가사조사관 등이 법원에 참석해야 한다. 이런 과정을 거쳐 가정법원의 인용심판이 확정되고, 이를 통해 입양이 허가된다.

5) 입양의 성립

가정법원의 입양허가가 결정되면 입양기관은 아동을 양부모에게 인도한다. 가정법원의 허가서를 첨부하여 「가족관계의 등록 등에 관한 법률」이 정하는 바에 따라 구청에 친양자 신고를 하면 모든 입양절차가 마무리된다. 입양이 성립되면 입양아동과 친부모 사이에 존재했던 모든 법적 권리와 의무가 입양부모에게 이양된다.

6) 사후관리

아동의 가정 배치 후 아동이 입양가정에 잘 적응하고 있는지 입양가정을 방문하여 조사하고 아동이 입양가정의 법적인 자녀가 되었는지 확인한다. 사후관리의 목적은 입양아동이 성공적으로 새 가정에 적응할 수 있도록 하기 위하여 입양부모와 입양아동 간의 이해를 증진시키고 입양에 따르는 여러 문제들을 해결하는 데 도움을 주기 위해서이다. 입양기관에서 사후서비스 제공 시 입양가정의 의사를 존중하여 입양사실이 공개되지 않기를 원한다면 비밀을 유지하도록 지원하고 있고, 아동의 적응상태를 최대한 정확하게 파악하여 서비스를 제공한다.

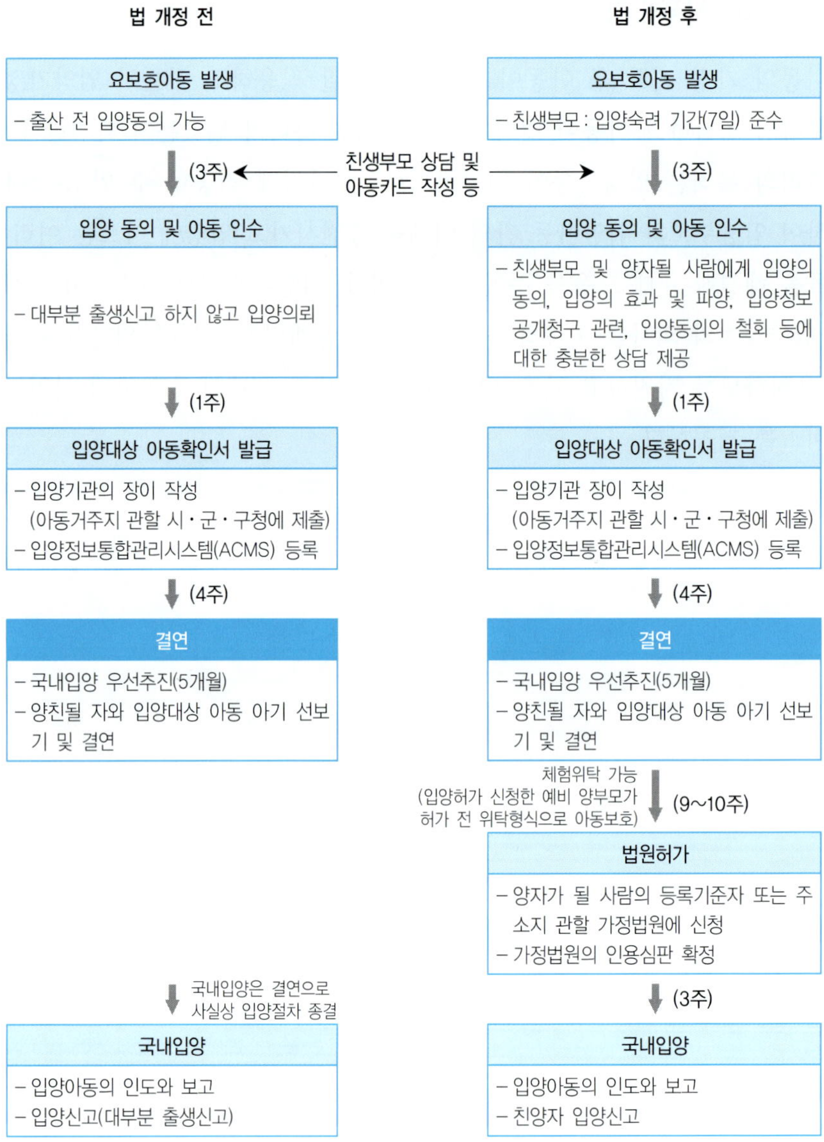

| 그림 6-1 | 법 개정 전과 후의 입양절차 비교

출처 : http://www.kadoption.or.kr/counsel/counsel_adopt_process.jsp

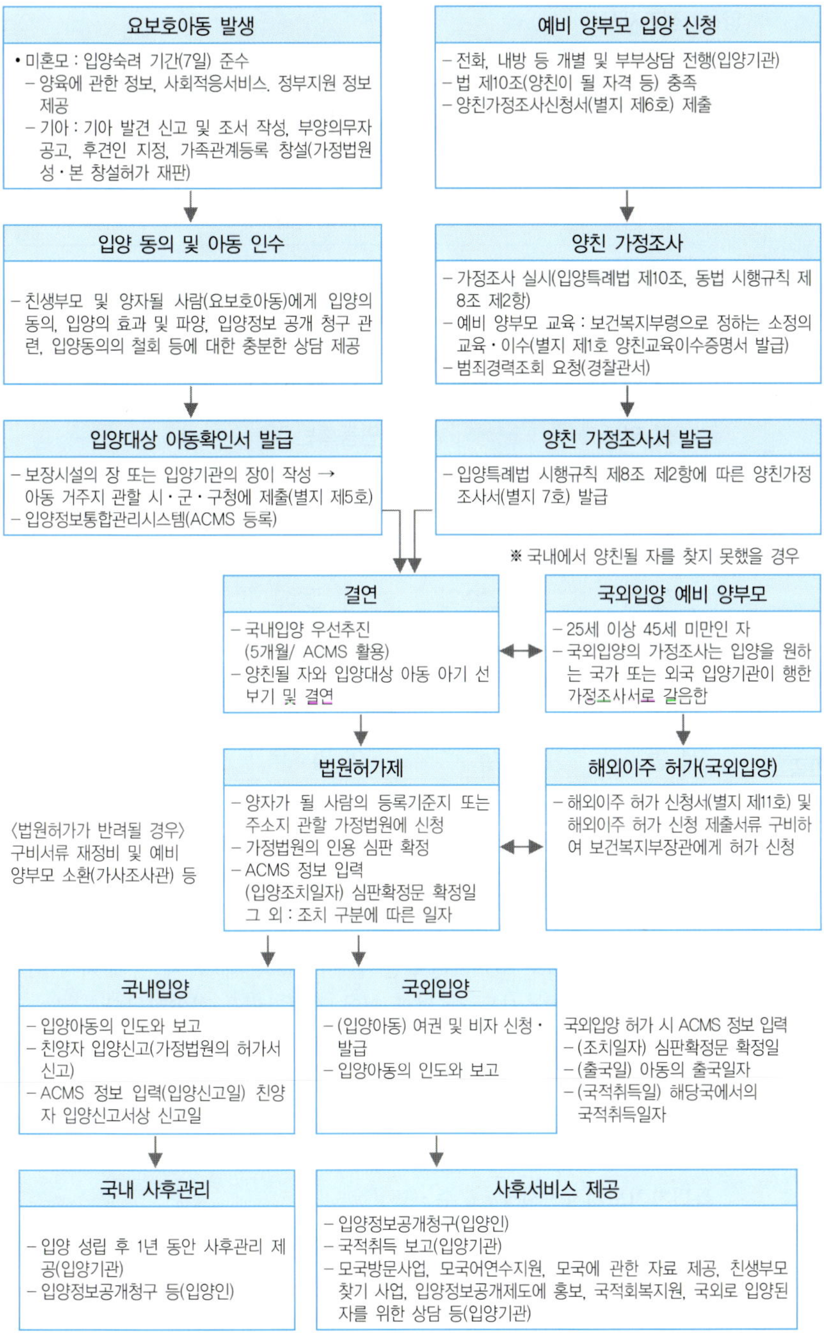

그림 6-2 국내외 입양 전달체계

출처 : 보건복지부(2015). 2015년 아동분야 사업안내.

〈표 6-9〉 **양친가정조사서** [앞면]

양친가정조사서

<table>
<tr><td rowspan="8">양친자</td><td rowspan="4">부</td><td>성 명</td><td colspan="2"></td><td colspan="2">주민등록번호</td><td colspan="3">–</td></tr>
<tr><td>등록기준지</td><td colspan="7"></td></tr>
<tr><td>주 소</td><td colspan="7">☎</td></tr>
<tr><td>직 업</td><td></td><td>연수입</td><td></td><td>종 교</td><td></td><td>학 력</td><td></td></tr>
<tr><td rowspan="4">모</td><td>성 명</td><td colspan="2"></td><td colspan="2">주민등록번호</td><td colspan="3">–</td></tr>
<tr><td>등록기준지</td><td colspan="7"></td></tr>
<tr><td>주 소</td><td colspan="7">☎</td></tr>
<tr><td>직 업</td><td></td><td>연수입</td><td></td><td>종 교</td><td></td><td>학 력</td><td></td></tr>
<tr><td rowspan="2">재 산</td><td colspan="2">주 택</td><td colspan="7">종류(□자가 □전세 □월세), 대지 m^2, 건물 m^2</td></tr>
<tr><td colspan="2">부동산</td><td colspan="2"></td><td>동산</td><td></td><td>부채</td><td colspan="2"></td></tr>
<tr><td rowspan="2">가족 사항</td><td colspan="2">성 명</td><td colspan="2">성 별</td><td colspan="2">연 령</td><td colspan="2">학 력</td><td>직 업</td></tr>
<tr><td colspan="2"></td><td colspan="2"></td><td colspan="2"></td><td colspan="2"></td><td></td></tr>
<tr><td colspan="3">입양희망아동</td><td>성별</td><td></td><td>연령</td><td></td><td colspan="2">특이사항</td><td></td></tr>
</table>

입양특례법 제10조, 제11조 제3항 및 같은 법 시행규칙 제8조 제2항에 따라 위와 같이 양친이 될 사람의 가정조사를 한 결과 입양 적격자임을 확인합니다.

년 월 일

가정조사자 서명 (인)

특별자치도지사 · 시장 · 군수 · 구청장

아동상담소장 (인)

입양기관의 장

[계속]

〈표 6-10〉 **양친가정조사서** [뒷면]

1. 입양에 대한 태도와 입양 동기	
2. 양친될 사람의 혼인생활, 그 밖의 가족 상황	
3. 양친이 될 사람의 현재 수입 및 재산 상태	
4. 양친이 될 사람의 알코올 등 약물중독 여부와 그 밖의 건강상태	
5. 양친이 될 사람의 인격·품성 및 종교관 등	
6. 그 밖의 특기사항	
7. 조사자의 의견	

출처 : 국가법령정보센터(2016).

제5절 입양사업의 문제점

입양사업을 국내입양과 해외입양으로 나누어 살펴보면 다음과 같다(전남련 외, 2012).

1. 국내입양

1) 입양에 대한 부정적인 인식

우리나라는 혈연중심의 가부장적 가족관이 지배적으로 입양에 대한 사회적 편견이 높고 양육 및 경제 등의 입양부담으로 인하여 입양문화가 정착되지 못하고 있다.

(단위 : %, 명)

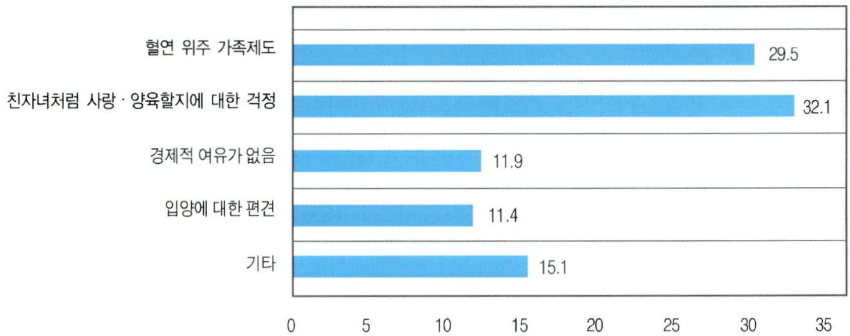

【그림 6-3】 우리나라 국민의 입양기피 이유

주 : 일반국민의 분석대상 수는 1,000명임

출처 : 김유경 외(2010). 국내입양실태와 정책방안 연구. 서울 : 한국보건사회연구원.

2) 아동권 중심의 법 · 제도 장치 미흡

우리나라의 민법에 의한 입양은 당사자 간의 동의와 신고만으로 입양이 가능하고 입양부모의 적격성을 전혀 고려하지 않아 아동보호에 취약하다. 그러나 입양특례법에 의한 입양보다 민법에 의한 입양이 절대적으로 높아서 아동보호 장치의 미흡성이 그대로 방치되고 있다. 현행 입양제도는 입양부모가 관련 서류를 입양기관에서 발급받아 「가족관계의 등록에 관한 법률」에 따라 신고하면 효력이 발생하는데, 이러한 신고제에 근거한 입양제도는 양부모의 적합성을 심사하는 제도적 장치 부재로 아동보호의 취약성을 드러낸다. 또한 입양 시 친부모, 직계존속, 후견인 등의 동의를 받도록 되어있으나 구체적인 절차가 불분명하여 친생부모의 입양동의 후 취소에 대한 조항 등이 명시되지 않아서 친생부모의 법적인 양육권 보장이 불가능하다. 그리고 입양아동의 동의연령도 15세 이상으로 제한하여 최근 아동의 정신적 성숙도를 반영하지 않아 아동이 입양동의에 직접 개입하는 권리가 보장되지 않고 있다.

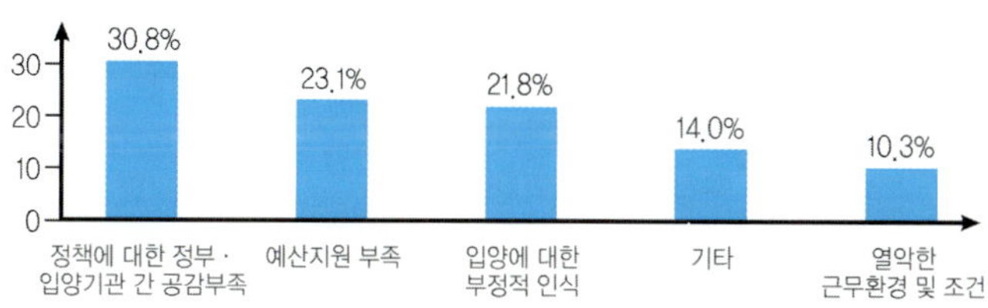

| 그림 6-4 | 입양기관의 국내입양 업무 수행상의 어려움

출처 : 김유경 외(2010) 재구성.

3) 입양 인프라의 질적 미흡

입양 관련 인프라의 질적 미흡으로 입양서비스의 효율적인 수행이 떨어지고 있다. 현재 입양기관에 대한 재정지원이 미흡하여 안정적인 사업운영에 어려움이 있으며, 입양실무자의 전문성도 다소 부족한 상황이다.

4) 입양가족의 양육부담 및 지원미흡

우리나라 입양가족의 27%가 도시근로자 가구 월 평균소득인 367만 원 이하로 경제적 수준이 높지 않은 편이며, 입양가족의 입양아동 양육 시 가장 어려운 점 또한 경제적인 이유 등으로 나타나서 입양아동의 양육비용의 증가로 입양가족의 경제적 부담이 가중되고 있다(김유경 외, 2010). 그럼에도 현재 입양가정의 양육보조금은 연 120만 원으로 이는 일반가정 자녀 1인당 양육비용인 연 1,210만 8,000원의 10% 미만 수준에 불과하여 정책의 실효성이 상당히 저조하다. 특히 요보호아동 1인당 연간 지원액은 시설보호 1,300만 원, group home 670만 원인 것에 비해 가정위탁 및 입양은 120만 원으로 가정보호인 입양보다 시설보호 예산이 약 6~11배 높아서 아동보호 육성과 자질향상 측면에서 정책의 불균형을 보이고 있다. 따라서 입양가족의 양육부담 해소와 입양아동의 권익보호를 위하여 현실적인 재정지원이 필요함을 시사한다.

〈표 6-11〉 입양가족의 입양아동 양육 시 가정의 어려운 점 (단위 : %, 명)

구분	없음	가족의 부적응	가족·아동과 애착관계 형성되지 못함	부모-자녀 간의 애착관계 형성되지 못함	친생자녀와 입양자녀의 역차별	아동의 장애, 발달 장애문제	친생부모를 찾을까 두렵고 걱정됨	주변에서 입양 사실을 알게 될까 두려움	기타	계(수)
어려운 점	24.8	2.3	3.0	3.0	3.0	11.3	6.8	13.5	32.3	100.0 (133)

출처 : 김유경 외(2010) 재구성.

5) 사후관리서비스의 부재

국내입양 사후관리서비스의 부재 역시 중요한 문제점으로 지적된다. 사후서비스에 있어서는 대부분의 입양부모들이 비밀입양을 선호하는 것이 가장 큰 장애요인이며, 입양 후 아동의 가족적응에 대한 지속적이고 체계적인 follow-up이 불가능하다. 현재 입양기관에서 입양아동의 적응을 위해 실시하는 사후관리서비스는 6개월에 불과하며 입양가족의 사후관리에 대한 거부감과 프로그램 부재로 심층적이고 지속적인 사후관리서비스가 제공되지 못하고 있는 실정이다.

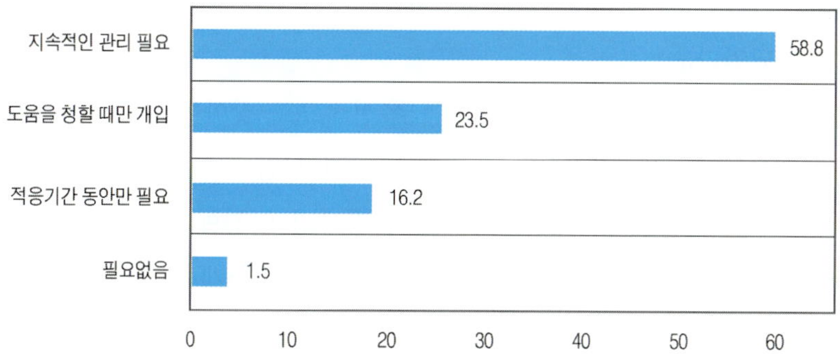

| 그림 6-5 | 입양가족이 희망하는 사후관리 방식

주 : 입양가족의 분석대상 수는 137명임
출처 : 김유경 외(2010). 국내입양실태와 정책방안 연구. 서울 : 한국보건사회연구원.

2. 해외입양

해외입양의 문제점은 국내외의 다양한 연구결과와 언론보도를 통해 잘 알려져 있다. 해외입양은 서로 다른 인종 또는 민족이 자녀와 부모관계로 연결되어 아동의 인지력이 발달하는 순간부터 외형적인 차이점을 확인하면서 성장하게 된다. 따라서 성장과정에서 자아정체감의 혼돈을 경험하게 되며, 자신의 입양배경 및 친생가족으로부터 버림받은 상실감, 입양부모로부터 또다시 버림받을 수 있다는 두려움 등 다양한 갈등을 지속적으로 유발할 수 있다.

3. 해외입양 쿼터제와 홀딩제

해마다 해외입양을 10%씩 줄이는 쿼터제를 보면, 취지는 좋으나 상황을 제대로 파악하지 못하고 진행한 점으로 인해, 해외입양이 줄어들면 국내입양이 늘어야 아이들이 가정을 찾을 수 있는데, 국내입양도 줄고 있는 추세여서 상황이 악화되었다.

입양 전 5개월 동안 국내에서 부모를 우선적으로 찾아야 하는 홀딩제를 보면, 보통의 아동들의 경우 생후 6개월이 지나면 사람을 인지하는 능력이 생성된다. 그 때문에 입양기관에서는 6개월이 지나기 이전에 입양이 이루어지도록 장려하고 있다. 그렇기에 실제로 입양은 생후 2~3개월에 이루어졌다. 그러나 홀딩제의 도입으로 이 시기를 놓치는 아동이 증가하였고 상황이 악화되었다. 이 두 정책들이 아예 아이들이 가정을 얻을 수 있는 기회를 막고 있는 것이다. 이뿐만 아니라 위의 두 문제로 인해 입양이 늦어진 아동들을 임시로 아이를 양육하는 기관이 넘쳐남에 따라 갈 곳 없는 아동들이 늘고 있는 현실 또한 문제이다.

제6절 입양사업의 개선과제

우리나라의 입양사업에 대한 과제를 살펴보면 다음과 같다(공계순 외, 2013; 윤매자 외, 2012; 김민경, 2012).

1. 입양대상 아동의 발생예방

아동복지 증진을 위해서는 무엇보다 입양대상 아동의 발생을 예방하는 것이 중요하다. 특히 미혼모와 장애아의 발생을 예방하며, 가족해체를 예방할 수 있는 대책들이 마련되어야 한다. 입양대상 아동의 80%를 차지하고 있는 미혼모를 위한 대책으로 자신의 아이를 직접 양육하기를 원하는 미혼모에 대해서는 국민기초생활 보장법에 의한 수급자격을 인정하는 방법을 통해 양육비 등을 지원함으로써, 경제적 이유로 아동을 포기하는 일이 없도록 해야 한다. 그리고 미혼모보호시설의 확충과 산전관리의 무료화, 미혼모의 신생아에 대한 선천성 대사 이상 검사 전체 무료제공 등 입양아동과 장애아동을 최소화하는 노력이 필요하다. 또한 장애아의 치료나 교육을 위한 다양한 시설을 마련하거나 중증장애아를 위한 보호시설도 시급히 정비해야 한다.

2. 입양과 관련된 법규의 정비

2012년부터 실시되고 있는 입양특례법은 기존의 「입양촉진 및 절차에 관한 특례법」의 문제점을 보완하고, 입양아동의 최선의 이익과 욕구 중심으로 법적 절차와 내용을 개선한 법이다. 특히 입양숙련 기간 도입, 친부모의 입양동의, 법원을 통한 입양허가 그리고 입양인의 입양정보청구제 등의 제도가 정착되도록 더 노력할 필요가 있다. 특히 국외입양 아동의 인권을 보호하기 위해서는 헤이그국제아동입양협약 가입이 조속히 이루어져야 하는데, 협약에 가입하기 위해서는 현재 시설중심의 아동보호 체계를 가정보호 중심으로 개선, 협약이행을 위한 이행입법 마련, 국제입양정책을 총괄하고 입양기관을 인증·감독하는 정부 내 입양전담부서 결정, 국내입양 활성화 적극추진 등의 법률적·제도적 장치가 더 필요하다.

3. 입양사업에 대한 정부지원의 강화

아동복지의 입장에서 입양사업의 중요성에 대하여 전 국민을 각성시키고 나아가서 입양사업에 대한 참여와 관심을 가질 수 있도록 함은 물론, 사회사업기관에 관한 국민의 신뢰를 높이고 장기적으로 체계적인 입양사업을 할 수 있도록 정부의 지원이 필요하다. 따라서 입양기관의 긴밀한 의견교환과 협조가 이루어지도록 제도적이며 연속성 있는 지원이 강구되어야 할 것이다.

4. 입양사업에 대한 홍보활동의 전문화

국내입양을 활성화하기 위해서는 무엇보다 국민들의 입양에 대한 부정적인 태도를 불식시키는 것이 중요하다. 이를 위해서는 입양에 대한 홍보를 적극적으로 실시하여 입양에 대해 긍정적인 태도를 갖게 하여야 한다. 신문, 라디오, TV, 영화, 전시회, 행사, 기관지 등의 여러 가지 방식이 홍보활동에 이용될 수 있다. 특히 생애주기별로 교육기관 중심의 입양교육과 홍보를 실시할 필요가 있으며, 전문가 집단을 대상으로 입양에 대한 인식개선교육을 지속적으로 실시할 필요가 있다.

5. 입양전문기관의 전문성 강화

입양알선기관의 전문성과 적합성 및 관리감독이 필요하며, 아동복지전문가가 대량으로 양성되어 입양기관에 종사하도록 육성되어 아동, 양부모, 친부모에게 최선의 선택과 결정이 되도록 상담의 질을 높여야 한다. 다양한 사회사업 방법을 통하여 적합한 양부모로 수준을 높이는 상담을 해야 한다.

6. 입양 사후관리 개선 프로그램 개발

입양 사후관리 개선 프로그램 개발은 예비 입양부모에 대한 사전교육 프로그램 마련과 입양 후 서비스 강화로 나누어 볼 수 있다.

1) 예비 입양부모에 대한 사전교육 프로그램 마련

입양을 통해 새로운 역할이 부여되며 입양부모와 입양아동 간에 애착형성과 정체감 확립 등 친생자로 이루어진 가족과는 다른 적응문제들이 발생할 수 있다. 따라서 입양의 의미와 입양가정의 특수성을 이해하고 입양 후 적절히 대응할 수 있도록 하는 사전교육 과정이 반드시 필요하다. 이는 성공적인 적응에 필수적이며, 파양으로 인한 입양아동이 받는 이중의 상처를 예방한다.

2) 입양 후 서비스 강화

입양기관이 사후관리를 철저히 할 수 있도록 국내입양의 사례뿐만 아니라 국외입양의 사례에서도 사후관리의 의무를 부과하는 한편, 입양가정에 대한 상담서비스를 활성화하여야 한다.

7. 국외입양을 위한 사후 프로그램 확대

국외입양 아동의 경우 인종, 문화, 언어의 상이성으로 인해 자아정체감 형성에 어려움을 경험하게 된다. 따라서 국외의 입양가정이나 입양아동을 위해서는 역할모델이나 지원이 필요하다. 입양가정에게 입양아동이 성장하면서 모국의 문화를 체험하고 모국어를 배울 수 있는 기회를 제공하며, 친가족을 찾는 정보를 제공하는 등의 사후관리서비스가 이루어져야 한다. 따라서 국외입양인들을 위해 한국 소개책자 제작 및 배포, 모국방문 지원 프로그램, 한국어 연수, 한국문화 체험 프로그램 등 다양한 사후관리 프로그램을 확대·실시하며, 더 나아가 친부모 및 친인척 찾기를 지원하기 위해 중앙입양원 사업을 활성화하여야 한다.

더 나아가 국외입양인의 단기방문을 지원하기 위한 법률 지원 및 통·번역서비스 지원, 장기체류를 지원할 수 있는 한국어 연수 및 일자리 지원 제공, 영구정착을 위한 한국국적 재취득 지원 등의 방안이 마련되어야 한다.

8. 입양에 대한 사회적 편견 및 잘못된 지식에 대한 교육

입양에 대한 사회적 인식을 전환하기 위한 홍보가 지속적으로 이루어져야 하며, 어려서부터 입양의 개념을 홍보·계몽하여 편견 없는 입양이 정착되어 사회적 책임으로 요보호아동이 영구가정에 머물도록 해야 한다.

토론해 보기

1. 국내입양과 해외입양에 대해 여러분의 생각을 토론해 봅시다.

2. 국내입양 사업의 문제점과 개선방안 및 과제에 대해 여러분의 생각을 토론해 봅시다.

3. 해외입양 아동들이 경험하는 정체성 혼란과 여러 어려움은 무엇인지 여러분의 생각을 토론해 봅시다.

4. 공개입양과 비밀입양의 장단점과 입양부모와 입양아동의 각각 입장에 대해 여러분의 생각을 토론해 봅시다.

5. 동성애 부부, 트랜스젠더 부부의 입양에 대해 여러분의 생각을 토론해 봅시다.

07

가정위탁보호아동을 위한 복지서비스

제 1 절 가정위탁보호아동의 개념 및 필요성

1. 가정위탁보호아동의 개념

아동복지법 제3조 제6호에 따르면 '가정위탁'이란 보호를 필요로 하는 아동을 보호하기에 적합한 가정에 일정 기간 위탁하는 것을 말한다. 가정위탁보호사업은 아동이 부모의 학대, 방임, 질병, 수감, 경제적 이유 등 여러 가지 요인으로 원가정 내에서 양육될 수 없을 때, 일정 기간 동안 위탁가정을 제공하여 아동을 보호·양육함으로써 아동이 적합한 가정 안에서 건전하게 성장할 수 있도록 도와주며, 원가정이 가족기능을 회복할 수 있도록 지원하는 전문적인 아동복지시비스이다(Kadushin & Martin, 1988). 즉, 가정위탁보호는 아동이 자신의 가정이 아닌 다른 가정에서 24시간 양육되지만, 입양과는 달리 '일시적'으로만 아동을 돌보는 것이다. 따라서 가정위탁보호는 궁극적으로 친부모가 아동을 다시 양육할 수 있는 상황이 되면 아동이 친가정으로 되돌아가고, 그렇지 않는 경우 입양이 될 때까지 아동을 안전하게 보호하는 아동복지서비스이다. 이러한 가정위탁보호의 개념은 아동복지 분야에서 점차로 수용되고 있는 다양한 원리를 반영한다.

첫째, 가정위탁보호는 복합적 가족지원서비스로 개념화되며 가족은 관심의 핵심적인 것이다.

둘째, 가정위탁보호는 아동과 가족을 돕기 위한 전달수단으로 그들의 가능성을 최대화시키기 위해 주의 깊게 계획되는 것이다. 다시 말해, 가정위탁보호의 중점목적은 과거와 같이 단순히 아동에게 대리적 보호를 제공하는 것이 아니라 가족이 복원되고 아동이 성장하고 발달할 수 있게 서비스와 기회를 제공하는 것이다.

셋째, 가정위탁보호는 아동이 여기저기 떠돌아다니면서 보호받는 것을 방지하고 모든 아동에 대한 영구계획을 촉진시키기 위해 소수의 아동에게만이 아니라 모든 아동에 대한 시간제한적 보호를 의미한다(Pecora et al., 2002).

2. 가정위탁보호사업의 필요성

1) 요보호아동의 발생유형과 원인에 따른 전문적 개입

가정위탁보호는 일시적으로 대리보호가 필요한 아동들에게 대리가정을 제공하며, 보호가 필요한 아동들을 포함한 해체가정 아동들의 시설입소를 예방하고, 그들이 안정된 가정에서 건전하게 성장할 수 있도록 도와준다. 그리고 미숙한 부모나 아동학대가 심각한 부모로부터 일정 기간 아동을 분리하는 대책으로 매우 적절한 프로그램으로 인식되고 있다. 기아, 미아, 미혼모 아동, 비행 · 가출 · 부랑아, 빈곤, 실직, 학대 등의 다양한 보호가 필요한 아동발생유형과 부모의 질병, 가출, 사망 등의 원인을 가지고 있는 보호가 필요한 아동들에게 개별적이고 전문적인 서비스를 제공해야 한다.

위탁아동들은 친가정에서 겪은 어려움과 아픈 기억으로 인하여 잘못된 습관과 생각을 가지고 있는 경우가 대부분이다. 또한 위탁가정 내에서도 낯선 아이를 받아들여 함께 생활한다는 것은 예상하지 못한 친자녀와 위탁아동 간의 문제, 친자녀와 부모의 문제, 위탁부모와 위탁아동 간의 문제 등을 야기할 수도 있다. 따라서 위탁아동이 가지고 있는 문제(요보호아동의 발생원인)와 위탁가정이 가지고 있는 문제가 개별화되고, 다양한 서비스가 전문가에 의해서 적절하게 제공되어야 한다.

2) 가정에서 보호되어야 할 아동의 권리와 시설보호의 한계

아동이 최선의 발달을 할 수 있는 것은 친가정과 친부모에 의해서일 것이다. 그러나 가정 내외의 여러 사정이나 아동 자신의 조건 때문에 자신이 태어난 가정과 친부모로부터 일정 기간 동안 분리되지 않으면 안 될 경우가 있다. 이러한 아동에 대하여 그동안 차선책인 시설보호서비스가 주로 제공되어 왔는데, 이는 모성의 박탈, 집단생활로 인해 소위 시설병이라는 현상이 나타나는 등 결국에는 아동의 인권을 심각하게 침해하는 결과를 초래하는 경우가 빈번하였다.

이에 정부는 1970년부터 가정위탁사업을 권장하였으나, 활성화되지 못하였다. 2000~2002년까지 3년 동안 정부에서는 아동건전육성사업의 일환으로 가정위탁보호를 활성화하기로 하고, 이를 아동복지사업지침에 명시함으로써 비로소 가정위탁보호사업이 체계적으로 시행될 수 있는 기본 방향을 제시하였다.

시설보호 아동과 위탁가정보호 아동의 신체발달을 비교한 연구(김경희 · 반정호, 2005)에 따르면, 출생 당시 발육상태가 상대적으로 좋은 아동이 시설로 보내졌음에도 불구하고 이후의 발육지수는 위탁가정에서 보호받은 아동보다 낮게 나타났다. 이러한 연구결과는 양육환경이 아동의 신체발육에 영향을 미치는 주요한 요인임을 보여주는 것으로 위탁가정보호가 아동의 발달 측면에서 더 적절하다고 볼 수 있다.

3) 소년소녀가정 보호의 한계

소년소녀가정 세대가 가정 속에서 성장할 수 있도록 생계, 교육, 의료보호를 실시하고 자립능력을 배양하도록 하여 건전한 사회인으로 육성한다는 지원사업의 목적에도 불구하고, 정부나 민간기관의 지원사업은 경제적 지원이라는 단순구호와 보호 차원에 머물러 소년소녀가정 아동의 자립능력과 대처능력을 키우기 위한 전문 프로그램의 시행은 미흡한 실정이다. 즉, 지금까지 소년소녀가정 아동에 대한 지원시책이 많은 부분에 있어서 궁극적인 효과가 있었음에도 불구하고, 아동이 겪는 문제의 종류와 필요로 하는 욕구에 기초한 적절한 서비스(특히 정서적 서비스 등)를 제공할 수 있는 준비가 미흡하고, 전달체계가 마련되지 않았다는 것이다.

4) 가정위탁보호아동의 전문적 서비스 지원

2001년 한국복지재단에서 742명의 위탁양육자를 대상으로 조사한 '위탁아동 양육방법에 관한 설문조사'에 따르면, 위탁부모의 연령은 60세 이상, 소득은 50~100만 원, 교육은 무학, 건강상태는 좋지 않은 등 위탁가정의 환경이 열악한 것으로 나타났다. 또한 봉사정신과 종교적인 동기로 아동을 양육하고 있는 일반인의 경우에도 실제 생활에서 겪게 되는 문제에 개입할 수 있는 체계적이고 전문적인 기관이 없어 개인적인 관계에 의존하여 문제를 해결하고 있어, 아동의 건전한 성장과 발달에 지장을 초래하고 있는 것으로 나타났다. 따라서 가정위탁지원센터를 통한 위탁아동뿐만 아니라 위탁가정에 적절한 개입을 통해 체계적이고 전문적인 서비스를 제공하고, 행정기관 및 관련 기관들과의 협력체계 구축이 시급하다고 할 수 있다.

제2절 가정위탁보호사업의 역사 및 현황

가정위탁보호사업의 역사를 미국, 영국, 한국의 역사로 나누어 설명하면 다음과 같다(문선화 외, 2013; 공계순 외, 2013).

1. 외 국

1) 미 국

미국에서 가정위탁은 대규모 시설에 수용되어 있는 아동을 구제하는 방법의 하나로 19세기 초에 시작되었다. 찰스 브레이스(Charles Loring Brace)에 의해 설립된 뉴욕 아동구호협회(New York Children's Aid Society)는 수용시설이나 뉴욕의 거리에서 발견된 보호를 필요로 하는 아동을 오하이오, 미시간, 일리노이 등 중서부 농촌지역으로 보내어 아동에게 가정이라는 환경과 노동기회를 제공하고, 농가나 상인들의 가정에는 필요한 노동력을 제공하도록 하였다(Pecora et al., 2002). 이 아동들은 기차를 이용하여 동쪽의 큰 도시로부터 중서부로 보내졌으며, 기차가 멈추는 역마다 아동을 필요로 하는 가정에서 나와서 아동을 선택하는 형식이었다. 이와 같은 브레이스의 활동은 사회사업가나 종교단체 그리고 중서부의 여러 지역에서 이 문제에 관심이 있던 많은 사람들이 위탁가정에 대한 아무런 조사 없이 아동을 위탁가정에 배치하거나 아동을 위탁한 후 사후지도를 전혀 하지 않는 것에 대하여 문제를 제기하면서 시작하였다.

이와 같은 문제가 대두되면서 1886년에 보스턴 아동구호협회의 책임자였던 찰스 버트웰(Charles Birtwell)이 아동을 위탁가정에 위탁할 때는 아동의 욕구를 먼저 고려하고, 위탁가정의 환경조사, 사후관리, 아동과 부모의 재결합 등을 고려하여 아동을 위탁하도록 하여야 한다고 강조함으로써 현대적 의미의 가정위탁보호제도가 도입되었다. 버트웰의 주장은 1909년에 아동복지를 위하여 열린 제1회 백악관 회의에서 아동을 위한 최선의 방법으로 재확인되었다. 백악관 회의에서 모든 아동은 안전하고 사랑이 있는 가정에서 성장하여야 하며, 전문가가 신중하게 선정한 위탁가정은 부모가 돌볼 수 없는 아동에게 가장 최선의 방법이라고 선언되었다. 그 결과 위탁가정 프로그램은 민간단체뿐만 아니라 정부기관에서도 실시되기 시작하였으며 미국 전역으로 확대되었다. 미국에서는 최근 친인척 가정에서 성장한 아동이 성장 후 사회적응이 더 좋다는 결과가 보고됨에 따라 친인척 보호가 강조되고 있다.

2) 영 국

영국은 19세기 이후에 보호가 필요한 아동을 빈민이나 부랑인 시설에서 분리하여 따로 수용하기 시작하였다. 작업장에 수용된 보호가 필요한 아동을 성인과 분리하는 조치와 함께 보호가 필요한 아동을 위한 소규모의 집단 home, 주거 home 등이 발달하기 시작하였다. 주거 home은 대리모와 함께 거주하면서 직업과 가사훈련을 행하는 형태였다. 현대적 의미의 가정위탁보호사업은 1948년 아동법 제정 이후 실시되었으며, 부모들이 돌볼 수 없거나 모든 아동에 대한 정부의 책임을 규정한 아동법이 개정되면서 아동발달에 적절한 기회를 제공하는 것이 지방정부의 책임으로 규정되었다. 개정된 아동법은 보호가 필요한 아동을 위한 방법으로서 생활시설 보호보다는 지역사회 내의 가정위탁사업이 더 바람직하다는 인식 위에 기초하고 있다(허남순, 1998).

2. 한 국

우리나라에서 가정위탁보호제도의 역사를 살펴보면, 고려시대와 조선시대의 영대노비(永代奴婢)제도를 들 수 있다. 즉, 흉년이 들어 그 부모가 자녀를 부양할 수 없어 유기하는 경우 아동을 노비로 삼는 방편으로 보호를 실시하였다. 또한 부랑아동, 기아, 빈민아동을 대상으로 사원에서 수용·양육하여 승려 또는 사역승으로 양성하는 일이 있었으며, 이를 본받아 민가에서도 이들 아동을 양자녀로 삼거나 노비로 삼는 경우가 있었다(아산사회복지재단, 1997). 이러한 전통사회에서의 가정위탁은 아동의 복지보다는 인명을 구활하는 임기응변적 대책과 이에 참여한 수양자에게 유리한 제도라는 점에서 현대적인 가정위탁제도와는 다르다.

우리나라에서의 현대적 의미의 가정위탁제도는 1950년대 이후 추진되어 왔다. 그러나 정부가 직접 관여하기가 적합하지 않아 민간사회복지관을 중심으로 가정위탁사업을 실시하였다. 그 결과 1965년에 홀트아동복지회와 대한사회복지회, 1972년 동방아동복지회, 1990년 한국사회봉사회 등 네 개 기관에서 입양아동을 대상으로 가정위탁사업을 실시하여 왔다. 정부에서는 가정위탁을 활성화하기 위하여 1985년 인천과 광주에 시범사업을 실시하였으나 소기의 목적을 달성하지 못하여 중단한 채 기본 방침만 세워두고 있었다.

1990년대 후반에 들어서 소년소녀가장제도와 시설보호사업에 대한 비판이 일어나면서 정부에서는 요보호아동 보호방법을 시설보호나 소년소녀가장 세대 보호형태에서 그룹홈(group home) 형태나 가정위탁보호 형태의 보호방식으로 전환하는 방향으로 추진하였다. 그 결과 1999년 가정위탁보호에 대한 법적 근거를 마련하였고, 2002년 소년소녀가장 보호제도를 보완하면서 친인척과 동거하는 소년소녀가장들을 친인척위탁 가정보호로 분류하여 지원하고 있다. 그리고 2003년에는 가정위탁가정들을 지원하기 위해 시·도에 각 1개소씩 가정위탁지원센터를 설치하여 운영하고 있다.

2005년에 아동복지법을 개정하여 가정위탁보호의 법적 근거를 규정하였고, 2012년 8월 아동복지법 개정에서는 시·군·구 가정위탁지원센터 설치근거와 가정위탁보호아동의 자립지원 근거규정을 마련하였다. 이와 같이 가정위탁은 탈수용시설화 정책의 하나로 정책적으로 강조되고 있지만, 우리나라에서는 아직도 이 제도가 활성화되지 못하여 그 실적이 부진하고, 소년소녀가장들에 대한 친인척 보호로의 전환에 머무르고 있는 상황에 놓여있다.

3. 가정위탁보호아동의 현황

보건복지부(2015)의 가정위탁보호아동 현황을 살펴보면, 11,077세대, 14,385명의 아동이 가정위탁되고 있다. 2010년부터 2014년까지 유형별 위탁아동 현황을 살펴보면 <표 7－1>과 같다.

가정위탁보호사업이 수행되기 시작한 2003년 이후 가정위탁보호아동의 수는 매년 급증하고 있다. 그러나 2010년 위탁아동의 수는 16,359명에서 2014년에는 12월 14,385명으로 1,974명이 감소하였다(표 7－1 참조).

〈표 7-1〉 **가정위탁보호 유형에 따른 연도별 위탁아동 현황**

연 도	대리양육가정		친인척위탁가정		일반위탁가정		계	
	세대 수	아동 수	세대 수	아동 수	세대 수	아동 수	세대 수	아동 수
2014	7,162	9,550	3,089	3,816	826	1,019	11,077	14,385
2013	7,294	9,776	3,086	3,843	789	977	11,169	14,596
2012	7,230	9,732	3,037	3,831	763	939	11,030	14,502
2011	7,463	10,205	3,351	4,260	816	1,021	11,630	15,486
2010	7,849	10,865	3,365	4,371	906	1,123	12,120	16,359

출처 : 보건복지부(2015).

2015년 중앙가정지원센터에서 조사한 가정위탁보호 사유의 결과를 살펴보면, 전체 위탁보호 사유 중 이혼이 가장 높은 비율을 나타내고 있다. 가정위탁보호의 주 사유가 대부분 가족위기로 인한 것이므로, 해체위기에 처한 가족을 대상으로 하는 예방적 차원의 지원체계를 구축하여 아동의 친가정 내 보호를 강화하여야 한다. 또한 부모의 사망으로 인한 위탁보호의 경우에는 영구배치를 위한 노력이 우선되어야 한다(표 7-2 참조).

〈표 7-2〉 **2015년 가정위탁보호 사유**

계	부모 모두 사망	부나 모의 사별	별거/가출	부모 질병	부모 수감	이혼	실직·빈곤	부모 장애	학대·방임	미혼모(부)/혼외출생	시설 의뢰	기타
14,340	693	3,618	4,009	201	386	4,538	177	58	203	300	63	94
100.0	4.8	25.2	28.0	1.4	2.7	31.6	1.2	0.4	1.4	2.1	0.4	0.7

출처 : 중앙가정위탁지원센터(2015).

〈표 7-3〉 **2015년 가정위탁보호아동의 연령**

계	1~3세 (영아)	4~7세 (유아)	8~10세 (초등학생)	11~13세 (초등학생)	14~16세 (중학생)	17~19세 (고등학생)	기 타 (20세 이상)
14,340	121	506	873	1,846	4,086	5,443	1,465
100.0	0.8	3.5	6.1	12.9	28.5	38.0	10.2

출처 : 중앙가정위탁지원센터(2015).

위탁아동의 연령별 분포결과를 살펴보면, 17~19세가 38.0%로 가장 많은 것으로 나타났으며, 14~16세가 28.5%, 11~13세가 12.9%로 보고되었다.

2017년 1월 기준 우리나라 전국 16개 시·도에 18개소의 가정위탁지원센터가 설립되었다. 2005년 아동복리법 개정을 통해 가정위탁보호의 법적 근거를 마련하였고, 2006년부터 가정위탁 아동 대상 상해보험제도를 규정하였으며, 2007년에는 가정위탁보호아동의 심리적·사회적 적응과정에 대한 추적연구를 실시하는 등 가정위탁보호서비스 체계확립과 정책적 방향을 제시함으로써 아동의 건전육성과 가족의 재결합 지원에 주력하고 있다(표 7-4 참조).

〈표 7-4〉 전국 가정위탁지원센터 현황

기관명	주 소	전화번호	팩스번호	홈페이지	우편번호
중앙가정위탁 지원센터	서울시 마포구 백범로 119 2층	02) 796-1406	02) 790-7266	http://www.fostercare.or.kr	04137
서울가정위탁 지원센터	서울시 양천구 화곡로 47 4층	02) 325-9080	02) 325-2664	http://www.seoul-foster.or.kr	07902
부산가정위탁 지원센터	부산시 수영구 수영로 685 9층	051) 758-8801	051) 752-8810	http://busan.sc.or.kr	48243
대구가정위탁 지원센터	대구 서구 달구벌대로 375길 9-1 2층	053) 656-2510	053) 626-2510	http://www.dgfoster.or.kr	41871
인천가정위탁 지원센터	인천 부평구 부흥로 294번길 4 8층	032) 866-1226	032) 866-8227	http://www.icfoster.or.kr	21390
광주가정위탁 지원센터	광주 서구 대남대로 452 5층	062) 351-1206	062) 351-2206	http://www.gjw.or.kr	61927
대전가정위탁 지원센터	대전 중구 보문로 246 804호	042) 242-5240	042) 242-5280	http://www.djfoster.or.kr	34917
울산가정위탁 지원센터	울산 남구 중앙로 216 4층	052) 286-1548	052) 286-4675	http://www.ulsan.goodneighbors.kr	44690
강원가정위탁 지원센터	강원 원주시 라옹정길 51-1 3층	033) 766-1406	033) 766-1407	http://www.foster-gangwon.or.kr	26471
경기가정위탁 지원센터	경기 수원시 영통구 영통로 214번길 9 7층	031) 234-3979	031) 234-2353	http://www.ggfoster.or.kr	16698
경기북부가정 위탁지원센터	경기 의정부시 평화로 635 3층	031) 821-9117	031) 840-2828	http://www.kgfoster.or.kr	11686
충북가정위탁 지원센터	충북 청주시 흥덕구 서현중로 66 404호	043) 250-1226	–	http://www.cbfc.sc.or.kr	28378
충남가정위탁 지원센터	충남 천안시 서북구 두정중 10길 8 4층	041) 577-1226	041) 578-7175	http://www.fosterservice.or.kr	31101
경남가정위탁 지원센터	경남 창원시 의창구 원이대로 271 5층	055) 237-1226	055) 716-0080	http://www.knfoster.or.kr	51176
경북가정위탁 지원센터	경북 경산시 경산로 139 2층	053) 813-3953	053) 812-3953	http://www.gbfoster.or.kr	38678

전남가정위탁 지원센터	전남 목포시 옥암로 108 5층	061) 279-1225	061) 279-7733	http://www.jnfoster.org	58663
전북가정위탁 지원센터	전북 전주시 완산구 팔달로 232 6층	063) 288-7770	–	http://www.jbfc.sc.or.kr	55000
제주가정위탁 지원센터	제주특별자치도 제주시 연삼로 22 3층	064) 747-3273	064) 747-3272	http://www.jeju-foster.or.kr	63118

출처 : 중앙가정위탁지원센터(2017). 전국 가정위탁지원센터 현황.

제 3 절 가정위탁보호의 유형 및 구성요소

가정위탁보호서비스에는 요보호아동의 보호자나 그 연고자의 가정에서 보호·양육하게 하는 대리양육서비스와 요보호아동의 보호를 희망하는 자의 가정에서 보호하도록 하는 위탁보호서비스의 두 가지 방법이 있는데, 대리양육서비스는 다시 양육비를 대리양육자가 부담하는 무료대리양육과 양육비를 전부 또는 일부를 위탁자가 부담하는 유료대리양육으로 구분할 수 있다. 가정위탁보호서비스의 유형을 일곱 가지로 나누어 살펴보면 다음과 같다(전남련 외, 2011; Berridge, 2001).

1. 가정위탁보호의 유형

1) 유료위탁보호(Boarding Foster Homes)

유료위탁보호에서는 사회기관이 위탁보호를 맡고 있는 가정에게 양육에 대한 비용을 지급한다. 유료위탁보호의 예로 엄마가 아이를 낳거나 수술을 받기 때문에 아동을 돌볼 수 없는 경우에, 다른 가정이 아동을 위탁하여 보호하는 것이 있다. 우리나라에서는 집단시설보호가 어려운 어린 유아를 대상으로 입양을 알선하는 기관에서 유료위탁보호를 제공하는 경우가 많다.

2) 장기위탁보호(Long-term Boarding Foster Homes)

친부모에게 돌아갈 수 없게 되었거나, 영구적인 가정생활이 필요하고, 양자로 맞을 부모의 수가 부족하여 입양하기 어려운 아이들을 위한 것이다.

3) 전문위탁보호(Specialized Boarding Foster Homes)

전문위탁보호는 정서적 문제가 심각하거나 행동은 불안하지만, 가정생활을 하면 도움이 될 수 있는 아동에게 제공된다. 이 경우 수양부모의 인격과 교육은 매우 높은 수준이어야 한다. 전문위탁보호의 경우 수양부모에게는 일반수양부모에게 지급하는 비용보다 더 많은 액수를 지급한다. 그리고 전문위탁보호에서는 수양부모가 치료팀의 일부를 구성한다고 본다.

4) 무료위탁보호(Free Foster Homes)

무료위탁보호는 아동을 기르는 데서 기쁨을 느끼거나 자선 차원에서 무료로 제공된다. 위탁보호가 처음 등장하였을 때에는 무료위탁보호의 형태로 시작되었다. 현재의 경우 무료위탁보호는 드문 편이다.

5) 고용위탁보호(Wage Foster Homes)

고용위탁보호는 다음과 같은 두 가지 형태로 나눌 수 있다.

첫째, 보호를 받는 아동에게 숙식을 제공할 뿐만 아니라 임금도 추가로 제공하는 형태가 있다.

둘째, 노동을 한 대가로 숙식만 제공하는 형태가 있다.

6) 집단위탁보호(Group Foster Homes)

집단위탁보호에서는 성이 같은 아동을 4~12명 구성하여 한 가정에서 보호하고 양육한다. 그러므로 집단위탁보호는 작은 시설 또는 확대된 가정과 같은 형태라고 볼 수 있다. 집단위탁보호가 특히 효과적인 경우는 청소년을 선도하고자 하거나, 정서장애아동을 교육하고 보호하고자 하거나, 사회나 가정으로 복귀하기 직전에 있는 아동을 사회생활에 적응시키고자 할 경우이다.

7) 친척위탁보호(Kinship Foster Homes)

친척위탁보호는 친척, 동일한 종족, 대(代)부모, 양부모, 아동・아동부모・가족구성원과 관계가 있는 기타 성인이 아동을 보살피고 보호해 주는 것을 말한다. 예전에 아동은 자신이 알지 못하는 가족에게 위탁되는 경우가 많았다. 그러나 아동을 친척이 위탁보호하는 것에 대해 최근 관심이 커지고 있다. 이러한 예로 아동의 조부모나 아동의 삼촌・고모가 위탁보호를 제공하는 것이 있다.

2. 위탁가정보호의 구성요소

위탁가정의 선정에 있어서 가장 중요한 일은 아동에게 행복의 기회를 갖도록 할 수 있는 가정에 위탁해 주는 일이다. 따라서 적절한 위탁가정을 발견하는 일에 세심한 주의를 기울여야 한다. 적절한 가정을 선택하기 위해서는 가장 능숙한 사회복지실천방법을 활용해야 하며, 이를 위해서는 잘 훈련된 자격 있는 사회복지사를 통해서 수행되어야 한다. 적절한 가정을 발견함 없이는 아동을 가정에 올바로 연결해 주는 가정위탁보호의 가치가 상실될지도 모른다.

가정위탁보호사업의 실시에 따른 구성요소를 카두신(Kadushin, 1982)은 지역사회, 기관, 위탁아동, 위탁부모, 친부모로 나누어 관계를 ┃그림 7−3┃과 같이 도식화하였다. 즉, 위탁부모는 아동과 그의 친부모와 관계를 맺으며 친부모도 역시 위탁부모와 관계를 형성한다. 이렇게 하여 아동은 양가부모와 관계를 맺게 되고 아울러 이들 세 요소는 가정위탁보호사업의 실시에 있어 각기 독자적인 영역을 보유하게 된다. 기관은 위탁의 전 과정에 참여하여 아동, 친부모, 위탁부모에게 계속적인 서비스를 제공하게 되는데, 이때 지역사회의 특별한 여건들이 영향을 주게 된다.

이들 구성요소 중에서 위탁아동, 친부모, 위탁부모, 사회사업기관과 사회복지사에 대해 살펴보면 다음과 같다(정옥분 외, 2012; 김민경, 2012).

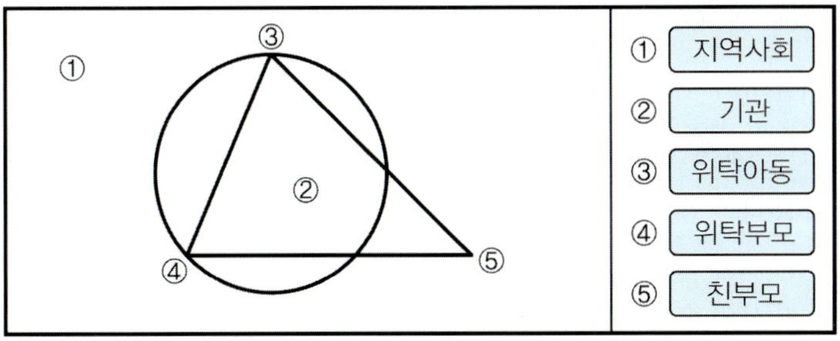

| 그림 7-1 | 위탁보호사업의 구성요소

1) 위탁아동

가정위탁보호의 서비스를 받게 되는 아동들을 보면 대부분 다음과 같은 어려움에 놓여있다.

첫째, 아동과 관련된 여러 가지 어려움으로 아동의 신체적 장애, 지적 지체, 사회적인 이탈행위, 정서적 혼란 등을 들 수 있다.

둘째, 부모와 관련된 여러 가지 어려움으로 부모의 사랑, 이혼, 별거, 신체적 혹은 정신적 질병, 유기, 학대, 적절한 재정적 지원의 결핍 등을 들 수 있다.

이러한 상황의 아동이 가정위탁보호를 위해 자신의 집과 분리되어 가정에 위탁될 때 일반적으로 친부모에 대한 애정과 증오의 갈등 속에 빠지게 된다. 이러한 갈등을 열거하면 다음과 같다.

① 거부감(나의 부모는 나를 원하지 않는다)은 자신을 무가치한 존재로 여기게 한다.
② 죄책감(내가 나빠서 나의 부모가 나를 버렸다), 즉 자신이 가정을 파괴시켰다고 느낀다.

③ 적대감(나를 거부한 것에 대해 상처받길 원한다)은 죄책감을 더욱 강화시키는데, 왜냐하면 자신의 부모에 대한 적대감이 벌받을 만큼 나쁜 것이라는 생각 때문이다.
④ 유기에 대한 두려움(내 부모는 내가 돌아오길 원할까? 내가 사라져 버리면 부모들은 어떨까?)
⑤ 미지의 세계에 대한 두려움(나는 어디로 가는 걸까? 그들은 나를 좋아할까?)
⑥ 수치심(나의 엄마, 아빠는 왜 다른 아이들의 엄마, 아빠처럼 나를 돌보아 주지 않을까?)

아동이 자신의 집을 떠나 다른 가정에 위탁될 때, 그는 일반적으로 친부모에 대한 애정과 증오의 갈등 속에 빠지며 미지의 가정에 대한 일련의 불안감과 동시에 기대감을 갖는다. 또한 아동은 지난 날 불행하고 어려운 환경 속에서 지냈던 관계로 성격이 일반아동보다 공격적이거나 적대적이며 혹은 지나치게 우울하거나 좌절감에 빠져있을 수도 있다.

2) 친부모(원가정)

친부모는 여러 가지 사유로 자신의 아동을 직접 보호하거나 돌볼 수 없어 가정위탁을 의뢰한 아동의 부모이다. 가정위탁보호의 궁극적인 목표는 원가정으로의 복귀이므로, 원가정의 부모는 아동이 위탁된 지 6개월 이내에 위탁아동의 특성과 좋은 부모역할, 스트레스 대처기술, 심리검사, 부모의 역할훈련, 자립을 위한 준비 등 양육기술 습득을 통한 상실감 해소 및 심리적 안정을 위한 부모역할과 지침에 대하여 교육을 받는다.

3) 위탁부모

가정위탁되는 아동의 경우 본 가정에서 양육환경이 불리했으므로 성격이 다른 아동보다 공격적이거나 적대적이며 지나치게 우울하거나 좌절에 빠져있을 수 있다. 따라서 자기 가정에서의 불행했던 경험을 만회할 수 있을 정도의 안정된 가정에서 양육되어야 한다. 따라서 아동복지기관에서는 양친이 되고자 하는 위탁부모의 동기 또는 그 가정 내의 상호작용 관계 등의 적절한 측정을 통해 위탁가정을 선정해야 한다.

프레데릭슨(Frederickson, 1957)은 위탁부모의 자질을 다음과 같이 설명하고 있다.

① 확고한 인생관과 도덕적·윤리적·가치평가적 기준을 갖고 있어야 한다.
② 아동의 정서적 결함을 보충해 줄 정도의 민감성과 이해력을 지니고 있어야 한다.
③ 아동의 요구와 문제를 도와주기 위해 기관의 협조체계를 잘 받아들여야 한다.

홀트아동복지회(1987)는 위탁부모의 조건에 대해서 다음과 같이 설명하고 있다.

① 기독교 가정으로, ② 불우아동에 대한 깊은 이해심과 책임감이 강해야 하고, ③ 가족이 모두 건강해야 하며, ④ 정기적인 수입이 있어서 의식주의 해결능력이 있어야 하고, ⑤ 국문을 해독하며, ⑥ 20~50세의 출산경험이 있는 여자로, ⑦ 형제자매가 있고 미취학 자녀가 없는, ⑧ 화목한 가정이어야 한다.

이러한 기준은 가정위탁보호사업을 실시하는 다른 기관에도 비슷하다. 그러나 위탁모는 위탁모로서의 역할을 수행함에 있어 다소간의 제한점을 갖는다. 즉, 일정한 기간 동안만의 양육이므로 아동의 건전한 성장·발달을 위해 장기적인 안목으로 양육하기 어렵다는 점이다.

위탁부모는 계획된 일정한 기간 동안 아동의 친부모처럼 행동하나 역할을 대신하는 것은 아니다. 따라서 반드시 기관을 통해 아동을 소개받아야 하며, 기관의 행동지침에 따라야 함은 물론 이를 어겼을 경우에는 자격을 박탈당하게 된다.

위탁보모들의 만족감은 아동을 양육한다는 그 자체에서, 지역사회의 일을 한몫한다는 데에서, 보수를 받는 것 등에서 얻게 된다.

위탁가정과 본 가정의 관계는 위탁부모와 친부모의 관계가 원만할 때 효과적이므로 기관은 원만한 관계가 유지되도록 연결시켜 주어야 한다. 친부모의 위탁가정 방문도 한 방법이며 주말이면 본 가정에 갔다 오게 함이 장차 가정 복귀를 위한 준비, 부모에 대한 연관성, 위탁가정에의 바른 적응 등 여러 면에서 효과적이다.

우리나라 위탁모는 자녀양육 경험이 풍부하고 시간적 여유가 있는 40~50대의 기혼여성이 전체 위탁모의 80%를 차지하고 있다. 그러나 위탁모의 72%가 초등학교 졸업 이하의 학력이며, 한글 미해독자도 있다. 또한 과거 자신의 경험에만 의존하는 양육법을 실시하고 있어 수준 높은 보호를 기대하기 어려운 상황이다. 위탁모의 경력은 3년 이상의 유경험자가 67%를 차지하고 있으나 1년 미만의 무경험자도 30%를 차지하고 있다.

가정위탁 부모교육의 유형을 살펴보면 <표 7-5>와 같다.

〈표 7-5〉 **가정위탁 부모교육의 유형**

유 형	위탁부모교육		친부모교육
	위탁부모 양성교육	위탁부모 보수교육	
대 상	가정위탁 후 6개월 이내에 교육이수	예비 부모양성교육을 이수한 뒤 현재 위탁보호를 하고 있는 부모	위탁아동의 친부모 및 부양의무자
교육 시간	4시간	4시간 이상	연 6회 이상(상담 및 교육)
교육 내용	• 가정위탁사업의 이해 • 위탁보호자의 역할과 의무 • 위탁아동의 특성과 위탁양육의 실제 • 문제행동의 원인과 대처 방법 • 효과적인 부모역할의 실제 • 집단 프로그램(위탁사례 발표, 질의응답)	• 위탁보호자의 역할과 의무 • 아동의 문제행동에 대한 대처방법 및 양육기술 훈련 • 효과적인 부모-자녀관계 및 대화기술(친자녀 및 위탁아동) • 친가정에 대한 이해 • 양육사례 연구	• 위탁아동의 특성과 좋은 부모역할 • 스트레스 대처기술 • 심리검사 • 부모의 역할훈련 • 자립을 위한 준비 • 양육기술 습득을 통한 상실감 해소 • 심리적 안정을 위한 친부모 역할과 지침에 대한 교육

출처 : 중앙가정위탁지원센터(2017).

4) 사회사업기관과 사회복지사

사회사업기관과 사회복지사는 위탁모를 모집하고 위탁아동이 잘 적응하여 안정적으로 생활할 수 있도록 가정방문을 통하여 적절한 도움을 제공할 책임을 갖는다.

(1) 아동에 대한 역할

위탁아동들은 가정에 위탁될 때 일반적으로 심리적인 분위기, 과도기 및 결합의 과정을 거친다. 부모의 권리를 예견하게 되면 아동들은 아주 예민하고 강렬한 부정반응을 보이게 되므로 사회복지사는 가정위탁대상 아동에게 그의 친부모와 위탁부모에 대해 솔직하게 이야기해 줄 필요가 있다. 또 앞으로 모든 것이 잘 될 것이라는 희망을 불어넣어 주고, 일정한 시간이 흐르면 다시 부모와 행복한 가정을 영위할 수 있다는 확신을 심어주는 것이 중요하다.

(2) 친부모에 대한 역할

부모의 생활경험, 일상생활상의 압박과 현실적인 문제, 자녀와의 관계에서 느끼는 애정과 증오의 상반된 감정 등을 이해하도록 한다. 한편 이 모든 것들이 자녀에게 어떻게 영향을 미치는가를 친부모에게 설득하여 자녀가 가정위탁되어 있는 동안 신체적 · 지적 · 사회적으로 성장할 수 있는 좋은 기회가 됨을 믿도록 격려하는 것이 중요하다. 뿐만 아니라 가정위탁보호는 일정한 기간 동안만 부모역할을 대신하도록 하는 것이므로 앞으로 보다 나은 부모가 되기 위해 가정위탁기간 동안 부모의 참여와 부모로서의 책임감을 고취시킬 필요가 있다. 즉, 아동의 가정위탁을 준비시킴에 있어서 부모도 협조하게 하며 자녀들의 가정위탁에 대한 적응을 돕도록 한다. 또한 부모들로 하여금 위탁가정을 방문하게 하여 그 자녀가 받을 보호가 어떠한 수준인지를 확인하게 해준다.

(3) 위탁부모에 대한 역할

위탁부모에 대해서는 일반적인 아동의 발달 특성, 양육방법과 함께 위탁아동이 지난 날 처했던 환경과 발달 특성을 알려주고 이해시켜 가정위탁에 임하는 자세를 준비시킨다. 뿐만 아니라 가정위탁을 양육하는 동안에도 대상아동의 발달상황과 특별히 문제가 되는 행동을 언제나 기관의 담당자와 상의하여 도움을 요청할 수 있도록 숙지시킬 필요가 있다.

제4절 가정위탁보호사업의 절차

1. 가정위탁보호사업의 절차

가정위탁지원의 선정기준은 기본 요건(친인척 및 일반인 공통)과 일반인에 의한 위탁보호 요건으로 구분된다. 가정위탁의 경우, 일반인에 의한 위탁보호 요건은 입양부모의 조건과 비슷하지만 결혼하여 자녀를 양육해 본 경험이 있는 가정을 원칙으로 한다. 현재 우리나라의 위탁부모 선정기준을 구체적으로 살펴보면 다음과 같다(이한우 외, 2013; 도미향 외, 2013; 윤매자 외, 2012).

1) 위탁부모의 모집

(1) 기본 요건(친인척 및 일반인 공통)

- 위탁아동과 동거할 것(단, 층의 위, 아래 경우는 해당)
- 위탁아동을 돌봄에 현저한 장애 및 건강상의 질병이 없을 것
- 위탁받고자 하는 자 및 그 가족에게 범죄, 가정폭력, 아동학대, 알코올·약물중독 등의 전력이 없을 것
- 위탁가정으로 적합한지 여부를 가정조사 시 이웃 등을 통해 확인
- 가정위탁에 필요한 교육을 이수할 것. 다만, 대리양육가정 및 친인척위탁가정의 경우에는 가정위탁 후 6개월 이내 교육이수(가정위탁 후 반드시 확인) 할 것

(2) 일반인에 의한 위탁보호

- 위탁부모가 혼인관계를 유지하고 있으며 위탁아동을 부양함에 충분한 재

산이 있을 것(경제적인 목적이 아닌 선의의 동기로 위탁아동 양육을 결정한 것에 대한 확인이 필요하며, 시・군・구는 위탁부모가 중앙 및 지역 가정위탁지원센터 등에서 실시하는 교육을 4시간 이상 이수하도록 조치하여야 한다)

- 위탁아동에 대하여 종교의 자유를 인정하고 사회의 일원으로서 그에 상응한 보육을 할 수 있을 것
- 가정이 화목하고 정신적・신체적으로 위탁아동을 양육함에 현저한 장애가 없을 것
- 공립아동상담소 또는 이웃주민 2인 이상의 추천을 받을 것
- 위탁받는 자의 나이가 25세 이상(부모인 경우 부모 모두 해당)으로서 위탁아동과의 연령차이가 60세 미만일 것
- 위탁가정의 아동은 자신의 자녀를 포함 4인을 넘지 않을 것(18세 이상 친자녀는 자녀 수에서 제외)
- 결혼하여 아이를 키워본 경험이 있는 가정을 원칙으로 할 것(다만, 시장・군수・구청장이 위탁아동을 건전하게 양육하기에 특별히 적합하다고 인정하는 경우에는 위탁이 가능함)

2) 위탁아동의 선정

위탁아동은 친부모 또는 아동복지 관련 기관으로부터 의뢰되며, 대개 방임・유기된 아동이다. 위탁보호가 의뢰되면 아동과 친부모에 대한 심리적・환경적 특성을 파악해야 하며, 이때 개별면접 및 집단면접 방법을 적용할 수 있으며, 가족 이외의 친척과 보호 및 교육기관으로부터도 정보를 입수하여 활용하게 된다. 현재 우리나라에서는 시・도 및 시・군・구 등 행정기관이 위탁대상 아동이 발생하면 기초생활 수급자로 책정하고, 해당 가정위탁지원센터로 통보하여 적합한 위탁가정을 연계하도록 하고 있다.

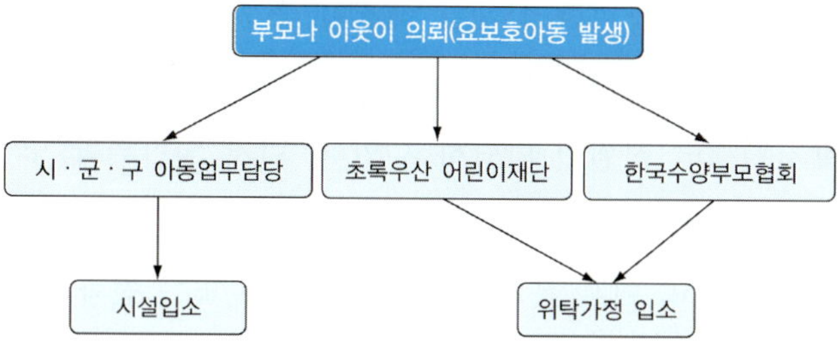

| 그림 7-2 | 위탁아동 선정절차

3) 위탁아동의 배치

위탁아동을 적절한 위탁가정에 배치하기 위해서는 능숙한 사회사업실천방법을 활용해야 하며, 경험 있는 전문사회복지사를 통해서 수행되어야 한다.

위탁아동을 위탁가정에 배치할 때 가장 중요한 일은 아동에게 행복의 기회를 갖도록 할 수 있는 가정에 위탁해 주는 것이다. 따라서 적절한 위탁가정을 발견하는 일에 세심한 주의를 기울여야 한다. 이를 위하여 우선 바람직한 가정을 찾아 명단에 올려 평가해 가면서 기관의 필요에 따라 선택되는 과정을 거쳐야 한다. 올바른 위탁가정의 발굴은 위탁보호 성공의 기본이 된다. 부적절한 배치는 위탁아동의 가출, 거짓말, 도벽, 행동이상 등의 문제행동을 야기할 수도 있고, 아동의 건전한 인격의 성장에도 많은 장애를 초래할 수 있다.

결론적으로 아동의 안전과 안정의 욕구를 잘 충족시켜 주는 위탁가정과 이러한 욕구를 충족해 주기 위한 충분한 자격을 지닌 위탁부모에게 위탁아동과 친부모 및 가정환경적 특성을 고려하여 배치하여야 한다. 이때 위탁모의 자격을 심사한 후 위탁가정 구성원 모두의 동의를 받는다. 왜냐하면 위탁보호가 성공적으로 이루어지기 위해서는 위탁가정 전체의 이해와 협조가 필요하기 때문이다. 동의가 끝나면 배치를 한다.

4) 사후관리

아동이 위탁되어 있는 동안 위탁담당 사회복지사는 위탁된 아동의 양육상황을 조사 · 점검하고, 위탁아동, 친부모, 위탁부모 모두를 사후관리해야 한다.

동시에 친부모에게도 당면한 문제를 해결할 수 있도록 적절한 도움을 준다. 현재 우리나라의 위탁가정에 대한 사후관리는 아동복지지도원, 관련 공무원 및 가정위탁지원센터 직원이 담당하고 있다. 먼저 일반위탁 및 신규 대리위탁으로 결정된 위탁보호가정에 대해서는 초기 3~6개월 이내에는 매월 위탁가정을 방문하도록 하고, 이후 분기별 1회 이상 방문 또는 전화연결 등을 통하여 아동의 적응상태 및 양육상태 등을 파악하도록 하고 있다. 특히 친인척 또는 일반인에 의한 위탁가정에서 보호 중인 아동에 대한 생계급여를 국민기초생활보장법 제10조의 규정에 따라 해당 가정에서 위탁실시하는 경우에는 읍・면・동 사회복지전담공무원과 협조하여 수급 여부를 확인하도록 하고 있다.

5) 위탁종결

대부분 계획된 위탁기간이 끝나면 위탁보호를 종결한다. 그러나 경우에 따라서 위탁기간이 축소되거나 연장되어서 종결할 수도 있다. 또 위탁보호 종결 시 먼저 원가정과의 재결합을 고려하여야 하며, 원가정과의 재결합이 어려울 경우에는 다시 위탁보호를 제공하거나, 영구적 계획이 필요한 경우에는 입양과 시설보호를 고려하여야 한다.

대리양육・친인척 가정위탁 절차 ❙그림 7-3❙과 일반가정위탁 절차 ❙그림 7-4❙를 살펴보면 다음과 같다.

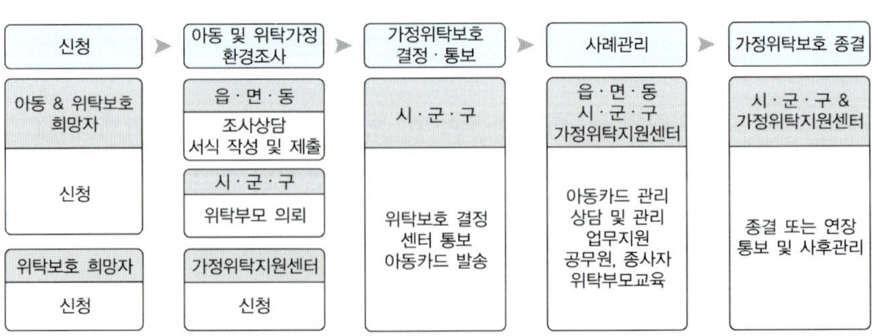

❙그림 7-3❙ 대리양육 · 친인척 가정위탁 절차

출처 : 중앙가정위탁지원센터(2017).

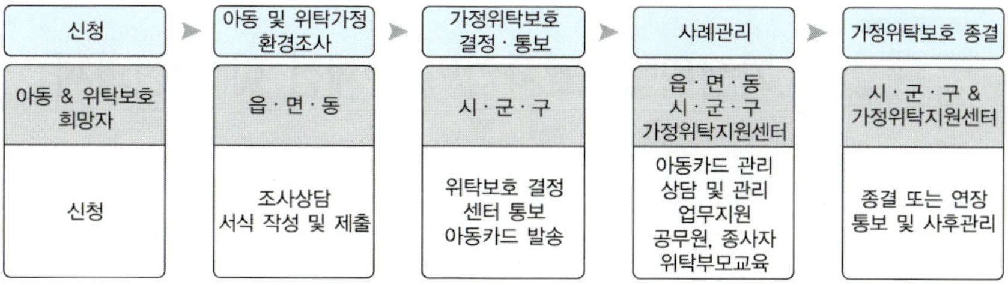

| 그림 7-4 | 일반가정위탁 절차

출처 : 중앙가정위탁지원센터(2017).

제 5 절 가정위탁보호사업의 문제점 및 개선과제

가정위탁보호서비스의 궁극적인 목적은 아동보호의 질적 측면을 높이고 아동이 친가족과 재결합하여 정상적인 가정생활을 영위하도록 서비스를 제공하는 것이다. 따라서 가정위탁보호아동서비스를 제공하는 과정에서 해결해야 할 문제점과 개선과제에 대해 구체적으로 살펴보면 다음과 같다(공계순 외, 2013; 임시아, 2013; 윤매자 외, 2012).

1. 관련법의 개정

가정위탁 관련법이 보다 구체적이고 세부 서비스 개념을 제시하는 형태로 개정되어야 한다. 다양한 유형의 위탁가정에 대한 규정 및 이런 전문화된 위탁부모의 자격기준, 재정지원 등에 대한 법적 명시는 거의 현실적이지 않다. 가정위탁서비스가 발전하려면 세부적인 서비스 내용을 담고 현실적인 욕구를 충족시키는 방향으로 전환해야 한다. 개정 예정인 통합법에서는 가정위탁서비스에 대한 내용이 보다 구체적으로 제시되었지만 아직 매우 미흡하다. 통합법 시행령이나 시행세칙 등에서 다룰 수도 있지만, 아동위탁 관련법을 따로 분리하여 제정하는 것이 더 효과적일 수 있다.

2. 양육비 지원의 현실화

아동이 적절하게 양육되기 위해서는 의식주와 교육 등 아동의 양육을 위해 필요한 적절한 비용이 제공되어야 할 것이다. 위탁아동에 대한 지원은 국민기초 수급권에 의한 생계비 지원과 양육보조금 월 7만 원, 의료비, 교육비 및 상해보험 수준이며, 대리양육 및 친인척위탁 부모에게 전세자금 지원 등이 있다. 그러나 의료비 및 교육비, 상해보험은 의료보호, 중학교까지의 무상교육 및 저소득층 무료 교육비 지급으로 인해 실제적으로 지급되는 비용은 아니라 할 수 있다.

이와 같이 우리나라 기본적인 생활수준과 교육여건을 고려한다면, 위탁아동에 대한 경제적 지원은 대폭 향상될 필요가 있는데, 우리나라 여건상 고비용의 위탁비용을 지불할 수는 없어도 최소한 위탁부모들에게 경제적 보상이 가능하도록 위탁비용을 현실화할 수 있는 방안이 마련되어야 하겠다.

위탁아동의 91.1%가 초・중・고등학교에 다니고 있는 것으로 나타났는데, 이는 위탁부모의 경제수준과는 별도로 위탁아동에 대한 양육비를 지원해 줄 필요성이 제기된다.

3. 홍보와 교육을 통한 위탁가정 개발

양질의 가정위탁보호서비스를 제공할 수 있는 위탁가정을 확보하는 일은 가정위탁보호사업의 성패를 가늠할 수 있는 중요한 잣대가 될 수 있다. 우리나라는 아직 가정위탁 보호에 대한 국민인식이 높지 않음을 감안할 때 위탁가정 확보를 위해서는 적극적인 홍보활동이 필요하다. 특히 장애아동 등 전문적인 양육이 필요한 아동에 대한 위탁은 전무한 실정이므로 이들을 위탁하기 위한 특수위탁가정을 개발하고 양육을 위한 전문적인 교육이 필요하다. 따라서 지역단위 언론매체를 통한 지속적인 홍보를 통해 국민적 관심을 제고하고 정부로부터의 재정적인 지원이 이루어져야 할 것이다.

4. 장기위탁아동을 위한 입양대책 및 후견인 제도

친가정 복귀가 어려운 아동은 법정후견인을 선정하거나 입양될 수 있도록 조치를 취해주어야 한다. 대리양육이나 친인척 가정에 위탁된 아동들의 대부분은 성년이 될 때까지 위탁가정에서 성장하며, 일반가정에 위탁된 아동의 경우도 가정복귀율이 매우 낮다. 그러므로 일반가정에 위탁된 아동의 경우도 위탁부모가 법정후견인이 되기를 원하면 그렇게 할 수 있도록 도와주고, 부모가 그 책임을 다하지 않는 경우는 부모의 친권 상실을 통해 아동의 입양이 가능하도록 해야 한다.

아동을 양육하는 위탁가정이 아동을 입양하고자 할 때는 우선적으로 그 가정에 입양될 수 있도록 하며, 일정한 기간 동안 아동생계비를 지급하도록 한다.

5. 친부모 지원정책 및 친권 박탈규정 제정

현재 가정위탁의 약 90%는 대리양육・친인척 가정위탁으로서 친부모와 연락이 두절된 경우가 많다. 이러한 상황에서 부모의 책임을 다하지 않고, 아동의 친가정 복귀가 장기간 이루어지지 않을 때는 친권을 정리하는 방안도 마련되어야 할 것이다. 현행법상 위탁부모에게 인정될 수 있는 권한은 '사실상 양육권'에 불과하므로 민법에 위탁부모가 아동의 양육에 대한 일정한 행위를 할 수 있는 명시적 규정과 가정위탁 관계에 관한 특별규정이 마련되어야 한다(김민지, 2010).

6. 위탁아동을 위한 자립지원 및 법규정

위탁아동의 자립지원에 대한 대책이 필요하다. 이를 위한 선결조건으로 위탁아동을 위한 자립지원에 관한 법적 근거가 마련되어야 한다. 즉, 위탁아동의 자립지원을 위한 공무원, 위탁부모, 그리고 가정위탁지원센터의 역할, 재원, 연계체계, 주요 사업 등에 대한 규정이 법으로 명시되어야 한다. 시설아동의 경우 18세 이후에도 대학을 다니거나 직업교육을 받으면 시설에 거주할 수 있도록 하고, 대학등록금을 지원하며, 자립지원을 위한 프로그램을 운영하고, 자립지원관 등을 설치해 시설아동의 자립을 지원하고 있다. 가정위탁아동들의 경우에도 이와 동일한 혜택이 필요하다(김봉화, 2010).

7. 위탁가정에 대한 전문적 지원 프로그램 실시

위탁가정의 부모나 아동을 위한 심리・사회적 적응지원 프로그램은 매우 제한적으로 실시되고 있다. 가정위탁보호의 경우 중도포기로 인한 아동의 잦은 이동, 아동에 대한 방임 및 학대, 부적절한 보호, 아동의 부적응 등 다양한 문제가 발생할 수 있다. 따라서 이러한 문제에 대처하기 위해서는 가정위탁지원센터와 지역사회복지관을 중심으로 위탁가정에 대한 사후관리를 실시하며, 전문적인 원조 프로그램을 실시해야 한다. 이를 위해서는 무엇보다 가정위탁지원센터의 확대설치 및 상담원의 추가배치가 필요하다.

토론해 보기

1. 가정위탁보호사업에 대해 여러분의 생각을 토론해 봅시다.

2. 일반가정이 아닌 다른 가정에서 보호를 받으며 성장하는 가정위탁보호 아동들은 일반 가정 아동과 어떠한 차이를 가지고 있으며, 성장하는 과정상의 문제점은 무엇인지 여러분의 생각을 토론해 봅시다.

3. 가정위탁 부모의 역할을 하기 전에 반드시 교육받아야 할 부분은 무엇인지 여러분의 생각을 토론해 봅시다.

4. 선진국의 가정위탁보호사업과 우리나라의 가정위탁보호사업을 서로 비교하여 수정·보완해야 할 점과 개선방안 및 과제에 대해 여러분의 생각을 토론해 봅시다.

08

아동학대를 위한 복지서비스

제 1 절 아동학대의 개념 및 유형

1. 아동학대의 개념

미국에서 1988년 제정된 아동학대 방지 · 입양 · 가족서비스법(Child Abuse Prevention, Adoption, and Family Services Act)의 경우, 아동학대를 "아동의 건강과 복리에 해가 되거나 위협을 주는 상황에서, 아동복리에 대해서 책임져야 할 사람이 아동에게 가하는 신체적 · 정신적 해악, 성적 학대, 착취, 방임, 부당한 대우"로 정의하고 있다(Gustavsson & Segal, 1994).

유니세프(UNICEF, 2006)는 아동학대와 관련하여 아동폭력(violence against children)이라는 용어를 사용하고 있다. 유니세프에 따르면, 아동폭력은 다음과 같은 것을 포함한다.

첫째, 아동을 신체적 · 정신적으로 학대하고 아동에게 해를 끼친다.
둘째, 아동을 방임하거나 소홀하게 대한다.
셋째, 아동을 착취한다.
넷째, 아동을 성적으로 학대한다.

1999년 3월 제네바에서 열린 아동학대 예방에 관한 회의에서 세계보건기구는 아동학대를 "아동의 양육에 책임을 지고 있거나 신뢰관계에 있거나 권위를 가진 사람에 의한 모든 형태의 신체적 · 정서적으로 가혹한 처사, 성학대, 방임, 또는 보호의 태만 및 상업적이거나 다른 형태의 착취로 그 결과 아동의 건강, 생존, 발달 및 존엄성에 해를 끼치거나 그러한 가능성을 초래하는 것"으로 정의하고 있다. 즉, 아동의 발달과 관련된 양육자 및 주위의 모든 환경이 아동의 적절한 발달이나 복지의 보장을 저해할 가능성이 있거나, 현재 존재하고 있는 모든 발달영역상의 손상에 대하여 광의의 아동학대로 해석을 한 것이다.

우리나라에서 아동학대에 대한 공식적인 정의는 아동복지법상의 개념정의이다. 아동복지법 제3조 제7항에서는 "아동학대란 보호자를 포함한 성인에 의하여 아동의 건강·복지를 해치거나 정상적 발달을 저해할 수 있는 신체적·정서적·성적 폭력 또는 가혹행위 및 아동의 보호자에 의하여 이루어지는 유기와 방임을 말한다"라고 아동학대를 정의하고 있다.

이 장에서 아동학대의 개념을 광의의 개념과 협의의 개념으로 나누어 살펴보면 다음과 같다.

첫째, 협의의 개념으로는 아동학대의 범위를 신체적 학대로 한정하고 있다. 부모나 아동을 돌보는 보호자가 의도적으로 아동에게 해로운 행위를 가하거나 태만의 결과로 신체적 상처를 입히는 것, 즉 학대를 작위행위(act commission)로 보는 것을 의미하며 보통 신체적 학대가 여기에 속한다(김명희, 2009).

둘째, 광의의 개념으로는 아동학대를 아동발달상의 욕구를 충족시키는 데 실패한 모든 환경이라고 보아 아동방치와 냉대까지도 포함시키고 있다. 폰타나(Fontana)는 아동의 건강한 발달에 필요한 정서적·물질적 요구의 결손은 소극적 형태의 학대이며, 언어적 학대나 구타는 적극적인 형태의 학대로 정의하고 있다(Fontana, 1973). 질(Gil)은 아동의 평등한 권리와 자유를 박탈하거나 아동의 적절한 발달을 저해하는 행위, 그리고 방임의 조건과 제도를 모두 아동학대라고 정의하여(Gil, 1971), 가정 내뿐 아니라 가정 외, 즉 사회나 제도, 기타 환경에서 벌어지는 것까지를 모두 아동학대에 포함시키고 있다.

위의 내용을 종합해 볼 때 아동학대란 가정 내의 부모를 포함한 가족, 친인척뿐만 아니라 성인이 아동에게 가하는 신체적·정서적·성적 학대와 나아가 물리적·교육적·의료적 방임이나, 기타 부당한 행위를 하는 것이라고 볼 수 있다.

2. 아동학대의 유형

아동학대의 유형을 신체적 학대, 정서적 학대, 성적 학대, 방임 등 그 유형을 나누어 살펴보면 다음과 같다(도미향 외, 2013; 정옥분 외, 2012; 김주아 외, 2012).

1) 신체적 학대

신체적 학대(physical abuse)는 보호자를 포함한 성인이 아동에게 우발적인 사고가 아닌 상황에서 신체적 손상을 입히거나 또는 신체손상을 입도록 한 모든 행위를 말하며, 생후 12개월 이하의 영아에게 가해진 체벌은 어떠한 상황에서도 심각한 신체학대라고 할 수 있다. 구체적으로 신체적인 학대행위는 떠밀고 움켜잡는 행위, 뺨을 때리는 행위, 벨트 등 도구를 사용하여 때리는 행위, 발로 차거나 물어뜯고 주먹으로 치는 행위, 팔, 다리 등을 심하게 비틀어 쥐어짜는 행위, 뜨거운 물이나 물체, 담뱃불 등으로 화상을 입히는 행위 등이다.

2) 정서적 학대

정서적 학대(emotional abuse)는 보호자를 포함한 성인이 아동에게 행하는 언어적 모욕, 정서적 위협, 감금이나 억제, 기타 가학적인 행위를 말하며 언어적·정신적·심리적 학대라고도 한다. 아동은 비웃고, 거부하고, 창피를 주는 등의 심리적인 학대를 통해서도 해를 입을 수 있다(Wicks-Nelson & Israel, 2006). 이러한 정서적 학대는 눈에 두드러지게 보이는 것도 아니고 당장 그 결과가 심각하게 나타나지 않기 때문에 그냥 지나칠 수도 있다는 점에서 더욱 유의해야 한다. 따라서 성인과 아동의 상호작용을 주의 깊게 관찰하는 것이 중요하다.

정서적 학대를 구체적으로 살펴보면 원망적·거부적·적대적 또는 경멸적 언어폭력, 잠을 재우지 않는 것, 벌거벗겨 내쫓는 행위, 삭발을 시키거나 강제적으로 머리를 자르는 행위, 형제나 친구 등과 비교하는 행위, 차별, 편애, 가족 내에서 따돌리는 행위, 아동이 가정폭력을 목격하도록 하는 행위(아동이 보는 앞에서 자주 부부싸움을 하거나 배우자를 폭행하는 행위 등), 아동을 시설 등에 버리겠다고 반복적으로 위협하거나 짐을 싸서 내보내는 행위, 미성년자 출입금지 업소에 지속적으로 아동을 데리고 다니는 행위, 돈을 벌어오라고 위협하거나 아동의 나이에 적절하지 않은 과도한 일을 시키는 행위, 보호자의 종교행위 강요, 다른 아동을 학대하도록 강요하는 행위, 아동으로 하여금 정서적인 불안이나 갈등상태에 놓이게 하는 행위들이 포함된다. 한편 정서적 방임 또한 정서적 학대의 한 유형이다. 정서적 방임은 부모나 보호자가 심리적 요구에 관심이 없거나 전혀 반응적이지 않은 것이다. 이는 부모나 보호자가 아동의 요구를 무시하기 때문일 수도 있고, 다른 한편으로는 아동의 요구를 전혀 인식하지 못하기 때문일 수도 있다. 아동을 안아주거나 아동과 대화를 나누거나 감정을 나누는 것 등과 같은 정서적 자극이 결핍되면 아동의 발달지체를 초래할 수 있다. 예를 들면, 제2차 세계대전 이후 보육시설에서 자란 아동들이 양질의 물리적 환경에서 성장하였음에도 불구하고 발달지체를 보인 이유 중의 하나가 정서적 부족인 것으로 밝혀졌다.

3) 성적 학대

성적 학대(sexual abuse)는 성인의 성적 만족을 위해 아동의 신체에 접촉하는 행위를 말하며, 아동과 성인 사이의 부적절한 성적인 행동들을 모두 포함한다. 가족 내 성적 학대는 가족 및 친인척 사이에서 발생하는 형태를 말하며, 가족 외부의 성적 학대는 아동과 안면 있는 사람 혹은 낯선 사람에게서 발생되는 형태를 말한다. 일반적으로 강간은 두려움이나 강압적인 힘으로 성적 행위를 하는 것을 의미한다. 아동에 대한 성적 학대 역시 두려움이나 힘을 이용하지만 다른 방법도 사용한다. 놀이를 통해 착각하게 하거나 아동을 사랑하는 사람들로부터 심리적으로 고립되도록 조정하고, 성인의 권위로 강요하며, 움직일 수 없도록 물리적인 억압을 하며, 위협이나 공포를 조성한다.

성적 학대의 구체적인 행위는 성인이 아동에게 자신의 성기나 신체를 접촉하게 하거나 아동의 성기를 만지는 행위, 아동 앞에서 옷을 벗으며 자신의 성기를 만지는 행위, 아동의 옷을 강제로 벗기거나 키스를 하는 행위, 포르노 비디오를 아동에게 보여주거나 포르노물을 판매하는 행위, 아동 매춘이나 매매를 하는 행위 등이다.

4) 방 임

방임(neglect) 및 유기는 자신의 보호·감독을 받는 아동을 유기하거나 의식주를 포함한 기본적 보호양육 및 치료를 소홀히 하는 행위(아동복지법 제17조 제6호)로서 적절한 음식, 의복, 의료적인 보호와 같은 아동의 필수적인 욕구를 충족하지 않는 것을 말한다.

다시 말해, 제대로 먹지 못하거나 위험하고 불결한 주거환경에 그대로 아동이 방치된 '신체적 방임'과 아동이 아픔을 호소해도 적절한 조치를 받지 못하는 '의료적 방임', 아동에게 말을 걸지 않고 지속적으로 무시를 하거나, 쓰다듬고 안아주지 않는 정서적·신체적 접촉이 결핍된 '정서적 방임', 아동의 교육에 필요한 교육적·물질적 자원이 제대로 제공되지 못하는 '교육적 방임', 그리고 성적인 교육을 거의 또는 전혀 받지 못하거나 불건전한 성관계를 다룬 매체의 자극에 그대로 노출된 '성적 방임' 등을 모두 포함하고 있다.

(1) 물리적 방임

아동이 양육자나 주위 환경으로부터 적절한 정서적 양육과 관심 있는 사랑을 받지 못하는 상태로 부모나 주 양육자와 대화나 피부접촉이 거의 단절된 것을 말한다. 아동에게 말을 걸지도 않고 아동이 말해도 들어주지 않거나 쓰다듬어 주지 않는 것이 해당하는데, 정서적 방임을 당하는 아동은 불안정하고 무기력하며 자신감이 결여되어 있으며 자아정체감이 낮은 것을 알 수 있다.

(2) 교육적 방임

양육자가 아동의 교육에서 요구되는 정신적·육체적 지원을 적절하게 수행하지 못하는 상태로 양육자가 아동을 학교에 보내지 않거나 학교준비물을 챙겨주지 않는 행위를 포함한다. 이런 아동들은 학습에 대한 의욕이 부족하고 성취도도 낮으며 불량행동을 많이 하는 편이다.

(3) 의료적 방임

아동의 건강유지에 필수적인 의료서비스 제공을 하지 않는 상태를 말하며, 정기적인 신체검사 혹은 진료를 받지 못하게 하거나 아픔을 호소해도 적절한 조치를 제공하지 않는다. 의료적 방임을 당한 아동은 자주 아프고 허약한 편이다.

(4) 성적 방임

아동에게 성인의 성관계나 성 관련 시청각 프로그램 및 자료가 노출된 상태를 말하며 이런 아동은 성인의 성행위를 흉내 내거나 정서적으로 불안정하다.

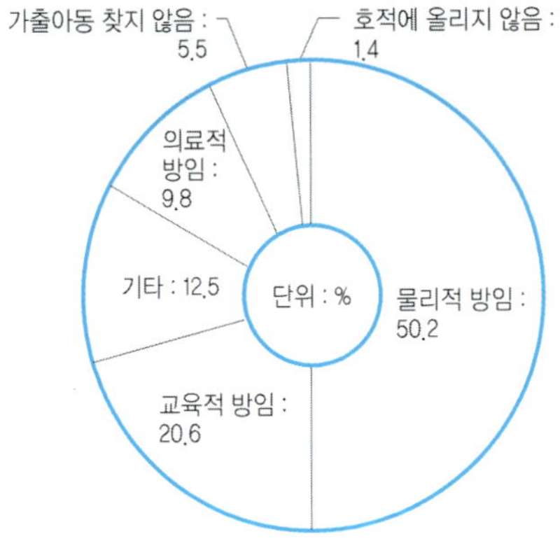

그림 8-1 방임유형 신고비율

출처 : 국민일보(2010. 3. 14). 어린이 방임 급증.

〈표 8-1〉 **연도별 아동학대 발생 현황**

연 도	계	중복학대	신체학대	정서학대	성학대	방임 · 유기
2012	6,403	3,015(47.1)	461(7.2)	936(14.6)	278(4.3)	1,713(26.8)
2013	6,796	2,922(43.0)	753(11.1)	1,101(16.2)	242(3.6)	1,778(26.2)
2014	10,027	4,814(48.0)	1,453(14.5)	1,582(15.8)	308(3.1)	1,870(18.6)
2015	11,715	5,347(45.6)	1,884(16.1)	2,046(17.5)	428(3.7)	2,010(17.2)
2016	18,573	8,908(48.0)	2,704(14.6)	3,556(19.1)	487(2.6)	2,918(15.7)

출처 : 보건복지부(2017). 아동학대 유형별 발생 현황.

제 2 절 아동학대의 역사 및 현황

아동학대에 관심을 가지게 된 역사를 미국, 우리나라로 나누어 살펴보면 다음과 같다(정옥분 외, 2012; 노병일, 2012).

1. 아동학대의 역사

1) 미 국

미국의 경우 아동학대와 관련해 가장 유명한 사례는 '매리 엘른(Little Mary Ellen)' 사건이다. 이 사건은 1874년에 뉴욕 법정에서 재판의 대상이 되었다.

1873년 겨울에 뉴욕의 한 동네에 있는 주거건물의 경비원은 건물 내에서 아동(엘른)을 잔인하게 다루는 것으로 의심되는 사례를 교회의 직원에게 이야기하였다. 이에 따라 엘른의 이웃들은 엘른의 양엄마가 엘른을 신체적으로, 정서적으로 학대하고 있다는 사실을 알아냈다. 그러나 그 당시에는 아동권리를 보호하는 공식적인 기관이 없었다. 따라서 이웃들은 동물학대방지협회 뉴욕지부의 회장을 찾아갔다. 동물학대방지협회의 조처 때문에 엘른의 사례는 법정으로 가게 되었다. 법원은 엘른을 보호하라고 판결하였고, 엘른은 다른 가족에게 배치되었다.[1] 그리고 법원은 엘른을 학대한 부부를 교도소에 수감하라고 판결하였다.

결국 매리 엘른 사건 때문에 그 후에 아동보호운동을 조직적으로 전개하게 되었고, 1875년에는 아동학대방지협회가 만들어졌다.

1) 엘른은 좋은 가정에 배치되었고, 나중에 결혼해 가정을 이루었으며, 1956년 92세의 나이로 사망하였다.

2) 우리나라

아동학대는 아동의 생존과 발달에 지대한 영향을 미친다. 하지만 우리나라에서 학대아동보호서비스가 공적인 아동복지 체계로 편입된 것은 2000년 1월 개정된 아동복지법에서 아동에 대한 학대와 방임이 정부의 개입을 필요로 하는 상황으로 규정되면서부터이다. 2000년 이전에는 아동 학대 및 방임으로 의심되는 사례에 대한 신고나 학대행위자에 대한 처벌이 법적으로 의무화되어 있지 않았으며, 다만 민간기관과 아동복지단체에서 자발적으로 제공하는 몇몇 서비스가 제공되어 왔을 뿐이다. 학대받는 아동의 치료, 발견 및 예방을 위한 민간기구로 1985년 서울시립아동상담소에서 '아동권익보호신고소'를, 1989년 한국아동학대예방협회에서는 '아동학대 지역신고센터'를 설립하였다. 또한 1996년부터는 한국이웃사랑회가 16개소의 아동학대신고센터를 운영하였으며, 한국어린이보호재단이 1999년 2월부터 24시간 아동학대 신고 및 상담전화를 개설하고 학대피해아동 일시보호시설을 설치·운영하였다. 이들 기관은 아동학대에 대한 조사 및 연구, 아동학대 예방 및 치료 프로그램 개발, 관련 교재 개발, 아동학대 예방교육, 보호체계 구축 및 후원 사업을 진행하였다. 이러한 민간단체에 의해 다루어지던 아동학대 문제는 1990년대 후반 몇몇 심각한 학대 및 방임사건 사례들이 대중매체에 집중적으로 보도되면서 사회적 관심을 모으게 되었고, 이로 인해 국가의 공식적인 학대아동보호서비스 전달체계의 필요성이 더욱 증가되었다.

그 결과 2000년에 아동학대를 정의하고, 24시간 응급전화를 설치하며(전화번호 : 1391), 아동학대 신고를 의무화하고, 아동학대를 전문적으로 다루는 아동보호전문기관의 설치를 명문화하는 아동복지법 개정을 이끌어 냈다. 이렇게 개정된 아동복지법에 따라 2000년 10월부터 전국의 16개 시·도에 17개소의 아동보호전문기관이 설치되었고, 아동학대에 대한 신고와 접수, 학대피해아동에 대한 보호와 치료서비스를 제공하기 시작하였다. 2010년 9월 말 전국에 중앙아동보호전문기관을 포함하여 45개소의 아동보호전문기관이 설치되어 운영되고 있다. 사업이 도입된 지난 10년간 우리나라의 공적인 학대피해아동 보호사업은 양적으로나 질적으로 상당히 발전한 것으로 나타나고 있다.

2. 아동학대의 현황

아동학대의 효율적인 예방과 치료 및 대책을 마련하기 위해서는 아동학대의 정확한 실태를 파악하는 것이 중요하다. 보건복지부와 중앙아동보호전문기관은 아동학대 예방사업과 학대피해아동 보호체계의 발전방안 모색을 위해 2001년부터 매년 전국 아동학대 현황 보고서를 발간하여, 아동학대 현황과 학대사례를 연도별 추이를 통해 분석·발표하고 있다. 이 보고서를 토대로 우리나라 아동학대의 현황을 구체적으로 살펴보면 다음과 같다(보건복지부, 2012; 중앙아동보호전문기관, 2012).

1) 아동학대 신고 건수 및 학대아동 보호 현황

전국 아동보호전문기관에서 조사된 연도별 현황인 <표 8-2>를 살펴보면, 2014년 한 해 동안 아동학대로 상담신고된 신고 건수는 총 17,791건으로, 이 중 아동학대 신고 건수는 15,025건, 재신고 건수는 2,338건이었다. 학대아동 보호 현황을 보면 학대받은 아동의 보호 건수는 2014년 총 10,027건, 보호율은 1.10%로 나타나 2013년에 비해 0.37%로 증가하였다. 반면 재학대 건수는 2013년에 비해 2014년에는 4.2% 감소하였다.

〈표 8-2〉 **아동학대 신고건수 및 학대아동 보호 현황** (단위 : 건, %)

구 분	총 상담 신고 건수(A)	아동학대 신고 건수[1]	재신고 건수(%)[2]	학대피해아동 보호 현황		재학대 건수 (%)
				보호 건수[3]	보호율[4]	
2009	9,309	7,354	1,134(12.2)	5,685	0.55	581(10.2)
2010	9,199	7,406	1,262(13.7)	5,657	0.57	503(8.9)
2011	10,146	8,325	1,325(13.1)	6,058	0.63	563(9.3)
2013	13,076	10,857	1,840(14.1)	6,796	0.73	980(14.4)
2014	17,791	15,025	2,338(13.1)	10,027	1.10	1,027(10.2)

* 1) 총 상담신고 건수(A) 중 아동학대로 의심되는 사례접수 건수
2) 총 상담신고 건수(A) 중 두 번 이상 신고된 사례접수 건수
3) 아동학대 신고 건수 중 아동학대로 판정된 건수
4) 아동학대 보호 건수를 추계아동인구로 나눈 수치로, 아동인구 천 명당 학대피해아동의 비율을 나타냄

출처 : 보건복지부·중앙아동보호전문기관(2015).

2) 아동학대 사례 유형별 발생 현황

2014년 한 해 동안 신고·판정된 아동학대 유형별 건수를 살펴보면 <표 8-3>과 같다.

신체적 학대는 1,453건, 정서적 학대는 1,582건, 성학대는 308건, 방임은 1,870건으로 나타났으며, 두 개 이상의 학대가 동시에 나타나는 중복학대는 4,814건으로 가장 많은 것으로 나타났다. 중복학대는 아동에게 미치는 후유증이 더욱 복잡하고 심각하다는 점을 감안할 때 아동학대의 심각성의 정도를 짐작할 수 있다.

〈표 8-3〉 아동학대 유형별 발생 현황 (단위 : 명, %)

구 분	계	신체학대	정서학대	성학대	방 임	유 기	중복학대
2009	5,685	338(5.9)	778(13.7)	274(4.8)	2,025(35.6)	32(0.6)	2,238(39.4)
2010	5,657	348(6.1)	773(13.7)	258(4.6)	1,870(33.1)	14(0.2)	2,394(42.3)
2011	6,058	466(7.7)	909(15.0)	226(3.7)	1,783(29.4)	53(0.9)	2,621(43.3)
2012	6,403	461(7.2)	936(14.6)	278(4.3)	1,713(26.8)	방임에 포함	3,015(47.1)
2013	6,796	753(11.1)	1,101(16.2)	242(3.6)	1,778(26.2)	방임에 포함	2,922(43.0)
2014	10,027	1,453(14.5)	1,582(15.8)	308(3.1)	1,870(18.6)	방임에 포함	4,814(48.0)

출처 : 보건복지부·중앙아동보호전문기관(2015).

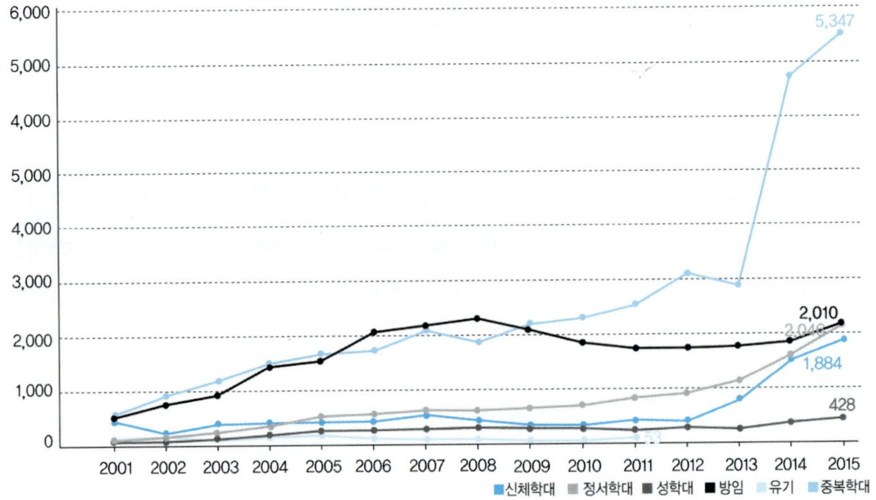

┃그림 8-2┃ 아동학대 사례 유형별 발생 현황

출처 : 중앙아동보호전문기관(2017).

3. 피해아동의 연령

2014년 한 해 동안 아동학대 사례 유형별 피해아동 연령을 살펴보면 <표 8-4>와 같다. 13~15세 연령에서는 신체학대(27.0%), 정서학대(24.8%), 성학대(35.1%)가 가장 높은 발생빈도를 보였으며, 7~9세 연령에서는 방임(19.6%)이 높은 것으로 나타났다. 따라서 아동학대를 예방하기 위해서는 학교 및 지역사회에서 부모교육에 관심을 가지고 지속적으로 이루어져야 할 것으로 판단된다.

〈표 8-4〉 아동학대사례 유형별 피해아동 연령 (단위 : 건, %)

학대유형 / 연령(만)	신체학대	정서학대	성학대	방 임	계
1세 미만	43(0.8)	64(1.0)	0(0.0)	212(6.8)	319(2.1)
1~3세	469(8.2)	655(10.6)	4(0.9)	590(18.8)	1,718(11.1)
4~6세	652(11.4)	822(13.3)	44(9.8)	500(15.9)	2,018(13.1)
7~9세	1,091(19.1)	1,128(18.3)	58(13.0)	615(19.6)	2,892(18.7)

10~12세	1,278(22.4)	1,353(21.9)	113(25.3)	601(19.2)	3,345(21.6)
13~15세	1,539(27.0)	1,532(24.8)	157(35.1)	470(15.0)	3,698(23.9)
16~17세	627(11.0)	622(10.1)	71(15.9)	148(4.7)	1,468(9.5)
계	5,699(100.0)	6,176(100.0)	447(100.0)	3,136(100.0)	15,458(100.0)

출처 : 보건복지부 · 중앙아동보호전문기관(2015).

4. 학대행위자별 아동학대 발생 현황

2015년 한 해 동안 부모와 부모 외로부터 아동학대로 신고 · 판정된 아동에 대한 결과를 살펴보면 다음과 같다(그림 8-3 참조).

(단위 : 건)

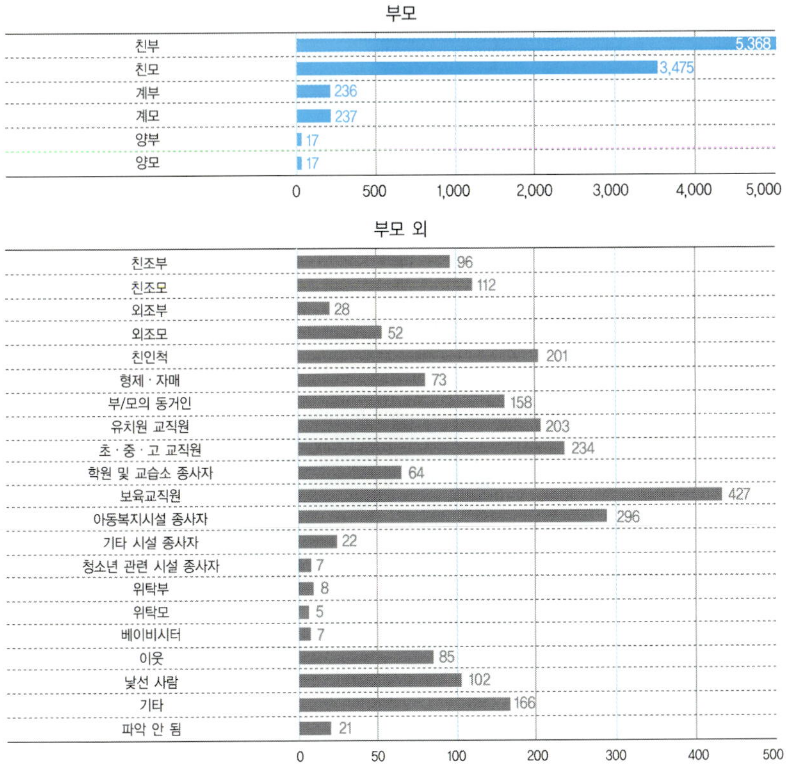

그림 8-3 학대행위자별 아동학대 발생 현황

출처 : 중앙아동보호전문기관(2017).

5. 발생장소별 아동학대 현황

아동학대 판정 건수가 지속적으로 증가하고 있고, 대부분이 가정 내 부모에 의하여 발생하고 있다. 즉, 여전히 아동에 대한 체벌이나 훈육이 학대와 구분이 되지 않거나, 아동에 대한 방임이 아동에게 위험한 학대행위가 아니라고 인식하고 있기 때문인 것으로 알고 있기에 부모교육을 통한 사고전환이 필요다고 볼 수 있다.

(단위 : 건)

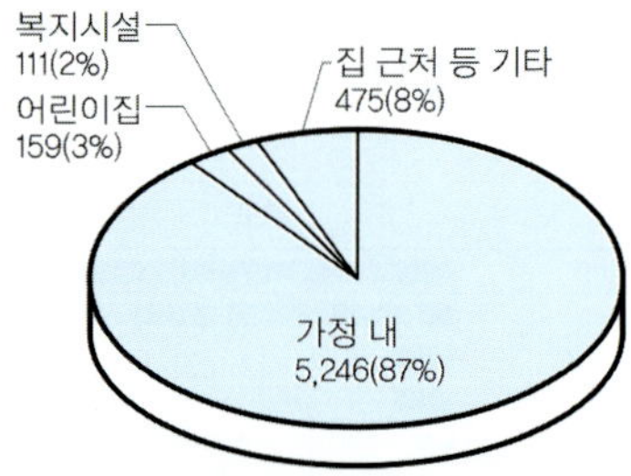

그림 8-4 발생장소별 아동학대 현황

출처 : 보건복지부(2012). 아동학대 예방/ 지원 보도자료.

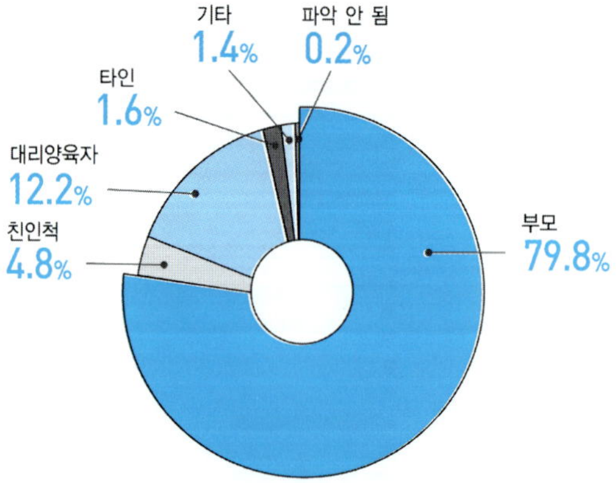

그림 8-5 행위자별 아동학대 현황

출처 : 중앙아동보호전문기관(2016).

6. 아동학대 신고자 유형

아동학대 신고 유형을 비신고 의무자와 신고 의무자로 나누어 살펴보면 다음과 같다.

❙그림 8–6❙에 의하면, 2016년 비신고 의무자에 대한 신고는 70.6%이며, 신고 의무자에 의한 신고는 29.4%로 나타났다. 아동학대 신고 의무자는 직무상 아동학대를 알게 된 경우 즉시 아동보호전문기관 또는 수사기관으로 신고해야 하는 법정의무가 있으며, 이를 위반 시 300만 원 이하의 과태료를 부과한다(개정 「아동·청소년의 성보호에 관한 법률」, 2012. 9. 16. 시행). 그럼에도 불구하고 전체 신고자의 1/3 수준에도 미치지 못하고 있는 것은 아동학대에 대한 신고의무자의 인식 부족, 적극적으로 아동학대를 신고하도록 하는 제도 미비, 신고 후 신변위협에 대한 두려움 및 불안감 등 복합적 요인이 작용하는 것으로 보인다. 세부적으로 신고자 유형을 살펴보면 ❙그림 8–6❙, ❙그림 8–7❙과 같다.

(단위 : 건)

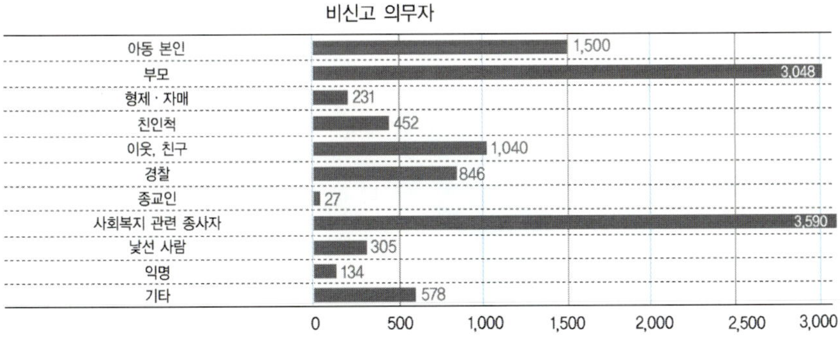

❙그림 8–6❙ 아동학대 신고자 유형(비신고 의무자)

출처 : 중앙아동보호전문기관(2017).

(단위 : 건)

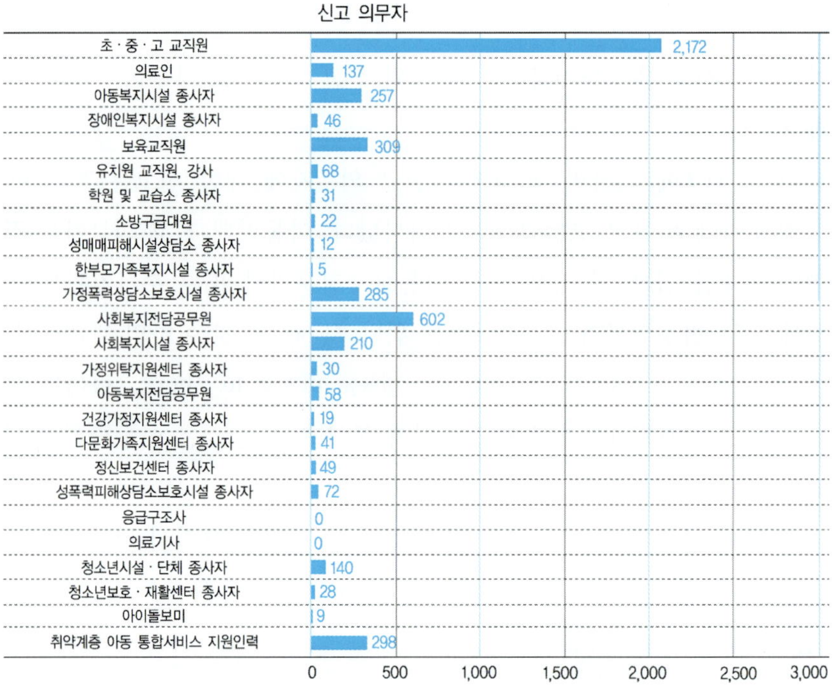

| 그림 8-7 | 아동학대 신고자 유형(신고 의무자)

출처 : 중앙아동보호전문기관(2017).

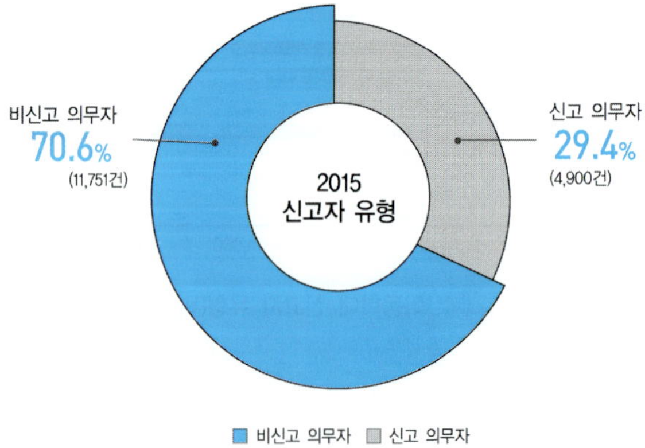

| 그림 8-8 | 비신고 의무자 및 신고 의무자 사례 유형

출처 : 중앙아동보호전문기관(2017).

7. 전국 아동보호전문기관 현황

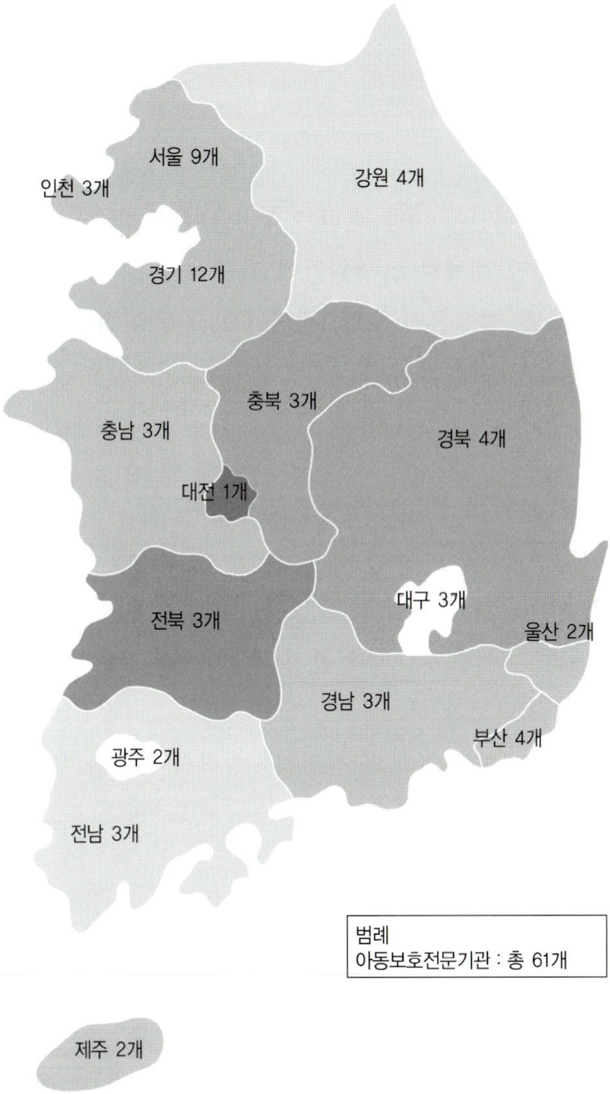

| 그림 8-9 | 전국 아동보호전문기관 현황

출처 : 중앙아동보호전문기관(2017).

제3절 아동학대의 발생원인

아동학대의 발생원인에 대한 관점은 학자들마다 조금씩 다르며, 시대와 사회에 따라 다르지만 대체로 발생원인에 관한 이론은 정신병리학적 모델, 사회·심리학적 모델, 발달론적 모델, 생태학적 모델로 접근할 수 있다. 구체적인 내용을 살펴보면 다음과 같다(김민경, 2012).

1. 정신병리학적 모델

아동학대의 원인으로 부모의 특수한 심리적 특성에 초점을 둔 이론이다. 학대부모는 충동적, 미성숙, 우울, 의존적, 이기적, 자기도취적, 가학적, 불안정한 성격 특성을 지니고 있다.

메릴(Merrill)은 학대하는 부모의 심리적·성격적 특성을 유형화했는데, 구체적인 내용을 살펴보면 다음과 같다(Spinetta & Rigler, 1972).

첫째, 학대부모들의 특성은 세상에 대한 잠재적 혐오심과 공격성이다. 이는 어린 시절의 거부당한 경험에 근거하고 있으며, 일상생활의 어려움과 고통에 대한 불만에서 야기된다.

둘째, 학대부모들의 특성은 완고, 충동적, 온정의 결핍, 합리성의 부족, 사고와 신념에 있어서의 융통성의 부족을 말한다. 이 유형의 부모들은 자녀들에 대한 거부적 태도를 뚜렷하게 취하여 자기 스스로의 즐거움에 우선적 관심을 둔다. 이들은 자녀를 사랑하고 보호할 능력을 소유하지 못하여 오히려 자녀를 자신에게 고통을 주는 대상으로 생각한다. 또한 이들 대부분은 긴장을 해소하는 일, 대화로 감정을 표현하는 일, 감정과 친절을 베푸는 일에 대한 어려움을 느낀다.

셋째, 학대부모의 특성은 소극성과 의존성이다. 이들은 감정과 욕구의 표현에 소심하며 공격성이 거의 없고 침묵을 지켜 결정을 타인에게 맡긴다. 그리고 일반적으로 우울하며 불행감에 젖어있고 반응이 없다. 또한 미성숙하여 배우자의 애정과 관심을 받기 위해 자녀들과 경쟁을 하기도 한다.

넷째, 학대부모의 특성은 지능이 높으나 신체적 무능력으로 가족부양의 책임을 다하지 못하는 가장들만으로 되어있다. 이 유형의 특성은 직장에 나가 일하는 동안 가정에서 자녀를 돌보아야 하므로 이들의 좌절감은 자녀에 대한 즉각적인 반응으로서의 공격, 지나친 처벌, 엄격한 훈련 등으로 나타난다.

이러한 정서적, 심리적 및 성격적 특성을 갖게 되는 주요한 원인으로는 어린 시절의 성장경험에서 비롯되고 있다. 즉, 학대부모는 자랄 때 그들의 부모로부터 적대, 비난, 처벌, 거부, 무시, 복종, 과잉기대, 실수의 불용납, 부모입장의 이해와 위로 등을 지나치게 받고 또 요구당함으로써 정상적이지 못한 정서적·심리적·성격적 특성을 형성하게 되었다고 한다. 이러한 경험은 곧 자녀를 학대하는 것으로 연결되기 쉬운데, 그 이유로 학대부모는 그동안 받았던 심리적 압박감을 발산하기 위한 하나의 돌파구로서 또는 그동안 상처받은 감정들로 인한 생의 가치관을 상실하여 우울증, 무력감, 무반응 등이 고착된 결과로 아동을 학대하게 된다는 것이다.

위에서 지적한 내용을 근거로 할 때 정신병리학적인 관점은 부모의 병리적 특성이 아동학대와 높은 상관관계를 가지고 있음을 알 수 있다. 즉, 부모의 양육태도에 문제가 있으면 다음 세대로 전승되어 아동학대가 악순환 과정을 밟게 되어 이에 대한 대처방안이 요구된다.

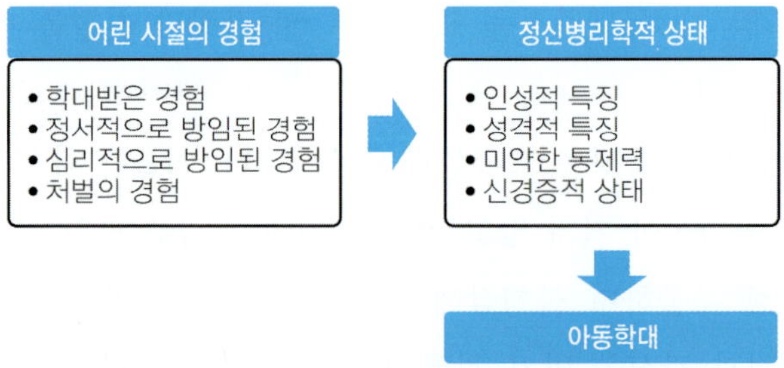

| 그림 8-10 | 정신병리학적 모델의 요약

2. 사회 · 심리학적 모델

아동학대의 원인을 가정환경 요인, 가정경제 특성, 사회 · 문화적 특성에 초점을 두고 있다.

1) 가정환경 요인

여기에는 부모의 자녀양육에 관한 지식 부족, 부모의 자녀양육 거부 및 포기(부부관계 갈등, 별거 혹은 이혼, 원하지 않은 임신, 불법적인 관계에서의 임신 등의 경우), 부모의 정서적 · 심리적 · 정신적 불안, 자녀양육의 능력 부족(분노, 자신의 장기질환, 정신질환, 신체장애 등), 부모관계의 갈등, 별거, 이혼 등의 결손가정, 부모의 학력이 저학력이거나 직업구성이 노동인 가정, 6명 이상의 가족 수가 많은 가정의 아동이 그렇지 않은 가정의 아동보다 더 많은 학대를 받았다. 그리고 가족의 역동성, 즉 가족 내 상호작용이 아동학대를 유발시키는 데 중요한 역할을 하고 있다. 즉, 학대가정에서는 가족구성원 사이에 상호작용이 적었다고 한다. 또한 부모의 역할을 동시에 수행해야 함으로써 발생하는 긴장은 아동학대의 요인이 되는 것이다.

미성년 부모의 경우 이들은 무책임하고 충동성이 강하기 때문에 학대의 위험성이 더욱 크며 자신들이 달성하지 못했던 성취감을 아동에게 기대하게 된다. 이러한 동기로 인해 아동의 욕구에 관심 있는 것이 아니라 단지 자신의 욕구에 관심을 가지며 자신들에게 부과된 책임으로 당황하게 된다. 이러한 환경은 아동에 대한 학대와 방임의 조건을 형성하게 되는 것이다. 그 외 학대 가족과 아동 자신의 신체적 문제로 인해 학대의 위험성이 커지게 된다. 그리고 가정분위기가 폐쇄적 분위기, 갈등적 분위기, 전제적 분위기에서 아동학대가 많이 발생되고 있다.

이상의 가족요인이 존재하게 되면 그만큼 가족의 역동성은 떨어지게 되어 아동학대가 이루어지므로 이의 치료가 필요하다.

2) 가정경제적 특성

스트레스와 좌절이 학대행동을 유발시키며 높은 정도의 스트레스는 개인의 사회경제적 지위와 관련이 있고, 특히 낮은 계층의 사회경제적 집단이 더 큰 환경적 스트레스를 경험한다는 것이 지적되고 있다. 또한 빈곤선 및 그 이하의 저소득계층의 부모가 학대를 더 많이 한다는 것이다. 이러한 경제적인 압박감은 자기통제에 필요한 부모의 심리적 기제를 약화시켜 좌절감을 가져오게 하며 이것을 해소하기 위해 아동에게 폭력을 사용하게 되는 것이다.

3) 사회 · 문화적 특성

급변하는 사회 · 문화적 환경에서 많은 사람들은 적응하지 못하거나 문화갈등, 가치갈등으로 혼돈과 좌절 및 무력감을 경험할 수 있으며, 이것은 결과적으로 가족체계에 압력이나 스트레스를 주는 요인이 되었고, 자녀양육의 태도, 가치, 역할, 방법 등에 직접적인 영향을 주었다.

자녀양육과 관련된 행동을 결정하는 사회 · 문화적 요인 중 아동학대에 영향을 주는 것을 살펴보면 다음과 같다.

(1) 부모의 실직상태

아버지의 실직으로 인한 경제적 결핍, 좌절과 무력감으로 인한 정신적 스트레스는 자녀에게 투사되어 폭력을 자극하고 학대와 방임을 초래한다. 실직은 돈의 결핍으로 좌절을 수반할 뿐만 아니라 무력감으로 인해 가정 내 폭력이 일어난다.

(2) 사회적 소외

이웃의 영향으로 아동학대가정이 공식적 · 비공식적으로 지지체계에서 소외된 경우이다.

(3) 체벌의 용납

사회적 분위기가 체벌 및 물리적 힘을 사용하는 것을 허용하는 것이 일반적인 경향이다.

(4) 아동을 소유물로 인식

아동에 대한 사회적 · 일반적 태도가 아동을 부모가 택한 대로 이루어지는 소유물이라고 여기는 믿음이다. 아동의 권리를 위해 투쟁하더라도 폭력이 유행하고 처벌이 양육기술로서 용서되고 부모애가 소유권의 견지에서 해석되는 사회에서 자손을 양육하는 한 아동학대가 제거되기는 어렵다. 이상의 사회 · 심리학적 관점을 요약하여 도식화하면 【그림 8-11】과 같다.

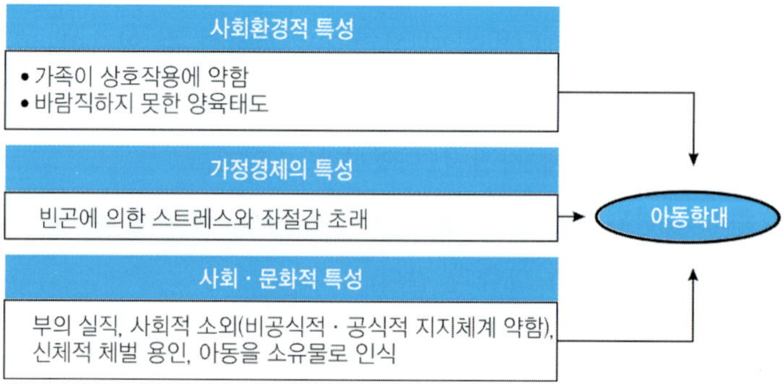

【그림 8-11】 사회 · 심리학적 모델의 요약

3. 발달론적 모델

발달론적 이론의 특징은 아동학대의 주요한 원인을 아동 자신의 특성에 초점을 두고 있는 것이다. 즉, 아동학대는 아동의 성별을 불문하고 모든 발단단계에서 일어난다고 보고 있다.

아동은 학대의 원인이 유전학적으로 형성된 신체적 또는 행동적 특성을 통해서 자신이 학대를 유발시킬 수 있다는 것이다. 문화에 따라 다소 차이가 있지만 학대대상이 되어온 미숙아, 정신지체 아동, 장기질환 아동, 지체아동, 기형아동, 미혼모 아동, 입양아동, 많은 자녀가 있는 가정의 아동, 원하지 않은 자녀, 부부관계 또는 가정여건이 좋지 않은 상태에서 태어난 자녀, 출산 전후 가족여건이 나빠진 상태에 있는 자녀, 아들 낳기를 원하였는데 딸로 태어난 여아, 심히 고집스럽게 울거나 밤에 잠을 자지 않고 보채는 아기 등은 부모의 애정과 정성이 있는 보살핌과 보호와 양육을 받지 못할 뿐만 아니라 학대의 대상이 되기도 한다.

학령전기에는 자신감의 결여, 절대적 결여, 절대적인 행위, 지나친 경계심, 충동성, 의기소침, 고집, 무반응, 거절, 소심, 둔감, 언어장애 등의 특성이 그 원인이 되며, 청소년기는 과도한 자기주장과 부모 및 성인에 대한 극단적인 반항적 태도, 도벽, 무단결석 등이 학대의 발생과 밀접한 관련이 있다고 한다.

이러한 아동 자신의 특성이란 주로 발달단계의 특성에서 나타난 것으로 볼 수 있지만 아동행동이 주변 환경에 의해 영향을 받고 있음을 볼 때 앞서 살펴본 사회·심리적 모델과도 연결된다.

이상의 발달론적 모델을 요약하여 도식화하면 |그림 8-12|와 같다.

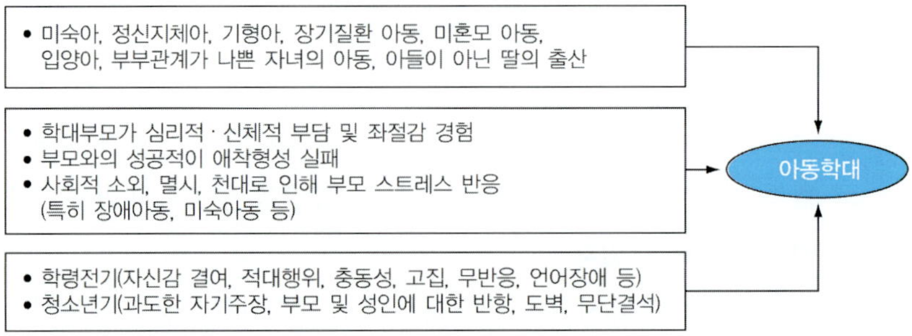

그림 8-12 **발달론적 모델의 요약**

4. 생태학적 모델

생태학적 모델의 특징은 아동학대의 주요한 원인을 제시한 세 가지 모델을 체계적으로 분석·통합한 것이다.

벨스키(Belsky)는 생태학적 모델에서 아동학대를 사회적·심리적 현상으로 보았고 영향력에 의해 결정된다고 개념화하였다. 그리고 부모가 자녀를 학대하기까지의 과정을 개체발생적 발달 차원으로 보았으며, 이를 둘러싼 생태학적 공간은 미시적 체계(microsystem)와 외계적 체계(exosystem) 및 거시적 체계(macrosystem)로 나누어 각 체계가 서로 영향을 주고받으며 아동학대의 발생에 중요한 역할을 한다고 보았다. 여기에서 미시적 체계는 아동학대가 즉각적으로 일어나는 상황으로서 아동과 부모 및 부부, 기타 여러 가족이 처한 현재의 상황적 조건에 따른 심리적인 변화에 의해 형성된 체계이며, 외계적 체계는 가족의 생활에 영향을 주는 취업상태와 자원의 분배 및 사회적 혜택의 제공 등의 공식 및 비공식 구조를 말한다. 또 거시적 체계는 아동학대를 묵인하거나 강화하는 사회의 문화적 가치관과 분위기 등을 말한다.

이상에서 보았듯이 생태학적 모델은 앞서 기술한 정신병리학적, 발달론적 그리고 사회·심리학적 모델의 여러 관점을 내포하고 있는 통합적 관점으로 아동학대의 원인을 잘 설명해 주고 있다. 이상의 생태학적 모델을 요약하여 도식화하면 그림 8-13과 같다.

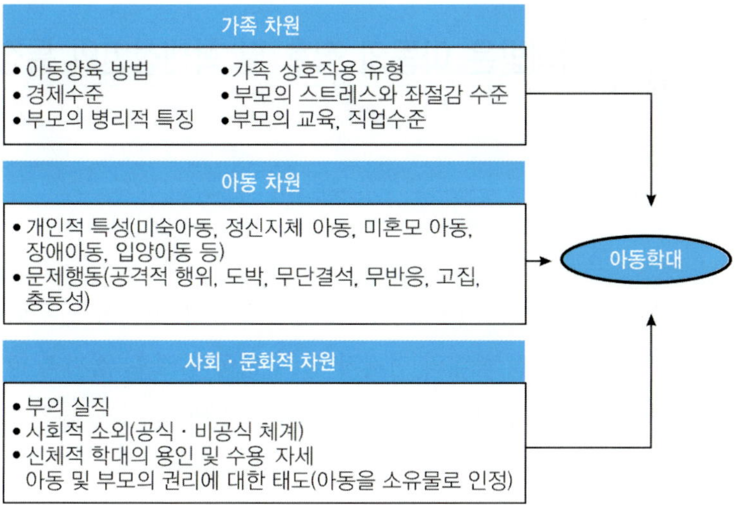

| 그림 8-13 | 생태학적 모델의 요약

제4절 학대받은 아동의 징후 및 학대성인의 특징

아동학대를 보여주는 징후(indicators)는 신체적 징후와 행동적 징후로 구분하여 살펴볼 수 있다. 신체적 학대의 신체적 징후, 행동적 징후, 정서적 학대의 신체적 징후, 행동적 징후, 성적 학대의 신체적 징후, 행동적 징후, 방임의 신체적 징후, 행동적 징후에 대하여 살펴보면 다음과 같다(중앙아동보호전문기관, 2013).

1. 학대받은 아동의 징후

1) 신체적 학대 징후

신체적 학대의 결과로 가장 일반적으로 나타나는 징후는 타박상, 물린 상처, 화상, 골절, 배의 외상, 머리의 외상이다. 아동에 대한 신체적 학대를 보여주는 '신체적 징후'로 구체적인 내용을 살펴보면 다음과 같다.

① 설명하기 어려운 신체적 상처가 있다.
② 상처가 발생한 시간과 상처가 회복되는 시간이 다른 것이 있다.
③ 비슷한 크기의 반복적으로 긁힌 상처가 있다.
④ 사용된 도구의 모양이 그대로 나타나는 상처가 있다.
⑤ 담뱃불 자국, 뜨거운 물에 잠겨 생긴 화상 자국, 회음부에 있는 화상 자국, 물체 모양(다리미 등)의 화상 자국 등의 다양한 화상 자국이 있다.
⑥ 입, 입술, 치은, 눈, 외음부 상처가 있다.
⑦ 긁히거나 물린 자국에 의한 상처가 있다.
⑧ 성인에 의해 물린 상처가 있다.

⑨ 겨드랑이, 팔뚝 안쪽, 허벅지 안쪽 등 다치기 어려운 부위의 상처가 있다.
⑩ 대뇌출혈, 망막출혈, 양쪽 안구 손상, 머리카락이 뜯겨나간 두피혈종 등을 동반한 복잡한 두부 손상이 있다.
⑪ 고막천공이나 귓불이 찢겨진 상처와 같은 귀 손상이 있다.
⑫ 치유단계가 다른 여러 부위의 골절, 복합 및 나선형 골절, 척추 손상(특히 여러 군데의 골절), 걷지 못하는 아이에게서 나타나는 대퇴골절, 골막변형 등의 손상이 있다.
⑬ 간혈종, 간열상, 십이지장 천공, 궤양 등과 같은 복부 손상이 있다.
⑭ 폐좌상, 기흉, 흉막삼출과 같은 흉부 손상이 있다.

그리고 아동에 대한 신체적 학대를 보여주는 '행동적 징후'로 구체적인 내용을 살펴보면 다음과 같다.

① 어른과 접촉하기를 회피한다.
② 다른 아동이 울 때 공포를 나타낸다.
③ 공격적이거나 위축된 극단적 행동을 한다.
④ 부모에 대한 두려움을 나타낸다.
⑤ 집에 귀가하는 것을 두려워한다.
⑥ 위험에 대해서 지속적으로 경계한다.
⑦ 옷 갈아입는 것을 싫어하거나 더운 날씨에도 옷 벗는 것을 싫어한다.

2) 정서적 학대 징후

아동에 대한 정서적 학대를 보여주는 신체적 징후로 구체적인 내용을 살펴보면 다음과 같다.

① 신체가 제대로 발달하지 못하고 지연되는 현상이 나타난다.
② 성장장애 및 언어장애가 나타난다.

그리고 아동에 대한 정서적 학대를 보여주는 '행동적 징후'로 구체적인 내용을 살펴보면 다음과 같다.

① 특정한 물건을 계속 빨고 있거나 물어뜯는다.
② 행동장애(반사회적, 파괴적)가 나타난다.
③ 신경성 기질(놀이, 수면) 장애가 나타난다.
④ 정신신경성(히스테리, 강박, 공포) 반응이 나타난다.
⑤ 실수에 대한 과잉반응이 나타난다.
⑥ 극단적 행동, 과잉행동, 자살을 시도한다.

3) 성적 학대의 징후

아동에 대한 성적 학대를 보여주는 '신체적 징후'로 구체적인 내용을 살펴보면 다음과 같다.

(1) 신체적 지표

① 학령 전 아동이 성병에 감염되었다.
② 임신을 하였다.

(2) 생식기의 증거

① 아동의 질에 정액이 있다.
② 처녀막이 찢기거나 손실되었다.
③ 질에 생긴 상처나 긁힌 자국이 있다.
④ 질에 홍진(紅疹)이 있다.
⑤ 배뇨(소변)의 어려움이 있다.
⑥ 요도염(소변을 볼 때 이상 증후를 느낌) 증상이 나타난다.
⑦ 생식기에 대상포진의 증상이 나타난다.

(3) 항문 징후

① 항문 괄약근이 손상되었다.
② 항문 주변에 멍이나 찰과상이 있다.
③ 항문 내장이 짧아지거나 뒤집어졌다.
④ 항문 입구에 생긴 열창이 있다.
⑤ 항문이 좁아졌다.
⑥ 회음부에 통증을 느끼거나 가렵다.
⑦ 변비 및 대변에 혈액이 묻어 나온다.

(4) 구강 징후

① 입천장이 손상되었다.
② 인두(咽頭)임질(pharyngeal gonorrhea)에 걸렸다.

그리고 아동에 대한 성적 학대를 보여주는 '행동적 징후'로 구체적인 내용을 살펴보면 다음과 같다.

(1) 성적(性的) 행동 지표

① 나이에 맞지 않는 성적 행동을 한다.
② 나이에 비해 성에 관해서 해박하다.
③ 명백하게 성적인 묘사를 한 그림들을 가지고 있다.
④ 타인과의 성적인 상호관계를 맺는다.
⑤ 동물이나 장난감을 대상으로 하는 성적인 상호관계를 맺는다.

(2) 비(非)성적 행동 지표

① 위축, 환상, 유아적 행동(퇴행행동)을 보인다.
② 자기파괴적(자살시도) 또는 위험을 무릅쓴 모험적인 행동을 보인다.
③ 주의집중장애 및 충동적이며 산만한 행동을 보인다.
④ 혼자 남아있기를 거부 또는 외톨이로 친한 친구가 없다.

⑤ 방화/ 동물에게 잔혹한 행동(주로 남아의 특징)을 한다.
⑥ 비행에 가담하거나 가출을 한다.
⑦ 약물 및 알코올을 남용한다.
⑧ 우울 및 불안으로 인해 사회관계를 맺지 않는다.
⑨ 수면장애를 보인다.
⑩ 섭식장애(폭식증/ 거식증)를 보인다.
⑪ 외상 후 스트레스 장애를 보인다.
⑫ 저조한 학업수행을 보인다.

4) 방임의 징후

아동에 대한 방임을 보여주는 '신체적 징후'로 구체적인 내용을 살펴보면 다음과 같다.

① 신체가 제대로 발달하지 못하고 지연되는 현상이 나타난다.
② 성장장애가 나타난다.
③ 비위생적인 신체상태가 나타난다.
④ 예방접종과 의학적 치료 불이행으로 인한 건강상태가 불량하다.
⑤ 아동에게 악취가 지속적으로 난다.

그리고 아동에 대한 방임을 보여주는 '행동적 징후'로 구체적인 내용을 살펴보면 다음과 같다.

① 옷차림이 계절에 맞지 않고 부적절하다.
② 음식을 구걸하거나 훔친다.
③ 비행에 가담하거나 도둑질을 한다.
④ 학교에 일찍 등교하거나 집에 늦게 귀가한다.
⑤ 지속적인 피로 또는 불안정감을 호소한다.

⑥ 수업 중에 조는 태도를 보인다.

⑦ 잦은 결석을 한다.

2. 학대성인의 특징

아동을 학대하는 사람은 어떠한 특징을 가지고 있는 경우가 많다. 자신의 자녀를 학대할 가능성이 가장 큰 부모와 보호자의 특징에 대해 살펴보면 다음과 같다(Zastrow, 2008).

① 교육수준이 낮은 부모, 직업과 관련된 기술이 적은 부모, 주류인종이 아닌 가정에서 사는 사람, 엄마가 가장인 가정에서 사는 사람, 한부모가족에서 사는 사람은 자녀를 학대할 가능성이 더 크다.

② 아버지보다는 엄마가 아동을 학대할 가능성이 더 크다. 성에 따라 아동학대의 정도가 차이가 나는 이유로 다음과 같은 점을 들 수 있다.
첫째, 아버지보다는 엄마가 자녀와 시간을 더 많이 보내는 경향이 있기 때문이다.
둘째, 아버지보다는 엄마가 자녀의 행동에 대해 더 책임을 지는 것으로 인식되기 때문이다.

특히 아동을 학대하는 부모는 다음과 같은 특성을 보이는 경우가 많다(Zastrow, 2008).

① 죄의식을 느끼지 않는다.

② 사회적으로 고립되어 있다.

③ 매우 공격적이다.

④ 충동적이다.

⑤ 정서적 문제를 가진다.

⑥ 비난을 잘 참지 못한다.

그리고 아동을 학대하는 성인은 다음과 같은 특징을 가지는 경향이 있다 (Gustravsson & Segal, 1994).

① 어린 시절에 학대당한 경험이 있다.
② 매우 엄한 훈육방법을 사용한다.
③ 정신건강 문제를 겪은 경험이 있다.
④ 아동에 대해 관심이 부족하다.
⑤ 알코올이나 약물을 많이 사용한다.
⑥ 가정생활이 혼란스럽다.
⑦ 정서적으로 차갑거나 거부적이다.
⑧ 사회적으로 홀로 지낸다.

한편 아동을 성적으로 학대하는 성인은 다음과 같은 특징을 가지고 있다 (Gustravsson & Segal, 1994).

① 어린 시절에 성적으로 학대당한 경험이 있다.
② 아동을 시샘한다.
③ 부적절한 성적 행동에 아동이 관여하도록 권장한다.
④ 결혼생활에서 어려움을 경험한다.
⑤ 알코올이나 약물을 많이 사용한다.
⑥ 사회적으로 고립된다.
⑦ 집에 들어가지 않는 경우가 많다.

그리고 아동을 정서적으로 학대하는 사람의 대부분은 남성이다. 또한 아동을 성적으로 학대하는 사람은 아동이 아는 사람, 친구, 친지인 경우가 많다 (Zastrow, 2008).

제 5 절 학대받은 아동의 보호서비스 및 전달과정

1. 학대받은 아동을 위한 보호서비스

1) 아동학대전담기관

국가와 지방자치단체는 아동학대를 예방하기 위하여 수시로 신고를 받을 수 있도록 아동복지법 제22조에 의거하여 긴급전화를 설치하고, 제45조에 의거하여 학대아동의 발견, 보호, 치료에 대한 신속한 처리 및 아동학대 예방을 전담하는 아동보호전문기관을 설치하도록 하고 있다. 아동보호전문기관의 업무는 다음과 같다.

(1) 중앙아동보호전문기관

- 지역아동보호전문기관에 대한 지원
- 아동학대예방사업과 관련된 연구 및 자료 발간
- 효율적인 아동학대예방사업을 위한 연계체계 구축
- 아동학대예방사업을 위한 프로그램 개발 및 평가
- 상담원 직무교육, 아동학대 예방 관련 교육 및 홍보
- 아동보호전문기관 전산시스템 구축 및 운영
- 그 밖에 아동학대예방사업과 관련된 업무

(2) 지역아동보호전문기관

- 아동학대 신고접수, 현장조사 및 응급보호
- 학대받은 아동, 아동학대 행위자를 위한 상담 및 교육

- 아동학대 예방 교육 및 홍보
- 학대가정의 사후관리
- 아동학대사례판정위원회 설치 · 운영 및 자체 사례회의 운영
- 그 밖에 아동학대예방사업과 관련된 업무

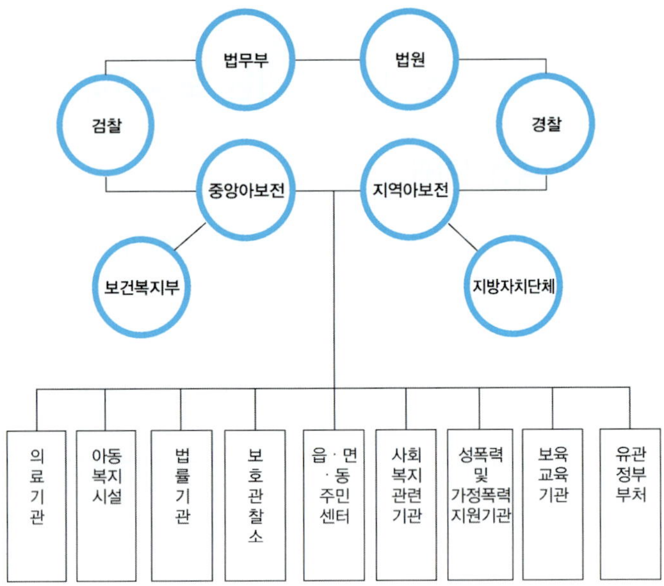

그림 8-14 아동학대예방 협력체계

출처 : 중앙아동보호전문기관(2017).

우리나라의 아동보호전문기관은 아동학대 신고접수, 현장조사 및 각종 서비스 제공 등의 업무를 수행하며, 아동학대 예방을 위한 교육 및 캠페인을 진행하고 있으며, 현재 아동보호전문기관은 전국에 61개소가 설치되어 있다(중앙아동보호전문기관, 2017).

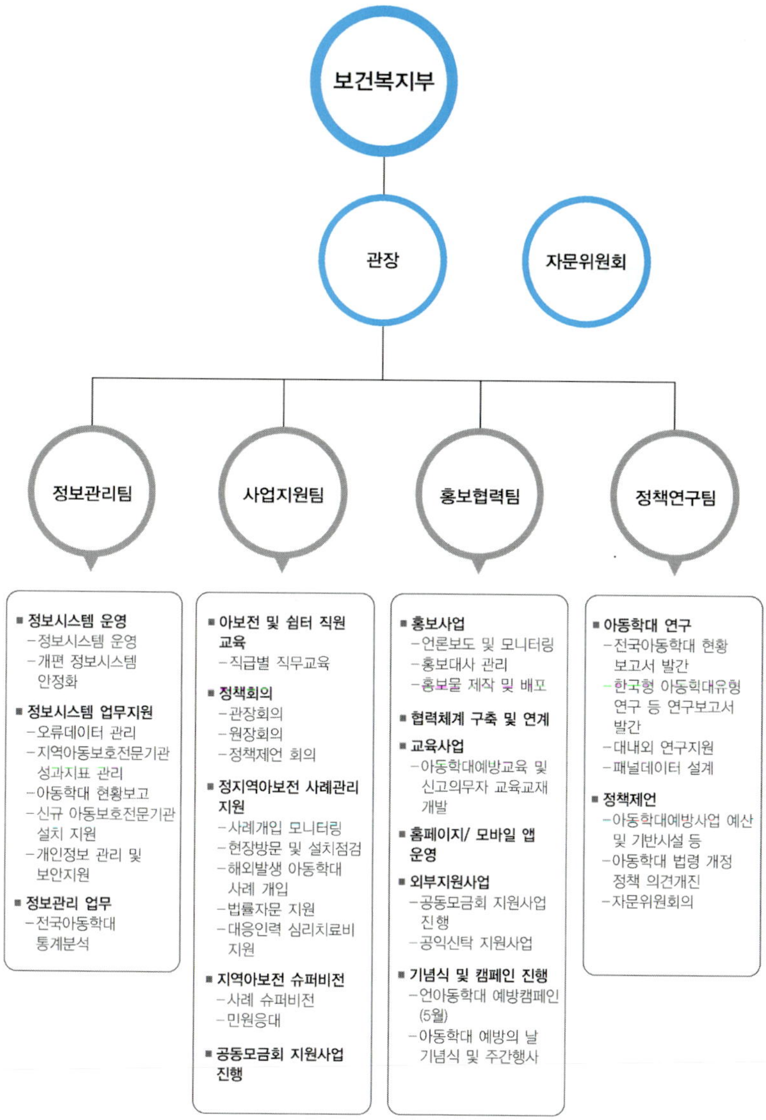

| 그림 8-15 | 아동보호 전문기관 조직도

• 조직도는 각 기관에 따라 상이할 수 있다.

출처 : 중앙아동보호전문기관(2017).

2. 학대받은 아동의 서비스 전달과정

학대받은 아동의 서비스 전달과정은 신고접수 단계, 현장조사 및 위기사정, 개입, 사례평가 종결 및 사후관리 등으로 이루어진다(김주아 외, 2012; 이한우 외, 2013).

1) 신고 및 접수

누구든지 아동학대를 알게 되거나 아동학대가 의심되는 경우 아동학대 예방 및 상담기관이나 경찰에 신고할 수 있다. 전국적으로 112이며 24시간 운영된다.

2) 현장조사 및 위기사정

현장조사 및 위기사정 단계는 학대판정 및 위급성 여부 확인, 피해아동에 대한 신변보장과 안전조치, 충분한 자료 및 정보의 수집・분석, 프로그램 및 서비스 제공계획, 부모역할에 대한 교육 등을 목적으로 한다. 따라서 아동복지사들은 아동의 안전 여부, 아동 및 가족들의 욕구 및 특성, 아동의 성장・발달사, 학대의 정도 또는 학대로 인한 피해의 심각성, 학대에 대한 위험도를 감소・제거하기 위해 변화될 수 있는 내용 등을 확인하고 전문 의료인의 소견서 및 진단서, 상처에 대한 근접 사진 촬영, 학대와 관련된 음성녹음, 비디오녹화, 약술 및 기록 등을 통해 증거자료를 확보한다. 신고접수된 사례는 상담원이 직접방문, 지역주민 면담, 학교교사 면담 등을 통하여 다음 조사내용 등을 파악하여야 한다. 아동학대 현장조사 시 확인해야 할 주요 내용은 <표 8-5>와 같다.

〈표 8-5〉 아동학대 현장조사 시 주요 조사내용

조사항목	내 용
접수자	성명, 관계, 전화번호, 접수경로
피해아동	나이, 성별, 주소, 전화번호, 학교, 교사
학대자	성명, 관계, 주소, 전화번호, 학력, 직업, 종교, 기타
아동관찰	신체, 의복, 정서, 언어상태 등
학대사항	학대유형, 학대시기, 학대빈도, 학대가 일어나는 특정 상황, 학대방법, 피해 정도, 다른 가족 학대 여부
가족사항	가족구성, 가족력, 경제상태, 주거상태 등
가족 내 존재하는 학대발생 요인	스트레스, 부모의 건강, 가정불화, 출산 관련 문제, 부모수행 관련 문제, 약물・알코올 문제, 가정폭력, 생활보호 수혜 여부
기 타	지역주민

3) 개 입

학대행위자가 아동의 보호자로서 아농을 장기 격리시킬 필요가 있다면, 일선 공무원은 아동복지법 제15조에 의하여 가정위탁보호를 의뢰하거나 사회복지시설에 입소시킬 수 있다. 아동학대예방센터는 접수된 사례가 아동학대로 결정되면, 아동과 그 가족의 욕구를 확인하고 학대를 유발하는 원인을 제거하기 위하여 가장 적절한 개입전략과 서비스를 제공한다.

4) 사례평가 종결 및 사후관리

사례종결은 개입목표가 이루어져 아동학대 재발 가능성이 희박하다고 평가될 때나 제공된 개입이 적절한 변화수준으로 이끌지 못하는 경우이다. 후자의 경우 다른 기관으로 의뢰가 이루어진다. 사후관리는 가족의 안정유지와 학대재발의 예방을 목적으로 한다. 종결된 사례는 6개월 동안 매월 1회 이상 유선통화 또는 방문 등의 방법으로 가족 또는 아동과 접촉하여 문제 재발생 여부를 확인한다.

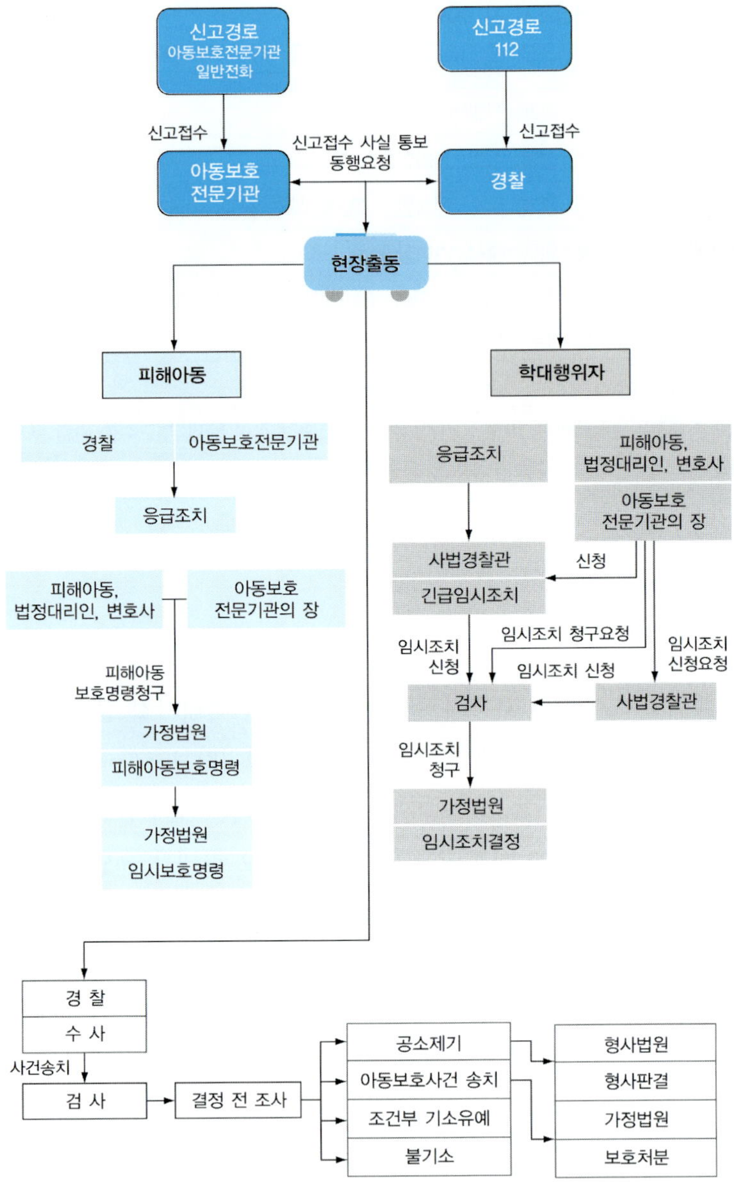

그림 8-16 학대받은 아동의 서비스 전달과정

출처 : 중앙아동보호전문기관(2017).

아 동 학 대 현 장 조 사 서 (※사례번호 :)

조사자	① 조사기관명	경찰서 : / 아동보호전문기관 :		
	② 기관주소	(☎)		
	③ 조사자명	사법경찰 : / 아동보호전문기관 직원 :		
조사대상자	Ⅰ. 아동 사항			
	④ 아동명 - 1		⑤ 주민등록번호	
	⑥ 주소	(☎)		
	⑦ 현 거주지	□ 가정 □ 일시보호시설 □ 친척 □ 병원 □ 경찰서 □ 전문기관 □ 기타 주소 : (☎)		
	⑧ 아동이름 - 2		⑨ 주민등록번호	
	⑩ 주소	(☎)		
	⑪ 현 거주지	□ 가정 □ 일시보호시설 □ 친척 □ 병원 □ 경찰서 □ 전문기관 □ 기타 주소 : (☎)		
	Ⅱ. 학대행위자 사항			
	⑫ 학대행위자명		⑬ 주민등록번호	
	⑭ 아동과의 관계	□ 친부 □ 친모 □ 계부 □ 계모 □ 형제자매 □ 친척 □ 부모의 동거인 □ 타인 □ 기타(구체적으로)		
	⑮ 주소	(☎)		
	⑯ 현 거주지 주소	(☎)		
	Ⅲ. 그 밖의 조사대상자			
	⑰ 조사대상자명		⑱ 주민등록번호	
	⑲ 아동과의 관계	□ 친부 □ 친모 □ 계부 □ 계모 □ 형제자매 □ 친척 □ 부모의 동거인 □ 타인 □ 기타(구체적으로)		
	⑳ 현 거주지 주소	(☎)		
㉑ 조 사 결 과		□ 무혐의 □ 아동학대사건 □ 형사사건 □ 기타		
조사경위 및 결과	㉒ 학대 발생일시/ 장소		㉓ 최초 신고일	
	㉔ 학대의 유형 및 피해의 심각성 정도 (구체적으로 기술)	□ 신체학대 : □ 정서학대 : □ 성 학 대 : □ 방 임 : □ 기 타 :		
	㉕ 학대자 결혼상태	□ 유배우자(초혼/ 재혼/ 동거/ 가출/ 별거) □ 무배우자(사별/ 이혼) □ 기타( )		
	㉖ 학대자 문제 (구체적으로 기술)	□ 성격・기질적 문제 : □ 신체질환・장애 : □ 정신질환・장애 : □ (상습)폭력문제 : *(가정폭력 및 기타 폭력, 전과 여부 등을 간단히 기술)* □ 기 타 : *(알코올・약물남용 등을 포함한 기타 문제를 간단히 기술)*		
	㉗ 조치결과	*조치유형	시설/ 기관/ 경찰서명	담당자명 / 연락처
		* 조치유형의 예 : 귀가, 일시보호시설 입소, 치료기관 입원, 경찰수사 의뢰, 전문기관 의뢰 등		

<table>
<tr><td rowspan="7">조
사
내
용

및

조
사
자

소
견</td><td colspan="12">Ⅰ. 가족 사항</td></tr>
<tr><td>이 름</td><td>성별</td><td>나이</td><td>관계</td><td>동거 여부</td><td>직업/ 학교</td><td>이 름</td><td>성별</td><td>나이</td><td>관계</td><td>동거 여부</td><td>직업/ 학교</td></tr>
<tr><td></td><td></td><td></td><td></td><td></td><td></td><td></td><td></td><td></td><td></td><td></td><td></td></tr>
<tr><td></td><td></td><td></td><td></td><td></td><td></td><td></td><td></td><td></td><td></td><td></td><td></td></tr>
<tr><td></td><td></td><td></td><td></td><td></td><td></td><td></td><td></td><td></td><td></td><td></td><td></td></tr>
<tr><td colspan="12">Ⅱ. 기타 조사내용(학대가정의 사회환경적 문제, 인간관계의 문제, 아동과 관련된 문제 등을 구체적으로 기술)</td></tr>
<tr><td colspan="12">Ⅲ. 조사자 소견(사례에 대한 조치를 실시한 사유, 법적 조치의 불가피성, 응급사례 여부에 대한 견해)</td></tr>
</table>

<table>
<tr><td rowspan="2">신
고
자</td><td>신고자명</td><td>아동과의 관계</td><td>소속기관</td></tr>
<tr><td></td><td>☐ 신고의무자 ☐ (　　　　　)</td><td></td></tr>
</table>

<table>
<tr><td rowspan="3">조사연월일</td><td rowspan="3">. . .</td><td rowspan="3">조사자</td><td>소 속</td></tr>
<tr><td>직급(위)</td></tr>
<tr><td>성 명　　　　(서명 또는 날인)</td></tr>
<tr><td colspan="4">※ 구비서류(의사소견서, X-ray 사진, 신체부위 사진 등)</td></tr>
</table>

제6절 아동학대의 예방 및 서비스 개선과제

최근 10년 동안 아동학대에 대한 사회적·학문적 관심이 높아졌으며, 학대피해아동 보호를 위한 법적·제도적 기반과 국민들의 의식이 향상되었다. 그러나 여전히 아동학대는 가정 내외에서 발생하고 있으며, 사회가 개입하는 것에 대한 거부감, 아동학대 신고의무자들의 신고의무에 대한 법적 강제조항이 없는 것뿐만 아니라 아동학대 전문상담원의 신변이 제대로 보장받지 못하는 점, 지역사회 자원의 연계 부족 등 많은 문제점이 있다. 이러한 문제에 대한 개선과제에 대해 구체적으로 살펴보면 다음과 같다(구은미 외, 2012; 문선화 외, 2013).

1. 아동학대 관련법과 규정의 보완

첫째, 아동학대를 가장 가까이에서 발견할 수 있는 아동학대 신고의무자의 신고의무조항 강화가 필요하다. 아동보육 및 교육기관의 교사, 의료인, 사회복지사 등의 신고의무를 강화하여 아동학대에 대해 조기개입할 수 있도록 신고의무자 교육과 신고의무를 게을리했을 경우의 벌금, 금고 등 적절한 단계적 처벌조항의 도입이 필요하다. 2011년 아동복지법 개정으로 신고의무자의 범위가 확대되었고, 신고의무자에 대한 교육의무가 강화되었으나 보다 체계적이고 전문적인 접근이 요구된다.

둘째, 학대피해아동에 대한 보호서비스에 가정법원이나 소년법원이 자동 관여하도록 하여 법적 기능을 강화해야 한다. 특히 격리보호 결정을 위한 양육권 일시정지 조치나 아동의 원가정 복귀결정 또는 개전의 정이 없는 부모에 대한 친권정지나 박탈 등과 함께 아동의 후견인 지정 등에 법원이 보다 적극적으로 개입하여 아동의 권리를 보호하여야 한다.

선진국에서는 아동보호에 대한 강력하고 구체적인 법을 가지고 있다. 영국의 아동법은 법원이 아동보호를 위한 명령과 아동조사 검토명령을 내리도록 되어있어 아동학대 발생 시 강력하게 개입할 수 있으며, 현재 가정이 아동에게 심각한 해를 주는 경우 거주지 이전에 관한 명령을 내리며 부모의 권한을 박탈함으로써 아동을 보호하도록 명시되어 있다. 그러나 우리나라의 경우 아동학대 발생 시 피해아동과 학대행위자에게 개입을 하고 있으나 법적 근거가 부족하여 많은 제약을 받고 있다.

2. 국민의 의식 전환을 위한 지역사회 교육과 홍보

우리나라는 이웃의 아동학대나 방임을 목격하여도 신고를 해야 한다는 인식이 미비하다. 게다가 아동학대는 주로 가정 내에서 이루어지기 때문에 이웃을 포함한 사회의 기관이 개입하는 것은 부당하다고 생각할 수도 있다. 따라서 지속적인 지역사회의 교육과 아동학대 예방 캠페인을 통하여 아동학대의 심각성을 알리고 아동학대가 가정 내에서 이루어지는 가정의 문제가 아니라 사회적인 문제이며, 아동을 심각하게 손상시킨다는 것을 주지시킬 필요가 있다. 이를 위해 초·중등학교의 교사 교육과 학부모 교육, 공중장소에서의 캠페인과 홍보활동을 지속적으로 수행해야 할 것이다.

3. 아동학대 전문상담원의 전문성 강화

아동학대는 일반적 상담사례와는 달리 학대자에 대한 처벌이나 아동의 격리, 아동학대 사례 판정 등의 업무를 담당하는 상담원의 높은 전문성을 요구한다. 무엇보다 아동학대 사례를 접수한 후 현장조사를 나갈 경우, 조사를 거부하는 학대자나 가정에 들어오지 못하도록 하는 아동의 부모, 학대 희생자로 의심되는 아동과의 인터뷰 요청을 거부하는 학교교사 등을 만날 수 있다. 이러한 장애는 아동학대 실무현장에서 번번이 발생하는 일이지만 문제를 해결할 수 있는 아무런 장치가 없다. 따라서 아동학대 전문상담원이 현장조사 업무와 아동의 격리조치 등을 수행할 수 있도록 합법적 권리가 부여되어 상담원의 신변을 보장해야 한다. 구체적으로 합법적 조사권이 상담원에게 부여되어 그들이 업무를 보는 데 있어 전문성을 발휘하여 수행할 수 있도록 뒷받침해야 할 것이다. 또한 과중한 사례의 할당과 24시간 신고접수 시스템으로 운영되고 있는 점을 감안하여 상담원들이 소진되지 않으면서 그들의 전문성이 향상될 수 있도록 지속적 보수교육과 연수를 통해 좀 더 효과적이고 효율적인 서비스를 제공할 수 있도록 이루어져야 할 것이다.

4. 아동보호서비스 강화를 위한 협력체계 구축

아동학대가 발생되면 전문상담원 외에 현장조사에 참여하는 경찰 및 사법기관, 행정적 조치를 취하는 행정기관의 공무원, 후속조치를 위한 사회복지담당자, 신체적 · 정서적 치료를 담당하는 의료인과 교사 간의 협력이 필요하다. 이들 중 어느 한 사람이라도 아동학대에 대한 명확한 지침을 가지고 있지 않으면 이들 간에 적극적인 협력이 이루어지기 어렵고, 학대피해아동에 대한 효율적인 보호서비스를 제공해 줄 수 없게 된다. 학대피해보호서비스를 통합적으로 수행할 수 있도록 관련기관 간의 지원체계가 제도적으로 수립될 필요가 있다.

토론해 보기

1. 아동학대는 신체적 폭력뿐만 아니라 언어적 폭력도 포함된다. 여러분은 두 유형 중 가장 심각한 문제는 무엇인지 여러분의 생각을 토론해 봅시다.

2. 우리나라는 선진국에 비해 학대받는 아동을 보고도 신고하지 않는 경우가 너무나 많다. 즉, 아동학대 신고의무자들에게 신고의식을 강화하기 위한 구체적인 방안은 무엇인지 여러분의 생각을 토론해 봅시다.

3. 만약 여러분이 피학대아동을 처음으로 발견하였다면 가장 먼저 취해야 할 행동은 무엇인지 여러분의 생각을 토론해 봅시다.

4. 아동학대를 예방하기 위한 구체적인 방안은 무엇인지 여러분의 생각을 토론해 봅시다.

09

장애아동을 위한 복지서비스

제 1 절 장애개념 및 장애아동의 유형

오늘날 현대사회는 인구의 노령화, 산업화에 따른 재해, 교통사고, 환경오염을 비롯한 각종 사고, 약물남용, 공해 등으로 치료가 힘든 새로운 질병이 선천적 장애뿐만 아니라 후천적 원인에 의해서도 급속히 증가하는 추세이다.

이러한 장애의 발생문제는 개인이나 가정의 문제에 국한되는 것이 아니라 사회와 국가가 함께 앞서 해결해 나가야 할 중요 정책과제이다.

1975년 제20차 UN 총회에서 장애인권선언 제13조에 "장애인은 인간으로서 존중되는 권리를 가지고 있고, 장애의 원인, 특질 및 정도와 관계없이 같은 연령의 시민과 똑같은 기본적 권리를 가지며, 평범한 생활과 충분히 충족된 생활을 누릴 수 있는 권리를 가지고 있다"고 규정하고 있으며, 장애아동의 권리에 대한 유엔아동권리협약 제23조를 보면, 국가는 신체적 · 정신적 장애아동의 존엄성을 보장하고 장애아동이 특별한 보호를 받을 권리가 있음을 인정해야 하며, 국가는 장애아동에게 교육, 훈련, 건강관리 지원, 재활지원, 취업지원 등을 제공하고 사회참여의 기회를 제공받을 수 있도록 해야 한다고 명시하고 있다. 그러나 장애인복지, 특히 장애아동을 위한 복지정책이 미흡하여 그들의 생활 실태와 복지욕구를 반영한 적절한 서비스를 제공하지 못하고 있는 실정이다.

유엔아동권리협약(제23조)

- 당사국은 정신적 · 신체적 장애아가 인격을 존중받고 자립과 적극적 사회참여가 장려되는 여건에서 여유롭고 품위 있는 생활을 누려야 함을 인정한다.
- 당사국은 특별한 보호를 받을 장애아의 권리를 인정하며 활용 가능한 재원의 범위 내에서 아동과 부모, 다른 아동양육자의 사정에 맞는 지원이 신청에 의해 해당 아동과 양육책임자에게 제공되도록 장려하고 이를 보장해야 한다.

- 장애아의 특별한 어려움을 인식하고, 이 조 제2항에 따른 지원을 할 경우, 부모 등 아동양육자의 재산을 고려해 가능한 한 무상지원을 해야 하며, 아동이 교육과 훈련, 의료지원, 재활지원, 취업준비 및 오락의 기회를 실질적으로 이용할 수 있는 지원안을 장애아동의 사회참여와 문화적·정신적 발전 등 개인 발전에 기여하는 방법으로 마련해야 한다.
- 당사국은 국제협력의 정신에 입각해 이러한 분야에서의 능력과 기술을 향상시키고 경험을 확대하기 위해 장애아를 위한 재활, 교육 및 직업에 관한 정보 보급과 이용을 비롯해 예방의학 분야, 의학적 · 심리적 · 기능적 치료에 관한 적절한 정보 교환을 촉진해야 한다. 또한 이 문제를 다룸에 있어 개발도상국의 필요를 특별히 고려해야 한다.

장애아동을 위한 복지서비스가 중요한 이유는 인간생애 발달 과정에서 유아 및 아동기에 가장 빠른 성장이 이루어지기 때문에 아동이 가지고 있는 잠재능력과 잔존능력을 최대한으로 개발하고, 장애로 인한 심리 · 사회적 발달의 손상을 최소화하여 치료의 효과를 높이기 위해서 장애아동의 예방과 재활을 위한 적극적 개입은 가능한 조기에 시작되어야 하기 때문이다. 또한 장애아동을 위한 적극적 지원은 미래에 투자할 비용을 감소시키고, 장애인으로서 사회에 적응하여 귀중한 인적자원으로서 사회에 동참할 수 있는 기회를 증가시킨다. 따라서 장애아동에 대한 복지서비스 대책은 아동과 부모의 안녕뿐 아니라 사회의 안녕을 위해서도 중요하게 다루어져야 할 것이다.

이 장에서는 장애, 장애아동의 개념, 장애유형을 살펴보고, 장애아동 현황 및 장애아동복지서비스 실태를 파악함으로써 장애아동복지사업의 문제점과 향후 과제를 살펴보고자 한다.

1. 장애개념

장애의 개념은 시대적 · 사회적 발전수준에 따라 변화되고, 한 국가의 사회적 · 문화적 · 경제적 · 정치적 상황에 따라 달라지므로, 보편적 정의를 내리기가 쉽지 않다(김성경 외, 2012).

장애의 개념은 크게 협의의 개념과 광의의 개념으로 구분하는데, 먼저 협의의 개념을 보면 장애를 신체 및 정신의 기능 저하 및 이상, 상실 또는 신체

일부의 훼손 등을 가리키는 의학적 측면의 개념에 국한시킨다. 광의의 개념은 의학적 측면의 장애뿐만 아니라 이로 인해 발생되는 능력의 저하와 사회적 측면까지도 포함하고 있다(WHO, 1998).

좀 더 여러 장애의 개념을 살펴보면, 1980년 세계보건기구(WHO)에서 규정한 국제장애분류(ICIDH : International Classification of Impairments, Disabilities, and Handicaps)에 의하면, 장애의 개념을 기능장애, 능력장애, 사회적 불리의 세 측면으로 보고 있다.

첫째, 기능장애(impairment)는 '심리적 · 생리적 · 해부학적 구조나 기능의 상실 또는 비정상'을 뜻하는 것으로 일시적 · 영구적인 손실이나 비정상의 투입이며, 사지, 기관, 피부 또는 정신적 기능체계를 포함한 신체 다른 구조의 비정상, 결손 또는 손실의 발생이나 존재를 포함한다. 이는 질병상태가 겉으로 드러나 다른 사람이 인식할 수 있음을 의미하며, 기관수준에서의 장애를 반영하는 것이다. 기능장애에는 지적장애, 심리적 장애, 언어장애, 청각장애, 시각장애, 내과적 장애, 골격계 장애, 기형장애, 일반적 · 감각적 및 기타 장애가 포함된다.

둘째, 능력장애(disability)는 '기능장애에서 야기된 것으로서 인간에게 정상적인 것으로 간주되는 범위 내에서 또는 정상적인 활동을 수행하는 능력의 제약 또는 결여'를 뜻한다. 이는 기능장애의 직접적 결과로서 개인적 차원에서 일상적 활동영역에 나타나는 2차적 장애를 의미한다. 능력장애에는 태도장애, 의사소통장애, 일상생활동작장애, 운동장애, 가사활동장애, 상황적 장애 등이 포함된다.

셋째, 사회적 불리(handicaps)는 사회적 차원에서의 장애개념으로 '기능장애나 능력장애에서 야기되는 것이다. 즉, 연령, 성, 사회 · 문화적 요인에 따른 정상적인 역할의 수행을 제약하거나 방해하는 개인에 대한 불이익'을 의미한다. 이는 기능장애나 능력장애가 사회화된 것으로서, 개인의 손상이나 기능제약으로 인해 사회생활에 대한 참여에서 제한을 받거나 지장을 초래하는 것을 말한다. 사회적 불리에는 신체적 자립 불리, 이동성 불리, 직업상 불리, 사회통합 불리 등이 포함된다.

세계보건기구(WHO)는 위의 세 가지 차원을 모두 포함하는 광의의 개념으로 장애를 이해하도록 권장하고 있다.

이러한 제 정의들을 종합해 볼 때 장애란 신체적·심리적·정신적 구조 및 기능의 상실로 인해 개인적 차원에서 일상생활의 활동에 지장을 가져오고, 사회적 차원에서 사회생활에 참여하는 데 불이익과 제한을 받는 것이다. 그리고 장애아동이란 영유아기에 발견되는 모든 장애조건을 가진 아동을 말한다(이순자 외, 2013).

2. 장애아동의 유형

「장애인 등에 대한 특수교육법(2008)」의 장애아동 분류에 따르면, 장애아동의 유형은 시각장애, 청각장애, 지적장애, 지체부자유, 정서장애, 언어장애, 학습장애 등으로 분류하고 있다.

장애인복지법에서의 장애범주 및 종류는 2000년도에 장애인복지법 시행령과 시행규칙이 전면 개정되면서 장애유형을 신체적 장애와 정신적 장애로 분류하고 있다.

좀 더 구분하면 신체적 장애는 외부 신체기능의 장애와 내부기관의 장애로 다시 외부 신체기능장애는 지체장애, 뇌병변 장애, 시각장애, 청각장애, 언어장애로, 내부기관의 장애는 신장장애, 심장장애가 포함되며, 정신적 장애는 지적장애, 정신장애, 발달장애로 구분된다. 또한 2003년 7월부터 장애의 범주에 만성중증의 호흡기 질환, 간질환, 안면기형, 장루(요루 포함), 간질의 다섯 가지 유형이 추가되어 장애범주 15종류로 확대되었다(보건복지부, 2010).

〈표 9-1〉 장애의 종류 및 기준

장애의 종류	장애기준
시각장애인	• 나쁜 눈의 시력(만국식 시력표에 따라 측정된 교정시력을 말한다. 이하 같다)이 0.02 이하인 사람 • 좋은 눈의 시력이 0.2 이하인 사람 • 두 눈의 시야가 각각 주 시점에서 10도 이하로 남은 사람 • 두 눈의 시야의 2분의 1 이상을 잃은 사람
청각장애인	• 두 귀의 청력손실이 각각 60데시벨(dB) 이상인 사람 • 한 귀의 청력손실이 80데시벨(dB) 이상, 다른 귀의 청력손실이 40데시벨(dB) 이상인 사람 • 두 귀에 들리는 보통 말소리의 명료도가 50퍼센트 이하인 사람 • 평형기능에 상당한 장애가 있는 사람
언어장애인	• 음성기능 또는 언어기능에 영속적으로 상당한 장애가 있는 사람
지적장애인	• 정신발육이 항구적으로 지체되어 지적 능력의 발달이 불충분하거나 불완전하고 자신의 일을 처리하는 것과 사회생활에 적응이 상당히 곤란한 사람
발달장애인	• 소아기 자폐증, 비전형적 자폐증에 의한 언어 · 신체표현 · 자기조절 · 사회적응 기능 및 능력의 장애로 인하여 일상생활 또는 사회생활을 하는 데 있어 상당한 제한을 받아 다른 사람의 도움이 필요한 사람
신장장애인	• 신장의 기능 부전으로 인하여 혈액투석이나 복막투석을 지속적으로 받아야 하거나, 신장기능의 영속적인 장애로 인하여 일상생활을 하는 데 있어 상당한 제약을 받는 사람
심장장애인	• 심장의 기능 부전으로 인한 호흡곤란 등의 장애로 인하여 일상생활을 하는 데 있어 상당한 제약을 받는 사람
호흡기 장애인	• 폐나 기관지 등 호흡기관의 만성적 기능 부전으로 인한 호흡기능의 장애로 인하여 일상생활을 하는 데 있어 상당한 제약을 받는 사람
간장애인	• 간의 만성적 기능 부전과 그에 따른 합병증 등으로 인한 간 기능의 장애로 인하여 일상생활을 하는 데 있어 상당한 제약을 받는 사람
안면장애인	• 안면부위의 변형 또는 기형으로 인하여 사회생활을 하는 데 있어 상당한 제약을 받는 사람
장루 · 요루 장애인	• 배변기능 또는 배뇨기능의 장애로 인하여 장루 또는 요루를 시술하여 일상생활을 하는 데 있어 상당한 제약을 받는 사람
간질장애인	• 간질에 의한 뇌신경세포의 장애로 인하여 일상생활 또는 사회생활을 하는 데 있어 상당한 제약을 받아 다른 사람의 도움이 필요한 사람

지체장애인	• 한 팔, 한 다리 또는 몸통의 기능에 영속적인 장애가 있는 사람 • 한 손의 엄지손가락을 지골관절 이상의 부위에서 잃은 사람 또는 한 손의 둘째 손가락을 포함한 2 이상의 손가락을 모두 제1지골관 이상의 부위에서 잃은 사람 • 한 다리를 리스프랑(Lisfranc)관절 이상의 부위에서 잃은 사람 • 두 발의 모든 발가락을 잃은 사람 • 한 손의 엄지손가락의 기능을 잃은 사람 또는 한 손의 둘째 손가락을 포함한 2 이상의 손가락의 기능을 잃은 사람 • 왜소증으로 인하여 키가 심하게 작거나 척추에 현저한 변형 또는 기형이 있는 사람 • 지체에 위 각 목의 1에 해당하는 장애 정도 이상의 장애가 있다고 인정되는 사람
뇌병변 장애인	• 뇌성마비, 외상성 뇌손상, 뇌졸중 등 뇌의 기질적 병변에 기인한 신체적 장애로 보행 또는 일상생활의 동작 등에 상당한 제한을 받는 사람
정신장애인	• 지속적인 정신분열병, 분열형 정동장애, 양극성 정동장애 및 반복성 우울장애에 의한 감정 조절, 행동, 사고 기능 및 능력의 장애로 인하여 일상생활 또는 사회생활을 하는 데 있어 상당한 제한을 받아 다른 사람의 도움이 필요한 사람

출처 : 김성경 외(2012).

제 2 절 장애아동의 현황

장애아동에 대한 현황은 전국적 규모로 실시한 장애인 실태조사 결과를 토대로 파악해 볼 수 있다. 여기에서는 2005년과 2011년도 보건복지부가 실시한 '전국 장애인 실태조사결과'를 살펴보기로 한다.

1. 장애아동 출현율

보건복지부의 2011년 장애인 조사 결과를 보면, 우리나라 전국 장애인 수는 총 2,683,477명이며, 장애인 출현율은 5.61%로 추정되는 것으로 보고하였다. 이를 2005년 장애인 조사 결과에서 우리나라 전국 장애인 수는 총 2,148,686명이며, 장애인 출현율은 4.59%인 것과 서로 비교해 볼 때 장애인이 약 534,791명으로 증가하였고, 장애인 출현율은 1.02% 늘어났다. 이렇게 출현율이 증가한 이유는 2003년 장애인복지법의 개정으로 장애범주가 기존의 10종(지체, 시각, 청각, 언어, 지적장애, 뇌병변장애, 발달장애, 정신장애, 신장장애, 심장장애)에서 15종(만성 중증 호흡기 장애, 간질환, 안면기형, 장루, 간질의 5종 추가)으로 확대되었고, 동일 범주라 하더라도 장애기준이 완화되었기 때문이다.

2014년 기준 20세 미만 장애아동의 연령별·성별 출현율은 <표 9-2>와 같다. 대략적으로 살펴보면, 연령별 장애아동 출현율은 0~4세 0.24%, 5~9세 0.70%, 10~14세 0.88%, 15~19세 1.42%인 것으로 나타나, 대체로 연령이 높아짐에 따라 장애발생 비율도 높아지고 있음을 알 수 있다. 그리고 성별 장애아동 출현율은 남자장애아동 출현율의 증가로 인하여 남녀 간의 출현율 격차가 갈수록 커지는 것으로 나타났다.

〈표 9-2〉 연령별 · 성별 장애아동 출현율 (단위 : %, 명)

연 령	남 자	여 자	전 체
0~4세	0.33(3,906)	0.15(1,602)	0.24(5,508)
5~9세	0.90(10,567)	0.50(5,523)	0.70(16,090)
10~14세	1.00(14,481)	0.76(10,095)	0.88(24,576)
15~19세	1.86(32,119)	0.94(14,833)	1.42(46,952)

출처 : 한국보건사회연구원(2015).

2. 장애유형별 분포 현황

장애인 실태조사를 토대로 등록된 총 장애인 중 만 0~18세 미만 아동 · 청소년의 장애유형별 분포 현황을 살펴보면 다음 <표 9-3>과 같다. 보건복지부 2014년 장애인 실태 조사에 의하면, 우리나라 총 장애인 수는 2,494,000명이며, 이 중 18세 미만인 경우 83,092명이다. 구체적인 내용을 살펴보면 <표 9-3>과 같다.

〈표 9-3〉 18세 미만 등록 장애아동 장애유형 현황 (단위 : 명, %)

구 분	인원(명)	비율(%)
지적	83,092	48.1
뇌병변	39,955	16.1
자폐성	13,332	14.3
청각	11,916	6
시각	5,000	4.3
언어	1,579	1.9
지체	5,935	7.1
심장	566	0.7
정신	117	0.1
간질	212	0.3

신장	288	0.4
간	410	0.5
안면	97	0.1
장(요)루	70	0.1
호흡기	57	0.1
계	162,626	100

출처 : 보건복지부(2014). 등록장애인 현황.

3. 장애아동 생활환경

1) 경제상태

장애아동의 경제상태는 장애아동가구의 총소득과 월 생활비를 통해서 가늠해 볼 수 있다. <표 9-4>에 나타나듯이, 2008년 현재 장애아동 총 가구소득은 50~99만 원 이하가 24.8%로 가장 많은 것으로 나타났으며, 100~149만 원 16.3%, 150~199만 원 11.2%, 200~249만 원 10.4%, 500만 원 이상 4.4% 순으로 나타났다.

〈표 9-4〉 **월평균 총소득** (단위 : %, 명, 만 원)

구 분	성 별		연령별				장애 정도		전 체
	남 자	여 자	17세 이하	18~44세 이하	45~64세 이하	65세 이상	중증 (1~2급)	경증 (3~6급)	
50만 원 미만	8.9	17.1	4.4	6.5	9.1	19.7	13.9	11.7	12.3
50~99만 원	24.8	24.9	5.5	16.6	21.5	34.9	26.5	24.3	24.8
100~149만 원	16.9	15.6	19.1	18.1	16.1	15.4	15.6	16.6	16.3
150~199만 원	11.2	11.3	16.6	14.0	11.4	9.0	13.3	10.5	11.2
200~249만 원	12.0	8.2	10.2	13.8	13.3	5.5	8.3	11.2	10.4
250~299만 원	6.4	5.2	8.7	8.7	6.7	3.4	5.5	6.1	5.9
300~349만 원	6.7	5.7	10.4	7.7	7.8	3.4	5.6	6.6	6.3

350~399만 원	3.9	4.3	6.3	4.1	4.4	3.5	2.8	4.5	4.1
400~499만 원	4.1	4.2	7.3	4.9	4.7	2.8	3.8	4.3	4.1
500만 원 이상	5.0	3.5	11.6	5.5	4.9	2.3	4.7	4.3	4.4
계	100.0	100.0	100.0	100.0	100.0	100.0	100.0	100.0	100.0
전국 추정 수	1,251,538	884,988	82,701	396,426	886,862	770,540	553,086	1,583,441	2,136,526
평균금액	192.0	167.7	284.2	209.5	199.3	136.8	174.9	184.4	181.9

출처 : 보건복지가족부(2008). 장애인실태조사.

장애아동가구의 월 생활비의 규모가 소득에 비해 크게 나타나고 있는 것을 보면, 장애아동가구의 경제적 환경은 매우 어려운 사정임을 알 수 있다. 더욱이 장애아동가정은 장애로 인한 치료・재활서비스, 교통수단의 이용, 특수교육비 등의 추가비용이 소요되고, 장애 정도가 심할수록 더 많은 추가비용이 필요하다.

장애로 인한 지출액은 장애등급에 따라 차이가 있지만, 평균 월에 15만 7천 9백 원인 것으로 나타났다.

〈표 9-5〉 **월평균 총가구 지출액** (단위 : %, 명, 만 원)

구 분	성 별		연령별				장애 정도		전 체
	남 자	여 자	17세 이하	18~44세 이하	45~64세 이하	65세 이상	중증 (1~2급)	경증 (3~6급)	
50만 원 미만	8.3	16.5	4.2	5.4	7.5	20.4	13.8	10.9	11.7
50~99만 원	25.2	25.2	6.7	17.4	21.8	35.1	25.9	25.0	25.2
100~149만 원	19.0	18.0	21.4	21.1	18.8	16.7	17.2	19.0	18.6
150~199만 원	13.9	13.7	17.2	17.6	15.9	9.1	15.1	13.4	13.8
200~249만 원	13.6	9.1	14.7	16.2	13.9	6.6	9.7	12.5	11.7
250~299만 원	8.1	5.0	8.4	9.4	8.5	3.3	5.7	7.2	6.8
300~349만 원	4.9	5.5	8.6	4.5	6.1	3.9	5.6	5.0	5.1
350~399만 원	2.3	2.4	5.3	2.6	2.8	1.4	2.6	2.3	2.4
400~499만 원	2.7	2.8	6.6	2.8	2.7	2.4	2.7	2.8	2.7

500만 원 이상	2.1	1.8	6.9	2.9	2.0	0.9	1.6	2.1	2.0
계	100.0	100.0	100.0	100.0	100.0	100.0	100.0	100.0	100.0
전국 추정 수	1,251,526	885,247	82,659	396,684	886,890	770,539	553,355	1,583,418	2,136,773
평균금액	163.3	144.5	237.9	178.1	169.6	118.8	148.9	157.8	155.5

출처 : 보건복지가족부(2008). 장애인실태조사.

2) 장애의 원인, 시기, 치료

장애의 원인은 크게 선천적 원인, 출생 시 원인, 후천적 원인(질환 및 사고)으로 구분할 수 있는데, 주된 법정장애 15가지 장애유형의 장애원인을 <표 9-6>과 같이 살펴보면, 전반적으로 질환 및 사고의 후천적 원인이 88.9%로 가장 많았고, 선천적 원인 4.7%, 원인불명 5.1%, 출산 시 원인이 1.3%로 나타나고 있으며, 2008년 조사 결과와 비교하여 보면, 선천적 원인(2008년 4.9%)은 감소하였으며 후천적 원인(2008년 89.0%)은 약간 감소하였다. 출산 시 원인(2008년 0.5%)은 증가하였고 원인불명(2008년 4.6%)은 증가하였다. 그 원인을 구체적으로 파악하였는데, 질환이 56.2%로 가장 많았고, 사고가 32.7%를 차지하였다. 이와 같이 장애원인 중에 질환과 사고가 많다는 것은 장애가 어느 정도 예방이 가능하다는 것을 보여주는 결과이다.

〈표 9-6〉 2014년 장애원인

(단위 : %)

구 분		지체 장애	뇌병변 장애	시각 장애	청각 장애	언어 장애	지적 장애	자폐성 장애	정신 장애	신장 장애	심장 장애	호흡기 장애	간 장애	안면 장애	장루·요루 장애	뇌전증 장애	전 체
선천적 원인		1.2	1.8	5.1	8.4	11.7	29.8	19.8	2.2	0.4	9.4	1.7	2.6	29.2	0.0	5.4	4.7
출산 시 원인		0.1	3.1	0.6	1.4	0.6	8.7	4.6	0.4	0.0	0.0	0.0	0.0	0.0	0.0	0.0	1.3
후천적 원인	질환	48.5	83.7	51.8	71.7	49.8	14.3	15.5	83.6	98.4	86.4	96.1	97.4	15.5	96.1	50.5	56.2
	사고	49.6	11.0	37.2	11.4	13.4	9.5	0.0	10.4	0.0	4.2	2.1	0.0	55.3	3.9	26.0	32.7
원인불명		0.7	0.3	5.3	7.2	24.6	37.6	60.1	3.3	1.2	0.0	0.0	0.0	0.0	0.0	18.1	5.1
계		100.0	100.0	100.0	100.0	100.0	100.0	100.0	100.0	100.0	100.0	100.0	100.0	100.0	100.0	100.0	100.0

출처 : 보건복지부(2015).

장애발생 시기도 <표 9-7>과 같이 거의 대부분 '돌 이후'가 96.7%로 가장 많았고, '출생 전 또는 출생 시' 1.9%, '돌 이전' 1.4%로 나타났다.

장애유형별로는 안면장애(29.2%), 지적장애(29.8%), 자폐성장애(19.8%)는 출생 전에 발생하는 비율이 다른 장애유형에 비해 높았다.

〈표 9-7〉 장애발생 시기 (단위 : %, 명)

원인별	전체	지체 장애	뇌병변 장애	시각 장애	청각 장애	언어 장애	지적 장애	자폐성 장애	정신 장애	신장 장애	심장 장애	호흡기 장애	간 장애	안면 장애	장루·요루 장애	뇌전증 장애
계	1000.0	1000.0	1000.0	1000.0	1000.0	1000.0	1000.0	1000.0	1000.0	1000.0	1000.0	1000.0	1000.0	1000.0	1000.0	1000.0
선천적 원인	4.7	1.2	1.8	5.1	8.4	11.7	29.8	19.8	2.2	0.4	9.4	1.7	2.6	29.2	0.0	5.4
출산 시 원인	1.3	0.1	3.1	0.6	1.4	0.6	8.7	4.6	0.4	0.0	0.0	0.0	0.0	0.0	0.0	0.0
후천적 원인 (질환)	56.2	48.5	83.7	51.8	71.7	49.8	14.3	15.5	83.6	98.4	86.4	96.1	97.4	15.5	96.1	50.5
후천적 원인 (사고)	32.7	49.6	11.0	37.2	11.4	13.4	9.5	0.0	10.4	0.0	4.2	2.1	0.0	55.3	3.9	26.0
원인불명	5.1	0.7	0.3	5.3	7.2	24.6	37.6	60.1	3.3	1.2	0.0	0.0	0.0	0.0	0.0	18.1

출처 : 보건복지부(2015). 2015 장애인 실태조사.

돌 이후 후천적 장애발생 시기를 <표 9-8>과 같이 연령별로 살펴보면, 장애발생 시 연령은 어느 특정 연령층에 한정되어 있지 않고 전반적으로 전 연령대에서 골고루 분포되어 있다.

〈표 9-8〉 2014년 등록 장애인의 연령분포 (단위 : %, 명)

구 분	지체 장애	뇌병변 장애	시각 장애	청각 장애	언어 장애	지적 장애	자폐성 장애	정신 장애	신장 장애	심장 장애	호흡기 장애	간 장애	안면 장애	장루·요루 장애	뇌전증 장애	전 체
만 0~17세	0.3	3.9	1.3	1.6	8.3	19.1	53.3	0.6	0.0	5.4	0.0	0.0	15.0	0.0	9.4	2.7
만 18~29세	1.1	2.8	2.2	2.2	0.0	31.1	46.7	5.2	0.0	0.0	0.0	0.0	16.4	0.0	8.4	4.1
만 30~39세	5.5	5.6	6.0	4.0	23.9	18.3	0.0	12.6	9.3	5.4	2.1	2.6	3.0	1.3	6.8	6.7
만 40~49세	12.7	7.9	13.4	7.5	11.9	12.6	0.0	36.0	16.3	10.2	0.6	9.5	18.3	2.4	21.6	12.5
만 50~59세	35.1	27.5	28.6	21.8	26.4	14.9	0.0	39.2	37.1	21.9	17.2	71.4	36.0	34.4	32.4	30.7
만 60~69세 이상	45.3	52.5	48.5	63.0	29.5	4.1	0.0	6.2	37.3	57.1	80.1	16.6	11.4	61.9	21.5	43.3
계	100.0	100.0	100.0	100.0	100.0	100.0	100.0	100.0	100.0	100.0	100.0	100.0	100.0	100.0	100.0	100.0
전국 추정 수	1,339,569	289,257	274,484	277,432	21,399	182,333	18,951	105,002	71,876	8,456	15,985	11,839	3,012	16,705	9,764	2,646,064

출처 : 보건복지부(2016). 2014 장애인 실태조사.

장애치료를 받지 않은 이유에 대해 살펴본 결과는 <표 9-9>와 같다.

〈표 9-9〉 **현재 치료받고 있지 않은 주된 이유** (단위 : %, 명)

구 분	지체장애	뇌병변장애	시각장애	청각장애	언어장애	지적장애	자폐성장애	정신장애	신장장애	심장장애	호흡기장애	간장애	안면장애	장루·요루장애	뇌전증장애	전 체
경제적으로 어려워서	5.8	15.8	1.0	1.4	7.2	4.9	25.0	0.0	14.4	36.9	10.7	0.0	21.7	6.3	21.7	4.9
그대로 두어도 괜찮거나 곧 나을 것 같아서	10.7	8.6	0.4	1.1	5.6	4.6	6.3	12.6	85.6	11.9	30.0	47.8	4.1	48.1	22.4	7.4
치료해도 나을 것 같지 않아서	36.4	34.9	23.3	29.9	35.5	36.4	28.7	29.6	0.0	16.7	4.9	0.0	28.3	14.7	0.0	33.5
치료해도 효과가 없다고 해서	44.5	30.9	74.0	65.7	48.1	44.9	32.3	23.4	0.0	16.4	34.5	14.5	38.1	23.0	21.7	50.8
치료받기 싫어서	1.1	2.7	0.2	0.7	2.0	3.5	2.1	16.2	0.0	0.0	4.9	0.0	0.0	2.2	18.9	1.3
주위의 시선 때문에	0.0	0.0	0.0	0.0	0.0	0.0	0.0	0.0	0.0	9.3	6.4	0.0	0.0	0.0	0.0	0.0
근처에 치료기관이 없어서	0.3	0.1	0.0	0.0	0.4	0.5	0.9	0.0	0.0	0.0	0.0	0.0	1.5	0.0	0.0	0.2
시간이 없어서	0.5	1.5	0.9	0.4	0.2	0.0	3.3	0.0	0.0	0.0	0.0	0.0	2.4	0.0	0.0	0.5
장애에 대한 무관심·무지 때문에	0.1	0.5	0.2	0.4	0.7	4.0	0.0	5.1	0.0	0.0	0.0	0.0	0.0	1.4	15.4	0.6
치료받으러 다니기 불편해서	0.3	5.0	0.0	0.0	0.3	1.0	1.5	8.5	0.0	8.8	0.0	0.0	1.6	2.5	0.0	0.5
기타	0.3	0.0	0.1	0.3	0.0	0.3	0.0	4.6	0.0	0.0	8.7	37.7	2.4	1.8	0.0	0.3
계	100.0	100.0	100.0	100.0	100.0	100.0	100.0	100.0	100.0	100.0	100.0	100.0	100.0	100.0	100.0	100.0
전국 추정 수	604,363	39,424	131,400	166,102	11,001	90,963	3,040	5,257	118	396	656	69	1,805	2,461	143	1,057,198

출처 : 보건복지부(2008).

3) 일상생활 보호

장애아동이 일상생활에서 도움이 필요한 정도에 대해서 살펴본 결과는 <표 9-10>과 같이 장애인의 49.9%가 '모든 일상생활을 혼자서 할 수 있다'라고 응답했고, '대부분 도움 없이 할 수 있다'는 16.3%로 전체의 66.2% 정도의 장애인들이 일상생활에서 남의 도움을 필요로 하지 않는 것으로 나타났으며, 남의 도움을 조금이라도 필요로 하는 경우는 33.8%를 차지하고 있었다.

〈표 9-10〉 **일상생활 도움 필요 정도**

(단위 : %, 명)

구 분	지체 장애	뇌병변 장애	시각 장애	청각 장애	언어 장애	지적 장애	자폐성 장애	정신 장애	신장 장애	심장 장애	호흡기 장애	간 장애	안면 장애	장루·요루 장애	뇌전증 장애	전 체
혼자서 스스로	61.8	15.4	62.0	52.1	39.6	5.3	1.1	24.9	56.9	54.0	43.0	68.0	81.0	12.3	62.8	49.9
대부분 혼자서	16.8	11.0	11.4	24.8	24.3	11.2	5.3	17.3	13.3	16.1	19.9	10.3	10.9	67.4	15.1	16.3
일부 도움 필요	14.9	30.6	14.8	18.5	23.1	35.1	22.7	35.4	18.5	19.5	27.5	15.9	5.5	15.0	13.6	19.3
대부분 필요	3.8	20.5	9.5	3.4	10.9	35.0	49.8	18.2	7.1	6.8	8.0	3.3	1.6	2.7	7.0	9.1
거의 남의 도움 필요	2.7	22.4	2.4	1.2	2.2	13.4	21.1	4.2	4.1	3.5	1.6	2.5	1.0	2.6	1.4	5.4
계	100.0	100.0	100.0	100.0	100.0	100.0	100.0	100.0	100.0	100.0	100.0	100.0	100.0	100.0	100.0	100.0
전국 추정 수	1,132,116	219,156	220,061	207,383	15,103	140,079	12,329	84,780	48,284	14,606	14,393	6,514	2,185	11,356	8,881	2,137,226

출처 : 보건복지부(2008).

현재 장애아동이 일상생활을 도와주는 사람이 있는 경우, 주로 도와주는 사람의 유형은 <표 9-11>과 같이 부모를 포함한 가족 및 친척이 전체 95.7%로 가장 많아 우리나라 장애인의 일상생활 지원은 여전히 주로 가족을 통해서 이루어지고 있어 가족의 부담이 매우 높음을 알 수 있다. 지난 2007년 4월부터 중증장애인을 대상으로 활동보조서비스가 시작되었지만 본 조사에서의 활동보조인의 이용 비율은 0.6%로 매우 낮았다.

〈표 9-11〉 **주로 도와주는 사람**

주로 도와주는 사람	백분율(%)
부모	84.3
형제자매	2.9
조부모	6.0
기타 가족	1.6
친척	0.9
친구	0.4
이웃	0.9

유료 가정봉사원이나 간병인	0.4
무료 가정봉사원이나 간병인	–
기타	2.5
합계	100.0

출처 : 김성경 외(2012).

4) 사회활동

장애아동의 지난 1년간 외출 정도를 파악한 결과 '거의 매일' 외출하는 경우가 전체 84.5%로 가장 많았고, '주 1~3회', '월 1~3회', '1년에 10회 이내', '전혀 외출하지 않음'의 순으로 나타났다. 장애아동의 주된 외출의 목적은 통학이 78.8%, 통원 6.3%, 산책 및 친척·친구·이웃방문 5.5%, 지역사회시설 이용 및 행사참여 1.7%이었다. 사회활동 시 불편 정도를 알아본 결과 55.3%의 장애아동이 외부활동 시 불편함을 느끼고 있는 것으로 나타났다. 이러한 불편함 해소를 위해서 장애에 대한 인식개선과 편견해소가 필요하다.

5) 장애아동가족의 스트레스

장애아동의 문제는 아동 개인의 문제가 아니라 다양한 문제를 발생시키면서 가족 전체의 심리적 안정과 결속의 위험요소로 작용할 수 있다(정영숙, 2003).

장애아동가족은 아동양육 과정에서 정보제공, 정서적 지지 및 도움, 재정적 지원, 여가지원 등 지역사회의 각종 서비스와 다양한 프로그램이 요구된다(김성경 외, 2012).

제3절 장애아동복지서비스의 현황

장애아동서비스는 재활에 있다. 이를 크게 소득보장서비스, 의료재활서비스, 교육·보육서비스, 시설서비스, 장애아동 가족지원서비스, 장애아동 발달재활서비스 등으로 나누어 볼 수 있다.

1. 소득보장서비스

장애아동을 보호·양육하는 보호자를 경제적으로 지원하기 위한 장애아동수당은 현재 국민기초생활 보장법에 의한 수급자 및 차상위계층의 18세 미만 재가등록 장애아동의 보호자에게 지급되고 있으며, 지급금액은 기초수급자의 경우 중증장애아동 1인당 월 20만 원, 경증장애아동 1인당 월 10만 원씩 지급하고 있다. 차상위계층은 중증장애아동 1인당 월 15만 원, 경증장애아동은 1인당 월 10만 원씩 지급하고 있다(보건복지부, 2015). 또한 장애인 자녀교육비 지원서비스는 소득인정액이 일정 금액 이하인 가구의 1~3급 장애인인 중학생·고등학생 및 1~3급 장애인의 중학생·고등학생 자녀에게 고등학교 입학금과 수업료 전액을 지원하고, 고등학생의 교과서대 12만 9천 500원(연 1회)과 중학생의 부교재비 3만 8천 700원(연 1회)을 지급하며, 중학생·고등학생의 학용품비 5만 2천 600원(1학기 26,300+2학기 26,300원, 학기당 연 2회)을 지급하고 있다(보건복지부, 2016).

2. 의료재활서비스

의료재활서비스는 장애에 대한 종합적인 접근의 첫 단계이며, 주요 목적은 장애의 발생을 예방하거나 극소화하고 저하된 기능을 치료하여 회복시키거나 잔존능력을 향상시켜 사회에 복귀시키는 것을 최대목표로 하고 있다. 의료재활은 약물 및 수술 등의 병적 요인에 대한 치료와 물리치료, 작업치료, 언어치료 등 기능 향상을 위한 치료로 구분할 수 있다

우리나라에서는 과거 의료보험법과 의료보호법을 통해 장애인 및 장애아동의 의료재활을 지원해 왔으며, 2000년대에 들어서면서 국민건강보험법과 의료급여법 등을 통해 장애인 및 장애아동의 의료재활을 지원해 오고 있다(이순자 외, 2013).

3. 교육 · 보육서비스

장애로 인하여 교육받을 기회가 제한되지 않도록 하기 위해서는 장애아동에게 장애 특성에 적합한 교육을 확대해 나가야 한다. 장애아동의 교육 · 보육적 욕구를 충족시키고, 취업을 촉진하여 장애인의 생활안정과 복지를 도모하기 위한 교육지원서비스 내용은 2007년도에 제정된 「장애인 등에 대한 특수교육법」에 그 주요 근거를 두고 있다.

이를 구체적으로 살펴보면 다음과 같다(이순자 외, 2013).

첫째, 특수교육 대상자에 대한 의무교육 연한 확대를 들 수 있다.

둘째, 장애영아에게 무상교육을 실시하고 장애를 조기발견할 수 있는 체제를 구축한 점이다.

셋째, 보육료와 교육비의 지원이다.

넷째, 개별화 교육이 이루어지고 있다.

다섯째, 특수교육지원센터를 설치하고 운영하도록 법적인 근거를 마련하였다.

여섯째, 통합교육이 강화되었다.

일곱째, 진로 및 직업 교육이 강화되었다.

여덟째, 학급설치 및 교사배치 기준의 상향조정을 통한 교육의 질이 제고되었다.

아홉째, 특수교육 관련 서비스가 제공된다.

〈표 9-12〉 **특수학교의 현황**

[단위 : 개(교), 명]

구 분		2000년	2005년	2009년
특수학교 수		129	142	150
교원 수		4,555	5,724	6,793
학급 수	소계	2,534	3,073	3,631
	유치원 과정	242	274	271
	초등학교 과정	1,193	1,321	1,356
	중학교 과정	578	701	876
	고등학교 과정	521	679	915
학생 수	소계	23,605	23,566	23,720
	유치원 과정	1,489	1,259	1,033
	초등학교 과정	10,272	8,695	7,319
	중학교 과정	5,795	6,168	6,189
	고등학교 과정	6,049	6,456	7,126
학급당 학생 수	소계	9.3	7.7	6.5
	유치원 과정	6.2	4.6	3.8
	초등학교 과정	8.6	6.6	5.4
	중학교 과정	10.1	8.8	7.1
	고등학교 과정	11.6	9.5	7.8

출처 : 교육과학기술부(2011). 2010 특수교육연차보고서.

〈표 9-13〉 일반학교 내에서 특수학급 수 [단위 : 개(교), 명]

구 분		2000년	2005년	2009년
학급 수	소계	3,759	4,604	6,680
	초등학교 과정	2,995	3,428	4,344
	중학교 과정	672	854	1,487
	고등학교 과정	92	322	849
학생 수	소계	20,616	20,555	23,327
	초등학교 과정	2,966	5,668	9,639
	중학교 과정	1,402	2,999	7,485
	고등학교 과정	6,049	6,456	7,126
학급당 학생 수	소계	6.6	8.0	7.1
	초등학교 과정	6.9	6.0	5.4
	중학교 과정	4.4	10.3	8.9
	고등학교 과정	15.2	16.6	11.5

출처 : 교육과학기술부(2011). 2010 특수교육연차보고서.

4. 시설서비스

장애아동에게 시설의 인적·물적 자원을 활용하여 장애를 경감시키거나, 원래의 상태로 회복시키는 제반활동을 말하며, 장애아동복지시설은 장애의 유형에 따라 설치되어 있으나, 종합장애인복지관처럼 복합적으로 설치되어 있는 곳도 있다(이소희, 2005; 이재연 외, 2011).

〈표 9-14〉 장애인복지법에 규정된 시설

시설유형	내 용
장애인 생활시설	장애인이 필요한 기간 생활하면서 재활에 필요한 상담, 치료, 훈련 등의 서비스를 받아 사회 복귀를 준비하거나 장애로 인하여 장기간 요양하는 시설(장애유형별 생활시설, 중증장애인 요양시설, 장애영유아 생활시설)

장애인 지역사회 재활시설	장애인복지관, 의료재활시설, 체육시설, 수련시설, 공동생활가정 등 장애인에게 전문적인 상담, 치료, 훈련 등을 제공하거나 여가활동 및 사회참여활동 등에 필요한 편의를 제공하는 시설(장애인복지관, 장애인 의료재활시설, 장애인 주간보호시설, 장애인 단기보호시설, 장애인 공동생활가정, 장애인 체육시설, 장애인 수련시설, 장애인 심부름센터, 수화통역센터, 점자도서관, 점서 및 녹음서 출판시설)
장애인 직업재활시설	일반고용이 어려운 장애인이 특별히 준비된 작업환경에서 직업훈련을 받거나 직업생활을 영위할 수 있도록 하는 시설
장애인 유료복지시설	장애인이 필요한 상담, 치료, 훈련 등의 편의를 제공받고, 이에 소요되는 일체의 비용을 시설 운영자에게 납부하여 운영하는 시설

출처 : 이순자 외(2013).

5. 장애아동 가족지원서비스

장애아동 가족지원서비스의 형태로 정부는 장애아동을 양육하는 가정의 '돌봄'부담 경감을 위하여 주간보호서비스, 단기보호서비스를 실시하고 있다. 또한 앞의 서비스를 이용하는 가정이 소수에 불과한 이유로 해서 장애아동의 양육부담에 따른 가족갈등을 해소하기 위하여 재가복지서비스 형태인 '돌보미 파견사업'을 실시하고 있다.

〈표 9-15〉 **장애아동가족 양육지원사업의 종류와 내용**

구 분	내 용
돌봄 서비스	• 만 18세 미만의 자폐성 · 지적 · 뇌병변 장애아동 등 중증장애아동과 생계 · 주거를 같이하는 전국 가구평균 소득 100% 이하 가정 • 양육자의 질병, 사회활동 등 일시적 돌봄서비스 필요 시 일정한 교육과정을 수료한 돌보미를 파견하여 장애아동 보호 및 휴식 지원 • 아동의 가정 또는 돌보미 가정에서 돌봄서비스 제공 • 1가정당 연 320시간 범위 내 지원(특별한 경우 연장 가능)하며, 선정가정이 사용하지 않은 잔여시간은 추가 선정하여 지원(단, 선정 후 1개월간 이용실적이 없을 경우 서비스 제한)
휴식지원 서비스	• 소득기준에 상관없이 만 18세 미만의 모든 장애아 가족으로 돌봄서비스를 받지 않는 가정도 참여 가능, 돌봄서비스를 받는 가정을 우선 지원 • 가족관계 회복 및 돌봄노동 분담을 위해 장애아동 가족 문화 · 교육 프로그램, 휴식 박람회, 가족캠프 등 휴식지원 프로그램 운영

	• 돌보미를 통한 장애아동가족 상담서비스, 생활지도 등 제공 및 자조모임 결성 지원 등을 통해 양육의 어려움 경감 및 정보공유 등 • 가족휴식 지원 및 가족역량 강화 프로그램 확대 : 가족상담(치료) 프로그램, 가족 프로그램(부모, 비장애 형제교육), 가족관계 개선 등

출처 : 보건복지부(2010). 장애아가족 양육지원 사업안내.

6. 장애아동 발달재활서비스

정부는 장애아동을 양육하는 가정의 발달재활서비스 부담비용을 경감시키기 위해 지원대상의 연령과 대상 장애유형을 구분하였는데 구체적인 내용을 살펴보면 다음과 같다. 지원대상은 초·중등교육법 제2조에 따른 만 18세 미만 장애아동이다. 학교에 재학 중인(휴학생은 제외) 경우에는 만 20세가 되는 달까지 지원 연장이 가능(재학증명서 첨부)하다. 대상 장애 유형은 뇌병변·지적·사폐성·청각·언어·시각장애 아동이다. 소득기준이 전국가구 평균소득의 150% 이하인 가구이지만, 단 장애아 2명 이상 가구, 부모 중 1명 이상이 중증장애인 1급, 2급 및 3급 중복장애인 가정은 소득기준이 전국가구 평균소득 150%를 초과하는 경우라도 시·군·구청장이 인정하는 경우 예산범위 내에서 지원이 가능하다.

발달재활서비스 지원 금액에 관한 구체적인 사항은 <표 9-16>과 같다.

〈표 9-16〉 **발달재활서비스 지원 금액**

소득기준	바우처 지원액	본인부담금
기초생활수급자(다형)	월 22만 원	면제
차상위계층(가형)	월 20만 원	2만 원
차상위 초과 전국가구 평균소득 50% 이하(나형)	월 18만 원	4만 원
전국가구 평균소득 100% 이하(라형)	월 16만 원	6만 원
전국가구 평균소득 150% 이하(마형)	월 14만 원	8만 원

출처 : 보건복지부(2015).

제4절 장애아동복지서비스의 개선방향

장애인복지서비스는 장애인이 비장애인과 함께 더불어 살 수 있는 공동체 사회의 구축을 목표로 한다. 장애인의 사회참여와 통합을 이루기 위해서는 개별적 수준에서 장애인 개인의 능력을 개발하고, 사회적 기능과 역할을 부여하는 것에서부터, 거시적 차원에서 사회의 환경을 개선하고 지원해 나가는 포괄적 노력이 필요하다(윤매자 외, 2012; 이성한 외, 2016).

1. 장애아동에 대한 소득보장정책 및 경제적 지원 강화

장애아동 가구의 경우 장애아동으로 인해 경제적 어려움이 증가되는 것으로 나타나고 있지만 우리나라에서 제공되는 소득보장정책은 매우 제한적이다. 2010년 7월 도입된 장애인 연금은 2016년 기준 만 18세 이상인 중증장애인 대상이다. 등록한 중증장애인은 장애등급 1급과 2급 및 3급 중복장애인 중 배우자가 없으면 월 100만 원 이하, 배우자가 있으면 월 160만 원 이하인 경우가 해당된다. 기초급여로 매월 최고 20만 2,600원을 지급하고 부가급여로 연령 및 소득계층에 따라 2만 원~28만 2,600원 추가 지급을 하고 있다. 그러나 장애인이 안정적인 생활을 하기에는 미흡한 수준이라 할 수 있기에 장애아동을 양육하는 장애가족에 대한 소득지원을 확대할 필요성이 제기된다. 또한 장애아동 부양수당 및 지급대상을 단계적으로 확대하고, 중증장애인 보호수당을 현실화하며 자녀교육비 지원 대상 계층을 확대하는 등의 다양한 교육비 지원의 강화도 필요하다고 보인다.

2. 장애아동에 대한 치료 및 재활서비스의 확대

장애아동에 있어 가장 절실하게 당면하고 있는 문제는 치료와 재활이며 이에 대한 비용의 문제로 지적되고 있다. 장애인복지 재활기관을 통해 제공되는 기초생활서비스는 장애아동의 수요와 욕구에 비해 매우 부족한 실정이며, 장애아동이 관련 재활치료서비스를 받기 위해서는 장기간 대기해야 하는 경우가 빈번하다. 성인장애인과 달리 장애아동의 경우 조기 치료와 재활훈련을 통해 상당 부분 장애가 호전될 수 있음을 인식하고 장애아동을 치료할 수 있는 재활시설이나 기관을 확대 설치하는 것이 필요하다. 재활치료서비스가 지속적이고 안정적으로 진행되기 위해서는 중·장기 계획을 수립하고 법제화하는 과정이 필수적이며, 보편적이고 전문적인 서비스가 될 수 있도록 취약지역에 서비스 제공기관을 확대해 나가는 것도 필요하다고 보인다.

3. 장애아동 장애예방사업의 강화

장애아동 장애예방사업은 장애가 발생하기 이전에 장애를 미연에 예방하므로 사후처리적 대책보다 비용효과를 높일 수 있다. 그러나 현재 장애인복지정책은 장애가 발생한 이후 치료중심의 사후처리적인 정책에 중점을 두고 있어 장애예방사업이 상대적으로 미흡한 실정이다. 또한 장애예방사업이 정부 15개 부처로 서로 연계 없이 각자 중복되어 추진되고 있으므로, 보건복지부에 장애예방 전담기구를 설립해 부처 간 업무를 조정하고 장애발생 예방 종합대책을 마련해야 한다. 따라서 장애예방사업을 강화하고 활성화하기 위한 대책은 다음과 같다(김성경 외, 2012).

첫째, 선천적 장애나 출생 시 장애예방을 위한 모자보건사업을 강화해 나가야 할 것이다. 즉, 보건의료기관, 학교, 대중매체 등 다양한 루트를 통하여 적극적으로 알리는 홍보사업을 강화한다.

둘째, 출산 후의 장애예방사업으로서 신생아에 대한 선천성 대사 이상 검사를 무상으로 실시하여 이상 유무를 조기에 발견하여 치료하도록 해야 할 것이다. 즉, 장애 등을 유발하는 풍진예방접종 등 각종 예방접종사업을 강화해 나간다.

셋째, 현대사회에서 장애는 선천적 원인보다 후천적 원인에 의해 더 많이 발생하고 있음을 볼 때 이를 예방하기 위한 각종 지원체계를 구축해 나가야 한다.

4. 장애아동에 대한 정확한 자료파악과 조기진단, 평가 및 치료문제 해결

장애아동에 대한 정확한 통계자료를 파악해야 재활을 위한 효과적 대책을 수립할 수 있다. 국가 차원의 장애아동 실태조사가 정기적으로 이루어질 필요가 있다. 장애의 발견이 빠를수록 적절한 치료와 교육이 이루어져 장애악화를 막고 재활을 도울 수 있으므로 최초 진단시기는 중요하다. 그리고 장애 발견 후 즉시 진단과 치료를 받지 않은 경우도 20%가량 해당되는데, 경제적 곤란이나 그대로 두어도 나을 것 같다는 장애에 대한 무관심, 무지 때문인 것으로 밝혀졌다(윤매자 외, 2012).

5. 장애아동가족 지원을 위한 법규 마련

우리나라에서 장애아동 부모의 양육 스트레스와 어려움에 대한 대처는 전적으로 가족의 책임으로 여겨져 왔다.

장애아동의 양육에서부터 치료, 교육 등 장기간 부과되는 압박은 특히, 장애아동 어머니에게 신체적·정신적인 큰 부담으로 작용한다.

현재 장애아동 부모나 가족을 대상으로 부모교육, 가족상담, 형제캠프 등 다양한 프로그램이 제공되고 있으나 장애아동가족 중심의 프로그램은 미흡한 실정이다.

따라서 장애아동가족 스스로가 자신의 가족을 도울 수 있도록 가족의 기능 및 능력을 강화하고, 장애아동 어머니의 양육부담을 감소시킬 수 있는 장애아동가족 지원 프로그램을 개발해 나가야 할 것이다. 이를 위해서는 사회통합적 관점에서 장애아동과 가족에 대한 가족중심 지원 프로그램을 개발하고 운영하는 서비스를 제공하고, 장애아동가족에 대한 종합적인 사례관리를 할 수 있는 법체계를 강구해야 할 것이다(김성경 외, 2012). 특히 장애아동이 부모 사후에 독립적 삶을 영위할 수 있도록, 후견인제도, 장애연금제도 등이 도입되어야 할 것이다(한미현 외, 2011).

6. 전달체계의 문제

장애인에 대한 서비스 전달이 원활하게 이루어질 수 있도록 국가・지방자치단체 단위의 장애인전담인력의 충원이 필요하다.

장애복지서비스 전달체계로 의료재활은 보건복지부에서, 교육재활은 특수교육업무로 보통 교육부의 교육국인 유아특수교육담당관실에서, 직업재활은 장애인 고용 관련 업무로 고용노동부 직업안정국 장애인고용과, 그 외의 재활은 보건복지부 사회복지심의관 장애인복지과에서 분산・실시되고 있어, 장애인이 이용에 어려움을 겪고 있으므로 서비스 전달의 통합・연계를 위한 장애인복지행정기구의 조정이 필요하다.

7. 장애아동에 대한 사회적 인식 변화

우리 사회 곳곳에 장애인에 대한 사회적 편견이 많이 존재하고 있다. 실제 장애인들이 취학, 학교생활, 결혼, 취업, 직장생활 등에서 사회적 차별을 받고 있다는 점은 부인하기 어려운 사실이다.

장애아동에 대한 사회적 인식 개선과 변화를 위한 노력들이 매우 필요하다.

장애아동의 통합교육 환경조성을 비롯하여 비장애아동과 장애아동이 함께 활동할 수 있는 물리적 환경 개선 및 정부의 지원과 유아교육전문가 양성과정에 특수교육 관련 과목을 이수하도록 해야 하는 다양한 프로그램을 개발·활성화시켜 장애인에 대한 편견과 인식 개선이 이루어질 수 있도록 해야 할 것이다.

토론해 보기

1. 장애아동의 유형과 현황에 대해서 여러분의 생각을 토론해 봅시다.

2. 장애아동복지서비스의 현황 및 개선방향에 대해서 여러분의 생각을 토론해 봅시다.

10

다문화가정 아동을 위한 복지서비스

제 1 절 다문화가정 아동의 개념 및 유형

1. 다문화가정의 개념[1]

'다문화가정'이란 용어가 우리 사회의 화두가 되고 있다. 국제결혼을 통한 한국이주여성들을 흔히 코시안(kosian) 또는 온누리안으로 지칭하기도 하는데, 이러한 용어들은 차별적인 요소를 담고 있다는 지적과 함께 비판이 제기되기도 한다(남정희, 2008). 한편 학계에서는 국제결혼을 통해 이루어진 가정을 '이중문화가정'으로 부르거나, 서로 다른 인종 사이에서 태어난 자녀를 일컫는 '혼혈인가족'이라고 불러왔다.

그러나 이와 같은 국제결혼가족을 '다문화가정'이라 부르고 있다(한겨레신문, 2003. 12. 3). '다문화가정'이라는 용어가 적합한 용어인지에 대한 문제제기도 가능하다. 왜냐하면 넓은 의미에서 볼 때 세계의 모든 가정은 다문화가정일 수 있기 때문이다. 예컨대 우리나라에서는 오랫동안 지역 간, 세대 간, 계층 간 다문화를 경험해 왔다. 또 1970년대를 거치면서부터 빈부격차에 따른 다양한 문화를 경험해 왔다. 그뿐 아니라 지금은 한 가정 내에도 세대 간의 문화 차이에 따른 다문화 현상이 존재하고 있다.

2003년 30여 개의 시민단체로 구성된 건강가정시민연대는 '국제결혼', '혼혈아' 등의 차별적 용어를 추방하고 대신에 '다문화가족'이나 '다문화가족 2세'로 부르자고 제안했다. 이 제안은 큰 호응을 얻고 있어서 대통령자문 빈부격차·차별시정위원회 홈페이지, 제주의 소리 홈페이지, 새 국어소식 2004년 6월호, 한양대 신문, 여성신문 76호 등 관련 단체에서 국제결혼가정이 주는

1) 서보준 외(2012).

부정적 이미지를 해소하고자 다문화가정으로 부르고 있다(김갑성, 2006). 2011년 개정된 다문화가족지원법에서는 다문화가족을 다음과 같이 정의하고 있다.

> **다문화가족의 정의(다문화가족지원법 제2조)**
>
> 1. '다문화가족'이란 다음 각 목의 어느 하나에 해당하는 가족을 말한다.
>   가. 재한외국인 처우 기본법 제2조 제3호의 결혼이민자와 국적법 제2조부터 제4조까지의 규정에 따라 대한민국 국적을 취득한 자로 이루어진 가족
>   나. 국적법 제3조 및 제4조에 따라 대한민국 국적을 취득한 자와 같은 법 제2조부터 제4조까지의 규정에 따라 대한민국 국적을 취득한 자로 이루어진 가족
> 2. '결혼이민자 등'이란 다문화가족의 구성원으로서 다음 각 목의 어느 하나에 해당하는 자를 말한다.
>   가. 재한외국인 처우 기본법 제2조 제3호의 결혼이민자
>   나. 국적법 제4조에 따라 귀화허가를 받은 자

2. 다문화가정 자녀의 개념

'다문화가정 자녀'란 국제결혼을 한 부부 사이에서 태어나 대한민국에 거주하는 자를 말한다. 따라서 한국인 아버지와 외국인 어머니 또는 외국인 아버지와 한국인 어머니로 구성된 다문화가정, 외국인근로자가정, 새터민가정의 자녀로 정의한다(서보준, 2017).

> **국제결혼을 통해 태어난 자녀들을 부르는 용어**
>
> ◎ **아메라시안(amerasian)** : 한국전쟁 이후 미군 아버지와 한국인 어머니 사이에서 태어난 자녀들
> ◎ **라이따이한(lai daihan)** : 1960~1970년대 베트남전쟁에 참전한 한국인 아버지와 베트남 어머니 사이에서 태어난 자녀들
> ◎ **코시안(kosian)** : 1990년 이후 외국인이주노동자들과 우리나라 간의 결혼을 통해 태어난 자녀들로 한국인과 아시아인 사이에서 태어났다고 하여 생긴 용어

3. 다문화가정 아동의 유형

다문화가정과 관련된 선행연구를 바탕으로 다문화가정 아동의 유형을 구분하면 국제결혼가정, 외국인근로자가정, 새터민가정 등 세 집단으로 구분할 수 있으며, 그 외 한민족아동, 한국전쟁 후 한국인과 미군 사이에서 태어난 아동으로 구분된다.

다문화가정 아동의 유형에 대해 구체적인 내용을 살펴보면 다음과 같다(이한우 외, 2013; 도미향 외, 2013).

1) 국제결혼가정의 아동

국제결혼가정의 아동은 한국인 아버지와 외국인 어머니 사이에서 태어난 아동, 한국인 어머니와 외국인 아버지 사이에서 태어난 아동을 말한다. 이처럼 국제결혼가정은 한국인 남성과 외국인 여성의 결혼으로 이루어진 가정이 대다수이며, 한국사회의 성비 불균형으로 1990년 이후 매년 급증하고 있다. 또한 외국과의 교류가 확대되고 유학이나 해외파견 등의 이유로 중상류층 여성들의 국제결혼과 한국인 남성과 결혼한 외국인 여성의 급증에 따라 국제결혼의 형태가 나뉠 수 있다. 아시아계와의 결혼과 기타 서구국가와의 결혼 등에 따라 국내 적응의 차이가 있으며, 결혼 후 출산한 경우 원칙적으로 국적이 부여되지만 재혼의 경우에는 기존의 자녀는 법적 보호가 문제될 수 있다.

2) 외국인근로자가정의 아동

외국인근로자가정의 아동은 외국인근로자가 한국에서 결혼하여 태어난 아동이나 본국에서 결혼하여 형성된 가족이 한국에 이주한 가정의 아동을 말한다. 외국인근로자가정은 몇 가지 유형으로 다시 구분할 수 있다.

첫째, 가장 일반적인 형태로 양부모가 함께 이주하여 같이 생활하는 가정으로 이때 부모 모두가 일을 하는 경우가 대부분이다.

둘째, 본국에서 사별 또는 이혼한 후 모가 혼자 한국에 입국하여 일하다가 자녀를 데리고 온 경우이거나 부모 중 일방이 먼저 본국으로 돌아가고 남은 부 또는 모가 한국에 남아 자녀를 데리고 있는 경우이다.

셋째, 본국에서 남편과 사별 또는 이혼 후 자녀를 데리고 한국에 와서 살다가 한국인 남편과 재혼한 유형으로 결혼을 위해 이주한 경우와는 구분되는 범주이다.

넷째, 부모 없이 혼자 한국에서 체류하고 있는 이주노동자 자녀로서 부모와 함께 한국에 입국하였다가 부모는 불법체류자로 검거되어 한국에서 추방당하자 개인적 사정으로 본국으로 돌아가고 자녀는 친척집 등에 남아있는 경우이다(김정원, 2006). 또한 외국인근로자의 경우 노동계약에 따라 이주하거나 미등록체류자(불법체류자)로 남는 경우도 상당한 비율을 차지한다.

대체로 기지촌 외국여성과 외국인노동자 2세, 외국인노동자 간 2세, 외국인노동자의 국내입국 본국 자녀 등이다.

3) 새터민가정의 아동

새터민은 휴전 이후 다양한 동기에서 북한체제와 사회를 떠나서 남한사회에 정착하고, 공식적으로 대한민국 국적을 취득한 북한지역 출신 주민들을 말한다. 새터민은 1990년대 중반부터 입국이 급증하면서 2002년 이후 매년 1,000명 이상이 입국하고 있으며, 2006년에는 사상 최고의 많은 수가 입국하여 2007년 기준 1만 명을 넘어섰으며, 입국자들의 47.0%가 가족단위로 국내에 입국한 탈북자들이다(이수정, 2007; 한겨레신문, 2007. 2. 17). 새터민가정[2)]의 아동은 본래 우리나라 국민이지만 이들도 사실상 다른 나라로 이주하였다는 점, 남

2) 2004년 통일부의 전자공청회에서 제안된 5개의 새로운 명칭 가운데 북한이탈주민과 국어학자의 의견 수렴을 거친 후 2004년 말 여론조사를 거쳐 확정된 용어로 새로운 터에 자리 잡게 된 사람이라는 뜻이다. 현재 법률용어인 '북한이탈주민'과 '새터민'이 혼용되고 있으며, '새터민' 용어 사용에 대한 부정적인 의견도 있다.

한지역의 문화와 다른 점을 갖고 있으며, 이에 따라 사회적응이 쉽지 않다는 점에서 '이주아동'의 한 유형으로 본다. 다만, 새터민가정의 아동은 국적이 우리나라이기 때문에 외국인인 이주아동과는 규범적으로 다른 지위를 갖는다. 또한 귀순한 경우 국적은 한국이지만 사회부적응 또는 차별현상이 나타나고 있다(정상우, 2008).

〈표 10-1〉 **다문화가정 아동의 유형**

다문화가정 유형	다문화가정 아동
국제결혼가정	• 한국인 아버지와 외국인 어머니 사이에서 태어난 아동 • 한국인 모와 외국인 부 사이에서 출생한 아동 • 외국인 부모가 양육하는 전 결혼에서 출생한 아동
외국인근로자가정	• 외국인근로자가 한국에서 결혼하여 태어난 아동 • 본국에서 결혼하여 형성된 가족이 한국에 이주한 가정의 아동
새터민가정	• 북한에서 부모와 같이 입국한 아동 • 부모가 입국 후 출생한 아동 • 북한이주민과 한국인 사이에서 출생한 아동

출처 : 도미향 외(2013) 재구성.

제 2 절 다문화가정 아동의 현황

1. 다문화가정의 현황

1) 국제결혼 현황

한국남성이 외국여성과 결혼한 건수는 2007년 28,580명에서 2015년도에는 13,903명이 감소하였고, 한국여성이 외국남성과 결혼하는 비율은 2007년 8,980명에서 2015년에는 2,383명이 감소하였다. 이를 보면 전체적으로 국제결혼 비율이 감소하였지만 여전히 한국남성이 외국여성과 결혼하는 것이 한국여성이 외국남성과 결혼하는 것에 비해 높다는 것을 알 수 있다(그림 10-1 참조).

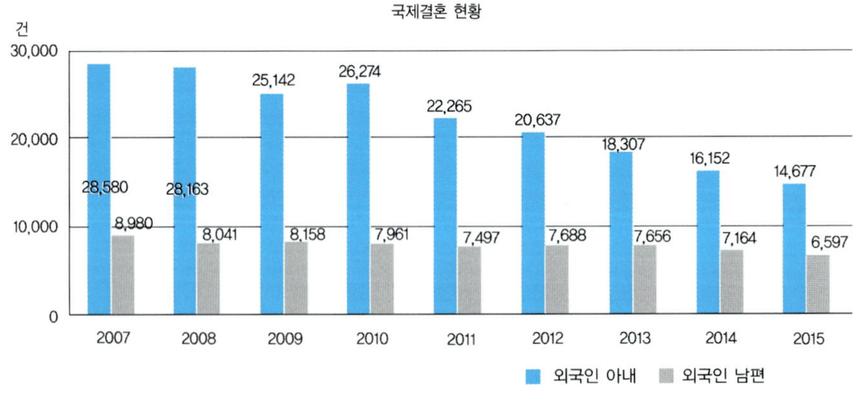

| 그림 10-1 | 국제결혼 현황

출처 : 통계청(2016).

한국남성과 결혼하는 여성은 2010년도에는 중국(9,623)과 베트남(9,623)이 같았으나, 2015년도에는 베트남(4,651), 중국(4,545), 기타(1,810), 일본(1,030), 필리핀(1,006), 미국(577), 태국(543), 캄보디아(524) 등이다.

또한 한국여성과 결혼하는 남성은 기타(2,024), 미국(1,612), 중국(1,434), 일본(808), 캐나다(465), 호주(254) 등이다(2015년 기준). 국가별 국제결혼 건수를 알아보면 <표 10−2>와 같다.

〈표 10−2〉 **국가별 국제결혼 건수** (단위 : 건)

종 류	2008년	2009년	2010년	2011년	2012년	2013년	2014년	2015년
국제결혼 총건수	36,204	33,300	34,235	29,762	28,325	25,963	23,316	21,274
한국남자 + 외국여자	28,163	25,142	26,274	22,265	20,637	18,307	16,152	14,677
-중국	13,203	11,364	9,623	7,549	7,036	6,058	5,485	4,545
-베트남	8,282	7,249	9,623	7,636	6,586	5,770	4,743	4,651
-필리핀	1,857	1,643	1,906	2,072	2,216	1,692	1,130	1,006
-일본	1,162	1,140	1,193	1,124	1,309	1,218	1,345	1,030
-캄보디아	659	851	1,205	961	525	735	564	524
-태국	633	496	438	354	323	291	439	543
-미국	344	416	428	507	526	637	636	577
-기타	1,502	1,597	1,532	1,796	1,899	1,640	1,810	1,810
한국여자 + 외국남자	8,041	8,158	7,961	7,497	7,688	7,656	7,164	6,597
-일본	2,743	2,422	2,090	1,709	1,582	1,366	1,176	808
-중국	2,101	2,617	2,293	1,869	1,997	1,727	1,579	1,434
-미국	1,347	1,312	1,516	1,632	1,593	1,755	1,748	1,612
-캐나다	371	332	403	448	505	475	481	465
-호주	164	159	194	216	220	308	249	254
-기타	939	936	1,050	1,188	1,331	1,572	1,931	2,024

출처 : 통계청(2016).

2) 다문화가정 아동 현황

(1) 다문화가정 자녀 연령별 현황

2015년 행정자치부 자료를 통해 다문화가정 아동의 현황을 살펴보면, 그 수는 매년 증가하고 있고 만 6세 이하가 117,877명(56.8%)으로 제일 높은 비율을 차지하고 있으며, 만 7~12세는 56,108명(27%), 만 13~15세는 18,827명(9%), 만 16~18세는 14,881명(7.2%)으로 나타나고 있다(표 10-3 참조).

〈표 10-3〉 2015년 다문화가정 자녀 연령별 현황 (2015년 11월 1일 기준, 단위 : 명)

구 분	계	만 6세 이하	만 7~12세	만 13~15세	만 16~18세
자녀 수	207,693	117,877	56,108	18,827	14,881
비율	100%	56.8%	27%	9%	7.2%

출처 : 서보준(2017).

(2) 다문화가정 학생 증가 추이

2015년 교육부에 의하면 2014년 기준 전국의 초·중·고등학생 가운데 다문화가정 학생 수는 67,806명이며, 전체 학생 수 대비 비율은 1.07%로서 2009년의 0.35%에 비해 약 3배 이상 증가하였다. 전체 학생 수는 2010년 7,236천 명, 2011년 6,986천 명, 2012년 6,732천 명, 2013년 6,529천 명, 2014년 6,333천 명으로 매년 약 20만 명 정도 감소하는 데 비해 다문화가정 학생 수는 증가 추세를 보이고 있다(표 10-4 참조).

〈표 10-4〉 다문화가정 학생 증가 추이

연 도 / 인원 수	2009	2010	2011	2012	2013	2014
다문화가정 학생 수(A)	26,015	31,788	38,678	46,954	55,780	67,806
전체 학생 수(B)	7,447,159	7,236,248	6,986,853	6,732,071	6,529,196	6,333,617
다문화가정 학생비율(A/B*100)	0.35%	0.55%	0.55%	0.70%	0.86%	1.07%

출처 : 서보준(2017).

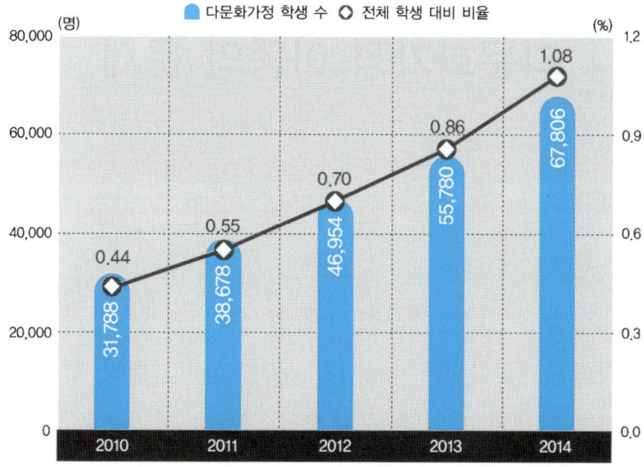

출처 : 교육부(2015). 2015년 다문화가정 학생 교육지원계획(교육부 다문화지원팀).

(3) 다문화가정 학생 학급별 현황

다문화가정 학생의 학급별 현황을 살펴보면 국내 출생의 학생은 2014년 57,498명으로 작년에 비해 11,684명 증가하였고, 중도입국 지녀 또한 680명 증가하였다. 그러나 외국인 자녀 경우는 338명이 감소하였으나 전체적으로 다문화가정 학생 수는 증가하고 있다(서보준, 2017).

〈표 10-5〉 **다문화가정 학생 학급별 변동추이**

구 분	2013년				2014년			
	초	중	고	계	초	중	고	계
국내출생	32,831	9,174	3,809	45,814	41,575	10,325	5,598	57,498
중도입국	3,065	1,144	713	4,922	3,268	1,389	945	5,602
외국인 자녀	3,534	976	534	5,044	3,454	811	441	4,706
계	39,430	11,294	5,056	55,780	48,297	12,525	6,894	67,806
비 율	70.7%	20.3%	9.0%		71.2%	18.5%	10.3%	

출처 : 교육부(2015). 2015년 다문화가정 학생 교육지원 계획발표.

제3절 다문화가정 아동의 문제

최근 현대사회에서는 다문화가정 아동의 수가 지속적으로 증가하고 있을 뿐만 아니라 가족관계교육 및 학교생활 문제, 심리사회적 적응, 사회적 편견 등 다양한 문제가 발생하고 있다. 구체적인 내용을 살펴보면 다음과 같다(윤매자 외, 2012; 이한우 외, 2013).

1. 가족관계

다문화가정의 자녀들은 한국어에 미숙한 모와 부모 사이의 서로 다른 풍습과 문화의 차이 등으로 혼란을 경험할 수 있다. 따라서 가족 내 이중문화의 존재로 인해 갈등이 나타나며, 이러한 고통과 긴장, 경제적 어려움으로 인해 발생하는 스트레스 등으로 가정 자체를 불안정하게 만드는 복합적인 상황이 존재하게 된다(권오희, 2006; 정하성 외, 2008). 다문화가정의 대다수가 외국인 어머니와 자녀로 이루어진 경우가 많다. 유아기와 아동기는 발달 특성상 부모와의 활발한 의사소통과 상호작용이 필요한 시기이다. 그러나 한국어에 미숙한 모와 부모 간 서로 다른 풍습과 문화의 차이 등은 아동에게 혼란을 경험하게 할 수 있다. 또한 전통적으로 자녀양육에 있어 아버지의 참여가 거의 이루어지지 않는 우리 사회의 특성상, 자녀에 대한 교육은 주로 어머니에 의해 이루어지게 되는데, 한국말이 서투르고 한국의 풍습에 익숙하지 못한 어머니들은 자녀교육을 하는 데 어려움을 경험하고, 자녀들에게 자신의 정체성과 가치관 정립을 위한 도움을 제공하기 힘들다. 한편 다문화가정의 형성에 있어서 대부분이 중개업자를 통해 형식적인 맞선 이후 결혼하거나, 경제적으로 차이가 있는 국가 출신 간의 결합 등으로 인해 가정폭력과 불화 등의 문제가 발생하기도 한다. 특히 농촌지역은 외국인 아내와의 이혼이 70% 이상을 차지할 정도로 농촌지역의 다문화가정의 가족관계 문제는 매우 심각하다(이지애, 2007). 뿐만 아니라 한국인 배우자가 재혼일 경우, 그 이전의 결혼에서 태어난 자녀와 외국인 모와의 관계, 외국인 모가 이전 결혼에서 출산한 자녀와 동거하지 못하는 데서 오는 어려움 등을 경험하기도 한다(설동훈 외, 2006).

2. 취학아동들의 교육 및 학교생활

다문화가정도 일반 한국인 가정과 마찬가지로 자녀양육과 교육문제가 중요한 관심사가 된다. 그러나 다문화가정의 한국인 배우자는 대부분 생업에 바쁘거나 지식수준이 낮은 이유로, 여성이민자는 한국어 수준이 낮거나 교과내용을 이해할 수 없어서 자녀의 학업지도를 직접 하지 못하는 것으로 나타나 아동들의 교육지원이 취약하다. 또한 다문화가정의 미취학 연령 아동이 보육시설이나 유치원에 가는 비율은 한국사회의 평균보다 낮으며, 상대적으로 이민자 본인, 배우자 혹은 기타 가족이 주로 아이를 양육하는 비율이 높다. 베트남 출신 여성이민자의 경우, 양육자 없이 아이 혼자 지내는 비율도 상당히 높은 것으로 나타났다.

다문화가정 학생들의 경우 초등학교 저학년은 일상적인 의사소통에는 큰 무리가 없으나 독해, 어휘력, 쓰기, 작문능력이 현저히 낮고 다른 일반학생들에 비해 언어학습 능력이 낮으며 이로 인한 정체성, 대인관계 형성, 다른 학습능력에 부정적 영향을 미치고 있다. 이는 학교 탈락률과도 관련이 있는데, 학습능력의 저하로 학교 중도탈락이 발생하여 취학연령의 75.5%만이 학교에 재학 중인 것으로 나타났다. 또한 학력이 올라갈수록 미취학 및 학업 중도탈락률은 높게 나타났는데, 초등학교 15.4%, 중학교 39.7%, 고등학교 69.9%로 두 배씩 증가하며 일반가정 대비 초등학교의 탈락률은 22배나 높은 것으로 나타났다. 그러나 다문화가정 아동의 교육문제는 한국 내 지위에 따른 다른 양상을 띠고 있다. 국제결혼가정의 경우 국적과 교육권이 보장되지만 학습자의 국어능력과 학습부진인 부모로 인해 학습권, 교육권 자체를 둘러싼 사회문제가 제기될 정도이다. 또한 배타적인 한국사회의 특성과 경제적으로 낙후된 국가 출신에 대한 편견으로 인해 일부 학교의 경우 외국인 자녀입학을 기피하거나 통합교육을 거부하는 등의 문제가 발생하기도 한다.

다문화가정 아동의 학교생활 실태를 보면 한국에서의 체류연한, 한국어 수준, 가정의 지원 정도, 개인적 성향에 따라 다양한 모습을 보이고 있다. 아동들의 한국어 능력은 학업성취에 매우 밀접한 관계가 있는 것으로 나타났다. 일반가정의 아동들과 비교하여 오히려 뛰어난 성취율을 보이는 아동들도 있지만 다수의 다문화가정의 아동들은 국어읽기 능력, 수학문제 내용 이해 부족, 한국의 역사와 문화를 소개하는 사회과목 등은 어려워하며, 사회문화적 배경지식이 많이 필요하지 않은 예체능 관련 수업시간에는 그다지 어려움이 없다. 한국어에 익숙하지 않은 부모로 인해 학습준비물 및 숙제를 수행하는데 과제를 아예 하지 않는 경우도 있는 반면에, 일찍부터 자신이 알아서 하는데 익숙한 모습을 보이는 경우도 있다. 한국어에 익숙해지고 학업적응에 성공한 아동의 경우에는 점차 한국에 동화되고 자신의 어머니 혹은 본국의 언어와 문화를 잊어버리거나 의도적으로 드러내기 싫어하는 등의 정체성의 문제가 발생하기도 한다. 교우관계의 경우 대체적으로 좋은 관계를 유지하는 편이지만, 따돌림이나 교우관계의 어려움을 경험하는 비율은 일반가정 아동보다는 높은 편이다.

3. 심리사회적 적응

다문화가정 아동의 심리사회적 적응을 살펴보면, 일부 아동의 경우 언어발달지체 및 문화부적응으로 인해 지나치게 소극적이거나 반대로 폭력성 또는 과잉행동장애와 같은 정서장애를 보이기도 한다(보건복지부, 2005). 다문화가정 아동은 고학년이 될수록 심리사회적 적응에 어려움을 경험하며, 특히 어머니의 국적이 베트남, 중국, 필리핀과 같은 아시아계 가정 아동의 심리사회적 부적응이 상대적으로 높은 것으로 나타났다(이영주, 2007). 다문화가정 아동들은 부모의 불안한 신분상태, 잦은 직장 이동, 고국문화에 낮은 접근성, 전문상담 기회의 부재 등으로 자기 정체성 확립에 어려움을 경험한다. 또한 부모들이 한국적응을 위해 '공부만 강요한다' 또는 '용돈이 부족'하거나 '내 생각을 무시한다', '돈 버느라 함께 대화한 적이 없다' 등에 대한 불만을 갖기도 한다(최현미 외, 2008).

4. 사회적 편견

폐쇄적 순혈주의를 주장하는 한국사회는 외국인 여성에 대해 한국의 가부장적인 가치관, 자녀 양육관 등을 따르도록 강요하며(이수자, 2004), 피부나 생김새가 다른 다문화가정 아동에 대해 혼혈인이라 부르며 배타적인 태도를 보이기도 한다. 이는 순수혈통을 중시하는 태도로 인해 비하, 멸시의 대상이 되고, 다문화가정의 아이라 할지라도 부모의 출신 국적에 따라 인식의 차이가 있음을 알 수 있다. 즉, 다문화가정 아동의 부모가 사회·경제적 하층에 속한 경우 한국인으로 수용하지 않을 가능성이 높지만, 반면에 선진국 출신이나 백인 같은 경우에는 한국인으로 수용하려는 경향이 높다는 것이다. 실제 다문화가정 아동들은 주위의 편견과 차별, 소외감을 호소하고 있으며, 이는 아동들의 심리적인 적응에도 영향을 미치는 것으로 나타났다(청소년희망재단, 2009). 일반가정 아동들의 다문화가정 아동에 대한 인식은 지역적으로 다문화가정 아동을 접할 기회가 높은 농촌지역의 아동이, 남학생보다는 여학생이 긍정적 태도를 보이고 있다(박정원, 2007).

제4절 다문화가정 아동의 복지서비스

1. 다문화가정의 지원서비스

1) 센터중심 지원체제

다문화가정에 대한 지원체제는 국가나 지방의 기관과 단체를 중심으로 운영되는 형태로 중앙관리기관, 전국 다문화가정지원센터, 그리고 다문화가정지원센터를 들 수 있다. 구체적인 내용을 살펴보면 다음과 같다(이순자 외, 2013).

(1) 중앙관리기관

전국 다문화가정지원센터 운영에 필요한 프로그램 개발과 보급, 인력양성, 사업관리와 평가를 담당하는 중앙관리기관이다.

(2) 전국 다문화가정지원센터

전국 다문화가정지원센터에서 시행하는 사업에 대한 프로그램과 매뉴얼 개발・보급, 인력양성, 사업관리 및 평가와 같은 사업을 전국적으로 관리하도록 위탁받은 기관이다.

(3) 다문화가정지원센터

다문화가족지원법 제12조에 따라 국비 또는 지방비를 지원받아 운영하는 시・군・구 단위센터이다. 다문화가정지원센터는 독립형과 병합형이 있다. 독립형 센터는 다문화가정을 지원하기 위한 시설을 갖춘 법인・단체로 국비와 지방비를 지원받아 운영된다. 병합형 센터는 2010년부터 시행되고 있는 형태로 건강지원센터 중 다문화가정지원센터로 지정받아 국비와 지방비의 지원으로 운영된다.

(4) 거점센터

다문화센터 설치지역을 전국 6개 권역으로 구분하여 권역 내 센터 중 관할지역 내에서 센터 관련 기관 간 네트워크 구축, 방문교육지도사 교육, 신규센터 사업 지원 등을 수행하기 위해 지정·관리하는 센터이다.

2) 교육 지원체제

다문화가정을 위한 교육 지원체제는 다민족 가족구성원의 생활언어를 지원하는 언어교육 지원체제와 센터를 방문할 수 없는 다문화가정을 위한 방문교육 지원체제로 운영된다.

(1) 언어교육 지원체제

① 한국어 교육

다문화가정에 한국어는 필수적인 교육이다. 가족 중 다민족구성원이 생활에 필요한 언어를 익히고 문화를 이해할 수 있도록 체계적이고 단계적인 한국어 교육을 실시한다. 이들의 한국어 능력을 고려하여 단계별로 1~4단계 과정과 특별반이 운영된다. 한국어 교육의 단계와 내용은 <표 10-6>과 같다.

〈표 10-6〉 **다문화가정의 한국어 교육 프로그램**

구 분	교육내용	운영시간
1단계	기초적인 단어 및 문장, 간단한 표현교육	연 2회, 각 40시간 (40시간 × 연 2회)
2단계	기본적인 단어 및 문장, 다양한 표현교육	
3단계	일상생활에 필요한 표준어 교육 등 일상적인 의사소통이 가능한 언어교육	
4단계	고급 회화반 운영과 대등한 한국어로 무리 없이 의사소통 기능을 수행할 수 있는 대상교육	교재에 맞게 설정
특별반	한국어능력시험 대비반, 교재연구반 등 운영	

출처 : 보건복지가정부(2010). 다문화가정지원사업 안내.

② 다문화 언어교육

다문화 언어교육은 이중언어를 사용하는 다민족 가족구성원과 자녀를 위한 언어교육이다. 다문화 언어교육은 다문화가정 자녀의 언어발달 지원사업, 다문화 언어지도사, 다문화 언어교실, 이중언어교육으로 이루어지는데, 이에 대한 내용은 【그림 10-2】와 같다.

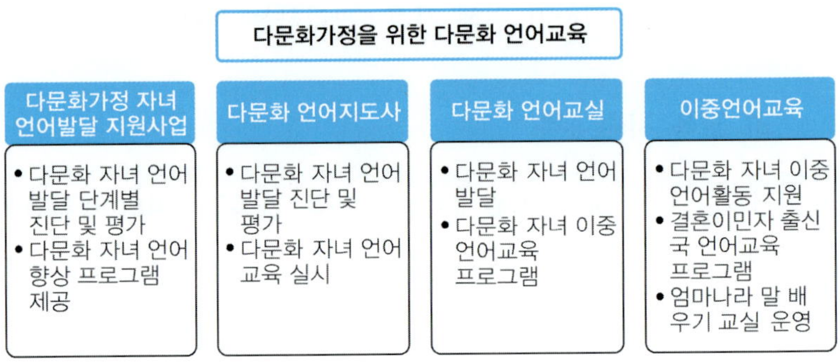

【그림 10-2】 다문화가정을 위한 다문화 언어교육 내용

③ 통·번역서비스

다문화가정을 위한 통·번역서비스는 일상적인 사회생활에 필요한 의사소통을 지원하기 위한 프로그램으로 결혼이민자 통·번역서비스와 통·번역 전문인력서비스가 있다. 결혼이민자 통·번역서비스는 다문화가정의 가정과 사회생활에 필요한 의사소통을 지원하기 위해 제공하는 통역과 번역 서비스이다. 통·번역 전문인력서비스는 통·번역하는 전문인력을 결혼이민자 중에서 선발하여 활용하는 것이다.

(2) 방문교육 지원체제

방문교육 지원체제는 다문화센터를 방문할 수 없는 다문화가정을 위해 직접 가정을 방문하여 교육 지원체제를 제공하는 것으로 다문화가정 방문교육과 방문교육지도사로 운영된다. 다문화가정 방문교육은 센터방문이 어려운 다문화가정에게 한국어 교육, 아동양육 지도, 가정상담 등을 제공하는 것이다. 이는 대상가정을 방문하는 개별 교육과 마을회관 등에서 그룹교육으로 이루어진다. 방문교육지도사는 한국어 및 아동양육에 대한 교육서비스를 직접 제공하는 인력으로 한국어 방문교육지도사와 아동양육 방문지도사로 구성된다.

2. 다문화가정 지원 교육서비스

교육인적자원부는 2007년 교육과정 내용에 다문화교육을 포함하여 실시하고 있고, 인권단체들은 학교를 방문하여 외국인 인권교육을 실시하고, 외국인 학부모가 일일교사로 참여하여 다문화 이해교육을 실시하고 있다. 또한 다문화가정과 일반가정의 결연관계를 통해 다문화자녀에 대한 지원서비스와 다문화가정에 대한 이해를 도모하고 있다. 다문화가정에 대한 사회적 이해를 지원할 수 있는 사회적 지원교육 프로그램을 구체적으로 살펴보면 다음과 같다(교육과학기술부, 2012; 이순자 외, 2013).

1) 가정통합 및 다문화사회 이해교육 프로그램

가족구성원에 대한 가정 내 역할 및 가정문화에 대한 이해력 향상 교육을 실시하고, 이를 통해 가족구성원에게 가정, 지역사회 등 한국생활 전반에 대한 적응을 지원한다. 보건복지부(2010)에서 제시한 가정통합 및 다문화사회 이해교육 프로그램의 내용은 Ⅰ그림 10-3Ⅰ과 같다.

세부영역	• 가정통합 다문화사회 이해교육 프로그램 내용
가정통합교육	• 가정 간 의사소통 및 가정관계 향상 프로그램 • 국제결혼의 특징 및 가정경제 설계 • 가정의 의미와 역할(배우자, 자녀, 시부모) • 부모-자녀관계 및 자긍심 향상 프로그램
한국사회 적응교육	• 공공기관 및 공중도덕 • 건강과 의료, 임신과 출산 • 정보화 교육 • 사회보장제도 • 한국의 교육제도 • 소비자 경제교육 • 각종 분야의 정보 제공
다문화 이해교육	• 다문화사회의 이해 • 다문화가정의 문화갈등과 적응 • 결혼이민자의 출신국 중심 나라의 역사와 문화교육
결혼과 가정의 이해	• 결혼과 가정의 이해 • 가정교육 관련 전문기관 안내
법률 및 인권 교육	• 국내체류 • 인권보호와 권익 증진 • 생활과 법
소비자 경제교육	• 소비자 보호 및 경제교육

┃그림 10-3┃ 가정통합 및 다문화사회 이해교육 프로그램

2) 다문화가정 창업지원

다문화가정 구성원의 경제적 참여와 지원을 돕기 위해 지역 특성 및 결혼이민자의 수요 등을 고려한 취업 및 창업 준비를 위한 프로그램이다. 보건복지부(2010)에서 제시한 다문화가정 창업지원 프로그램은 ┃그림 10-4┃와 같다.

세부영역	• 다문화가정 창업지원 프로그램 내용
취업 · 창업능력 향상 교육 프로그램	• 이미지메이킹, 직장예절, 직업 기초 소양교육, 창업 마인드 • 지역여건, 지역 내 결혼이민자의 수요, 지역 내 기업 특성 등을 감안한 취업과 창업 프로그램 수립 및 실시
취업 · 창업 연계 프로그램	• 해당 지역의 일자리 제공기관과 결혼이민자 연계활동 • 지속적 취업, 창업자 상담 및 정보 제공

┃그림 10-4┃ 다문화가정 취업과 창업지원 프로그램

3. 다문화가정의 아동적응 교육서비스

다문화가정의 아동이 한국사회에 적응하기 위해서는 한국문화의 체험 및 이해, 한국어 교육, 교과보충학습 지원, 부모교육, 상담 등 여러 가지 프로그램을 필요로 한다. 국제결혼가정 자녀를 위한 다문화교육 운영모형은 ❙그림 10－5❙와 같다(교육인적자원부, 2006).

세부영역	• 국제결혼가정 아동의 다문화교육 프로그램
교육공동체 다문화교육 여건 조성	• 다문화교육에 대한 인적·물적 인프라 구축 – 홈페이지, 다문화체험실, 실내환경 구성, 관련 도서·영상물 비치, 외국인 강사 인력 확보 • 지속적인 전문성 신장을 위한 연수 – 교사와 학부모 연수, 교수–학습 자료 개발
다문화교육을 위한 교육과정 편성 및 운영	• 교과교육과정 편성 및 운영 • 재량활동 교육과정 편성 및 운영 • 특별활동 교육과정 편성 및 운영 • 외국인과 함께하는 문화교실 운영 • 다문화가정 학부모 명예교사 수업 활성화 • 다문화가정 기초학력책임지도제 운영
다양한 다문화 체험학습 프로그램 기안 및 적용	• 학교행사 시 다양한 세계문화 체험 – 학교축제, 가정 한마당, 음식 만들기, 의복경연, 놀이 등 • 다양한 결연 맺기 – 다문화가정과 일반가정, 친구와 친구, 교사와 학생 등 • 다문화가정 학부모 방과 후 외국어 강사 활용 – 일본어, 중국어, 베트남어, 몽골어 등 • 이중언어 구사능력 신장 • 학부모와 함께하는 우리 전통문화 체험
다문화교육 편성 및 운영 평가	• 다문화교육이 반영된 교과, 특별활동, 재량활동 평가 • 평가기준에 의한 다문화교육 평가

❙그림 10–5❙ 국제결혼가정 아동의 다문화교육 프로그램 운영 모형

4. 다문화가정 학생 진로 · 진학지도 강화

다문화가정 학생들을 위한 직업교육 대안학교인 다솜학교를 통해 다양한 진로탐색 기회를 지원하고, 서울 · 충북지역 외에 2013년부터는 인천지역에 추가로 운영하였다.

〈표 10-7〉 **다솜학교 현황**

구 분	서 울	충 북	인 천
모집인원	고교 120명 (수도권 모집)	고교 135명 (전국 모집)	초 · 중 · 고교 210명 (중 · 고교 전국 모집)
모집분야	컴퓨터 미디어과, 호텔관광과	컴퓨터기계과, 플랜트설비과, 스마트전기과	미정

출처 : 교육과학기술부(2012).

5. 다문화 친화적 학교환경 조성

다문화 친화적 지원체계가 우수한 학교 150개교를 글로벌 선도학교로 선정하여 다문화교육의 중심학교를 육성하고자 한다. 또한 다문화가정 학생이 직접 교사가 될 수 있는 교대 다문화 특별전형을 2012년 5명에서 2013년 20명으로 확대하였다.

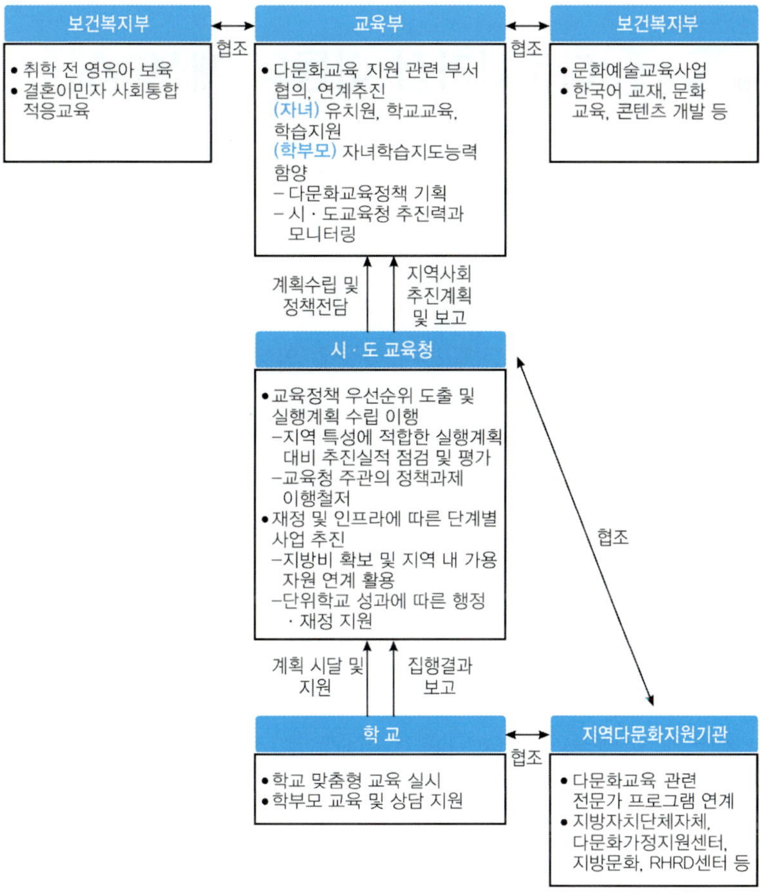

| 그림 10-6 | 현 다문화교육 지원정책 추진체제

출처 : 도미향 외(2013) 재인용.

제 5 절 다문화가정 아동의 개선과제

한국사회는 급속히 다문화사회로 변해가고 있다. 현재 정부와 시민단체 중심으로 다문화가정과 그 자녀들의 복지 향상을 위해 다양한 정책 및 제도를 시행하고 있으나 좀 더 개선해야 할 방안에 대해 살펴보고자 한다(구은미 외, 2012).

1. 다문화교육을 위한 교사교육 강화

이미 우리 사회는 전 국민의 2.2%에 달하는 이주외국인들과 그 자녀들이 함께 공존하고 있는 상황이다(유의정, 2011). 다문화가정 아동들이 학교에 보다 잘 적응할 수 있게 하기 위해서는 무엇보다도 이들을 담당하는 교사들의 역할이 중요하다. 교사의 다문화교육에 대한 인식과 반편견주의적 인식을 높이고 다문화가정 아동의 특성을 이해할 수 있도록 도우며, 이들을 지도하기 위해 필요한 구체적인 정보를 안내하기 위한 연수가 필요하다. 현직 교사들뿐만 아니라 예비교사인 교육대학생들을 대상으로 이러한 다문화교육을 강화하고, 다문화 관련 강의를 교대 내 개설하는 등 적극적인 다문화교육을 실시해야 할 것이다.

2. 다문화가정 및 그 자녀에 대한 사회적 인식 개선

한국 다문화사회의 특징은 외국인 유입이 단기간 내에 급격히 증가하였다는 점과 재외동포인 한국계 이주민 결혼이주여성을 중심으로 혈통주의에 근거를 두었다는 점이다. 즉, 한국 다문화사회의 형성과정은 우리의 가치에 이주외국인을 동화시키는 데에 더해 혈통적인 일관성을 유지하려는 특징을 가지고 있다(유의정, 2011). 따라서 다문화가정 및 그 자녀에 대한 사회적 인식은 한쪽에 치우칠 가능성이 크므로, 학교, 가정, 사회 각 분야에서의 상호 인정이 바탕이 되는 다문화교육이 절실히 필요하다. 여러 특이한 문화들을 관찰하고 소개하는 방식의 교육에서 벗어나 우리가 사는 세상이 모두 다문화적 연결망 속에서 이루어지고 있음을 알고 일상생활 속에서 지속적으로 체험할 수 있도록 해야 한다. 학교의 경우 학생들에게는 국제이해교육(international understanding education)을 시키고, 교사나 학부모 대상으로는 다양한 연수를 통해 다문화교육에 대한 인식을 바꿔나가야 할 것이다. 무엇보다도 가정에서는 특히, 부모 스스로가 다문화를 보는 관점을 향상시켜 나가야 할 것이다. 사회에서는 대중매체나 여러 단체를 통해 다양한 공간에서 체험할 수 있는 프로그램을 만들어 모든 시민들 누구나 다문화를 거리감 없이 받아들이고 체험할 수 있도록 해야 한다. 또한 일반인의 다문화 이해 증진대책에 더 많은 노력과 관심이 필요하다. 단일민족과 순혈주의 전통에 대한 지나친 자부심과 아울러 다른 문화·언어·역사 등에 대한 정보가 특정 국가에 편중되어 자칫 다른 국가에 대한 편견이 존재할 수 있으므로 다양한 방식의 다문화교육이 필요하다. 따라서 다문화 인식개선교육과 다문화 이해교육으로 다문화가정에 대한 이해를 돕고, 다문화사회 구성원으로서 열린 태도를 길러 더불어 사는 사회분위기를 조성하는 예방대책이 마련되어야 할 것이다.

3. 다문화가정 아동의 교육수요에 맞는 맞춤형 지원 필요

다문화가정 아동의 경우 한국어 습득 문제가 가장 시급하므로, 이들의 한국어 능력 향상을 위한 프로그램이 더욱 중요하다고 볼 수 있다. 그러나 아동마다 수준이 다르므로 이에 대한 공통 한국어교재를 활용하여 개별 수준에 맞는 교육을 진행해야 한다. 또한 이들은 학교 적응에도 어려움을 호소하므로, 이들을 위한 멘토링 프로그램을 더욱 강화해야 한다. 실제적으로 일부 지역이나 학교에서는 다문화가정 학생들을 위한 특별학급을 개설하고 개인자원봉사자와 연결한 멘토링 프로그램을 진행하고 있지만, 지속성을 위한 자원은 미흡한 상태다. 멘토링을 운영하는 학교 및 산학협력단에 멘토링의 유형에 따라 융통성 있게 운영될 수 있도록 재정 및 행정적 지원이 이루어져야 한다. 또한 학습자의 특성 및 복합적인 문제상황 파악을 위한 다각적인 진단에 기초하여 그들에게 맞는 지원을 해야 하며, 각 자녀들에게 민간교육시설을 활용할 수 있도록 지원해 주어서 방과 후에도 적절한 학습이 이루어질 수 있도록 해야 할 것이다.

4. 다문화가정 아동대상 학교적응 지원 강화

다문화가정 학생들의 경우, 언어 및 정서적 차이로 인해 담임교사나 상담교사에게 자신의 문제를 털어놓거나 도움을 요청하고자 다가가기가 어려운 현실에 있다.

다문화가정 학생이 학교적응의 어려움을 호소할 수 있고, 이 문제를 잘 해결할 수 있도록 도와줄 수 있는 학교상담의 기능이 강화되어야 한다. 공교육 안에서 이들이 탈락하지 않도록 학업중단 전 전문상담을 받을 수 있는 시스템을 마련해야 한다. 따라서 이들이 학교적응을 위해 정기적인 상담이 의무적으로 이루어질 수 있도록 해야 한다. 단순히 교사나 학교재량에 맡기는 것은 다수를 위해 소수가 희생될 수 있으므로, 이를 제도화하는 것이 무엇보다도 필요하다. 또한 요즘 날로 심각해지고 있는 학교 내 폭력문제에서도 이들은 일반학생들보다 폭력상황에 노출될 가능성이 더 많기 때문에 좀 더 주의를 기울여야 할 것이다. 다문화가정 학생에 대한 학교폭력 예방은 학생 개인과 부모가 해결할 수 있는 문제가 아니라 사회가 해결해야 할 과제로, 말뿐이 아닌 실천으로 이들을 학교폭력으로부터 보호해야 할 것이다.

5. 다문화가정 부모대상 교육 및 상담 강화

문화와 언어적 배경이 다른 부부로 구성된 다문화가정의 경우 언어적 소통의 어려움과 문화적 차이로 인해 가족 간 갈등이 심화되거나, 이에 따른 가족해체 문제가 날로 증가하고 있는 현실 속에서 이들이 서로 충분히 이해할 수 있도록 기회를 제공하는 것이 무엇보다 중요하다. 따라서 복잡해지는 다문화가정의 부부갈등을 해결하기 위해서는 위기상황에서 자국어로 상담받을 수 있는 위기상담 콜센터나 부부갈등·부모교육·가족갈등 치유전문 프로그램의 개발 등 실질적인 도움을 제공하는 다문화정책과 사업들이 절실히 필요하다.

물론 다문화가족지원센터 등을 통해 국제결혼 예비 남편교육 및 상담 등을 실시하고 있기는 하지만, 한국문화상 직접 이러한 기관을 찾아서 프로그램에 참여하는 경우는 드물다. 이를 그대로 방치할 경우에는 가정폭력 및 학대 등이 발생할 소지가 있으며, 점점 늘어가고 있는 다문화가정의 자녀들이 건전한 사회구성원으로 성장하기 어려울 뿐 아니라 이들의 발달에도 심각한 영향을 줄 가능성이 있다. 따라서 가족 간에 서로 이해할 수 있는 기회를 제공하기 위해 이들을 대상으로 하는 프로그램에 다문화가족 구성원들이 적극적으로 참여할 수 있도록 유도해야 한다. 기관에 와서 프로그램 참여가 어려운 경우 방문지도를 통한 개별 교육이 이루어질 수 있도록 충분한 다문화가정 전담상담인력을 배치해야 할 것이다.

6. 다문화가정과 그 자녀들을 위한 부처 간 협력체계 구축

시민단체, 지방자치단체, 교육청, 대학, 기업 등 개별적 사업추진이 이루어지고 있으나 중복된 프로그램 등으로 예산낭비 및 다양한 사업의 역량을 이끌어내는 데 한계가 있을 수 있다. 다시 말해, 다양한 사업을 지역단위에서 통합하고 조정할 수 있는 네트워크 및 전달체계 구축이 절실하다. 정부에서는 '다문화학생 교육 선진화 방안'을 발표하면서 전 부처 간 협력 강화를 강조하였다. 무엇보다도 법무부, 행정안전부, 교육부, 여성가족부 등의 부처에 따라 다문화 관련 용어가 다르게 사용되고 있다. 예를 들면, 여성가족부에서는 '다문화가정 관련', 법무부에서는 '외국인 관련', 행정안전부에서는 '외국인 주민 관련', 교육부에서는 '다문화 학생 관련' 등으로 각각 다르게 표현하고 있으므로 용어사용의 정비가 필요하다. 또한 모든 부처가 함께 모여 현재 지원하고 있는 다문화 사업을 점검하여 중복사업을 조정하고 각 사업의 효율성을 위해 부처 간 연계 여부를 살펴봄으로써 다문화 학생이 소중한 인재로 성장할 수 있도록 범정부 차원에서 협력해야 할 것이다.

토론해 보기

1. 다문화가정의 아동들에 대한 편견을 가지고 있는 경향이 있는데 편견을 가지지 않도록 하기 위한 대처방안은 무엇인지 여러분의 생각을 토론해 봅시다.

2. 다문화가정의 아동들은 학교생활의 부적응을 보이며 어려움을 호소하고 있습니다. 이들이 학교생활에 잘 적응할 수 있는 지원방안은 무엇인지 여러분의 생각을 토론해 봅시다.

3. 국제결혼이 증가함에 따라 국내에 거주하는 다문화가정을 주변에서 쉽게 찾아볼 수 있습니다. 즉, 다문화가정 아동의 구체적인 사례에 대해 찾아보고 그들이 겪는 어려움과 그 이유에 대해 토론해 봅시다.

4. 다문화가정의 아동들이 차별 없이 행복하게 잘 성장하기 위해서 개발되어야 할 프로그램 및 서비스 지원은 무엇인지 여러분의 생각을 토론해 봅시다.

11

한부모가정 아동을 위한 복지서비스

제 1 절 한부모가정 아동의 개념 및 유형

1. 한부모가정의 개념

한부모가정이란 모자가정 또는 부자가정을 말한다. 배우자와의 사망, 이혼, 미혼모, 별거 등으로 인해 한부 내지 한모로 이루어진 가구로 18세 미만의 자녀와 함께 사는 부(父) 또는 모(母)와 자녀의 가정을 의미한다. 즉, 한부모가정은 부(父)나 모(母) 중의 한 사람이 단독으로 부모의 역할을 수행하는 가정이라 할 수 있다(Zimmerman, 1983).

한국여성민우회에 의해 1999년부터 한부모가정이라는 용어를 만들어 사용하게 되었는데, 이 한부모가정의 '한'은 '하나'라는 의미 외에 '크다', '가득하다', '온전하다'의 뜻이 포함되어 있어 한부모가정의 긍정적 이미지를 심어주고 있다. 이는 다시 말해, 한부모가정을 새로운 가족형태의 하나로서 긍정적으로 수용하고자 하는 의도로, 요즘에는 결손이나 편부, 편모와 같은 부정적인 인식을 주는 용어보다는 한부모가정, 모자가정, 부자가정의 용어를 더욱 많이 사용하고 있는 추세이다(김주아 외, 2012). 모자가정은 어머니가 세대주인 가정을 말하고, 부자가정은 아버지가 세대주인 가정을 말한다. 이러한 용어의 변화는 부득이한 상황으로 인해 한부모와 사는 가정과 아동에 대해 평등한 개념을 갖고 이들이 건강하고 행복한 삶을 영위할 수 있도록 긍정적인 인식을 갖도록 하자는 것이다(이순자 외, 2013). 또한 최근 미혼모·부의 증가로 인하여 '청소년 한부모'라는 용어를 사용하는데 한부모가족지원법에서는 "청소년 한부모"란 24세 이하의 모 또는 부를 말한다. 이 외에도 교정시설·치료감호시설에 입소한 배우자 또는 병역복무 중인 배우자를 가진 자(2012년 일부개정)

와 국내에 체류하고 있는 외국인 중 대한민국 국민과 혼인하여 대한민국 국적의 아동을 양육하고 있는 사람으로 출입국관리법 제31조에 따른 외국인 등록을 마친 자를 포함하고 있다.

〈표 11-1〉 **한부모가정의 정의**

구 분	한부모가정의 정의
여성개발원 (1984)	부모 중 한쪽의 사망, 이혼, 유기, 별거로 인하여 편부 혹은 편모와 그 자녀로 이루어진 가족
모자복지법 (1989)	모자가정은 '모가 세대주로서 18세 미만(취학 시 20세 미만)의 자녀를 부양하고 있는 가정'이며, 부자가정은 '부와 부에 의하여 양육되는 18세 미만(취학 시 20세 미만)의 자녀'로 이루어진 가정
한부모가족지원법 (2007)	모자가족 또는 부자가족, 모(母) 또는 부(父)가 배우자와 사별하거나 이혼한 사람, 미혼모, 정신이나 신체장애로 장기간 노동능력을 상실한 배우자를 가진 사람, 배우자의 생사가 분명하지 않은 사람 등이 아동(18세 미만, 취학 중인 경우에는 22세 미만)인 자녀를 양육하는 가족

출처 : 여성가족부(2011).

2. 한부모가정의 유형

IMF 이후 경제적인 어려움으로 인해 이혼하는 가정, 자살하는 부 또는 모를 비롯해 가족동반자살, 자식을 버리는 유기현상 등 다양한 원인으로 가족이 해체되는 경우가 많이 발생하고 있다. 이러한 원인으로 다양한 한부모가정의 유형이 나타나고 있는데 구체적인 내용을 살펴보면 다음과 같다(구은미 외, 2012; 윤매자 외, 2012).

1) 이혼에 의한 한부모가정의 아동

이혼은 생존하고 있는 배우자 간에 있어서 그들의 협의에 의하여 또는 재판상의 절차를 거쳐서 혼인관계를 해소하는 것을 말한다. 이혼은 부부 중 어느 일방의 사망에 의한 혼인관계 해소와 달리 부부관계에서 일어나는 여러 가지 문제로부터 탈피하기 위한 하나의 방법으로 인위적으로 부부관계를 소멸하는 법률상으로 인정하는 제도이다. 자녀가 있는 경우 이혼은 결과적으로 부모 일방과 자녀로 구성된 한부모가정의 형성을 초래하며, 자녀의 양육권은 법에 의하거나 당사자의 협의에 의해 한쪽 부모에게 넘겨진다.

2) 부와 모의 사망에 의한 한부모가정의 아동

예전에는 전쟁에 의해서 부모의 어느 한쪽이 사망한 경우로 한부모가정이 되었으나, 현대에 와서는 전쟁보다는 질병과 사고에 의하여 한쪽 부모의 사망이 증가하고 있다.

3) 유기에 의한 한부모가정의 아동

배우자 유기에 의한 한부모가정은 부부가 별거하고 있는 상태에서 부부 중의 일방이 자녀를 양육하면서 가족생활을 영위하는 경우를 말한다. 여기에서 부부란 법적으로 혼인관계에 있는 부부와 미혼의 부부를 모두 포함한다. 이에 따라 일반적으로 편부가족보다 편모가족이 많은 편이지만 배우자 유기는 고의적인 것으로 부에 의해서 주로 발생하고 있다.

4) 미혼에 의한 한부모가정의 아동

미혼에 의한 한부모가정은 법적으로 혼인을 하지 않은 상태에서 아이를 갖게 되어 낳게 됨으로써 발생하는 가족의 형태이다. 통상 법적 요건을 갖추어 한 번도 결혼한 적이 없는 상태로 부모가 된 미혼부모를 말하며, 엄격하게 따지면 자신의 배우자 이외의 사람과 관계를 맺어 부모가 된 기혼부모까지도 포함한다.

5) 조손가정

조손가정은 조부·모와 그의 손자녀만으로 이루어진 가구로 손자녀의 양육자인 조부모가 생계를 꾸려나가거나 가구를 대표하고, 손자녀에 대한 부양과 양육의 책임을 지고 있는 가정을 의미한다. 즉, 만 18세 미만의 3세대와 1세대만으로 구성되어 있는 가족을 조손가정으로 정의하고 있다.

2007년 한부모가족지원법으로 개정되면서 조손가정을 지원대상으로 포함(제5조)하고 있는데, 부모에게 아래에 해당하여 사실상 부양을 받지 못하는 만 18세 미만 아동과 그 아동을 양육하는 (외)조부 또는 (외)조모로 이루어진 가정으로 조부모 중 1인이 심신장애·질병으로 장기간 근로능력을 상실하거나 연령이 65세 이상이면 보호대상 조손가정으로 지원한다.

- 부·모가 사망하거나 생사가 분명하지 아니한 아동
- 부·모가 정신 또는 신체의 장애·질병으로 장기간 노동능력을 상실한 아동
- 부·모의 장기복역 등으로 부양을 받을 수 없는 아동
- 부·모가 이혼하거나 유기하여 부양을 받을 수 없는 아동
- 부·모가 불화 등으로 가출하여 부양을 받을 수 없는 아동
- 그 밖에 부·모가 실직 등으로 장기간 경제적 능력을 상실하여 부양을 받을 수 없는 아동

2012년 일부 개정된 한부모가족지원법에서는 자녀의 연령이 초과한 경우 가족 전체가 지원대상에서 제외되던 것이 해당 자녀만 제외되는 것으로 변경되었다.

6) 청소년 한부모가정

만 24세 이하(만 25세 미만)의 청소년이 부모가 되어 자녀를 키우는 경우를 청소년 한부모가정으로 정의한다. 청소년기에 임신, 출산, 양육의 부모역할을 해야 하는 상황으로 인해 학업중단, 가족과의 단절 등이 초래되어 사회적으로 고립되고, 영유아 자녀의 양육에 대한 어려움이 크며, 경제적 능력의 부족으로 빈곤계층으로 진입할 위험이 높은 가정이다.

제 2 절 한부모가정의 현황

우리나라의 한부모가정의 현황은 1997년 IMF 외환위기를 겪으면서 경제적인 어려움에 처한 가정이 많이 발생하여 이혼율이 급증하면서 증가하고 있는 추세이다. 한부모가정의 현황에 대해 구체적인 내용을 살펴보면 다음과 같다(최영미, 2012; 구은미 외, 2012).

1. 한부모가정 현황

2016년 전국 한부모가정의 현황을 살펴보면 다음과 같다(표 11-2 참조).

〈표 11-2〉 전국 한부모가정 현황 (단위 : 1,000가구, %)

연 도	총가구 수	한부모가구		
		계	모자가구	부자가구
2010	17,339	1,594(9.2)	1,247	347
2011	17,687	1,639(9.2)	1,278	361
2012	17,951	1,677(9.3)	1,304	373
2013	18,206	1,714(9.4)	1,329	324
2014	18,457	1,749(9.4)	1,352	397
2015	18,705	1,783(9.5)	1,374	409

출처 : 서울시 한부모가족지원센터(2016).

2. 한부모가정 형성사유 현황

한부모가정은 부부의 별거, 배우자 유기, 가출 등에 의해서도 형성되지만 대부분 배우자의 사망과 부부간의 이혼에 의해 형성된다. 따라서 현대사회에서는 사고사(事故死)나 이혼의 증가로 인한 형성이 대부분을 차지한다. 2010년 한부모가정의 형성사유는 한부모가정 총 1,594,000가구로 총가구 수 대비 9.2%를 차지하고 있으며, 이는 1990년 889,000가구에 비해 약 1.8배가 증가하였다. 이를 세부적으로 살펴보면 이혼이 523,000가구로 가장 많은 비중(32.8%)을 차지하고 있으며, 사별 474,000가구, 유배우가 413,000가구, 미혼 185,000가구 순이었다(표 11-3 참조).

〈표 11-3〉 **한부모가정 형성사유 현황** (단위 : 1,000가구, %)

연 도	총가구 수	한부모가구					한부모 가구 비율
		사 별	이 혼	미 혼	유배우	계	
1985	9,571	443(52.2)	50(5.9)	101(11.9)	254(30.0)	848(100)	8.9
1990	11,355	498(56.0)	79(8.9)	85(9.6)	227(25.5)	889(100)	7.8
1995	12,958	526(54.8)	124(12.9)	94(9.8)	216(22.5)	960(100)	7.4
2000	14,312	502(44.7)	245(21.9)	122(10.9)	252(22.5)	1,121(100)	7.9
2005	15,887	501(36.6)	399(29.1)	142(10.4)	328(23.9)	1,370(100)	8.6
2010	17,339	474(29.7)	523(32.8)	185(11.6)	413(25.9)	1,595(100)	9.2

출처 : 여성가족부(2012).

3. 한부모가정 성별 · 연령별 현황

한부모가정을 연령별로 살펴보면 40~49세가 가장 많은 비중을 차지하고 있으며, 성별로도 연령대가 40~49세가 가장 많았다. 그러나 60세 이상의 수치는 연령대로 보아 이혼에 의해 한부모가정이 형성된 현상이기보다는 사별 등의 다른 요인도 내포하고 있을 것으로 추측된다.

〈표 11-4〉 한부모가정 성별 · 연령별 현황

연 도	합 계		20세 미만	20~29세	30~39세	40~49세	50~59세	60세 이상
2000년	계	1,123,854	1,405	56,655	223,980	394,551	283,751	163,512
	모자가정	903,857	1,276	52,512	189,229	307,648	222,423	130,769
	부자가정	219,997	129	4,143	34,751	86,903	61,328	32,743
2005년	계	1,369,943	1,400	51,235	251,654	505,300	345,499	214,855
	모자가정	1,083,020	1,187	46,322	215,446	391,585	260,237	168,243
	부자가정	286,923	213	4,913	36,208	113,715	85,262	46,612
2010년	계	1,594,138	1,054	57,354	247,036	565,945	456,907	265,842
	모자가정	1,246,690	835	49,342	209,808	443,861	339,865	202,979
	부자가정	347,448	219	8,012	37,228	122,084	117,042	62,863

출처 : 통계청(2011). 2010 인구주택총조사.

4. 한부모가족지원법 보호대상 현황

한부모가정 지원대상은 2015년 22만 9,985세대 57만 4,285명(기초생활 수급자 가구와 국가보훈대상 포함)으로 2010년 18만 5,211세대 48만 2,200명에 비해 49%가 증가되었다(표 11-5 참조).

〈표 11-5〉 연도별 저소득 한부모가정 현황(전체) (단위 : 세대, 명)

연도별	계		모자가정(미혼모가정)		부자가정(미혼부가정)		조손가정	
	세 대	세대원	세 대	세대원	세 대	세대원	세 대	세대원
2010	185,211	482,200	140,806	366,983	41,253	107,884	3,152	7,333
2011	188,970	495,694	144,081	377,767	43,160	113,606	1,729	4,321
2012	217,547	578,663	164,953	442,061	47,047	125,033	5,547	11,569
2013	222,593	591,818	168,275	450,860	48,902	129,745	5,416	11,213
2014	225,472	596,624	171,260	455,318	49,152	129,845	5,060	10,461
2015	229,985	574,285	174,401	437,903	50,666	126,516	4,918	9,866

※ 전체 : 한부모가족지원법 보호대상 + 국민기초생활 보장법 보호대상 + 국가보훈법 보호대상(2011년까지)
한부모가족지원법 보호대상 + 국민기초생활 보장법 보호대상(2012년부터)

출처 : 여성가족부(2016).

2015년 기준으로 한부모가족지원법에 따른 보호대상(최저생계비 130% 미만)으로 결정된 가구 수는 137,573세대, 343,293명으로 나타났으며 모자가정, 부자가정, 조손가정으로 나누어 살펴보면 다음과 같다(표 11-6 참조).

〈표 11-6〉 2015년 저소득 한부모가정의 현황(한부모가정 지원 대상) (단위 : 세대, 명)

연도별	계		모자가정(미혼모가정)		부자가정(미혼부가정)		조손가정	
	세 대	세대원	세 대	세대원	세 대	세대원	세 대	세대원
2010	107,775	277,577	81,299	208,100	26,112	68,537	364	904
2011	115,382	297,019	86,809	222,181	28,167	73,766	406	1,072
2012	130,509	341,661	98,209	256,096	31,781	84,154	519	1,401
2013	140,015	367,571	104,915	274,716	34,518	91,326	582	1,529
2014	142,069	373,258	106,598	279,427	34,884	92,262	587	1,569
2015	137,573	343,293	102,987	256,234	34,071	85,726	515	1,333

출처 : 여성가족부(2016).

제3절 한부모가정 아동의 특성

한부모가정의 문제는 대부분 가족 안에서 중요한 역할을 수행했던 모나 부의 부재에서 발생한다고 볼 수 있다. 즉, 가정 내에서의 모 또는 부 역할을 모방할 기회가 상실됨에 따라 다양한 문제가 발생한다. 따라서 한부모가정 아동의 특성에 대해 구체적인 내용을 살펴보면 다음과 같다.

1. 한부모가정 아동의 특성

1) 심리정서적 특성

한부모가정의 자녀에게 있어 이혼이나 부모의 가출, 사망 등의 부 또는 모의 부재로 인해 심리적 타격을 입게 되며, 시간의 경과에 따라 다르게 영향을 미치는데, 초기 반응으로 공포, 생명의 위협, 슬픔, 상실감, 이혼에 대한 거부감, 부모에 대한 분노, 무력감, 강한 외로움, 자신 때문에 부모가 이혼하게 되었다는 강한 죄책감 등이 나타나기도 한다. 그 결과 자아에 대한 부정적인 태도를 갖게 되며 낮은 자아존중감을 갖게 될 가능성이 크다. 부자가족일 경우 모의 상실은 영아의 경우 동일시 대상의 상실로 인한 역할수행의 혼란은 물론 사회적 위축감 등 정서적 문제를 야기시켜 건전한 성격형성을 저해하기 쉽다(신수자, 1995).

(1) 아동의 발달수준에 따른 영향

나이가 어릴수록 부모의 이혼, 가출 후 더 많은 파괴행동을 보여주는 반면, 나이든 아이들은 우울증상이 더 많았다는 연구결과(Paul, R. Amato, 1993)와 같이,

사춘기 때의 청소년들보다는 오히려 어머니, 아버지 관계에 높은 관심을 보이는 4~6세의 아동이 가장 치명적인 타격을 받는다고 일반적으로 알려져 있다. 그리고 부모의 이혼 당시 아주 나이가 어린 아동은 이혼 당시의 고통스러운 기억을 적게 가지기 때문에 고통을 덜 받는 편이다.

(2) 자아존중감

정상가정의 자녀가 한부모가정의 자녀보다 자아존중감이 높다. 이는 여러 연구에서 나타나고 있다(W. Smith, 1990). 사춘기에 부모의 이혼을 경험한 이혼가정의 청소년들에 대한 자아존중감의 조사 결과, 부모의 이혼에 따른 자아존중감의 변화에 대한 증거자료가 없는 것으로 보아, 부모의 이혼 전 불화로 인한 양육태도의 불일치, 이혼으로 인한 주위 사람들의 태도 변화, 부정적 시각과 평가에 영향을 받아 부모의 이혼을 내면화하여 자기를 낮게 평가한 것으로 보인다. 아동의 문제는 부모가 이혼 후에 가정생활을 잘하지 못할 때 더 커진다.

(3) 회복기간

이혼 후 안정을 찾는데 대개의 가족에게 필요한 과도기는 적어도 2년 정도이다. 아동의 긴장을 다루는 능력은 부모가 그들의 관계문제를 해결할 수 있는 방법에 달려있다. 그러나 과도기를 잘 조절하는 부모의 아동일지라도 불균형의 신호를 보이는 아동들이 많기에 이혼은 아동기 우울증의 가장 큰 원인으로 지적받아 왔다.

(4) 학교생활 적응

이혼가족의 자녀는 학교생활에서도 어려움을 겪는다. 이들이 겪는 학교생활의 어려움은 교사가 갖고 있는 이혼가족에 대한 편견 때문이기도 하다. 교사는 이혼가족 자녀에 대해 부정적인 인식을 갖고 있으며, 이혼가족 자녀를 잠재적으로 문제가 있는 자녀 혹은 비행의 자녀로 보는 경우가 많다(서영숙 외, 2004). 교사가 갖고 있는 이혼가족에 대한 편견은 양부모가족 아동에게 전달되어 양부모가족 아동들이 이혼을 잘못된 것으로 인식하여 이혼가족 아동과 교류하는 것을 막을 수 있다. 이로 인해 이혼가족 아동은 학급에서 동료들과 잘 교류하지 못하고 심한 경우 왕따를 당하는 등 학교생활에 어려움을 겪는다.

2) 사회적응 문제

사회적응은 한부모가정의 자녀들이 겪는 어려움 중의 하나이다. 이혼, 별거, 부 또는 모의 사망 등으로 인한 부 또는 모의 부재상황에 대한 사회의 부정적 시각 및 편견 때문에 한부모가족의 자녀들은 부 또는 모의 부재를 숨기기를 원하므로, 다른 전문가나 지역사회의 도움을 받기가 어려운 실정이다. 또한 위축된 태도를 가짐으로써 교우관계 및 이웃과의 관계에도 영향을 미치게 된다(허남순, 1998).

3) 신체건강의 특성

한부모가정의 아동들은 건강하고 정상적인 성장을 위해 부모의 따뜻한 보살핌과 돌봄을 절대적으로 필요로 한다. 이는 최저한의 생명 유지를 위한 음식 및 잠자리 제공 이상의 것이어야 하며, 여기에는 안전하고 충분한 보건과 영양섭취가 포함되어 있다. 한국에서는 가족의 건강과 영양섭취는 거의 모가 모든 신경을 쓴다고 말할 수 있다. 그러나 부자가정의 아동일 경우에는 최저한의 보건 및 영양섭취조차 제공받지 못하는 경우가 많으며, 모가 없는 상황에서 아동들이 깨끗한 옷을 입고, 영양가가 있는 음식을 제공받으며, 보살핌과 보호 속에서 건강하게 자라기를 기대하는 것은 어려운 일이므로 성장기에 있는 아동에게는 심각한 문제가 아닐 수 없다.

4) 양육주체에 따른 특성

아버지가 양육을 하고 생활하는 모성이 부재하는 아동의 경우 여아의 사회성 발달이 부족하다. 여아의 경우 미성숙하고 덜 사교적이며 좀 더 의존적이다. 반면 남아의 경우 성숙하고 사교적이며 독립성이 강하고 덜 요구하는 편이다. 그러나 의사소통을 덜하고 애정표현도 적게 하는 편이다.

아버지가 양육을 하며 생활할 때 성역할에 있어서 영아는 동일시할 수 있는 성역할 모델이 없으므로 혼란이 야기될 수 있다. 그러나 이와 같은 영향은 부성부재로 인한 남아의 성역할 발달장애보다는 미약한 편이다. 오히려 아버지가 양육을 할 경우 여아의 경우 성역할 문제는 사춘기에 심각하게 된다. 주로 성문제에 대한 의논대상은 어머니이기 때문이다. 양육부모의 성과 자녀의 성이 같을 때 비교적 자녀의 적응이 쉽다.

어머니가 양육을 할 경우 아동에 대한 부성부재의 영향은 아버지의 부재로 어머니의 영향을 받는 경우와 아버지를 모방할 기회와 양육받지 못하므로 생기는 경우의 복합적 작용으로 나타난다. 자녀의 성역할 발달에서 두드러지게 나타나며, 인지적·사회적 발달에 있어서도 그 영향이 나타난다. 어머니가 양육을 한 남아의 경우에는 덜 공격적이고 여성적인 경향이 있으며, 동적인 활동보다는 정적인 활동을 즐겨한다.

제4절 한부모가정 아동의 복지서비스

한부모가정은 부모가 수행해야 하는 역할을 어머니나 아버지가 혼자서 감당해야 하기 때문에 부모역할 부재에 따른 문제나 과도한 역할수행에 있어서 어려움을 경험하기 쉽다. 일반적으로 한부모가정은 경제적 문제, 역할변화에 대한 적응문제, 정서적 문제, 사회적 편견 등과 같은 곤란함을 경험하게 된다(이재연 외, 2011). 이러한 한부모가정이 생활적으로 안정되고 자립할 수 있도록 지원하기 위한 사회적 복지서비스를 구체적으로 살펴보면 다음과 같다(구은미 외, 2012; 이순자 외, 2013).

1. 한부모가정을 위한 복지서비스

1) 경제적 지원

한부모가정의 가장 큰 어려움은 경제적인 문제이다. 저소득 한부모가정 지원 대상에게 지급되는 복지급여 등은 Ⅰ그림 11-1Ⅰ과 같은 절차에 따라 대상가정을 선정한 후 지원된다.

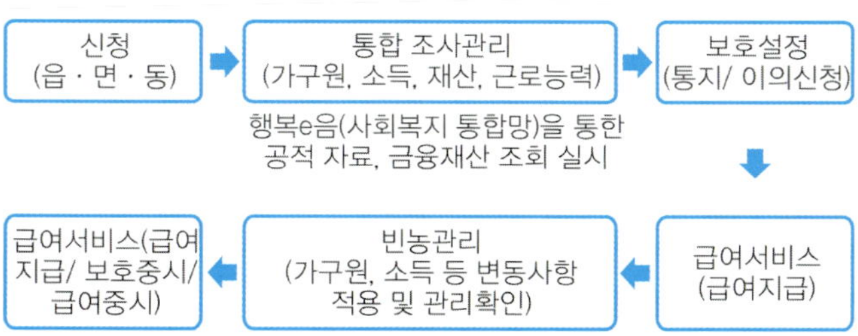

Ⅰ그림 11-1Ⅰ 저소득 한부모 지원 신청절차

출처 : 서울시 한부모가족지원센터(2011).

2) 아동양육비 지원

한부모가정 중 조사 후 지원대상자로 결정된 저소득 한부모가정의 만 5세(2011.1.1. 이후 출생자) 이하의 아동에 대해 1인당 월 50,000원의 양육비를 지원한다. 또한 보육비와 유치원교육비 전액을 지원하며, 초등학생에게는 입학금 및 수업료와 교복비를 지원한다. 또한 여성가족부는 국민기초생활 보장법과 한부모가족지원법 제17조의2에 따라 청소년 한부모가족에 대한 양육비와 교육비 지원을 하고 있다. 대상은 한부모가족 중 모 또는 부의 연령이 만 24세 이하이고 소득인정액이 최저생계비 150% 이하인 청소년 한부모가족으로 최장 5년간 지원을 받을 수 있다(표 11-7 참조).

〈표 11-7〉 청소년 한부모 자립 지원내용

사업명	지원내용	신청방법	비 고
아동양육비 지원	한부모가족 및 조손가족의 아동양육비 1인당 월 15만 원 청소년 한부모 가족의 아동양육비 1인당 월 17만 원	관할 주민센터에서 연중 신청 가능	• 기초수급권 가구 제외 • 아동위탁수당을 받는 경우 • 긴급복지원법에 의한 생계지원을 받는 경우
청소년 한부모 검정고시 학습비 지원	연 154만 원 이내 지원(학원등록비+교재비 등)	관할 주민센터에서 연중 신청 가능	
청소년 한부모 고교생 교육비 지원	고등학교 교육비(학비)/ 실비 지원 : 입학금+수업료+교과서대	관할 주민센터에서 연중 신청 가능	기초수급권 가구 제외
자립촉진수당	월 10만 원	관할 주민센터에서 연중 신청 가능	기초수급권 가구

출처 : 여성가족부(2016).

3) 한부모가정 복지자금 대여

지원대상은 소득인정액 기준 최저생계비 130% 이하 저소득 한부모가정의 모나 부에게 1인당 2,000만 원 한도 내에서 연 3% 저금리로 5년 거치 5년 상환조건으로 자금을 대여해 준다. 지원기준은 지원대상이 근로능력과 자립능력을 갖추고, 구체적이고 현실성 있는 사업계획을 제시할 수 있어야 한다.

4) 취업교육 지원

한부모가정의 자립을 위해 저소득 취약계층 취업패키지 프로그램(고용노동부에서 지원하는 통합적 취업지원 프로그램으로 집단 및 경로 설정 - 의료·능력 증진 – 집중 취업알선 – 취업성공수당 지급 등의 과정으로)을 통해 한부모에 대한 취업교육과 훈련교육비를 지원한다.

5) 주거지원

무주택 저소득 한부모가정의 안정적 주거를 위해 영구임대주택 입주의 우선 공급자격을 부여하고, 저소득층을 위한 주택임대, 임대료 보조, 임대보증금 대여를 지원한다. 한부모가정 유형에 따라 각종 한부모가족복지시설의 입소를 통해 주거문제를 해결하고 위기극복과 자립준비를 할 수 있도록 지원한다. <표 11–8>과 같이 2015년 기준 전국 126개소의 한부모가족복지시설이 운영되고 있으며, 모·부자보호시설 및 모자자립시설, 모자일시보호시설, 미혼모자시설, 미혼모자·미혼모 공동생활가정 등의 유형이 있다(표 11–9 참조).

〈표 11–8〉 한부모가족복지시설 현황

<table>
<tr><th rowspan="3">시·도</th><th rowspan="3">계</th><th colspan="9">생활시설</th><th>이용시설</th></tr>
<tr><th colspan="3">모자가족복지시설</th><th colspan="2">부자가족복지시설</th><th colspan="3">미혼모자가족복지시설</th><th rowspan="2">일시지원복지시설</th><th rowspan="2">한부모가족복지상담소</th></tr>
<tr><th>기본생활지원</th><th>공동생활지원</th><th>자립생활지원</th><th>기본생활지원</th><th>공동생활지원</th><th>기본생활지원</th><th>미혼모자공동생활지원</th><th>미혼모공동생활지원</th></tr>
<tr><td colspan="2">126</td><td>41</td><td>4</td><td>3</td><td>2</td><td>2</td><td>18</td><td>39</td><td>1</td><td>12</td><td>4</td></tr>
</table>

출처 : 여성가족부(2016).

〈표 11-9〉 **한부모가족복지시설 입소대상 및 지원내용**

번 호	시설명	대 상	지원내용	보호기간 (연장 가능 기간)
1	모자보호시설	만 18세 미만의 자녀를 양육하는 무주택 저소득 모자가족	보호 및 생계 지원	3년(2년)
2	부자보호시설	만 18세 미만의 자녀를 양육하는 무주택 저소득 부자가족	보호 및 생계 지원	3년(2년)
3	모자자립시설	만 18세 미만의 자녀를 양육하는 무주택 저소득 모자가족모자보호시설에서 퇴소한 모자세대로서 자립준비가 미흡한 모자가족	주택편의 제공	3년(2년)
4	모자일시 보호시설	배우자의 학대로 인하여 아동의 건전양육과 모의 건강에 지장을 초래할 우려가 있는 모와 아동	숙식, 의료, 법률상담, 심리상담	6월(6월)
5	미혼모시설	미혼의 임신여성 및 출산 후(6월 미만) 보호를 요하는 여성	분만의료 지원, 인성교육 및 상담, 자립지원	1년(6월)
6	미혼모자 공동생활가정	2세 미만의 영유아를 양육하는 미혼모로서 일정 기간 숙식보호와 자립지원을 필요로 하는 여성	직업교육 등 자립지원, 양육교육	2년(1년)
7	미혼모 공동생활가정	출산 후 해당 아동을 양육하지 아니하는 미혼모로서 일정 기간 숙식보호와 자립지원을 필요로 하는 여성	직업교육 등 자립지원	2년(6월)
8	모자 공동생활가정	독립적인 가정생활이 어렵고 일정 기간 공동으로 가정을 이루어 생활하면서 자립을 준비하고자 하는 모자가족	직업교육 등 자립지원	2년(1년)
9	부자 공동생활가정	독립적인 가정생활이 어렵고 일정 기간 공동으로 가정을 이루어 생활하면서 자립을 준비하고자 하는 부자가족	직업교육 등 자립지원	2년(1년)

출처 : 여성가족부(2016).

[그림 11-2] 모자보호시설 입소절차

출처 : 여성가족부(2012) 재구성.

6) 미혼모 · 부 지원 거점기관 운영

미혼모 · 부 지원 거점기관은 전국에 17개 기관을 지정하고, 자녀양육과 경제적 자립을 위한 종합적인 지원서비스를 제공한다. 서비스 내용은 미혼모 · 부의 출산과 양육 시 발생할 수 있는 병원비와 생필품을 제공하고, 미혼모 · 부의 사회적 고립을 예방하기 위해 문화체험, 교육 프로그램, 자조모임을 운영한다.

〈표 11-10〉 **권역별 미혼모 · 부자 지원기관(17개소)**

지 역	기관명	전화번호	지 역	기관명	전화번호
서울	서울시 한부모가족지원센터	02) 861-3020	강원	원주시 건강가정지원센터	070-4398-4419
서울	나 · 너 · 우리한가족센터	02) 704-4750	충북	청주새생명지원센터	070-7725-6905
부산	부산 미혼모 · 부자지원센터	051) 253-5235	충남	천안시 건강가정지원센터	070-7733-8318
대구	대구 서구 건강가정지원센터	053) 355-8042	전북	전주시 건강가정지원센터	063) 231-0386
인천	인천 서구 건강가정지원센터	032) 569-1547	전남	여수시 건강가정지원센터	061) 659-4171
광주	광주 동구 건강가정지원센터	062) 234-6053	경북	칠곡군 건강가정지원센터	070-4333-5976
대전	대전시 건강가정지원센터	042) 932-9993	경남	경남 한부모가족지원센터	070-4334-5336
울산	물푸레복지재단	052) 903-9200	제주	제주시 건강가정지원센터	064) 724-9006
경기	안산시 건강가정지원센터	031) 501-0033			

출처 : 여성가족부(2017).

7) 취약가족역량 강화사업

한부모가정 지원은 기초수급자, 저소득 한부모가정 보호를 위한 현금, 현물 급여 이외에도 한부모가정의 다양한 욕구를 충족시키고, 자녀양육, 가족관계, 심리·정서적 문제 등 복합적인 어려움을 해결하도록 가족역량 강화를 지원하는 서비스를 제공한다. 찾아가는 심리상담과 취업·자녀·주거문제 해결을 위한 지역자원연계 서비스를 지원하고, 자녀양육 방법 등에 관한 부모교육을 통해 한부모가정의 가족결속력 및 자생역량을 강화하는 다양한 서비스와 사례관리를 전국 47개 건강가정지원센터를 통해 제공하고 있다.

〈표 11-11〉 **취약가족역량 강화사업기관**

지역	기관명	전화번호	지역	기관명	전화번호
서울	구로구 건강가정지원센터	070-4066-5091	세종	세종시 건강가정지원센터	044) 862-9337
	동대문구 건강가정지원센터	02) 957-0256	충북	청주시 건강가정지원센터	043) 295-1817
	관안구 건강가정지원센터	02) 883-9390		제천시 건강가정지원센터	043) 645-1995
	서초구 건강가정지원센터	02) 576-2851		충주시 건강가정지원센터	043) 857-5960
부산	부산시 건강가정지원센터	051) 330-3407	충남	천안시 건강가정지원센터	070-7733-8316
	사하구 건강가정지원센터	051) 202-3361		당진시 건강가정지원센터	041) 360-3207
	사상구 건강가정지원센터	051) 328-0042		아산시 건강가정지원센터	041) 548-9772
	동래구 다문화가족지원센터	051) 506-5766		태안군 건강가정지원센터	041) 670-2523
대구	달서구 건강가정지원센터	051) 593-1524	전북	전주시 건강가정지원센터	063) 231-0183
	달성군 건강가정지원센터	053) 636-7390		익산시 건강가정지원센터	063) 838-6046
	남구 건강가정지원센터	053) 471-2326	전남	목포시 건강가정지원센터	061) 279-2313
	수성구 건강가정지원센터	053) 795-4300		광양시 건강가정지원센터	061) 797-6893
인천	인천남구 건강가정지원센터	032) 875-2994		보성군 다문화가족지원센터	061) 852-2664
	인천중구 건강가정지원센터	032) 330-9571	경기	안산시 건강가정지원센터	031) 410-1044
광주	동구 건강가정지원센터	062) 234-6050		양평군 건강가정지원센터	031) 775-5958
	서구 건강가정지원센터	062) 369-0080		의정부시 건강가정지원센터	031) 878-7215
	광산구 건강가정지원센터	062) 942-9338		용인시 건강가정지원센터	031) 323-7131

대전	대전시 건강가정지원센터	042) 932-9993	경북	포항시 건강가정지원센터	054) 242-0260
울산	울산시 건강가정지원센터	052) 274-0935		칠곡군 건강가정지원센터	070-4333-5692
강원	원주시 건강가정지원센터	033) 764-8612		경산시 다문화가족지원센터	054) 816-4071
	동해시 건강가정지원센터	033) 535-8377	경남	경남 건강가정지원센터	055) 249-2959
	삼척시 건강가정지원센터	033) 576-0761		하동군 건강가정지원센터	055) 880-6530
제주	제주시 건강가정지원센터	064) 725-7015		함안군 다문화가족지원센터	055) 532-1606
	서귀포시 건강가정지원센터	064) 760-6484			

출처 : 여성가족부(2017).

8) 조손가정 통합지원서비스(조손가족희망사다리)

조손가정은 경제적 문제 외에, 조부모는 손자녀 양육의 어려움을, 손자녀들은 사회적응 및 학습의 어려움을 느끼고, 이 외에도 여러 복합적 문제들이 발생할 가능성이 높다. 손자녀 양육의 어려움을 해소시키기 위해 건강가정지원센터를 통해 조부모를 대상으로 부모교육, 손자녀 양육상담, 손자녀 학습문제 지원, 체험활동 지원 서비스를 제공한다. 초등학생 손자녀의 학습 지원을 위해 아동학습도우미와 긴급상황 시 가사와 손자녀 돌봄을 담당하는 생활도우미를 파견한다. 조손가정 아동의 문화적 소외감 해소와 자신감 향상을 위한 특별활동과 가족캠프 등의 문화체험, 개별 및 가족상담, 주거환경 개선 그리고 조부모의 건강 증진을 위한 지원사업이 전국 4개 건강가정지원센터를 중심으로 제공되고 있다.

〈표 11-12〉 **조손가정 통합 프로그램 시범운영기관**

지 역	기관명	전화번호
부산	사하구 건강가정지원센터	051) 203-4588
인천	중구 건강가정지원센터	032) 763-9337
충남	천안시 건강가정지원센터	070-7733-8300
전북	전주시 건강가정지원센터	063) 231-0183

출처 : 서울시 한부모가족지원센터(2017).

〈표 11-13〉 **조손가정 통합 지원서비스 지원 대상 및 내용**

서비스	대 상	내 용
학습·정서 지원	초·중·고 재학 및 이에 상응하는 연령대의 손자녀	• 가정방문을 통한 손자녀의 학습 지도 지원 및 정서적 지원 • 일상생활 지도, 안전지도 • 정서지원, 가족 혹은 또래관계 지원
생활가사 지원	조부모의 건강 악화로 일상생활이 어려운 가구	• 거동불편 조부모 외출 및 병원진료 등 개인 활동 보조 • 조부모의 건강 악화로 인한 손자녀 긴급 일시 돌봄 및 전반적인 생활가사 지원 • 정서지원 서비스
교육·문화 지원	조손가족사업 대상자	• 부모교육서비스 • 가족유대감 형성과 이해를 위한 문화체험 프로그램
주거환경 개선지원	조손가족사업 대상자 중 주거환경 개선이 요구되는 가정	• 도배 및 장판교체, 방수, 전기, 안전, 방역 등을 위한 비용 지원

출처 : 송정애(2015).

제 5 절 한부모가정 아동의 개선과제[1)]

1. 경제적 자립기회 확대

한부모들은 대다수가 임금수준이 낮거나 재취업이 어려운 실정으로서, 인적 자본 측면에서 보았을 때 노동시장에서 불리한 입장에 처해있다. 일본의 경우 모자복지센터에서 생활과 생업지도, 단기 직업지도 등을 하고, 공공직업안정소를 통하여 직업훈련과 상담서비스를 실시하고 있다. 그리고 일본에서처럼 정부나 지방의 공공시설, 부대시설 우선 허가와 한부모가정의 가장을 고용하는 사업주에게 고용개발 비용 등을 지급하는 것은 효과적인 고용대책이다. 따라서 선진국의 소득보장제도를 토대로 저소득 한부모가정의 가장들이 인적 자본의 취약성으로 인한 장애를 극복하고 자립할 수 있도록 직업관련 서비스에 관한 정책적 방인을 제안해 보면 다음과 같다.

첫째, 직업훈련기간 중 생계비 및 훈련비 지원이 필요하다. 한부모들이 기술을 익혀 재취업을 원하고 있으나, 훈련기간 중 생계비가 확실하게 보장이 되지 않기 때문에 훈련을 망설이고 있다. 생계비 혹은 한부모가정 훈련비를 보다 높게 책정해서 직업훈련 기간 동안의 생계를 보장해 줌으로써 직업훈련 참여율을 높여야 한다. 또한 근로소득세환급공제제도를 도입하여 조세제도를 통한 생계비의 지원 및 노동시장 참여율을 높일 수 있다.

둘째, 직업훈련의 적극적 참여 유도를 위한 취업과의 연계성 강화가 필요하다. 보다 체계적이고 전문화된 상담을 통해 원래 하고 있던 일과 연관된 직

1) 구은미 외(2012). 현대 아동복지론. 서울 : 학지사; 김주아 외(2012). 아동복지론. 서울 : 동문사; 윤매자 외(2012). 아동복지론. 경기 : 양서원.

종을 훈련받을 수 있도록 하고, 자격증을 획득하는 프로그램의 경우 자격증을 획득할 때까지 재교육을 시켜주어야 할 필요가 있다. 직업훈련과 동시에 같은 직종에 취업할 수 있도록 보다 적극적으로 구직과정을 지원해야 한다. 또한 직업훈련생을 배출하는 데 의미가 있는 것이 아니라 제대로 취업할 때까지 연결하도록 하는 것이 더욱 중요하며, 이직 및 전직률을 낮추기 위해 취업유지 프로그램을 개발해야 한다.

2. 한부모가정 아동의 발달적 요구를 반영한 지원 및 서비스 제공

한부모가정 아동의 주된 지원내용인 양육비 지원은 아동의 성장·발달에 대한 고려 없이 만 12세까지 동일하게 지급하고 있어 아동의 발달적 요구를 반영하는 데 한계가 있다. 서비스 요구에 대한 체계적인 욕구조사를 통해 아동의 성장·발달에 따라 증가하게 되는 양육비·교육비 급여를 현실화하고 다양화하는 방안을 모색하여야 한다. 또한 한부모가정의 아동이 취학 이전부터 퇴소 후 자립하기까지 전 과정에서 필요한 개인적 발달단계 및 수요를 고려한 표준화된 한부모가정 아동지원 프로그램의 개발과 운영이 필요하다.

3. 청소년 미혼모·부를 위한 대안교육기관 설치 및 확대 운영

한부모 자신이 보호받아야 할 청소년기에 해당하는 청소년 한부모는 학업지속의 어려움 등으로 자녀양육을 포기하거나 준비되지 않은 양육으로 인해 자녀학대와 방임, 자립기회의 박탈위험에 처해있다. 외국의 경우 청소년 한부모가 자신을 보호, 지원할 환경에서 거주하며 학교를 계속 다니는 것이 의무화되어 있거나 임신한 십대가 학업을 계속하도록 의료 및 양육 등의 서비스를 학교에서 제공하여 낙태예방과 출산 후 자립을 지원받고 있다. 십대 임신에 대한 우리 사회의 낮은 수용성과 현실적 어려움을 고려하면, 학업과 지원서비스를 수행할 대안위탁교육기관의 설치가 필요하다고 볼 수 있다. 현재 서울시 한부모가족지원센터가 운영하는 도담학교 등 일부 대안교육기관이 운영되고 있으나 그 수가 극히 제한적인 실정이다. 학업지속을 통해 청소년들의 진로를 개발하고 성장잠재력을 길러 빈곤계층으로의 유입을 차단하는 교육과 양육지원을 통합적으로 수행하는 대안학교 중심의 지원체계를 마련하여야 할 것이다.

4. 양육 미혼모·부와 영유아 자녀를 위한 지원체계 강화

미혼모·부가 입양 등의 회피적 수단을 통해 자녀양육을 포기하지 않고, 영유아 자녀를 계속 양육할 수 있도록 지원이 강화되어야 한다. 미혼모의 연령이 높을수록 양육을 선택하는 경향이 높은 만큼, 미혼모들이 임신과 출산의 시기를 잘 보내고 자녀양육과 자립을 준비할 수 있도록 미혼모시설의 서비스 개선, 미혼모시설과 모자시설의 연계, 보육시설 등 지역의 양육지원체계와의 연계 등을 통해 발달상 결정적 시기에 해당하는 영유아 자녀가 건강하게 성장·발달할 수 있도록 지원할 필요가 있다.

5. 조손가정의 손자녀 자립을 위한 지원체계 강화

조손가정에 대한 지원은 다른 한부모가정에 대한 지원이 한부모의 사회·경제적 자립을 목표로 하는 것과 달리, 조부모의 대리양육 기능을 유지하게 하여 요보호아동의 증가를 예방하는 것에 목표를 두어야 할 것이다. 따라서 노년기의 조부모에 대한 시급한 경제적 지원과 손자녀의 자립지원 모두에 중점을 둔 장기적인 지원체계의 마련이 필요하다. 또한 조부모의 양육기술과

정보의 부재로 일반가정 자녀에 비해 양육환경이 열악한 조손가족 손자녀의 건강한 발달과 학교적응을 지원하는 다양한 학습 및 문화 프로그램을 확대하여 제공해야 할 것이다.

6. 교육지원체계 강화

교육문제는 저소득 한부모가정이 당면하고 있는 가장 큰 문제의 하나이다. 자녀의 연령에 따라 경제적 어려움으로 인한 양육비 및 교육비 부족, 이용 가능한 보육시설의 부족 등 그 양상이 다양하게 나타나므로 이에 대한 적절한 대책이 요구된다. 또한 자녀의 교육지원은 빈곤의 되물림을 방지하기 위해서라도 아동과 청소년에 대한 복지정책은 강화되어야 할 것이다.

1) 6세 미만의 아동

6세 미만의 아동은 어린이집에서 보육비를 지원받고 있으나, 그 외 특별 프로그램비는 지원받지 못하고 있다. 아동 양육비가 월 5만 원으로 책정되어 있으나 부족한 비용이다. 저소득 한부모가정의 부모들이 보육과 일을 동시에 관리할 수 있도록 보육비 지원을 확대하고, 특히 부자가정의 경우 어린 자녀들을 보육원에 맡기지 않고도 가정생활을 유지할 수 있는 가사도우미와 같은 지원체계가 필요하다. 올해부터 취업여성의 영아보육을 위한 아이돌보미지원사업이 추진되고 있는데, 빠른 시일 내의 사업개소 확충과 자격을 갖춘 아이돌보미들의 연계와 파견이 이루어져야 할 것이다.

2) 초등학생 자녀

초등학생 자녀가 방과 후 방치되어 있는 것은 한부모들이 밖에서 일하는데 걸림돌이 되어 불안을 느끼며 일을 망설이는 원인이 되고 있다. 이를 위하여 학교에서 실시하는 특별활동비를 면제시켜 준다거나, 일반 사설학원교육비를 절감해 줌으로써 부모들의 부담을 덜어주는 것이 필요하다. 현재 학령기 자녀들을 위한 방과 후 아동보호를 위한 아이돌보미지원사업이 추진되고 있다. 또한 주 5일 수업제 대비와 학령기 아동보호 프로그램을 개발하고 시범사업을 운영해야 할 것이다.

3) 중 · 고등학생 자녀

중·고등학생 자녀가 있는 가정의 경우는 컴퓨터 교육, 재가가정에 중고컴퓨터 제공, 부모와의 관계개선 프로그램, 자원봉사활동의 기획 제고, 성교육, 직업훈련 프로그램, 청소년상담실 활용, 진로교육, 학습지도 등이 필요하다. 또한 학교에서는 한부모자녀들을 위한 정기적인 상담과 방과 후나 휴일에 학습과 건전한 여가활동을 할 수 있도록 청소년 문화센터를 설치하여 취미활동이나 집단활동을 위한 교육 프로그램을 마련해야 할 것이다.

7. 주거보장 강화

주거문제는 저소득 한부모가정의 자립을 저해하는 중요한 요인으로, 시설보호와 재가보호 측면에서 모두 서비스를 제공할 수 있도록 하여야 한다. 재가보호의 경우에는 주거문제를 해결할 수 있도록 전세금 융자 등 경제적 지원을 확대해야 한다. 그리고 재가 한부모가정이 필요로 하는 다양한 서비스들을 사회복지전문요원, 여성복지상담원, 지역사회복지관의 사회복지사 등이 협력하여 통합적으로 관리지원할 수 있는 서비스 전달모형을 개발해야 할 필요성이 있다.

8. 이혼예방교육

아동기부터 결혼과 가족의 의미에 대해 이해할 수 있는 교육기회를 충분히 제공해 주어야 한다. 그러므로 결혼을 준비하고 결혼으로 접어드는 과정에서 필요한 마음가짐이나 결혼 후의 가족생활과 책임감 등에 대한 올바른 인식을 가져야 한다. 또한 일반 부부들에 대한 사회적 차원의 부부지원 프로그램과 교육을 강화하여 부부가 변화된 시대의 요구를 읽고 남녀 간의 차이를 이해하도록 도와주어야 할 것이다(허미화, 2002).

9. 이혼적응 프로그램 도입

이혼은 이혼 당사자뿐만 아니라 아동이나 기타 가족은 물론 여러 사람에게 영향을 미친다. 그러나 가장 직접적인 영향은 부부와 자녀에게 있다. 따라서 이들의 심리적·정서적 안정과 적응을 돕기 위한 지원조치들이 요구되는데, 이혼부모를 대상으로 하는 부모교육 프로그램이나 전문화된 상담을 제공하는 이혼적응 프로그램이 도입되어야 한다(곽형식 외, 2008).

10. 특정 영업권 우선 배정

공공시설 내에 매점 또는 이용소, 미용소, 식당, 휴게실 자동판매기 설치 등의 영업권 배정 우선순위를 한부모가정 세대주에게 줌으로써 이들에 대한 소득보장의 한 방안으로 활용할 수 있다. 또한 국가전매사업의 영업권 배정에서도 특혜를 주는 방안과 전문지식이 없어도 단순노동만으로도 취업이 가능한 업종의 개발과 활용이 강구되어야 한다.

11. 한부모가정에 대한 사회적 인식 개선

한부모가정은 우리 주변에서 빈번히 볼 수 있는 다양한 가족의 한 형태로 자리 잡고 있다. 그러나 사회의 인식은 아직 한부모가정이 결손가정, 문제가정이라는 과거의 인식에서 벗어나지 못하고 있다. 한부모가정들도 경제적 어려움, 자녀양육의 어려움에 이어 사회의 부정적 인식을 해결해야 할 어려움으로 꼽고 있다. 이는 한부모 자신뿐 아니라 한부모가정 아동의 자립의지와 사회적응에도 큰 걸림돌이 되기 때문이다. 한부모가정 정책은 모자가정, 부자가정을 한부모가정으로 통칭하며 사회적 인식 개선에도 노력하여 왔다. 그러나 우리 사회의 가족중심주의와 저소득 한부모가정 지원에 중점을 둔 정책으로 인해 한부모가정 전체가 도움이 필요한 사회계층으로 전락하고 적응적이고 긍정적인 한부모가정의 모습을 보여주지 못하고 있다. 따라서 한부모가정의 강점을 부각시키고, 일반적인 가족유형으로서의 긍정적인 특성과 건강한 자녀양육 사례 발굴을 위한 체계적이고 조직적인 노력이 필요하다. 무엇보다도 많은 어려움을 극복하고 자녀양육을 선택하여 실행함으로써 친가족이라는 소중한 관계를 유지하고 있는 한부모가정을 존중하고 격려하는 풍토가 조성되어야 한다. 이를 위해서는 담당공무원, 시설종사자, 서비스기관 종사자들을 위한 교육과 지원이 체계적이고 지속적으로 이루어져야 한다. 또한 인식개선을 위해 각 보육시설 및 유치원, 초등학교, 중·고등학교 등의 교육대상별로 흥미롭고 다양한 반편견 교육 프로그램 등을 개발하고 보급할 필요가 있다.

토론해 보기

1. 한부모가정의 발생원인에 대해 여러분의 생각을 토론해 봅시다.

2. 한부모가정의 선입견에 대하여 서로 이야기해 보고, 이러한 선입견을 개선하기 위한 방안은 무엇인지 여러분의 생각을 토론해 봅시다.

3. 한부모가정의 아동과 조손가정 아동의 지원 프로그램 대해 수정·보완해야 할 부분과 문제점은 무엇인지 각각 여러분의 생각을 토론해 봅시다.

4. 한부모가정에서 성장하는 아동들은 부모의 역할 수행을 경험하며 성장할 수 있는 기회가 아동들에게는 박탈되었다고 해도 과언이 아닙니다. 즉, 한부모의 부모역할 수행 시 성별 간 역할수행의 어려움뿐만 아니라 이를 해결할 수 있는 가장 효과적인 프로그램은 무엇인지 여러분의 생각을 토론해 봅시다.

5. 미혼모의 사회적 적응을 위한 사회복지서비스뿐만 아니라 앞으로 미혼모시설이 보완되어야 할 부분은 무엇인지 여러분의 생각을 토론해 봅시다.

12

시설보호아동을 위한 복지서비스

제1절 시설보호서비스의 개념 및 특성
제2절 시설보호서비스의 기능 및 현황
제3절 시설보호서비스의 장단점 및 유의점
제4절 우리나라 시설보호서비스의 과제

제 1 절 시설보호서비스의 개념 및 특성

아동은 태어난 가정에서 보호・양육되는 것이 일반적이며, 아동에게 가정만큼 중요하게 생각되는 환경은 없다. 그러나 여러 가지 이유로 태어난 원가정에서의 양육 또는 아동의 발달이 불가능할 경우, 시설보호에 의존하는 대리적 서비스가 필요하다.

시설보호는 아동을 보호・양육하는 대표적인 아동양육시설이나 요보호아동을 보호하는 방식들 중 가장 최후에 선택되어야 한다.

이 절에서는 시설보호아동의 개념 및 현황을 살펴보고 우리나라 시설보호아동을 위한 복지서비스 등에 대하여 살펴보고자 한다.

1. 시설보호서비스의 개념

시설보호서비스는 입양, 가정위탁과 함께 부모가 아닌 제3자가 부모역할을 대신하는 대리적 서비스의 일종이지만 보호방식에는 차이가 있다. 가정과 유사한 입양이나 가정위탁과 달리 시설보호는 아동을 집단보호하는 형태이며, 입양과는 달리 일시적인 보호이다.

아동의 복지보장에서 원가정이 제1차 방어선, 대리가정이 제2차 방어선의 역할을 한다면, 시설보호는 제3차 방어선의 역할을 하며 이는, 즉 아동의 생존권 보장이라는 점에서 의의가 있다. 그러나 성장기 아동을 집단으로 수용・보호한다는 점에서 아동의 인권 발달과 복지상의 효과성에 대한 논의가 계속 제기되고 있다(주수길 외, 2010).

과거에는 사회적 보호가 필요한 아동을 장기적으로 집단수용하는 것이었다면, 현재에는 아동이 태어난 가정에서 성장하는 것이 가장 바람직하지만 일시적으로 보호하면서 아동과 그 가족에 대한 의료서비스를 제공함으로써 아동을 가족으로 복귀시키는 것이다. 원가정에서 성장·발달하는 것이 도저히 불가능한 경우에는 대리적 가정인 입양을 먼저 고려해야 하며, 입양이 불가능한 경우에 시설에서 보호하도록 배려해야 한다(윤매자 외, 2012).

시설보호서비스란 혈연적으로 무관한 아동들이 혈연적으로 무관한 성인의 보호 아래 24시간의 집단보호를 제공하는 서비스이다(Kadushin, 1980). 보다 구체적으로 시설보호의 개념을 역할론적·장소적·시간적·형태적·제도적 개념으로 살펴보면 다음과 같다(이소희 외, 2005).

1) 역할론적 개념

아동은 부모로부터 보호를 받으며 성장해야 하는데, 이러한 부모의 역할을 대신하는 대리보호를 의미한다. 그런데 가족 특히, 부모로부터 보호받지 못하는 아동의 경우에는 사회복지사에 의해 부모의 양육을 대신해 줄 수 있는 대리보호서비스를 받아야 한다.

2) 장소적 개념

가정이 아닌 시설이라는 인위적 공간에서 생활하게 된다. 아동은 출생하면서 부모와 함께 가정에서 생활하지만, 가정이란 공간에서 생활하는 것이 불가피한 경우 시설에서 생활하게 된다.

3) 시간적 개념

장기간 시설에 거주하는 것으로, 영유아와 같이 나이 어린 아동이 시설에 수용되는 경우 영유아기 이후 자립할 때까지 시설에서 생활하므로 나이 어린 아동이 시설에서 거주하게 되는 기간은 상당히 장기간에 해당한다.

4) 형태적 개념

아동에 대한 보호가 개별적으로 이루어지는 것이 아니라 집단적으로 수용하여 보호하게 된다. 집단보호는 개별보호에 비해 관리상 효율적이므로 다수의 아동을 집단으로 보호한다.

5) 제도적 개념

아동에 대한 보호의 주체가 개인이 아닌 사회 전체가 되어 제도적 차원에서 실시된다. 즉, 시설보호 아동복지서비스는 특정 개인에 의해 제공되고 실시되는 것이 아니라 사회적 차원에서 제공되고 실시된다.

2. 시설보호서비스의 특성

최근에는 기존 아동양육시설의 성격에 아동상담, 일시보호, 가정위탁, 입양, 급식, 프로그램 제공 등을 추가하여 아동복지시설을 다양화하고자 시도하고 있다. 특히 아동복지시설의 특성에 따라 보호를 필요로 하는 아동을 보호하고 양육하는 것에서 벗어나 지역사회 아동을 위한 종합서비스 시설로 운영할 것을 추진하고 있다(보건복지부, 2006).

첫째, 아동의 시설배치는 공공기관 또는 민간기관에 의해 이루어진다.

둘째, 아동보호에 대한 책임이 친부모에게서 시설로 이전된다.

셋째, 시설보호는 하루 24시간의 전일제 보호이며, 가정 외 보호이다.

넷째, 시설보호는 영구적인 보호가 아닌 일정 기간 동안의 보호이며, 친부모에게 되돌아갈 수 있도록 권장한다.

아동보호서비스의 목적

첫째, 정상적인 아동의 성숙을 도와준다.
둘째, 이전의 부정적 경험의 영향을 교정, 변화시켜 준다.
셋째, 아동의 인격 발달이나 기능에 장애를 가져오게 한 사회적·정서적 문제들을 개선해 준다.

제 2 절 시설보호서비스의 기능 및 현황

1. 시설보호서비스의 기능

시설이 담당하는 기능은 여러 가지가 있으나 크게 기초기능, 고유기능, 파생기능으로 분류하여 살펴보고자 한다.

1) 기초기능

기초기능은 시설이 종래부터 담당해 오던 기능으로, 생명보존활동에 필요한 의식주 서비스를 지속적으로 제공하는 일상적 보호와 이에 필요한 생활환경 정비를 수행하는 보호기능, 발달이 다른 시설아동들이 각자의 발달과정에 도달할 수 있도록 지원하는 교육기능, 시설아동이 해결하거나 도달해야 할 생활과제를 설정하여 이를 해결하기 위한 치료·교육·훈련·자립지원 등의 서비스를 제공하는 전문처우적 기능을 의미한다.

2) 고유기능

고유기능은 수용보호 중심의 시설에서 시설아동이 주체적으로 자립생활을 할 수 있도록 하기 위해 정착되어야 하는 기능으로, 시설아동의 문화생활, 사회참가, 가치 있는 삶을 추구하기 위한 문화적 생활기반 확충뿐만 아니라, 지역주민에게도 시설을 개방하여 시설과 지역의 상호교류를 촉진하여 사회복지센터로서의 역할을 수행하는 문화적 기능을 말한다. 또한 시설아동에 대한 주민과 관계기관의 차별, 편견, 소외 등에 대응하여 시설아동의 권익을 옹호하고 시설아동의 친권대행, 후견 등을 수행하는 변호적 기능도 포함한다.

3) 파생기능

파생기능은 기초기능과 고유기능이 상호관계를 유지하면서, 앞으로 시설이 확충·강화해 나가야 하는 기능으로, 단위시설로는 대처하기 어려운 시설아동의 복잡하고 다양한 생활문제를 여러 사회적 지원을 통해 개발하고 연락을 조정하며, 네트워크 체제를 통해 해결해 나가는 조정개발 기능과 긴급한 상황에 처한 아동에게 일시보호나 단기입소를 제공하여 응급상황을 잘 극복할 수 있도록 지원하는 긴급·단기지원 기능이다.

위의 분류에서 밝힌 기능과 관련지어 볼 때 현재 우리나라의 아동복지시설은 생활기능 위주로 운영되고 있어서 시설의 역할에 따른 주요 기능을 명확히 하는 것이 필요하다. 또한 시설에 따라 가지고 있는 다양한 역할 및 주요 기능을 상호 조화롭게 수행해 나가는 노력이 요구되고 있다(박태영, 2000).

2. 시설보호서비스의 현황

1) 시설보호아동의 현황

우리나라 아동복지법령상 아동복지시설은 아동양육시설, 아동보호치료시설, 자립지원시설, 일시보호시설, 종합시설, 아동상담소, 전용시설 그리고 개인양육시설 등으로 구분한다(표 12-1 참고).

2016년 아동복지시설에 있는 보호아동은 양육시설 242개소, 보호치료시설 10개소, 자립지원시설 12개소, 일시보호시설 11, 종합시설 3개소, 아동상담소 8개소, 전용시설 5개소, 개인양육시설에 23개소 등 총 314개소에 14,876명이 있다.

〈표 12-1〉 **아동복지시설 보호아동 현황(2016)** (단위 : 개소, 명)

구 분	양육 시설	보호 치료 시설	자립 지원 시설	일시 보호 시설	종합 시설	아동 상담소	전용 시설	개인 양육 시설	계
시설 수	242	10	12	11	3	8	5	23	314
아동 수	13,437	481	252	336	124	–	–	246	14,876

출처 : 보건복지부(2016). 아동복지시설 현황.

2014년 아동복지시설에 수용된 아동의 재학 현황을 보면 총 2,588명 중 미취학 아동(0~3세=69명, 3~6세=231명)이 300명, 초등학교 재학 중인 아동이 878명, 중학교 재학 중인 아동이 661명, 고등학교 재학 중인 아동이 640명, 대학교 재학 중인 아동이 79명, 기타 30명으로 초등학생이 가장 많이 수용되어 있는 것으로 나타났다.

〈표 12-2〉 **아동복지시설 보호아동 취학 현황(2014.12.31)** (단위 : 개소, 명)

구 분	시설 수	종사자 수	정 원	현 원	아동현황					
					미취학	초등 학교 재학	중학교 재학	고등 학교 재학	대학교 재학	기 타
계	476	1,010	3,267	2,588	300	878	661	640	79	30

출처 : 보건복지부(2014). 아동복지시설 취학 현황.

아동복지시설 현황을 살펴보면 2005년 282개소였던 시설은 2013년 281개소로, 최근 10년 동안 양적 변화는 거의 없는 것으로 나타났다(표 12-3 참조).

〈표 12-3〉 아동복지시설 현황 (단위 : 개소)

연도	양육시설	일시보호 시설	보호치료 시설	자립지원 시설	직업훈련 시설	종합시설	계
2005	242	13	8	13	4	2	282
2006	243	13	8	13	4	2	283
2007	243	13	8	13	3	2	282
2008	242	14	8	12	3	5	284
2009	239	13	10	12	2	3	279
2010	238	14	11	12	2	3	280
2011	242	12	11	12	1	3	281
2012	243	12	10	12	–	3	280
2013	243	11	11	13	–	3	281

출처 : 보건복지부(2015).

2) 보호가 필요한 아동보호조치 경로

가정보호가 필요한 아동보호조치는 아동복지법 제15조에 의해 다음과 같은 경로를 따르고 있다. 과거와 달리 아동복지시설로 우선 조치를 하지 않는다.

• 가정보호가 필요한 아동보호조치의 경로

① 아동발견 또는 보호자 의뢰 → ② 아동과 보호자 상담 · 지도 → ③ 보호자 가정 복귀 또는 연고자 가정에 대리양육 → ④ 아동보호 희망가정에 위탁 → ⑤ 적합한 아동복지시설 입소, 전문 치료기관 · 요양소 입원 · 입소

(1) 보호가 필요한 아동 발생

① 시 · 도지사 또는 시장 · 군수 · 구청장은 보호를 필요로 하는 아동을 발견하거나 보호자의 의뢰를 받을 때에는 필요한 보호조치 방법을 결정

② 아동과 보호자에 대한 상담 · 지도를 통해 아동의 최상의 이익을 위한 보호조치 결정

③ 시·도지사 또는 시장·군수·구청장은 관할구역 안에서 약물 및 알코올 중독, 정서장애, 발달장애 등의 문제발생 가능성이 있는 아동의 가정에 대하여 예방 차원에서의 적절한 조치를 강구

(2) 보호조치 방법

① 친가정 복귀 또는 연고자 가정 대리양육조치(우선 실시)

② **가정위탁조치** : 아동의 보호를 희망하는 자에게 가정위탁

③ **입양알선** : 입양특례법에 의한 국내입양 우선 추진(국외입양은 국내입양가정을 찾기 어려운 경우 차선책으로 고려)

④ 아동복지시설 입소

⑤ 전문치료기관 입소

- 약물 및 알코올 중독·정서장애·발달장애 등으로 특수한 치료나 요양 등의 보호를 필요로 하는 아동에 대하여 전문치료기관에 입소시킴

시설보호아동의 입소경로는 다음과 같다.

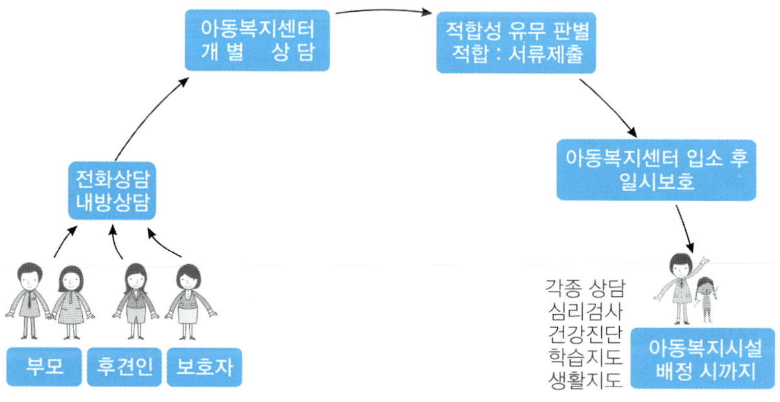

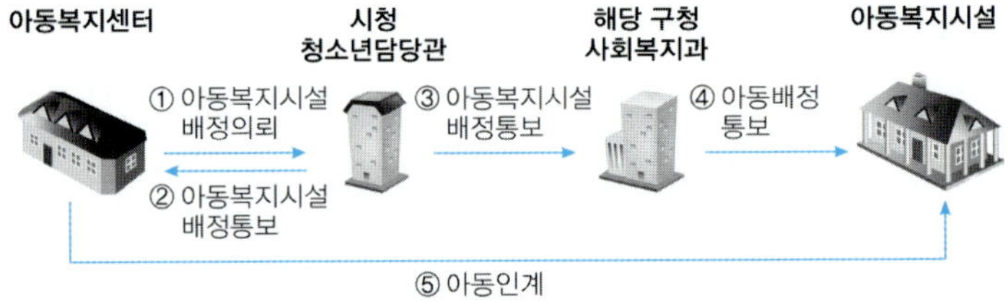

[그림 12-1] 상담 후 적합판정 결과 아동의 복지시설 입소경로

출처 : 서울특별시 아동복지센터(http://child.seoul.go.kr/).

3) 시설의 현황 및 서비스 내용

아동복지시설은 기능에 따라 양육, 보호치료, 상담, 직업훈련 및 자립지원 서비스를 제공하고, 서비스 기간에 따라 장기보호시설과 일시보호시설로 구분되며, 주거제공 여부에 따라 생활시설과 이용시설로 구분된다.

생활시설이 보호자가 없는 아동들을 위한 시설인 반면, 이용시설은 요보호 아동뿐만 아니라 일반아동 전체를 대상으로 운영된다. 생활시설에는 아동양육시설, 아동일시보호시설, 아동보호치료시설, 아동직업훈련시설, 자립지원시설, 공동생활가정이 있고, 양육시설에는 아동상담소, 아동전용시설, 지역아동센터가 있다.

아동복지법 제52조에 규정된 아동복지시설의 종류와 서비스 내용은 다음과 같다(표 12-4 참조).

〈표 12-4〉 **아동복지시설의 종류 및 서비스 내용**

종 류	대상 및 서비스 내용
아동양육시설	• 보호대상아동을 입소시켜 보호, 양육 및 취업훈련, 자립지원 서비스 등을 제공하는 것을 목적으로 하는 시설
아동일시 보호시설	• 보호대상아동을 일시 보호하고 아동에 대한 향후의 양육대책 수립 및 보호조치를 행하는 것을 목적으로 하는 시설
아동보호 치료시설	• 불량행위를 하거나 불량행위를 할 우려가 있는 아동으로서 보호자가 없거나 친권자나 후견인이 입소를 신청한 아동 또는 가정법원, 지방법원 소년부지원에서 보호위탁된 19세 미만인 사람을 입소시켜 치료와 선도를 통하여 건전한 사회인으로 육성하는 것을 목적으로 하는 시설 • 정서적 · 행동적 장애로 인하여 어려움을 겪고 있는 아동 또는 학대로 인하여 부모로부터 일시 격리되어 치료받을 필요가 있는 아동을 보호 · 치료하는 시설

공동생활가정	• 보호대상아동에게 가정과 같은 주거여건과 보호, 양육, 자립지원 서비스를 제공하는 것을 목적으로 하는 시설
자립지원시설	• 아동복지시설에서 퇴소한 사람에게 취업준비 기간 또는 취업 후 일정 기간 동안 보호함으로써 자립을 지원하는 것을 목적으로 하는 시설
아동상담소	• 아동과 그 가족의 문제에 관한 상담, 치료, 예방 및 연구 등을 목적으로 하는 시설
아동전용시설	• 어린이공원, 어린이놀이터, 아동회관, 체육, 연극, 영화, 과학실험전시시설, 아동휴게숙박시설, 야영장 등 아동에게 건전한 놀이, 오락, 기타 각종 편의를 제공하여 심신의 건강유지와 복지증진에 필요한 서비스를 제공하는 것을 목적으로 하는 시설
지역아동센터	• 지역사회아동의 보호, 교육, 건전한 놀이와 오락의 제공, 보호자와 지역사회의 연계 등 아동의 건전육성을 위하여 종합적 아동복지서비스를 제공하는 시설
아동보호전문기관	• 아동학대예방사업을 활성화하고 지역 간 연계체계를 구축하기 위한 시설
가정위탁지원센터	• 가정위탁사업을 활성화하고 지역 간 연계체계를 구축하기 위한 시설

출처 : 아동복지법(2016).

아동복지법 제52조에 따르면, 아동복지시설은 각 시설의 고유 업무 외에도 다음의 사업을 실시할 수 있다.

〈표 12-5〉 **아동복지시설의 부가서비스**

부가서비스	내 용
아동가정 지원사업	지역사회 아동의 건전한 발달을 위하여 아동, 가정, 지역주민에게 상담, 조언, 정보를 제공해 주는 사업
아동주간 보호사업	부득이한 사유로 가정에서 낮 동안 보호를 받을 수 없는 아동을 대상으로 개별적인 보호와 교육을 통하여 아동의 건전한 성장을 도모하는 사업
아동전문 상담사업	학교부적응 아동 등을 대상으로 올바른 인격 형성을 위한 상담, 치료, 학교폭력 예방을 실시하는 사업
학대아동 보호사업	학대아동의 발견, 보호, 치료와 학대아동의 예방 등을 전문적으로 실시하는 사업
공동생활 가정사업	보호대상아동에게 가정과 같은 주거여건과 보호를 제공하는 것을 목적으로 하는 사업
방과 후 아동지도사업	저소득층 아동을 대상으로 방과 후 개별적인 보호와 교육을 통하여 건전한 인격형성을 목적으로 하는 사업

출처 : 아동복지법(2016).

공동생활가정의 종류는 다음과 같이 구분할 수 있다.

〈표 12-6〉 공동생활가정의 종류

종 류	내 용
단기보호	경제적 위기 또는 부부의 갈등이나 별거, 수감 및 아동학대 등으로 보호자 또는 친인척이 함께 거주할 수 없는 아동보호
장기보호	기존의 소년·소녀가정 또는 시설에서 보호 중인 아동 및 장기보호가 필요한 아동
치료보호	시설보호에 적응하지 못하거나 약간의 정서적 문제 등으로 인하여 시설보호에 적합하지 않은 아동

출처 : 보건복지부(2007). 아동복지사업안내.

〈표 12-7〉 공동생활가정 보호아동 성별·취학 현황 (단위 : 개소, 명)

구분	시설 수	종사자 수	정원	수용인원			아동 현황							
				계	남	여	계	미취학		초등재	중재	고재	대재	기타
								0~3세	3~6세					
계	480	1,180	3,303	2,636	1,364	1,272	2,636	65	287	850	652	653	87	42
서울	63	144	432	311	136	175	311	16	40	90	62	85	13	5
부산	29	77	200	156	87	69	156	4	17	53	32	40	6	4
대구	15	38	99	78	52	26	78	0	7	28	13	24	5	1
인천	13	31	91	77	39	38	77	1	11	29	20	11	2	3
광주	26	64	182	143	71	72	143	4	33	49	27	27	2	1
대전	17	43	117	102	55	47	102	4	11	34	25	20	5	3
울산	7	17	46	40	32	8	40	1	5	18	5	10	1	0
세종	1	2	7	5	–	5	5	–	–	4	–	1	–	–
경기	123	293	846	735	397	338	735	8	61	248	180	204	19	15
강원	22	59	151	118	38	80	118	8	10	24	40	28	6	2
충북	23	66	160	132	65	67	132	1	9	48	41	31	2	0
충남	21	51	145	107	53	54	107	4	5	29	33	28	6	2
전북	44	106	298	238	118	120	238	3	22	76	71	56	9	1
전남	34	81	238	175	111	64	175	6	15	49	48	49	6	2
경북	11	29	76	57	21	36	57	2	10	17	14	14	0	0
경남	26	64	182	140	83	57	140	3	24	47	38	21	4	3
제주	5	15	33	22	6	16	22	0	7	7	3	4	1	0

출처 : 보건복지부(2016). 2015 공동생활가정 현황.

〈표 12-8〉 **공동생활가정의 운영 프로그램(예시)**

영 역	프로그램
아동·청소년의 자립능력 향상	• 아동·청소년의 발달론적 관점에서의 특성 이해 • 아동의 특성과 능력에 맞는 개별화된 서비스 제공 ※아동의 강점을 이해하고 과제해결 중심 접근 • 아동의 학령에 맞는 개별적인 연차적 자립계획 수립 ※매년 아동의 욕구를 점검하여 수정
원가족과의 관계 회복	• 가족 방문 또는 전화, 문자, 편지, 카드 등 지속적인 관계유지 노력 연 1회 이상 실시 • 가족참여 프로그램(예 가족캠프 등) 연 1회 이상 실시 • 관련 기관 및 단체 등과 연계하여 부모교육 등 연 1회 이상 실시
학교와 관계 형성	• 학교교사와 정기적이고 지속적인 상담, 정보공유, 학교행사에 참여 ※분기 1회 이상 아동생활 상황에 대해 교류한 기록 보유
지역 내 자원 활용	• 지역 내 드림스타트센터를 통한 지역 복지자원 적극 활용 • 지역 내 관공서, 민간자원 등 지원 연계 • 자원봉사 및 후원기관 관계 형성

출처 : 보건복지부(2014).

미국, 영국, 호주에서는 가정생활이 어려운 아동을 대상으로 15명 이내의 소규모 시설에서 전체 요보호아동의 20% 미만을 보호하고 있다. 미국, 영국, 호주, 일본의 아동복지시설의 대상아동, 규모, 종류를 살펴보면 다음과 같다(도미향 외, 2009).

〈표 12-9〉 외국의 아동복지생활시설 비교

구 분	미 국	영 국	호 주	일 본
대상	문제나 장애로 가정환경 보호가 부적절한 아동	문제나 장애로 가정환경 보호가 부적절한 아동	문제나 장애로 가정환경 보호가 부적절한 아동	부모가 적절하게 보호하지 못하는 아동문제/장애가 있는 아동
비율	요보호아동 중 18% 생활시설 보호	요보호아동 중 13% 생활시설 보호	요보호아동 중 4% 생활시설 보호	대부분의 요보호아동 생활시설 보호
대상 연령	12세 이하는 생활시설에서 보호되고 있는 18% 중 8.7%	-	12세 이상만을 생활시설보호(가정위탁 보호의 부족으로 12세 이하 아동이 수용되는 경우도 있음)	1세 미만부터 18세까지
규모	대부분의 주가 최소 인원을 10~15명 소규모화	50%가 6명 이하 평균 수용 가능 인원 8명	최대 수용능력 6~8명, 대개 2~4명, 1명인 경우도 전체의 1/3	아동양호시설은 최저 정원 30명
유형	직원/ 지도·감독 아파트, 공동생활가정, 생활치료시설, 응급쉼터, 단기진단보호시설, 구금시설, 안전치료시설 등 7개 시설로 분류	3개의 공공시설과 5개의 민간시설로 분류교육, 장애아동 보호, 자립지원, 양육휴식 제공, 안전제공, 교정 등 60% 정도가 특화된 전문기능 수행	대규모 생활시설은 없으며, 소규모 생활시설이 소수 존재	유아원, 아동양호시설, 아동자립지원시설, 정서장애아단기치료시설, 아동가정지원센터, 정신지체장애아시설, 지체부자유아시설, 중증심신장애아시설, 시각난청장애아시설, 모자생활지원시설

출처 : 김통원 외(2005).

4) 시설보호아동의 특성

시설보호아동은 정서적 불안정, 낮은 자존감, 신체적·인지적·사회적 발달 지체가 나타난다. 시설아동의 부정적 특성은 아동 자신의 문제라기보다는 시설아동이 경험하는 특별한 상황과 환경에 그 원인이 있다. 대규모 시설보호를 하게 되면 적은 수의 인원으로 많은 아동을 관리해야 하므로 사생활 보호와 개성을 존중하기 어렵고 규칙적, 획일화될 수밖에 없다(이순자 외, 2013).

보울비(Bowlby)는 3세 이전에 어머니로부터 분리되는 경험을 한 유아가 어머니와 안정된 애착을 형성하지 못함으로써 이후 자아개념뿐 아니라 다른 사람과의 사회적 관계를 형성하는 데 어려움을 갖게 된다고 하였다(이원영 외, 2001). 아동의 영아기는 자신과 밀접한 관계를 맺고 있는 1차 양육자와 애정적 유대를 형성해야 하는 시기이다. 이때 시설보호아동이 부모와 애착이 분리된다면 대상상실의 슬픔, 분노, 불안감을 가지며, 정서적 결핍상태를 경험하게 되어 이후 대인관계나 정서적 관계 형성에서 불신감을 가질 수 있다는 것이다.

시설보호아동은 일반아동에 비해 언어발달 지체, 인지기능 지체, 학업성취의 지체가 더 많이 나타났고, 사회적 기술, 정서조망 능력, 자기역량 지각에서 낮은 수준을 보였다. 또한 또래관계와 같은 사회적 관계 형성에서 특히, 어려움을 경험하였다. 학업성취의 지체, 정서장애의 경우 어릴 때 시설에 수용될수록 그 정도가 더 심하고 남아가 여아보다, 소극적 아동이 적극적 아동보다 더 민감하게 상처를 받는다고 알려져 있다(서봉연, 1979, 표갑수, 2010 재인용; 권세은, 2002).

시설보호아동이 겪는 심리·사회적 문제의 원인을 몇 가지로 정리하면 다음과 같다(노혜련 외, 1998).

첫째, 시설보호아동은 부모와의 분리로 심리·사회적 문제를 안고 있다.

둘째, 시설보호아동은 일반가정과 다른 시설에 수용됨으로써 사회적 낙인으로 인해 낮은 자아개념을 가질 수 있다.

셋째, 시설의 여건상 보육사 1인이 담당하는 아동 수가 많아 아동의 개별적 욕구충족이 어렵다.

넷째, 열악한 근무조건으로 보육사의 이직이 많아 보호·양육하는 데 어려움이 있다.

다섯째, 집단생활을 하게 되므로 유연성과 개성의 상실을 초래할 가능성이 있다.

발달상의 초기 애착결핍이 이후의 발달에 지속적으로 영향을 미친다는 것에서 어린 나이의 시설보호아동에 대한 관심이 절실히 필요하다. 부모역할을 대리하여 아동을 보호하는 아동양육시설의 중요한 역할에도 불구하고, 이와 같은 시설보호아동이 경험하는 문제점이 제기되면서, 이에 대한 해결책을 찾고자 전문화, 소규모화, 그룹홈 등 다양한 변화를 모색하고 있다.

5) 퇴소아동 현황

아동복지시설에서 아동을 보호해 줄 수 있는 기간은 한정되어 있다. 아동은 18세가 되면 아동복지시설에서 퇴소해야 하지만, 아동복지법 제16조에 따르면 대학 이하의 학교에 재학 중인 경우, 아동양육시설, 직업능력개발 훈련시설에서 직업 관련 교육·훈련을 받고 있는 경우, 그 밖에 각종 아동복지시설에서 해당 아동을 계속하여 보호·양육할 필요가 있다고 대통령령으로 정하는 경우는 연장보호를 받을 수 있다.

퇴소연장아동에게는 취업준비 또는 취업 후 일정 기간 보호를 위한 자립지원시설(자립생활관)을 통해 주거를 제공하고 있으나, 이용률이 낮아 시설환경 개선과 자립생활관 이용기간을 24~25세까지로 확대하고, 최장 5년까지 이용할 수 있도록 하였고, 또한 퇴소아동과 연장아동에 대해서는 직업훈련시설에서 기술교육을 받을 수 있도록 하고 있다. 그리고 시설퇴소 시에는 침구나 취사도구 등을 구입할 수 있도록 일정액의 시설아동 자립정착금을 지원하고 있으며, 지원폭을 점차 확대해 나갈 예정이다.

1997년도부터 시설보호아동의 사회적응강화계획의 일환으로 군부대 입소, 자연탐방 등 자립지원 프로그램을 실시하고 있으며, 전국 16개 아동자립지원센터에서는 퇴소하는 연장아동을 대상으로 취업지도, 직업교육, 사회생활에 대한 상담 등의 서비스를 제공하고 있다. 또한 정부에서는 국토해양부, 교육과학기술부와 함께 2006년도부터 영구임대아파트 입주자격을 부여하고, 퇴소아동에게 공동생활가정과 전세주택을 지원하고 있으며, 대학진학, 기숙사 배정 우대, 학자금 지원 확대와 자립지원시설 상담인력 증원, 아동복지시설에 자립전담인력배치 추진 등의 퇴소아동자립지원 방안을 마련하여 추진하였다(보건복지가족부, 2008; 윤매자 외, 2013).

〈표 12-10〉 **연도별 퇴소아동 현황** (단위 : 명)

	계	서울	부산	대구	인천	공주	대전	울산	경기	강원	충북	충남	전북	전남	경북	경남	제주
2004	910	120	201	62	26	23	29	6	69	29	9	42	75	89	52	71	7
2005	855	107	177	59	28	25	30	4	69	47	12	42	65	76	39	57	18
2006	825	107	167	32	39	23	12	10	77	39	25	38	59	76	42	47	12
2007	813	109	142	61	38	19	21	8	84	23	37	14	62	102	48	37	8
2008	660	74	169	30	30	14	24	7	76	32	5	24	64	64	24	20	3
계	4,063	517	856	264	161	104	116	35	375	170	88	325	325	407	205	232	48

출처 : 신혜령 외(2008).

〈표 12-11〉 **퇴소아동 진학률** (단위 : 명)

	2004	2005	2006	2007
퇴소아동	910	855	825	813
진학자 수	243	307	298	375
진학률	26.7%	35.9%	36.1%	46.1%

출처 : 보건복지부(2007). 아동복지사업안내.

6) 시설종사자 현황

아동양육시설에서 종사자들은 가정의 부모와 같은 역할을 담당하는 자들로 시설종사자로서의 자질과 전문성을 갖추었는지 여부는 아동양육의 질을 결정짓는 중요한 요소이다.

2011년 개정된 아동복지법 시행령에 따르면 아동양육시설 종사자 배치기준은 시설규모에 따라 아동이 30인 이상인 경우 시설장, 총무, 의사, 간호사, 조리원, 위생원, 자립지원 전담요원 각 1인을 두도록 하고 있으며, 50인 이상인 경우에는 사무원, 영양사, 생활복지사, 임상심리상담원 각 1인을 추가로 두도록 하고 있다. 보육사는 30인 이상 시설의 경우, 0~2세는 아동 2인당 보육사 1인, 3~6세는 아동 5인당 1인, 7세 이상은 아동 7인당 1인으로 정하고 있다.

문제는 시설종사자의 보수가 타 직종에 비해 상대적으로 낮기 때문에 이직률이 높고 자격을 갖춘 인력을 채용하기 어렵다는 점이다. 보육사가 아동의 양육과 발달에 미치는 영향을 고려한다면 양질의 보육사를 확보할 수 있도록 급여, 근무시간 등 근무조건을 개선하는 정책적 배려가 필요하다(이순자 외, 2013).

〈표 12-12〉 아동양육시설 종사자 배치기준

시설별 직종별	아동 30인 이상	아동 30인 미만 10인 이상	아동 10인 미만
시설장	1인	1인	1인
총무	1인	–	–
의사(촉탁의사)	1인	–	–
간호사 또는 조무사	1인	–	–
사무원	1인 (아동 50인 이상인 경우에 한함)	–	–
영양사	1인 (아동 50인 이상인 경우에 한함)	–	–

보육사	0~2세까지 : 아동 3인당 1인 (3인 초과 시 1인 추가) 3~6세까지 : 7인당 1인 (7인 초과 시 1인 추가) 7세 이상 : 아동 10인당 1인 (10인 초과 시 1인 추가)	2인 (아동 20인 초과 시 1인 추가)	1인
생활복지사	아동 50인 이상 1인 (50인 초과 시 1인 추가)	–	–
직업훈련교사	–	–	–
상담지도원	필요요원	–	–
임상심리상담원	1인 (아동 50인 이상인 경우에 한함)	–	–
조리원	1인	–	–
위생원	1인	–	–
보안요원	–	–	–
자립지원전담요원	1인	1인	–

출처 : 아동복지법 시행령(2011).

제 3 절 시설보호서비스의 장단점 및 유의점

아동이 건전하게 성장·발달하기 위해서는 가정과 친어머니에 의한 양육활동이 가장 바람직하다는 연구결과에 의해 일반적으로 시설보호는 아동양육에서 부적합하다고 보고 있다. 특히 영유아기 때의 시설보호는 바람직하지 않다고 보고 있다. 그러나 시설보호사업이 반드시 아동에게 부정적인 영향을 주는 것만은 아니다. 즉, 요보호아동을 수용·보호함으로써 생기는 문제점도 있지만 장점도 갖고 있다.

시설보호서비스의 장단점을 살펴보면 다음과 같다(성영혜 외, 2001).

1. 시설보호서비스의 장점

- 부모로부터 심리적·감정적으로 결핍된 점을 시설 내의 다른 아동들과의 접촉이나 교육으로 인해 이를 보완하게 된다.
- 아동들에게 보다 광범위하고 다양한 부모상(parental figure)을 선택·제공해준다.
- 지역사회가 수용할 수 없고, 수용하지 못하는 모든 행동 특성을 보다 넓게 수용해 준다.
- 시설보호기관의 규칙이나 정규적으로 계속적인 생활은 자기통제력이 부족한 아동들에게 일시적인 충동을 억제하고 자신을 통제할 수 있게 한다.
- 통제력의 유지, 행동 특성의 수용 면에 있어서 모든 아동들이 그 정도가 다르다는 것을 알게 되어 서로 무능력함을 보완하는 기회를 경험한다.
- 아동 자신이 또래집단의 일원으로서 자기행동을 통제하는 힘을 가지고

있기 때문에 시설보호기관에서의 집단통제는 아동 스스로 자기행동에 변화를 갖도록 동기를 제공해 준다.

- 시설보호기관에서는 아동의 생활경험을 면밀한 계획하에 개별적으로 제공하므로 치료의 기능을 크게 담당할 수 있다.
- 특별히 개인적인 치료가 필요한 아동의 요구를 충족시켜 준다.
- 청소년들을 위한 적절한 기능을 수행함으로써 사회 내의 청소년 문제 해결에 도움을 준다.

2. 시설보호서비스의 단점

- 과도한 집단생활로 인한 규율화로 개방적이고 따뜻한 인간관계 형성을 저해한다.
- 규칙적이고 기계적인 일과로 인해 개인의 자유와 자주성 및 창의성 등이 발휘되기 어렵다.
- 행동반경의 제한으로 교우나 대인관계의 폭이 좁아진다.
- 경제적 경험의 기회가 매우 적고, 문화시설 및 기타 사회와의 접촉이 결여되기 쉽다.
- 충분한 정서적인 욕구발산의 기회 및 발표기회가 없어서 파괴적이고 부정적인 성격이 될 수 있다.

3. 시설보호서비스의 유의점[1)]

1) 아동보호시설의 선택

아동상담소나 아동일시보호소가 아동을 수용하고 계획할 때 그 아동에게 필요한 종류의 보호를 제공할 수 있는 시설을 선택해야 한다. 즉, 정신과 의

1) 이한우 외(2013).

사, 사회복지사, 심리학자들의 종합적인 진단과 평가를 통해서 아동에게 알맞은 아동복지시설이 선정될 수 있어야 한다.

2) 아동보호시설의 내용

아동보호시설의 프로그램은 아동이 갖고 있는 어려운 문제를 해결할 수 있는 것이어야 하며, 특히 아동이 가정이나 사회에서 적응할 수 있는 방향으로 나아갈 수 있는 것이어야 한다. 따라서 아동복지시설 내에 개별 아동에 대한 이해가 선행되어야 하며, 아동복지시설의 프로그램이나 서비스의 궁극적 목표는 아동 개개인이 하나의 인격체로서 장차 사회구성원이 되어, 이 사회에서 자신의 일을 찾아 적응할 수 있도록 하는 것이다. 또한 아동복지시설의 직원은 아동의 적응을 돕기 위해서 아동의 성장·발달과 관련된 행동의 이유 등 아동에 대한 전반적인 이해를 위해 노력해야 한다.

3) 아동보호시설기관과 가족 간의 관계

비록 아동이 아동복지시설에 있다 하더라도 부모나 친척들이 아동을 위해 시설을 방문하거나 아동이 가정을 방문할 수 있도록 하여 부모나 친척관계를 계속 유지할 수 있도록 해야 한다. 아동보호시설에서 제공되는 서비스는 어디까지나 일시적인 것이기 때문에 가정과 사회로의 복귀를 위해서라도 아동이 가족과의 관계를 통하여 거리감이 최소화될 수 있도록 하기 위한 지속적인 노력이 필요하다.

4) 아동보호시설기관과 지역사회와의 관계

아동보호시설의 아동에게 지역사회 생활에 참여할 기회를 주지 않는다면, 정상적인 사회생활을 하는 사회구성원으로서의 삶을 갖추지 못한 채 성장·발달하게 된다. 따라서 아동복지시설은 지역사회 단체 등과 연계적 프로그램을 활용하여 아동이 지역사회의 많은 사회문화와 접촉할 기회를 마련해 줄 수 있어야 한다.

제4절 우리나라 시설보호서비스의 과제

현재 우리 사회에서 시설보호아동서비스를 지속적으로 운영할 수 없는 어려움을 극복하기 위해 아동보호시설의 서비스 방향은 변화되고 있다. 즉, 보호아동을 시설에 입소시켜 돌보고 양육하는 시설중심의 보호형태 지원에서, 보호아동이 사회구성원으로서 자신의 역할을 수행하며 살아갈 수 있도록 돕는 지원형태로 전환되고 있다.

보호아동을 위한 자립지원시설의 확충과 재가복지서비스의 이용활용을 보다 적극적으로 할 수 있도록 아동보호시설을 다양화하여야 한다. 또한 보호아동의 특성을 고려한 아동보호시설인 경우에는 복지대상자들에게 전문적인 치료 및 재활서비스가 제공되어 가정으로 빨리 복귀할 수 있도록 개별적 지원 또한 필요하다. 이러한 상황들을 고려하여 우리나라 아동보호시설의 과제를 정리하여 보면 다음과 같다(이한우 외, 2013).

1. 시설의 소규모화

대규모 시설에서 단체로 생활하는 아동들은 개별적 서비스를 받기 어려우며, 규칙적이고 획일화된 생활을 해야 한다. 이러한 비인간적인 문제를 초래하는 대규모 시설에 대한 대안으로 소숙사(cottage system)와 공동생활가정(group home)의 형태가 제시되고 있다. 공동생활가정은 지역사회 내에 존재하고 단독주택이나 아파트 같은 주택에서 일반가정집과 유사한 규모를 가지며, 혈연과 무관한 아동 및 청소년 집단과 성인이 함께 거주하면서 보호와 생활이 이루어지는 곳이다(이태수, 2001, 이순형 외, 2011 재인용). 가정과 비슷한 환경을 제공함으로써 비록 가정에서 양육할 수는 없더라도 아동이 가정과 같은 분위기를 느낄 수 있도록 공동생활가정을 활성화해야 한다(이순자 외, 2013).

2. 시설인력의 전문화

시설보호아동은 가정불화, 가족해체 등 다양한 이유로 부정적 경험을 겪는 과정에서 원가정을 떠나 시설보호를 받게 되므로 정서적 불안감과 마음의 상처를 안고 시설에 오게 된다.

성장과정에서 심리적으로 충격을 받게 되면 깊은 상처로 남아 평생 영향을 미친다. 시설보호아동은 누구보다도 이러한 심리적 상처를 심하게 받은 경험이 있음에도 불구하고 시설에 입소 후 제대로 치료를 받지 못하고 있는 실정이다(표갑수, 2000). 따라서 상처 입은 보호아동이 건강한 자아를 형성하도록 시설에서 치료적 보호서비스를 제공해야 하며, 정서장애·행동장애·발달지체 아동을 위한 전문적인 치료 및 재활서비스가 이루어져야 한다.

시설아동의 문제를 예방하고 잠재력을 계발하기 위한 상담서비스를 지원할 뿐만 아니라 가족과의 재결합을 위한 부모교육, 가족치료, 상담 등을 활성화할 필요가 있다.

이를 위해 시설종사자는 적절한 보호·양육·상담을 담당할 수 있는 전문성을 갖추어야 하며, 전문인력을 아동복지시설에 유입하려면 시설종사자의 처우·임금·근무조건이 먼저 개선되어야 한다(이순자 외, 2013).

3. 시설의 지속성 강화

서구에서는 보호아동의 대리적 보호를 결정할 때 보호아동에 대한 영구적 계획을 무엇보다 중요하게 여긴다. 즉, 위탁보호아동이 위탁기간 동안 여러 위탁가정 혹은 시설을 전전하는 것이 아니라 한곳에 영구적으로 머물 수 있도록 장기적인 계획을 한다. 우리나라의 경우는 시설아동이 여러 시설을 전전하는 문제도 있지만, 그보다는 아동과 사회복지사와의 지속성이 확보되지 못한다는 것이 문제로 지적되고 있다(이한우 외, 2013).

4. 시설의 개방화

아동복지시설은 지역사회의 자원이므로 지금까지의 폐쇄성을 탈피하여 지역사회에 개방하고 이용할 수 있도록 전환해야 한다. 즉, 아동복지시설은 지역사회의 각종 자원을 활용할 수 있는 기관이 되어야 하는 동시에 아동복지시설의 자원 또한 지역사회에 제공할 수 있어야 한다. 예를 들면, 아동복지시설에 있는 도서실, 컴퓨터실, 체육관, 놀이터, 숙박시설, 상담실 등을 지역사회에 개방하여 지역주민과 교류를 촉진할 수 있다. 재활치료, 상담, 레크리에이션 등의 전문기술을 제공하고 시설을 비행·가출청소년을 위한 쉼터로 이용할 수 있도록 함으로써 지역아동복지센터의 역할을 할 수 있다.

지역주민을 자원봉사자로 참여하도록 하여 시설보호아동의 복지 증진에 기여하도록 한다(이순자 외, 2013).

5. 시설의 정보화

지식정보사회로 급격히 변화하는 사회적 추세에 맞추어 아동복지시설 또한 정보화가 구축되어야 한다.

아동복지시설의 정보화는 아동복지시설 운영업무의 전산화, 사이버 복지공동체의 구축, 아동복지시설 종사자의 정보화 교육, 아동복지시설 아동의 정보화 교육 등 포괄적인 내용이 포함되어야 한다.

6. 시설에 대한 과정중심 평가 및 질적 평가 확립

현재 아동복지시설 평가는 과거의 성과적 결과만을 총괄평가하는 평가중심의 평가라고 할 수 있다. 그러나 앞으로 미래에는 아동복지시설 대상자에게 초점을 두고 서비스 측면에서의 질적인 향상과 지속적인 시설개선을 종합적으로 평가할 수 있는 과정중심 평가로 전환되어야 할 것이다. 또한 양적 평가에서 질적 평가로 시설대상자의 개별적 요구를 만족시킬 수 있는 다양한 프로그램 평가로 변화되어야 한다.

7. 공동생활가정을 위한 가정중심 아동보호시스템 강화

우리나라에서는 유엔아동권리위원회의 가정과 분리된 아동의 시설양육에 대한 대안으로 공동생활가정의 확대 설치권고에 따라 공동생활가정을 2003년 32세대, 2004년 32세대, 2005년 60세대, 2006년 120세대, 2007년 176세대, 2008년 248세대(보건복지부, 2008)로 점차 확대하여 가정중심의 아동보호시스템을 강화시키고자 노력하고 있다.

토론해 보기

1. 시설아동에 대한 편견을 가지고 있는 경향이 있는데, 이러한 편견을 없애기 위한 대처 방안은 무엇인지 여러분의 생각을 토론해 봅시다.

2. 시설아동들이 차별 없이 행복하게 잘 성장하기 위해서 개발되어야 할 프로그램은 무엇이며, 서비스 지원에 대한 여러분의 생각을 토론해 봅시다.

13

21세기 아동복지를 위한 전망과 과제

제 1 절 아동복지의 전망

지금까지 아동복지의 주요 개념 및 역사, 정책, 대상에 따른 실천 및 접근 방법에 대해 살펴보았다. 따라서 우리나라 아동복지의 더 나은 발전을 위하여 검토해야 할 부분은 무엇인지와, 앞으로 미래지향적인 발전을 위해 시급히 해결해야 할 문제점들을 전망하여 밝고 아름다운 환경에서 아동들이 행복한 삶의 터전을 만들어 주고자 한다. 이를 위한 구체적인 내용을 살펴보면 다음과 같다(이한우 외, 2013; 도미향 외, 2013).

1. 아동복지에 대한 새로운 패러다임의 적용

최근 아동복지의 개념은 과거의 자선적·인도적 사고와는 달리 좀 더 국가 발전에 호응하는 이념, 즉 목적과 가치를 갖는다. 그러한 목적과 가치를 가진 사업은 전문적 지식이나 개념을 새롭게 할 필요성이 있다. 이러한 측면에서 아동복지의 목적은 국가 발전의 원동력 및 국가 안정의 바탕이라고 할 수 있다. 한편 가치적인 측면에서 볼 때 아동복지는 인격완성의 기초를 마련해 주며, 아동들의 기본권을 보장해 주는 것이라고 할 수 있다. 실천적인 면에서도 "아동복지는 사회복지의 한 분야로서 사회복지사의 적극적 활동분야이다"라는 확신을 가진 좀 더 정규적인 훈련과 경험을 쌓은 아동복지의 전문가들에 의해서 그 사업이 수행되어야 한다.

무엇보다도 중요한 점은 아동복지사업에서 잔여적·보편적 관점의 두 가지 패러다임이 함께 통합되어야 한다는 것이다. 사회복지실천의 발달 과정을 살펴볼 때, 잔여적 접근방법인 개별사회사업 이론과 실천의 발달은 사회복지

전문직을 정립하는 계기가 되었으나, 개인의 심리문제에 지나치게 집착함으로써 모든 아동에 대한 복지보다 특정 아동의 보호에 집중함으로써 사회복지사들에게 실제 결과에 필요한 전체적인 변화를 가져올 수 없었으며, 결과적으로 사회복지 내에 과도한 전문분화를 야기하였다. 또한 하나의 기술이나 실천영역을 강조하는 사회복지전문직 안의 동향은 다양한 요인이 복합적으로 작용하는 실천영역에 대해서는 효과적으로 대처하지 못한다는 한계를 낳게 되었다. 따라서 이러한 한계를 보완하기 위해서는 아동복지를 개인적·미시적 혹은 사회환경적인 거시적 차원에서만이 아니라 개인과 집단, 지역에 대한 통합적 접근방법(개인+집단+지역=통합적 접근방법)으로 실행해야 할 것이다.

2. 다양한 아동복지 프로그램과 전문성

다양한 아동복지 프로그램과 전문성의 활용이다. 즉, 아동복지의 대상은 특수아동과 같은 보호가 필요한 아동부터 일반아동에 이르는 모든 아동들이 포함된다. 따라서 모든 아동들의 건전한 성장·발달을 위하여 새롭고 적절한 프로그램과 서비스가 계속 개발될 것으로 보이며, 실천적인 면에서도 아동복지 기능이나 방법이 새로이 검토되고 활용됨으로써 우리가 당면한 많은 아동문제를 해결할 수 있을 것이다.

3. 지역사회 중심의 아동복지

국가가 모든 국민의 요구나 생활을 보장하거나 책임지기 어렵다는 측면에서 일정한 지역사회를 기반으로 자치적으로 지역주민의 생활권 보장과 지방의 균형적 발전에 기여할 수 있는 복지시스템을 확립시켜 나가야 한다. 그러한 방향에서 커뮤니티케어의 중요성이 강조된다. 이 개념은 영국, 미국 등 선진국에서 1960년대 이후부터 발전되어 왔는데, 이는 지역사회를 기반으로 하여 공공기관, 민간기관 및 가족이 함께 참여하는 다원주의적 복지서비스를 강화하는 것이다. 즉, 가족중심의 접근과 민간복지서비스의 강화를 일컫는다. 이러한 커뮤니티케어는 지역사회의 기초단위인 가족중심적 접근이나 서비스로서 우리나라에서도 재가복지라는 새로운 개념의 서비스가 중요한 정책과제로 등장하고 있으며, 재가복지의 정책이나 제도가 점차 강조되어 개발되고 있다. 즉, 아동복지에서 가족중심의 접근은 지역사회의 가장 최고단위인 가정을 기반으로 하여 개별적인 아동과 가족의 욕구 충족을 도모하는 프로그램과 서비스가 개발되어야 한다는 것이다. 이는 지지적 서비스(supportive service)의 강화를 통해 아동과 가족의 문제를 사전에 예방하는 효과를 가질 수 있다. 아동의 양육과 보호를 지원하는 프로그램을 개발하고 전문인력이나 자원봉사자를 참여시켜 아동이 원가정 또는 대리가정에서 생활하면서 치료와 서비스를 받을 수 있는 형태가 활성화되어야 하며, 재가아동과 장애아동에 대한 상담, 치료, 교육훈련, 지역사회와의 교류 및 여가활동 등을 지역사회 내에서 총체적으로 지원할 수 있는 방안이 강구되어야 할 것이다.

4. 공공과 민간기관의 협력

아동복지사업이 공적이어야 하느냐, 사적이어야 하느냐 하는 문제를 두고 일률적으로 어느 것이 좋다고 규정하기는 어려우나 일반적으로 모든 아동이 대상에 포함되는 보편적인 사업인 경우는 공공부문에서 추진되는 것이 바람직하며 그와 반대인 경우는 민간기관에서 주도할 수 있다. 그러나 현재 공적이어야 하는 아동복지 분야가 지나치게 사적 책임으로 전가되고 있거나, 반대로 사적이어야 하는 분야가 지나치게 공적인 것에 의하여 좌우되고 있는 것은 문제이다. 즉, 일반적으로 국민의 광범위한 대상에 관련되는 사업내용인 경우와 사적 기관에서 할 수 없는 사업내용일 경우는 공적 사업으로 추진되는 것이 좋겠고 그와 반대되는 경우에는 사적 운영이 좋을 것이라는 이론이 성립되겠다(표갑수, 2000).

가장 기본이 되는 아동양육 프로그램은 국가나 사회보장의 형태로 시행할 수 있는데 아동수당의 경우가 가장 대표적인 예이다. 그러나 우리나라에서는 재정문제로 아직 도입하지 않은 상태이며, 이에 따라 빈곤가정이나 결손가정 아동이 취약한 여건에 놓여있다. 아동수당제도는 곧 우리나라에 있어 IMF 이후 늘어났던 아동복지시설 보호아동 수의 감소는 물론 아동의 유기와 방임, 학대 등을 예방하는 적극적인 제도적 장치가 될 수 있으리라 본다. 또한 나아가서는 감소추세에 있는 아동인구의 증가에도 적지 않은 긍정적 효과를 기대할 수 있으리라 생각한다. 또한 민간기관에서 특수 프로그램을 개발하고, 결연후원과 같은 멘토 연계, 후견인과 같이 지역 내 아동 및 가족을 적극 지원하고 보호하는 사업을 활성해 나갈 수 있도록 민간기관들의 참여를 지원하는 등 민간과 공공 부문이 함께 이루어져야 할 것이다.

5. 새로운 실천방법 및 평가활동 추진

아동은 생리적 인간으로서의 성장·발달의 과정보다 사회적 인간으로서의 성장·발달과정에서 더 많은 문제에 부딪히게 된다. 때문에 아동복지실천가들은 지금까지의 보호가 필요한 아동의 기본적인 생리적 욕구 충족에 대한 활동에서 벗어나 일반아동의 심리적 욕구충족에까지 복지서비스 영역을 확대하기 위해 노력하고 있다. 수용시설은 문제아동치료센터 또는 직업기술학교로 그 기능을 확대하고 있고, 구조도 가정단위의 공동생활가정(group home)으로 바뀌어 종전의 의식주 중심 사업에서 사회적 적응력을 배양해 주기 위한 방향으로 점차 변화하고 있다. 또한 일반육아시설의 기능이나 방법도 새로이 검토되어 요보호아동의 보호와 양육문제 해결방안으로 활용하거나 일반아동의 가정생활, 교육, 건강, 오락, 특수보호와 같은 종합적 욕구를 고려하여 위탁보호, 입양, 가정상담, 강제보호서비스 등 다양한 프로그램이나 서비스가 개발되어야 한다. 특히 방법 면에서 단순한 보호중심적 형태에서 그룹워크나 케이스워크의 방법론을 채택하는 것이 필요하다.

한편 충족되지 않은 욕구개발과 평가활동의 추진이 필요하다. 우리들이 참된 아동복지를 실천하기 위해서는 다양한 욕구의 개발과 현재 프로그램의 정확한 평가작업을 통해서 올바른 아동복지 활동에 공헌할 수 있어야 한다.

제 2 절 아동복지의 과제

아동복지의 목적은 아동이 건강하게 태어나 행복하고 안전하게 생활할 수 있도록 복지를 보장하는 것이다. 그러나 우리나라 아동들이 건전하게 성장·발달하기 위해서는 제도적·정책적으로 보완해야 할 많은 과제를 가지고 있다. 구체적인 내용을 살펴보면 다음과 같다.

1. 부모에 대한 교육의 강화

부모의 역할이 자녀의 발달에 미치는 영향은 매우 지대하다. 오늘날 사회가 급속히 변화되면서 부모역할을 제대로 수행하기가 매우 어려워지고 있다. 자녀발달에 미치는 부모의 영향력을 고려해 볼 때 가족체계의 건강과 부모 및 자녀의 삶의 질을 높이려면 부모역할도 다른 교육과 마찬가지로 교육과 학습을 통해서 준비하는 것이 필요하다. 각종 사회단체나 교육단체들을 통하여 아동의 기본적인 욕구에 관한 교육과 부모와 자녀 간의 상호작용 등에 대한 훈련을 강화하고, 가정의 기본적인 욕구를 해결하는 데 도움이 되도록 전문기관의 서비스를 효과적으로 이용할 수 있는 부모교육 프로그램이 개발되어야 한다. 다양한 가족구조가 증가하고 사회·경제적 여건의 제약으로 인한 부모역할 수행이 어려운 경우도 있으므로 이러한 집단의 특성을 고려하여 부모교육의 내용을 구성하고 부모교육의 참가를 증진할 수 있는 방안을 마련하여야 할 것이다.

2. 보육서비스의 다양화와 질적 향상

아동의 조기교육에 대한 관심과 여성의 사회진출에 따라 증가하는 보육서비스를 보육수요자의 욕구에 맞도록 발전시켜야 한다. 현재 민간에 맡겨져 있는 보육사업이 공공성을 확보하려면 정부의 전폭적인 지원과 대책이 필요하다. 여성들의 취업형태를 반영하여 야간·공휴일·24시간 보육서비스 등이 확대되어야 하며, 영아전담 보육시설과 장애아 보육시설이 확충되어야 한다. 초등학교 학생들이 방과 후 방임되는 것을 막을 수 있도록 방과 후 보육서비스도 확충되어야 한다.

보육의 질적 수준을 향상하기 위하여 물리적 환경과 프로그램의 질을 향상하도록 해야 한다. 서비스의 질은 보육인력에 따라 좌우되는 정도가 높기 때문에 보육교사의 양성 및 관리가 이루어질 수 있도록 하여야 하고, 근무여건의 개선을 통해서 전문성을 발휘할 수 있는 인력을 확보해야 한다.

3. 아동학대에 대한 대책의 강화

아동학대는 아동의 권리를 침해하는 가장 대표적인 문제이다. 아동학대를 예방하고 학대 발생 시 신고할 수 있도록 대중과 신고의무자의 인식 변화를 위한 홍보 및 교육활동이 이루어져야 한다. 특히 신고의무자의 의무불이행에 관한 제재조치를 명확히 할 필요가 있다. 아동학대의 개념에 대한 구체성이 아직 부족하므로 아동학대의 여부를 판별할 수 있는 표준화된 척도가 개발되어야 한다. 아동보호전문기관은 인구 수에 비해 적으며, 기관 내 전문인력의 업무가 과중한 상태로 기관의 수와 인력이 확충되어야 한다. 아동보호서비스를 제공하는 과정에서 관련 기관들이 협력하고 서비스를 통합할 수 있도록 연계성을 확보하도록 해야 한다. 가해자와 피해자 모두 적합한 치료와 서비스를 받을 수 있도록 가해자 치료명령제가 도입되어야 하며, 아동에게 필요한 전문적인 서비스를 줄 수 있도록 사회복지사의 전문능력을 향상할 수 있는 교육과 훈련의 기회가 제공되어야 한다.

4. 다문화가정에 대한 맞춤형 프로그램 제공

과거와는 달리 다양한 형태의 가족이 증가하고 있음에도 불구하고 아동복지 현장에서는 이들에 대한 이해도 부족하고 문제나 욕구도 충분히 파악되지 못하는 실정이어서 이들에 대한 이해와 서비스의 개발이 시급하다. 이에 다문화가정에 대한 이해가 아동복지 현장의 실무자에게 필요하다. 사회복지사들은 문화적으로 민감해야 하며, 서비스 대상이 되는 아동과 가족의 문화적 이해에 기초하여 사려 깊게 고안된 서비스가 제공되어야 한다. 새로운 문화에 적응하기 위한 이들의 욕구를 파악하기 위해서 이들 가족의 아동들이 가정, 학교, 지역사회에서 차별과 편견 없이 내국인과 동등하게 아동복지서비스를 받을 수 있도록 제공되어야 한다.

5. 빈곤가정에 대한 사회적 개입

빈곤가정의 아동은 건강한 성장과 발달의 과정에서 요구되는 가족의 관심이 부족하고 적절한 교육환경을 제공받지 못할 뿐만 아니라 건강한 성장과 발달에 필요한 충분한 영양과 의료적 서비스를 받지 못하게 된다. 따라서 빈곤가정 아동의 기본적 생활 보장을 위한 국가의 책임을 강화해야 한다. 특히 아동권리 중에서 가장 기본적인 권리인 생존권과 발달권의 보장을 위하여 국가의 역할을 확대해야 할 것이다. 특히 빈곤가정의 아동은 발달과정에서 여러 가지 결핍을 경험하게 되고, 결과적으로 다양한 문제에 노출된다. 따라서 아동의 기본 권리인 생존권과 발달권을 보장하는 취지에서 사회적으로 아동의 생계, 의료, 주거, 교육 등 기본 생활을 보장해 주어야 한다. 또한 빈곤가정의 아동양육은 지역사회를 중심으로 아동이 부모와 사회의 공동보호하에 건강하게 성장할 수 있도록 지원을 강화하여야 한다.

아동의 양육과 보호는 부모에게만 책임이 있는 것이 아니라 사회에도 그 책임이 있다. 건강한 아동발달을 저해하는 요인들을 최소화할 수 있도록 지역사회 전체가 공동책임하에 아동을 양육하고 보호해야 할 것이다. 이와 관련하여 아동복지 관련 기관들이 보다 긴밀한 상호 협조관계를 형성함으로써 빈곤가정아동의 개별적 욕구를 충족시킬 수 있는 다양한 서비스를 제공할 수 있을 것이다. 빈곤가정의 아동들은 빈곤으로 신체적·정신적 건강을 위협받을 수 있으며, 교육기회의 불평등을 경험할 수 있고, 아동학대와 방임에 노출될 위험성이 더 크다. 따라서 빈곤가정아동의 영양, 정신건강, 교육, 학대 등의 부정적 경험에 따라 지체될 수 있는 발달과정을 보완해 주기 위해 관련 기관들이 서로 아동에 관한 정보를 교환하고, 공조체계를 유지할 수 있는 아동복지 네트워크를 구축해야 할 것이다. 아동발달은 아동의 전반적인 발달과 성장을 원조해야 하므로 아동의 건강, 복지, 교육을 포괄할 수 있는 네트워크를 통해 종합적인 아동발달지원서비스를 제공할 수 있어야 한다.

6. 가정위탁과 국내입양 활성화

모든 아동은 가능한 한 자신의 가정에서 보호를 받으며 성장해야 하지만, 그렇지 못할 경우에는 가정과 유사한 환경을 제공할 수 있는 가정위탁이나 영구적인 가정을 마련해 주는 입양을 고려해야 한다. 이때 가정위탁이 활성화되기 위해서는 다양한 홍보활동을 통하여 가정위탁에 대한 필요성을 강화해야 한다. 현재는 위탁가정에 지원하는 양육수당이 매우 부족하여 별로 도움이 되지 않는다. 그러므로 아동양육비를 현실적인 수준으로 고려해야 하며, 위탁가정의 아동이 위탁부모에게 학대받거나 방임되지 않도록 하기 위한 방안이 마련되어야 할 것이다. 국내입양은 사후관리를 의무화하여 입양가정이 경험하는 문제들에 대해서 전문적인 서비스를 제공하는 체계를 확립해야 하고, 국외입양아동에 대해서도 정체감 형성에 도움을 줄 수 있는 사후관리가 필요하다.

7. 장애아동의 조기진단 및 조기치료

아동의 신체 및 정서 장애에 대해서 조기에 발견하고 치료할 수 있는 체계의 확립이 필요하다. 출생 전부터 장애를 예방할 수 있도록 모자보건사업이 강화되어야 하며, 영유아기에 건강진단 및 성장·발달 스크리닝을 통해서 장애를 조기에 발견할 수 있도록 해야 한다. 장애진단 시 조기에 의료·교육적 재활서비스를 비롯한 각종 서비스를 받을 수 있도록 제도적으로 보장하여야 한다.

행동 및 정서 장애아동에 대한 정신건강서비스의 개발과 이용을 활성화할 수 있는 대책이 필요하다. 불안정한 가정환경과 경쟁적인 학교생활 등으로 분노나 공격적 행동과 같은 문제행동과 신경증이나 열등감 같은 정서장애를 가진 아동이 증가하고 있다. 아동정신건강의 중요성에 대한 사회적 인식이 고양되어 정서장애 문제를 사전에 예방할 수 있도록 해야 하며, 지역사회정신보건센터를 비롯하여 정신건강 관련 기관에서 아동의 정신건강에 관한 서비스를 보다 활성화하도록 하여야 한다.

8. 학교사회사업의 제도화

학교는 대부분의 아동이 그들의 시간 대부분을 보내는 공간이다. 그런데 오늘날 학교폭력, 비행 등 학교를 중심으로 한 문제가 심각해지고 있다. 현재 학교와 학생들의 문제에 대한 접근방법으로서 상담제도를 실시하고 있으나, 학생들의 문제에 포괄적으로 접근하고 있다고 평가되고 있다. 학교사회사업은 학생들이 학교생활을 잘 할 수 있도록 돕는 것으로, 심리·정서적 문제를 갖고 있는 학생, 학습부진을 보이는 학생, 가정환경의 문제를 갖고 있는 학생, 비행학생 등을 1차적 대상으로 하여 이들의 문제를 해결하기 위하여 학교와 가족, 지역사회가 협력해서 하는 활동이다. 현재 우리나라의 학교사회사업은 일부 지역사회복지관을 중심으로 학교와 연계하거나 지역사회복지관의 사회복지사가 학교에 파견되어 서비스를 제공하는 형태가 주를 이루고 있으며, 이런 방법은 학교의 행정적인 배려와 교사들의 협조 없이는 성공적으로 이루어지기 어려운 한계를 갖고 있다. 학교사회사업은 치료적 차원뿐만 아니라 예방적 차원에서 광범위한 학생들의 문제에 개입하여 학생들의 총체적인 삶을 향상시키고 학교가 전인교육을 실현하도록 도와주는 것으로 제도화되어야 한다.

9. 아동을 위한 건전한 생활환경과 여가시설의 확충

급속한 산업화의 과정에서 우리 아동들은 자연환경과 마음껏 뛰어놀 수 있는 놀이장소를 잃어버렸으며, 각종 사고와 위험에 노출되어 있다. 아동들이 놀 수 있는 지역의 공간이 없어진다는 것은 단순한 물리적인 공간의 축소만이 아니라 민주적인 사회공동체를 경험할 수 있는 기회를 박탈당하는 것이다. 아동을 위한 놀이기구나 시설 또한 안전성이 제대로 갖추어지지 않아서 신체적으로 위협이 되거나 심하면 사망을 초래하기도 한다. 오늘날 아동들이 즐겨 이용하는 인터넷이나 전자게임은 아동에게 무차별적으로 유해한 정보를 전달하고 있어서 그 피해가 심각하다.

모든 아동이 건전하지 못한 매체물과 유해한 환경으로부터 보호받을 수 있도록 가정, 학교, 지역사회 및 국가가 노력을 기울여야 할 것이다. 또한 아동이 건전하게 성장·발달할 수 있는 공간과 시설들을 확충해 나가야 할 것이다.

10. 북한이탈아동 및 결혼이민자 가족의 아동에 대한 관심과 지원

북한지역을 이탈하여 남한으로 오는 아동이 증가하는 추세인데, 이들은 남한의 학교에서 수업이나 교우관계에서 어려움을 겪고 있다. 아동들은 부모가 적응하는 속도를 능가하여 적응하기 때문에 부모의 권위가 제대로 서지 않고, 부모 자신도 적응해야 하는 과정에 있기에 부모로서의 역할을 제대로 하기 어렵다고 한다. 따라서 남한사회에서 이들이 정착하고 적응하는 과정에서 아동 및 가족 단위에서 야기될 수 있는 문제에 대하여 관심을 가지고 적절한 개입과 지원을 해야 한다.

최근 국제결혼이 증가하면서 결혼이민자 가족 및 자녀에 대한 사회적 지원이 강화되어야 할 필요성이 증대하고 있다. 결혼이민자 가족은 상당수가 경제적으로 취약한 위치에 있으며, 가족관계에서 어려움을 경험할 수 있다. 이에 아동은 영향을 받을 뿐만 아니라 언어발달이 지체되고, 학교생활의 적응에 어려움이 있을 수 있으며, 자아정체감 혼란 등을 경험할 수 있다. 따라서 결혼이민자 가족에 대한 사회적 인식의 개선과 더불어 결혼이민자 가족에 대한 포괄적인 지원체계를 구축하고, 아동들에 대해 학교, 가정, 지역사회를 중심으로 언어발달과 학습, 심리·사회적 서비스 등을 지원할 수 있도록 해야 한다.

11. 아동복지전문가에 대한 처우개선

아동복지기관, 시설, 단체 등에 종사하고 있는 아동복지전문가에 대한 처우가 개선되어야 할 것이다. 특히 아동복지시설 종사자의 근무조건과 급여는 매우 열악한 실정이다. 이직률이 높고 전문지식을 갖춘 전문가들의 기피현상으로 아동복지시설에서 이루어지는 서비스 개발에는 한계가 있다. 공공시설은 물론 민간시설의 운영지침에 있어 종사자의 급여에 관한 통일된 기준이 마련되어야 하며, 현실성 있는 급여의 지급으로 종사자의 성취동기와 사기를 높일 필요가 있다. 이를 위해 국가와 지방자치단체의 아낌없는 지원이 필요하다.

토론해 보기

1. 아동을 유해환경으로부터 보호하기 위한 사회적 노력으로 가장 중점을 두어야 할 부분은 무엇인지 여러분의 생각을 토론해 봅시다.

2. 학교뿐만 아니라 지역사회복지관 및 상담센터에서 현재 아동과 그 가족을 대상으로 실시되고 있는 프로그램은 무엇이며, 향후 수정·보완 및 개발되었으면 하는 것은 무엇인지 여러분의 생각을 토론해 봅시다.

3. 21세기 사회적 변화에 따른 아동복지는 어떤 방향으로 나아가야 하는지에 대한 여러분의 생각을 토론해 봅시다.

부록

아동복지법

아동복지법

「시행 2017.7.26.」「법률 제14839호, 2017.7.26., 타법개정」

제1장 총칙

제1조(목적)

이 법은 아동이 건강하게 출생하여 행복하고 안전하게 자랄 수 있도록 아동의 복지를 보장하는 것을 목적으로 한다.

제2조(기본 이념)

① 아동은 자신 또는 부모의 성별, 연령, 종교, 사회적 신분, 재산, 장애유무, 출생지역, 인종 등에 따른 어떠한 종류의 차별도 받지 아니하고 자라나야 한다.
② 아동은 완전하고 조화로운 인격발달을 위하여 안정된 가정환경에서 행복하게 자라나야 한다.
③ 아동에 관한 모든 활동에 있어서 아동의 이익이 최우선적으로 고려되어야 한다.
④ 아동은 아동의 권리보장과 복지증진을 위하여 이 법에 따른 보호와 지원을 받을 권리를 가진다.

제3조(정의)

이 법에서 사용하는 용어의 뜻은 다음과 같다. <개정 2014.1.28.>

1. "아동"이란 18세 미만인 사람을 말한다.
2. "아동복지"란 아동이 행복한 삶을 누릴 수 있는 기본적인 여건을 조성하고 조화롭게 성장·발달할 수 있도록 하기 위한 경제적·사회적·정서적 지원을 말한다.
3. "보호자"란 친권자, 후견인, 아동을 보호·양육·교육하거나 그러한 의무가 있는 자 또는 업무·고용 등의 관계로 사실상 아동을 보호·감독하는 자를 말한다.
4. "보호대상아동"이란 보호자가 없거나 보호자로부터 이탈된 아동 또는 보호자가 아동을 학대하는 경우 등 그 보호자가 아동을 양육하기에 적당하지 아니하거나 양육할 능력이 없는 경우의 아동을 말한다.
5. "지원대상아동"이란 아동이 조화롭고 건강하게 성장하는 데에 필요한 기초적인 조건이 갖추어지지 아니하여 사회적·경제적·정서적 지원이 필요한 아동을 말한다.
6. "가정위탁"이란 보호대상아동의 보호를 위하여 성범죄, 가정폭력, 아동학대, 정신질환 등의 전력이 없는 보건복지부령으로 정하는 기준에 적합한 가정에 보호대상아동을 일정 기간 위탁하는 것을 말한다.
7. "아동학대"란 보호자를 포함한 성인이 아동의 건강 또는 복지를 해치거나 정상적

발달을 저해할 수 있는 신체적·정신적·성적 폭력이나 가혹행위를 하는 것과 아동의 보호자가 아동을 유기하거나 방임하는 것을 말한다.

7의2. "아동학대관련범죄"란 다음 각 목의 어느 하나에 해당하는 죄를 말한다.

가. 「아동학대범죄의 처벌 등에 관한 특례법」 제2조제4호에 따른 아동학대범죄

나. 아동에 대한 「형법」 제2편제24장 살인의 죄 중 제250조부터 제255조까지의 죄

8. "피해아동"이란 아동학대로 인하여 피해를 입은 아동을 말한다.

9. 삭제 <2016.3.22.>

10. "아동복지시설"이란 제50조에 따라 설치된 시설을 말한다.

11. "아동복지시설 종사자"란 아동복지시설에서 아동의 상담·지도·치료·양육, 그 밖에 아동의 복지에 관한 업무를 담당하는 사람을 말한다.

제4조(국가와 지방자치단체의 책무)

① 국가와 지방자치단체는 아동의 안전·건강 및 복지 증진을 위하여 아동과 그 보호자 및 가정을 지원하기 위한 정책을 수립·시행하여야 한다.

② 국가와 지방자치단체는 보호대상아동 및 지원대상아동의 권익을 증진하기 위한 정책을 수립·시행하여야 한다.

③ 국가와 지방자치단체는 장애아동의 권익을 보호하기 위하여 필요한 시책을 강구하여야 한다.

④ 국가와 지방자치단체는 아동이 자신 또는 부모의 성별, 연령, 종교, 사회적 신분, 재산, 장애유무, 출생지역 또는 인종 등에 따른 어떠한 종류의 차별도 받지 아니하도록 필요한 시책을 강구하여야 한다.

⑤ 국가와 지방자치단체는 「아동의 권리에 관한 협약」에서 규정한 아동의 권리 및 복지 증진 등을 위하여 필요한 시책을 수립·시행하고, 이에 필요한 교육과 홍보를 하여야 한다.

⑥ 국가와 지방자치단체는 아동의 보호자가 아동을 행복하고 안전하게 양육하기 위하여 필요한 교육을 지원하여야 한다. <신설 2014.1.28.>

제4조(국가와 지방자치단체의 책무)

① 국가와 지방자치단체는 아동의 안전·건강 및 복지 증진을 위하여 아동과 그 보호자 및 가정을 지원하기 위한 정책을 수립·시행하여야 한다.

② 국가와 지방자치단체는 보호대상아동 및 지원대상아동의 권익을 증진하기 위한 정책을 수립·시행하여야 한다.

③ 국가와 지방자치단체는 아동이 태어난 가정에서 성장할 수 있도록 지원하고, 아동이 태어난 가정에서 성장할 수 없을 때에는 가정과 유사한 환경에서 성장할 수 있도록 조치하며, 아동을 가정에서 분리하여 보호할 경우에는 신속히 가정으로 복귀할 수 있도록 지원하여야 한다. <신설 2016.3.22.>

④ 국가와 지방자치단체는 장애아동의 권익을 보호하기 위하여 필요한 시책을 강구하여야 한다. <개정 2016.3.22.>

⑤ 국가와 지방자치단체는 아동이 자신 또는 부모의 성별, 연령, 종교, 사회적 신분, 재산, 장애유무, 출생지역 또는 인종 등에 따른 어떠한 종류의 차별도 받지 아니하도록 필요한 시책을 강구하여야 한다. <개정 2016.3.22.>

⑥ 국가와 지방자치단체는 「아동의 권리에 관한 협약」에서 규정한 아동의 권리 및 복지 증진 등을 위하여 필요한 시책을 수립·시행하고, 이에 필요한 교육과 홍보를 하여야 한다. <개정 2016.3.22.>

⑦ 국가와 지방자치단체는 아동의 보호자가 아동을 행복하고 안전하게 양육하기 위하여 필요한 교육을 지원하여야 한다. <신설 2014.1.28., 2016.3.22.>

[시행일 : 2018.3.23.] 제4조

제5조(보호자 등의 책무)

① 아동의 보호자는 아동을 가정에서 그의 성장시기에 맞추어 건강하고 안전하게 양육하여야 한다.

② 아동의 보호자는 아동에게 신체적 고통이나 폭언 등의 정신적 고통을 가하여서는 아니 된다. <신설 2015.3.27.>

③ 모든 국민은 아동의 권익과 안전을 존중하여야 하며, 아동을 건강하게 양육하여야 한다. <개정 2015.3.27.>

제6조(어린이날 및 어린이주간)

어린이에 대한 사랑과 보호의 정신을 높임으로써 이들을 옳고 아름답고 슬기로우며 씩씩하게 자라나도록 하기 위하여 매년 5월 5일을 어린이날로 하며, 5월 1일부터 5월 7일까지를 어린이주간으로 한다.

제2장 아동복지정책의 수립 및 시행 등

제7조(아동정책기본계획의 수립)

① 보건복지부장관은 아동정책의 효율적인 추진을 위하여 5년마다 아동정책기본계획(이하 "기본계획"이라 한다)을 수립하여야 한다.

② 기본계획은 다음 각 호의 사항을 포함하여야 한다.

1. 이전의 기본계획에 관한 분석·평가
2. 아동정책에 관한 기본방향 및 추진목표
3. 주요 추진과제 및 추진방법
4. 재원조달방안
5. 그 밖에 아동정책을 시행하기 위하여 특히 필요하다고 인정되는 사항

③ 보건복지부장관은 기본계획을 수립할 때에는 미리 관계 중앙행정기관의 장과 협의하여야 한다.

④ 기본계획은 제10조에 따른 아동정책조정위원회의 심의를 거쳐 확정한다. 이 경우 보건복지부장관은 확정된 기본계획을 관계 중앙행정기관의 장 및 특별시장・광역시장・도지사・특별자치도지사(이하 "시・도지사"라 한다)에게 알려야 한다.

제8조(연도별 시행계획의 수립・시행 등)

① 보건복지부장관, 관계 중앙행정기관의 장 및 시・도지사는 매년 기본계획에 따라 연도별 아동정책시행계획(이하 "시행계획"이라 한다)을 수립・시행하여야 한다.
② 관계 중앙행정기관의 장 및 시・도지사는 다음 연도의 시행계획 및 전년도의 시행계획에 따른 추진실적을 대통령령으로 정하는 바에 따라 매년 보건복지부장관에게 제출하고, 보건복지부장관은 매년 시행계획에 따른 추진실적을 평가하여야 한다.
③ 시행계획의 수립・시행 및 추진실적의 평가 등에 필요한 사항은 대통령령으로 정한다.

제9조(계획수립의 협조)

① 보건복지부장관, 관계 중앙행정기관의 장 및 시・도지사는 기본계획 또는 시행계획의 수립・시행을 위하여 필요한 경우에는 관계 기관・단체나 그 밖의 민간기업체의 장에게 협조를 요청할 수 있다.
② 제1항에 따른 요청을 받은 자는 정당한 사유가 없는 한 이에 따라야 한다.

제10조(아동정책조정위원회)

① 아동의 권리증진과 건강한 출생 및 성장을 위하여 종합적인 아동정책을 수립하고 관계 부처의 의견을 조정하며 그 정책의 이행을 감독하고 평가하기 위하여 국무총리 소속으로 아동정책조정위원회(이하 "위원회"라 한다)를 둔다.
② 위원회는 다음 각 호의 사항을 심의・조정한다.
1. 기본계획의 수립에 관한 사항
2. 아동의 권익 및 복지 증진을 위한 기본방향에 관한 사항
3. 아동정책의 개선과 예산지원에 관한 사항
4. 아동 관련 국제조약의 이행 및 평가・조정에 관한 사항
5. 아동정책에 관한 관련 부처 간 협조에 관한 사항
6. 그 밖에 위원장이 부의하는 사항

③ 위원회는 위원장을 포함한 25명 이내의 위원으로 구성하되, 위원장은 국무총리가 되고 위원은 다음 각 호의 사람이 된다. <개정 2013.3.23., 2014.11.19.>
1. 기획재정부장관・교육부장관・법무부장관・행정안전부장관・문화체육관광부장관・산업통상자원부장관・보건복지부장관・고용노동부장관・여성가족부장관
2. 아동 관련 단체의 장이나 아동에 대한 학식과 경험이 풍부한 사람 중 위원장이 위촉하는 15명 이내의 위원

④ 위원회는 제2항 제4호에 따른 국제조약의 이행확인을 위하여 필요한 업무를 관계 전문기관 또는 단체에게 위탁할 수 있다.

⑤ 위원회는 필요하다고 인정하는 때에는 관계 행정기관에 대하여 그 소속 직원의 출석·설명과 자료의 제출을 요구할 수 있다.
⑥ 제1항부터 제3항까지의 규정에서 정한 것 외에 위원회의 구성 및 운영 등에 필요한 사항은 대통령령으로 정한다.

제11조(아동종합실태조사)

① 보건복지부장관은 5년마다 아동의 양육 및 생활환경, 언어 및 인지 발달, 정서적·신체적 건강, 아동안전, 아동학대 등 아동의 종합실태를 조사하여 그 결과를 공표하고, 이를 기본계획과 시행계획에 반영하여야 한다. 다만, 보건복지부장관은 필요한 경우 보건복지부령으로 정하는 바에 따라 분야별 실태조사를 할 수 있다.
② 보건복지부장관은 제1항에 따른 실태조사를 위하여 관계 기관·법인·단체·시설의 장에게 필요한 자료의 제출 또는 의견의 진술을 요청할 수 있다. 이 경우 요청을 받은 자는 정당한 사유가 없으면 이에 협조하여야 한다. <신설 2016.3.22.>
③ 제1항에 따른 아동종합실태조사의 내용과 방법 등에 필요한 사항은 보건복지부령으로 정한다. <개정 2016.3.22.>

제11조의2 (아동정책영향평가)

① 국가와 지방자치단체는 대통령령으로 정하는 바에 따라 아동 관련 정책이 아동복지에 미치는 영향을 분석·평가(이하 "아동정책영향평가"라 한다)하고, 그 결과를 아동 관련 정책의 수립·시행에 반영하여야 한다.
② 그 밖에 아동정책영향평가의 방법과 절차 등에 필요한 사항은 대통령령으로 정한다.
[본조신설 2016.3.22.]
[시행일 : 2019.3.23.] 제11조의2

제12조(아동복지심의위원회)

① 시·도지사, 시장·군수·구청장(자치구의 구청장을 말한다. 이하 같다)은 다음 각 호의 사항을 심의하기 위하여 그 소속으로 아동복지심의위원회(이하 "심의위원회"라 한다)를 각각 둔다.
1. 제8조에 따른 시행계획 수립 및 시행에 관한 사항
2. 제15조에 따른 보호조치에 관한 사항
3. 제16조에 따른 퇴소조치에 관한 사항
4. 제18조에 따른 친권행사의 제한이나 친권상실 선고 청구에 관한 사항
5. 제19조에 따른 아동의 후견인의 선임이나 변경 청구에 관한 사항
6. 지원대상아동의 선정과 그 지원에 관한 사항
7. 그 밖에 아동의 보호 및 지원서비스를 위하여 시·도지사 또는 시장·군수·구청장이 필요하다고 인정하는 사항

② 심의위원회의 조직 · 구성 및 운영 등에 필요한 사항은 대통령령으로 정하는 기준에 따라 해당 지방자치단체의 조례로 정한다.

제13조(아동복지전담공무원)

① 아동복지에 관한 업무를 담당하기 위하여 특별시 · 광역시 · 도 · 특별자치도(이하 "시 · 도"라 한다) 및 시 · 군 · 구(자치구를 말한다. 이하 같다)에 각각 아동복지전담공무원(이하 "전담공무원"이라 한다)을 둘 수 있다.

② 전담공무원은 「사회복지사업법」 제11조에 따른 사회복지사의 자격을 가진 사람으로 하고 그 임용 등에 필요한 사항은 해당 시 · 도 및 시 · 군 · 구의 조례로 정한다.

③ 전담공무원은 아동에 대한 상담 및 보호조치, 가정환경에 대한 조사, 아동복지시설에 대한 지도 · 감독, 아동범죄 예방을 위한 현장확인 및 지도 · 감독 등 지역 단위에서 아동의 복지증진을 위한 업무를 수행한다.

④ 관계 행정기관, 아동복지시설 및 아동복지단체(아동의 권리를 보장하고 복지증진을 목적으로 설립된 기관 및 단체를 말한다. 이하 같다)를 설치 · 운영하는 자는 전담공무원이 협조를 요청하는 경우 정당한 사유가 없는 한 이에 따라야 한다. <개정 2016.3.22.>

제14조(아동위원)

① 시 · 군 · 구에 아동위원을 둔다.

② 아동위원은 그 관할 구역의 아동에 대하여 항상 그 생활상태 및 가정환경을 상세히 파악하고 아동복지에 필요한 원조와 지도를 행하며 전담공무원 및 관계 행정기관과 협력하여야 한다.

③ 아동위원은 그 업무의 원활한 수행을 위하여 적절한 교육을 받을 수 있다.

④ 아동위원은 명예직으로 하되, 아동위원에 대하여는 수당을 지급할 수 있다.

⑤ 그 밖에 아동위원에 관한 사항은 해당 시 · 군 · 구의 조례로 정한다.

제3장 아동에 대한 보호서비스 및 아동학대의 예방 및 방지

제1절 아동보호서비스

제15조(보호조치)

① 시 · 도지사 또는 시장 · 군수 · 구청장은 그 관할 구역에서 보호대상아동을 발견하거나 보호자의 의뢰를 받은 때에는 아동의 최상의 이익을 위하여 대통령령으로 정하는 바에 따라 다음 각 호에 해당하는 보호조치를 하여야 한다. <개정 2014.1.28.>

1. 전담공무원 또는 아동위원에게 보호대상아동 또는 그 보호자에 대한 상담 · 지도를 수행하게 하는 것
2. 보호자 또는 대리양육을 원하는 연고자에 대하여 그 가정에서 아동을 보호 · 양육할

수 있도록 필요한 조치를 하는 것
3. 아동의 보호를 희망하는 사람에게 가정위탁하는 것
4. 보호대상아동을 그 보호조치에 적합한 아동복지시설에 입소시키는 것
5. 약물 및 알콜 중독, 정서·행동·발달 장애, 성폭력·아동학대 피해 등으로 특수한 치료나 요양 등의 보호를 필요로 하는 아동을 전문치료기관 또는 요양소에 입원 또는 입소시키는 것
6. 「입양특례법」에 따른 입양과 관련하여 필요한 조치를 하는 것

② 시·도지사 또는 시장·군수·구청장은 제1항 제1호 및 제2호의 보호조치가 적합하지 아니한 보호대상아동에 대하여 제1항 제3호부터 제6호까지의 보호조치를 할 수 있다. 이 경우 가정위탁지원센터 또는 아동복지시설의 장은 해당 보호대상아동의 개별 보호·관리 계획을 세워 보호하여야 하며, 그 계획을 수립할 때 해당 보호대상아동의 보호자를 참여시킬 수 있다.

③ 시·도지사 또는 시장·군수·구청장은 제1항 제3호부터 제6호까지의 보호조치를 함에 있어서 해당 보호대상아동의 의사를 존중하여야 하며, 보호자가 있을 때에는 그 의견을 들어야 한다. 다만, 아동의 보호자가 「아동학대범죄의 처벌 등에 관한 특례법」 제2조 제5호의 아동학대행위자인 경우에는 그러하지 아니하다. <개정 2014.1.28.>

④ 시·도지사 또는 시장·군수·구청장은 제1항제3호부터 제6호까지의 보호조치를 할 때까지 필요하면 제52조제1항제2호에 따른 아동일시보호시설에 보호대상아동을 입소시켜 보호하거나, 적당하다고 인정하는 자에게 일시 위탁하여 보호하게 할 수 있다.

⑤ 시·도지사 또는 시장·군수·구청장은 그 관할 구역에서 약물 및 알콜 중독, 정서·행동·발달 장애 등의 문제를 일으킬 가능성이 있는 아동의 가정에 대하여 예방차원의 적절한 조치를 강구하여야 한다.

⑥ 누구든지 제1항에 따른 보호조치와 관련하여 그 대상이 되는 아동복지시설, 아동복지전담기관의 종사자를 신체적·정신적으로 위협하는 행위를 하여서는 아니 된다.

⑦ 시·도지사 또는 시장·군수·구청장은 아동의 가정위탁보호를 희망하는 사람에 대하여 범죄경력을 확인하여야 한다. 이 경우 본인의 동의를 받아 관계 기관의 장에게 범죄의 경력 조회를 요청하여야 한다.

⑧ 가정위탁지원센터의 장은 위탁아동, 가정위탁보호를 희망하는 사람, 위탁아동의 부모 등의 신원확인 등의 조치를 시·도지사 또는 시장·군수·구청장에게 협조 요청할 수 있으며, 요청을 받은 시·도지사 또는 시장·군수·구청장은 정당한 사유가 없는 한 이에 응하여야 한다.

⑨ 제7항에 따른 범죄경력 조회 및 제8항에 따른 신원확인의 요청 절차·범위 등에 필요한 사항은 대통령령으로 정한다.

제15조(보호조치)

① 시·도지사 또는 시장·군수·구청장은 그 관할 구역에서 보호대상아동을 발견하거나 보호자의 의뢰를 받은 때에는 아동의 최상의 이익을 위하여 대통령령으로 정하는

바에 따라 다음 각 호에 해당하는 보호조치를 하여야 한다. <개정 2014.1.28.>

1. 전담공무원 또는 아동위원에게 보호대상아동 또는 그 보호자에 대한 상담・지도를 수행하게 하는 것
2. 보호자 또는 대리양육을 원하는 연고자에 대하여 그 가정에서 아동을 보호・양육할 수 있도록 필요한 조치를 하는 것
3. 아동의 보호를 희망하는 사람에게 가정위탁하는 것
4. 보호대상아동을 그 보호조치에 적합한 아동복지시설에 입소시키는 것
5. 약물 및 알콜 중독, 정서・행동・발달 장애, 성폭력・아동학대 피해 등으로 특수한 치료나 요양 등의 보호를 필요로 하는 아동을 전문치료기관 또는 요양소에 입원 또는 입소시키는 것
6. 「입양특례법」에 따른 입양과 관련하여 필요한 조치를 하는 것

② 시・도지사 또는 시장・군수・구청장은 제1항 제1호 및 제2호의 보호조치가 적합하지 아니한 보호대상아동에 대하여 제1항 제3호부터 제6호까지의 보호조치를 할 수 있다. 이 경우 제1항 제3호부터 제5호까지의 보호조치를 하기 전에 보호대상아동에 대한 상담, 건강검진, 심리검사 및 가정환경에 대한 조사를 실시하여야 한다. <개정 2016.3.22.>

③ 시・도지사 또는 시장・군수・구청장은 제1항에 따른 보호조치를 하려는 경우 보호대상아동의 개별 보호・관리 계획을 세워 보호하여야 하며, 그 계획을 수립할 때 해당 보호대상아동의 보호자를 참여시킬 수 있다. <신설 2016.3.22.>

④ 시・도지사 또는 시장・군수・구청장은 제1항 제3호부터 제6호까지의 보호조치를 함에 있어서 해당 보호대상아동의 의사를 존중하여야 하며, 보호자가 있을 때에는 그 의견을 들어야 한다. 다만, 아동의 보호자가 「아동학대범죄의 처벌 등에 관한 특례법」 제2조제5호의 아동학대행위자인 경우에는 그러하지 아니하다. <개정 2014.1.28., 2016.3.22.>

⑤ 시・도지사 또는 시장・군수・구청장은 제1항제3호부터 제6호까지의 보호조치를 할 때까지 필요하면 제52조제1항제2호에 따른 아동일시보호시설에 보호대상아동을 입소시켜 보호하거나, 적합한 위탁가정 또는 적당하다고 인정하는 자에게 일시 위탁하여 보호하게 할 수 있다. 이 경우 보호기간 동안 보호대상아동에 대한 상담, 건강검진, 심리검사 및 가정환경에 대한 조사를 실시하고 그 결과를 보호조치 시에 고려하여야 한다. <개정 2016.3.22.>

⑥ 시・도지사 또는 시장・군수・구청장은 그 관할 구역에서 약물 및 알콜 중독, 정서・행동・발달 장애 등의 문제를 일으킬 가능성이 있는 아동의 가정에 대하여 예방차원의 적절한 조치를 강구하여야 한다. <개정 2016.3.22.>

⑦ 누구든지 제1항에 따른 보호조치와 관련하여 그 대상이 되는 아동복지시설의 종사자를 신체적・정신적으로 위협하는 행위를 하여서는 아니 된다. <개정 2016.3.22.>

⑧ 시・도지사 또는 시장・군수・구청장은 아동의 가정위탁보호를 희망하는 사람에 대하여 범죄경력을 확인하여야 한다. 이 경우 본인의 동의를 받아 관계 기관의 장에게

범죄의 경력 조회를 요청하여야 한다. <개정 2016.3.22.>

⑨ 가정위탁지원센터의 장은 위탁아동, 가정위탁보호를 희망하는 사람, 위탁아동의 부모 등의 신원확인 등의 조치를 시·도지사 또는 시장·군수·구청장에게 협조 요청할 수 있으며, 요청을 받은 시·도지사 또는 시장·군수·구청장은 정당한 사유가 없는 한 이에 응하여야 한다. <개정 2016.3.22.>

⑩ 제2항 및 제5항에 따른 상담, 건강검진, 심리검사 및 가정환경에 대한 조사, 제8항에 따른 범죄경력 조회 및 제9항에 따른 신원확인의 요청 절차·범위 등에 필요한 사항은 대통령령으로 정한다. <개정 2016.3.22.>

[시행일 : 2018.3.23.] 제15조

제15조의2 (사회보장정보시스템의 이용)

시·도지사 또는 시장·군수·구청장은 「사회보장기본법」 제37조 제2항에 따라 설치된 사회보장정보시스템을 이용하여 제15조에 따른 보호대상아동에 대한 상담, 건강검진, 심리검사, 가정환경에 대한 조사 및 개별 보호·관리 계획 등 보호조치에 필요한 정보를 관리하여야 한다.

[본조신설 2016.3.22.]

[시행일 : 2019.3.23.] 제15조의2

제15조의3 (보호대상아동의 양육상황 점검)

① 시·도지사 또는 시장·군수·구청장은 제15조제1항제2호부터 제6호까지의 보호조치 중인 보호대상아동의 양육상황을 보건복지부령으로 정하는 바에 따라 매년 점검하여야 한다.

② 시·도지사 또는 시장·군수·구청장은 제1항에 따른 양육상황을 점검한 결과에 따라 보호대상아동의 복리를 보호할 필요가 있거나 해당 보호조치가 적절하지 아니하다고 판단되는 경우에는 지체 없이 보호조치를 변경하여야 한다.

[본조신설 2016.3.22.]

[시행일 : 2018.3.23.] 제15조의3

제16조(보호대상아동의 퇴소조치 등)

① 제15조 제1항 제3호부터 제5호까지의 보호조치 중인 보호대상아동의 연령이 18세에 달하였거나, 보호 목적이 달성되었다고 인정되면 해당 시·도지사, 시장·군수·구청장은 대통령령으로 정하는 절차와 방법에 따라 그 보호 중인 아동의 보호조치를 종료하거나 해당 시설에서 퇴소시켜야 한다. <개정 2016.3.22.>

② 제1항에도 불구하고 제15조에 따라 보호조치 중인 아동이 다음 각 호의 어느 하나에 해당하면 시·도지사, 시장·군수·구청장 또는 아동복지시설의 장은 해당 아동의 보호기간을 연장할 수 있다.

1. 「고등교육법」 제2조에 따른 대학 이하의 학교(대학원은 제외한다)에 재학 중인 경우

2. 제52조 제1항 제1호의 아동양육시설 또는 「근로자직업능력 개발법」 제2조제3호에 따른 직업능력개발훈련시설에서 직업 관련 교육·훈련을 받고 있는 경우
3. 그 밖에 각종 아동복지시설에서 해당 아동을 계속하여 보호·양육할 필요가 있다고 대통령령으로 정하는 경우

제16조(보호대상아동의 퇴소조치 등)

① 제15조 제1항 제3호부터 제5호까지의 보호조치 중인 보호대상아동의 연령이 18세에 달하였거나, 보호 목적이 달성되었다고 인정되면 해당 시·도지사, 시장·군수·구청장은 대통령령으로 정하는 절차와 방법에 따라 그 보호 중인 아동의 보호조치를 종료하거나 해당 시설에서 퇴소시켜야 한다. <개정 2016.3.22.>

② 제15조 제1항 제2호부터 제4호까지의 보호조치 중인 보호대상아동의 친권자, 후견인 등 보건복지부령으로 정하는 자는 관할 시·도지사 또는 시장·군수·구청장에게 해당 보호대상아동의 가정 복귀를 신청할 수 있다. <신설 2016.3.22.>

③ 시·도지사 또는 시장·군수·구청장은 제2항에 따른 가정 복귀 신청을 받은 경우에는 아동복지시설의 장의 의견을 들은 후 보호조치의 종료 또는 퇴소조치가 보호대상아동의 복리에 반하지 아니한다고 인정되면 해당 보호대상아동을 가정으로 복귀시킬 수 있다. <신설 2016.3.22.>

④ 제1항에도 불구하고 제15조에 따라 보호조치 중인 아동이 다음 각 호의 어느 하나에 해당하면 시·도지사, 시장·군수·구청장은 해당 아동의 보호기간을 연장할 수 있다. <개정 2016.3.22.>

1. 「고등교육법」 제2조에 따른 대학 이하의 학교(대학원은 제외한다)에 재학 중인 경우
2. 제52조 제1항 제1호의 아동양육시설 또는 「근로자직업능력 개발법」 제2조 제3호에 따른 직업능력개발훈련시설에서 직업 관련 교육·훈련을 받고 있는 경우
3. 그 밖에 위탁가정 및 각종 아동복지시설에서 해당 아동을 계속하여 보호·양육할 필요가 있다고 대통령령으로 정하는 경우

[시행일 : 2018.3.23.] 제16조제2항, 제16조제3항, 제16조제4항

제16조의2 (보호대상아동의 사후관리)

시·도지사 또는 시장·군수·구청장은 전담공무원 등 관계 공무원으로 하여금 보호조치의 종료로 가정으로 복귀한 보호대상아동의 가정을 방문하여 해당 아동의 복지 증진을 위하여 필요한 지도·관리를 제공하게 하여야 한다.

[본조신설 2016.3.22.]

[시행일 : 2018.3.23.] 제16조의2

제17조(금지행위)

누구든지 다음 각 호의 어느 하나에 해당하는 행위를 하여서는 아니 된다. <개정 2014.1.28.>

1. 아동을 매매하는 행위

2. 아동에게 음란한 행위를 시키거나 이를 매개하는 행위 또는 아동에게 성적 수치심을 주는 성희롱 등의 성적 학대행위
3. 아동의 신체에 손상을 주거나 신체의 건강 및 발달을 해치는 신체적 학대행위
4. 삭제 <2014.1.28.>
5. 아동의 정신건강 및 발달에 해를 끼치는 정서적 학대행위
6. 자신의 보호·감독을 받는 아동을 유기하거나 의식주를 포함한 기본적 보호·양육·치료 및 교육을 소홀히 하는 방임행위
7. 장애를 가진 아동을 공중에 관람시키는 행위
8. 아동에게 구걸을 시키거나 아동을 이용하여 구걸하는 행위
9. 공중의 오락 또는 흥행을 목적으로 아동의 건강 또는 안전에 유해한 곡예를 시키는 행위 또는 이를 위하여 아동을 제3자에게 인도하는 행위
10. 정당한 권한을 가진 알선기관 외의 자가 아동의 양육을 알선하고 금품을 취득하거나 금품을 요구 또는 약속하는 행위
11. 아동을 위하여 증여 또는 급여된 금품을 그 목적 외의 용도로 사용하는 행위

제18조(친권상실 선고의 청구 등)

① 시·도지사, 시장·군수·구청장 또는 검사는 아동의 친권자가 그 친권을 남용하거나 현저한 비행이나 아동학대, 그 밖에 친권을 행사할 수 없는 중대한 사유가 있는 것을 발견한 경우 아동의 복지를 위하여 필요하다고 인정할 때에는 법원에 친권행사의 제한 또는 친권상실의 선고를 청구하여야 한다.

② 아동복지시설의 장 및 「초·중등교육법」에 따른 학교의 장(이하 "학교의 장"이라 한다)은 제1항의 사유에 해당하는 경우 시·도지사, 시장·군수·구청장 또는 검사에게 법원에 친권행사의 제한 또는 친권상실의 선고를 청구하도록 요청할 수 있다. <개정 2016.3.22.>

③ 시·도지사, 시장·군수·구청장 또는 검사는 제1항 및 제2항에 따라 친권행사의 제한 또는 친권상실의 선고 청구를 할 경우 해당 아동의 의견을 존중하여야 한다.

④ 시·도지사, 시장·군수·구청장 또는 검사는 제2항에 따라 친권행사의 제한 또는 친권상실의 선고 청구를 요청받은 경우에는 요청받은 날부터 30일 내에 청구 여부를 결정한 후 해당 요청기관에 청구 또는 미청구 요지 및 이유를 서면으로 알려야 한다.

⑤ 제4항에 따라 처리결과를 통보받은 아동복지시설의 장 및 학교의 장은 그 처리결과에 대하여 이의가 있을 경우 통보받은 날부터 30일 내에 직접 법원에 친권행사의 제한 또는 친권상실의 선고를 청구할 수 있다. <개정 2014.1.28., 2016.3.22.>

제19조(아동의 후견인의 선임 청구 등)

① 시·도지사, 시장·군수·구청장, 아동복지시설의 장 및 학교의 장은 친권자 또는 후견인이 없는 아동을 발견한 경우 그 복지를 위하여 필요하다고 인정할 때에는 법원에 후견인의 선임을 청구하여야 한다. <개정 2016.3.22.>

② 시・도지사, 시장・군수・구청장, 아동복지시설의 장, 학교의 장 또는 검사는 후견인이 해당 아동을 학대하는 등 현저한 비행을 저지른 경우에는 후견인 변경을 법원에 청구하여야 한다. <개정 2016.3.22.>
③ 제1항에 따른 후견인의 선임 및 제2항에 따른 후견인의 변경 청구를 할 때에는 해당 아동의 의견을 존중하여야 한다.
④ 아동복지시설에 입소 중인 보호대상아동에 대하여는 「보호시설에 있는 미성년자의 후견직무에 관한 법률」을 적용한다.

제20조(아동의 후견인 선임)

① 법원은 제19조제1항 및 제2항에 따른 청구에 따라 후견인을 선임하거나 변경할 경우 「민법」 제932조 및 제935조에도 불구하고 해당 아동의 후견에 적합한 사람을 후견인으로 선임할 수 있다.
② 법원은 후견인이 없는 아동에 대하여 제1항에 따라 후견인을 선임하기 전까지 시・도지사, 시장・군수・구청장, 아동보호전문기관의 장 및 가정위탁지원센터의 장으로 하여금 임시로 그 아동의 후견인 역할을 하게 할 수 있다. 이 경우 해당 아동의 의견을 존중하여야 한다. <개정 2016.3.22.>

제21조(보조인의 선임 등)

① 법원의 심리과정에서 변호사, 법정대리인, 직계 친족, 형제자매, 아동보호전문기관의 상담원은 학대아동사건의 심리에 있어서 보조인이 될 수 있다. 다만, 변호사가 아닌 경우에는 법원의 허가를 받아야 한다.
② 법원은 피해아동을 증인으로 신문하는 경우 검사, 피해아동과 그 보호자 또는 아동보호전문기관의 신청이 있는 경우에는 피해아동과 신뢰관계에 있는 사람의 동석을 허가할 수 있다.
③ 수사기관이 피해아동을 조사하는 경우에도 제1항 및 제2항과 같다.

제2절 아동학대의 예방 및 방지

제22조(아동학대의 예방과 방지 의무)

① 국가와 지방자치단체는 아동학대의 예방과 방지를 위하여 다음 각 호의 조치를 취하여야 한다.
 1. 아동학대의 예방과 방지를 위한 각종 정책의 수립 및 시행
 2. 아동학대의 예방과 방지를 위한 연구・교육・홍보 및 아동학대 실태조사
 3. 아동학대에 관한 신고체제의 구축・운영
 4. 피해아동의 보호와 치료 및 피해아동의 가정에 대한 지원
 5. 그 밖에 대통령령으로 정하는 아동학대의 예방과 방지를 위한 사항
② 지방자치단체는 아동학대를 예방하고 수시로 신고를 받을 수 있도록 긴급전화를 설치

하여야 한다. 이 경우 그 설치·운영 등에 필요한 사항은 대통령령으로 정한다. <개정 2014.1.28.>

③ 삭제 <2015.3.27.>

④ 삭제 <2015.3.27.>

제22조의2 (피해아동 등에 대한 신분조회 등 조치)

아동보호전문기관의 장은 피해아동의 보호, 치료 등을 수행함에 있어서 피해아동, 그 보호자 또는 아동학대행위자에 대한 다음 각 호의 조치를 관계 중앙행정기관의 장, 시·도지사 또는 시장·군수·구청장에게 협조 요청할 수 있으며, 요청을 받은 관계 중앙행정기관의 장, 시·도지사 또는 시장·군수·구청장은 정당한 사유가 없으면 이에 따라야 한다.

1. 「출입국관리법」에 따른 외국인등록 사실증명의 열람 및 발급
2. 「가족관계의 등록 등에 관한 법률」 제15조 제1항 제1호부터 제4호까지에 따른 증명서의 발급
3. 「주민등록법」에 따른 주민등록표 등본·초본의 열람 및 발급
4. 「국민기초생활 보장법」에 따른 수급자 여부의 확인
5. 「장애인복지법」에 따른 장애인등록증의 열람 및 발급

[본조신설 2015.3.27.]

제23조(아동학대예방의 날)

① 아동의 건강한 성장을 도모하고, 범국민적으로 아동학대의 예방과 방지에 관한 관심을 높이기 위하여 매년 11월 19일을 아동학대예방의 날로 지정하고, 아동학대예방의 날부터 1주일을 아동학대예방주간으로 한다.

② 국가와 지방자치단체는 아동학대예방의 날의 취지에 맞는 행사와 홍보를 실시하도록 노력하여야 한다.

제24조(홍보영상의 제작·배포·송출)

① 보건복지부장관은 아동학대의 예방과 방지, 위반행위자의 계도를 위한 교육 등에 관한 홍보영상을 제작하여 「방송법」 제2조 제23호의 방송편성책임자에게 배포하여야 한다.

② 보건복지부장관은 「방송법」 제2조 제3호 가목의 지상파방송사업자에게 같은 법 제73조제4항에 따라 대통령령으로 정하는 비상업적 공익광고 편성비율의 범위에서 제1항의 홍보영상을 채널별로 송출하도록 요청할 수 있다.

③ 제2항에 따른 지상파방송사업자는 제1항의 홍보영상 외에 독자적인 홍보영상을 제작하여 송출할 수 있다. 이 경우 보건복지부장관에게 필요한 협조 및 지원을 요청할 수 있다.

제25조 삭제 <2014.1.28.>

제26조(아동학대 신고의무자에 대한 교육)

① 관계 중앙행정기관의 장은 「아동학대범죄의 처벌 등에 관한 특례법」 제10조 제2항 각 호의 어느 하나에 해당하는 사람(이하 "아동학대 신고의무자"라 한다)의 자격 취득 과정이나 보수교육 과정에 아동학대 예방 및 신고의무와 관련된 교육 내용을 포함하도록 하여야 한다. <개정 2014.1.28., 2015.3.27.>

② 관계 중앙행정기관의 장 및 시・도지사는 아동학대 신고의무자에게 본인이 아동학대 신고의무자라는 사실을 고지할 수 있고, 아동학대 예방 및 신고의무와 관련한 교육(이하 이 조에서 "신고의무 교육"이라 한다)을 실시할 수 있다. <신설 2015.3.27.>

③ 아동학대 신고의무자가 소속된 다음 각 호의 기관의 장은 소속 아동학대 신고의무자에게 신고의무 교육을 실시하고, 그 결과를 관계 중앙행정기관의 장에게 제출하여야 한다. <신설 2015.3.27.>

1. 「영유아보육법」에 따른 어린이집
2. 「유아교육법」에 따른 유치원
3. 「초・중등교육법」에 따른 학교
4. 그 밖에 대통령령으로 정하는 기관

④ 제1항부터 제3항까지에 따른 교육 내용・시간 및 방법 등 그 밖에 필요한 사항은 대통령령으로 정한다. <개정 2015.3.27.>

제27조 삭제 <2014.1.28.>

제27조의2(아동학대 등의 통보)

① 사법경찰관리는 아동 사망 및 상해사건, 가정폭력 사건 등에 관한 직무를 행하는 경우 아동학대가 있었다고 의심할 만한 사유가 있는 때에는 아동보호전문기관에 그 사실을 통보하여야 한다.

② 사법경찰관 또는 보호관찰관은 「아동학대범죄의 처벌 등에 관한 특례법」 제14조제1항에 따라 임시조치의 청구를 신청하였을 때에는 아동보호전문기관에 그 사실을 통보하여야 한다.

③ 제1항 및 제2항의 통보를 받은 아동보호전문기관은 피해아동 보호조치 등 필요한 조치를 하여야 한다.

[본조신설 2014.1.28.]

제27조의3(피해아동 응급조치에 대한 거부금지)

「아동학대범죄의 처벌 등에 관한 특례법」 제12조제1항제3호 또는 제4호에 따라 사법경찰관리 또는 아동보호전문기관의 직원이 피해아동을 인도하는 경우에는 아동학대 관련 보호시설이나 의료기관은 정당한 사유 없이 이를 거부하여서는 아니 된다.

[본조신설 2014.1.28.]

제28조(사후관리 등)

① 아동보호전문기관의 장은 아동학대가 종료된 이후에도 가정방문, 전화상담 등을 통하여 아동학대의 재발 여부를 확인하여야 한다.

② 아동보호전문기관의 장은 아동학대가 종료된 이후에도 아동학대의 재발 방지 등을 위하여 필요하다고 인정하는 경우 피해아동 및 보호자를 포함한 피해아동의 가족에게 필요한 지원을 제공할 수 있다.

③ 아동보호전문기관이 제1항 및 제2항에 따라 업무를 수행하는 경우 보호자는 정당한 사유 없이 이를 거부하거나 방해하여서는 아니 된다. <신설 2016.3.22.>

제28조의2(국가아동학대정보시스템)

① 보건복지부장관은 아동학대 관련 정보를 공유하고 아동학대를 예방하기 위하여 대통령령으로 정하는 바에 따라 국가아동학대정보시스템을 구축·운영하여야 한다. <개정 2016.3.22.>

② 보건복지부장관은 피해아동, 그 가족 및 학대행위자에 관한 정보와 아동학대예방사업에 관한 정보를 제1항에 따른 국가아동학대정보시스템에 입력·관리하여야 한다. 이 경우 보건복지부장관은 관계 중앙행정기관의 장, 시·도지사, 시장·군수·구청장, 아동보호전문기관 등에 필요한 자료를 요청할 수 있다. <개정 2016.3.22.>

③ 보건복지부장관은 중앙아동보호전문기관에게 제1항에 따른 국가아동학대정보시스템 운영을 위탁할 수 있다. <개정 2016.3.22.>

[본조신설 2014.1.28.]

[제목개정 2016.3.22.]

제29조(피해아동 및 그 가족 등에 대한 지원)

① 아동보호전문기관의 장은 아동의 안전 확보와 재학대 방지, 건전한 가정기능의 유지 등을 위하여 피해아동 및 보호자를 포함한 피해아동의 가족에게 상담, 교육 및 의료적·심리적 치료 등의 필요한 지원을 제공하여야 한다.

② 아동보호전문기관의 장은 제1항의 지원을 위하여 관계 기관에 협조를 요청할 수 있다.

③ 보호자를 포함한 피해아동의 가족은 아동보호전문기관이 제1항에 따라 제공하는 지원에 성실하게 참여하여야 한다.

④ 아동보호전문기관의 장은 제1항의 지원 여부의 결정 및 지원의 제공 등 모든 과정에서 피해아동의 이익을 최우선으로 고려하여야 한다.

⑤ 국가와 지방자치단체는 「초·중등교육법」 제2조 각 호의 학교에 재학 중인 피해아동 및 피해아동의 가족이 주소지 외의 지역에서 취학(입학·재입학·전학·편입학을 포함한다. 이하 같다)할 필요가 있을 때에는 그 취학이 원활하게 이루어 질 수 있도록 지원하여야 한다. <신설 2014.1.28.>

⑥ 제5항에 따른 취학에 필요한 사항은 대통령령으로 정한다. <신설 2014.1.28.>

제29조의2(아동학대행위자에 대한 상담 · 교육 등의 권고)

아동보호전문기관의 장은 아동학대행위자에 대하여 상담·교육 및 심리적 치료 등 필요한 지원을 받을 것을 권고할 수 있다. 이 경우 아동학대행위자는 정당한 사유가 없으면 상담·교육 및 심리적 치료 등에 성실히 참여하여야 한다. <개정 2016.3.22.>
[본조신설 2014.1.28.]

제29조의3(아동관련기관의 취업제한 등)

① 아동학대관련범죄로 형 또는 치료감호를 선고받아 확정된 사람(이하 "아동학대관련범죄전력자"라 한다)은 그 확정된 때부터 형 또는 치료감호의 전부 또는 일부의 집행이 종료(종료된 것으로 보는 경우를 포함한다)되거나 집행을 받지 아니하기로 확정된 후 10년까지의 기간 동안 다음 각 호에 해당하는 시설 또는 기관(이하 "아동관련기관"이라 한다)을 운영하거나 아동관련기관에 취업 또는 사실상 노무를 제공할 수 없다. <개정 2016.1.19., 2016.3.22., 2016.5.29.>

1. 제37조에 따른 취약계층 아동 통합서비스 수행기관, 제45조의 아동보호전문기관, 제48조의 가정위탁지원센터 및 제52조의 아동복지시설
2. 「가정폭력방지 및 피해자보호 등에 관한 법률」 제4조의6의 긴급전화센터, 같은 법 제5조의 가정폭력 관련 상담소 및 같은 법 제7조의2의 가정폭력피해자 보호시설
3. 「건강가정기본법」 제35조의 건강가정지원센터
4. 「다문화가족지원법」 제12조의 다문화가족지원센터
5. 「성매매방지 및 피해자보호 등에 관한 법률」 제5조의 성매매피해자등을 위한 지원시설 및 같은 법 제10조의 성매매피해상담소
6. 「성폭력방지 및 피해자보호 등에 관한 법률」 제10조의 성폭력피해상담소 및 같은 법 제12조의 성폭력피해자보호시설 및 같은 법 제18조의 성폭력피해자통합지원센터
7. 「영유아보육법」 제2조 제3호의 어린이집
8. 「유아교육법」 제2조 제2호의 유치원
9. 「의료법」 제3조의 의료기관(같은 법 제2조의 의료인에 한정한다)
10. 「장애인복지법」 제58조의 장애인복지시설
11. 「정신건강증진 및 정신질환자 복지서비스 지원에 관한 법률」 제3조에 따른 정신건강복지센터, 정신건강증진시설, 정신요양시설 및 정신재활시설
12. 「주택법」 제2조제3호의 공동주택의 관리사무소(경비업무 종사자에 한정한다)
13. 「청소년기본법」 제3조에 따른 청소년시설, 청소년단체
14. 「청소년활동진흥법」 제2조 제2호의 청소년활동시설
15. 「청소년복지 지원법」 제29조 제1항의 청소년상담복지센터, 같은 법 제30조의 이주배경청소년지원센터 및 같은 법 제31조 각 호의 청소년쉼터, 청소년자립지원관, 청소년치료재활센터
16. 「청소년 보호법」 제35조의 청소년 보호·재활센터
17. 「체육시설의 설치·이용에 관한 법률」 제2조 제1호의 체육시설 중 아동의 이용이

제한되지 아니하는 체육시설로서 문화체육관광부장관이 지정하는 체육시설

18. 「초·중등교육법」 제2조 각 호의 학교
19. 「학원의 설립·운영 및 과외교습에 관한 법률」 제2조제1호의 학원 및 같은 조 제2호의 교습소 중 아동의 이용이 제한되지 아니하는 학원과 교습소로서 교육부장관이 지정하는 학원·교습소
20. 「한부모가족지원법」 제19조의 한부모가족복지시설
21. 아동보호전문기관 또는 학대피해아동쉼터를 운영하는 법인

② 제1항 각 호(제12호는 제외한다)의 아동관련기관의 설치 또는 설립인가·신고를 관할하는 지방자치단체의 장, 교육감 또는 교육장은 아동관련기관을 운영하려는 자에 대하여 본인의 동의를 받아 관계 기관의 장에게 아동학대관련범죄 전력 조회를 요청하여야 한다.

③ 아동관련기관의 장은 그 기관에 취업 중이거나 사실상 노무를 제공 중인 사람 또는 취업하려 하거나 사실상 노무를 제공하려는 사람에 대하여 아동학대관련범죄 전력을 확인하여야 한다. 이 경우 본인의 동의를 받아 관계 기관의 장에게 아동학대관련범죄 전력 조회를 요청하여야 한다.

④ 제2항 및 제3항에 따라 아동학대관련범죄 전력 조회를 요청받은 관계 기관의 장은 정당한 사유가 없으면 이에 따라야 한다.

⑤ 제2항 및 제3항에 따른 아동학대관련범죄 전력 조회의 요청 절차·범위 등에 관한 사항은 대통령령으로 정한다.

[본조신설 2014.1.28.]

제29조의4(아동학대관련범죄전력자 취업의 점검·확인)

① 보건복지부장관 또는 관계 중앙행정기관의 장은 아동학대관련범죄전력자가 제29조의3제1항을 위반하여 다음 각 호의 아동관련기관에 취업 또는 사실상 노무를 제공하고 있는지를 직접 또는 관계 기관 조회 등의 방법으로 점검·확인하여야 한다.

1. 교육부장관 : 제29조의3 제1항 제8호·제18호·제19호에 따른 아동관련기관
2. 문화체육관광부장관 : 제29조의3 제1항 제17호에 따른 아동관련기관
3. 보건복지부장관 : 제29조의3 제1항 제1호·제7호·제9호·제10호·제11호에 따른 아동관련기관
4. 여성가족부장관 : 제29조의3 제1항 제2호·제3호·제4호·제5호·제6호·제13호·제14호·제15호·제16호·제20호에 따른 아동관련기관
5. 국토교통부장관 : 제29조의3 제1항 제12호에 따른 아동관련기관

② 보건복지부장관 또는 관계 중앙행정기관의 장은 제1항에 따른 점검·확인을 위하여 필요한 경우에는 아동관련기관의 장 또는 그 감독기관에 관련 자료의 제출을 요구할 수 있다.

③ 보건복지부장관 또는 관계 중앙행정기관의 장은 제1항에 따른 점검·확인 결과를 대통령령으로 정하는 바에 따라 인터넷 홈페이지 등을 이용하여 공개하여야 한다.

[본조신설 2014.1.28.]

제29조의5(취업자의 해임요구 등)

① 제29조의4 제1항 각 호의 중앙행정기관의 장은 제29조의3 제1항을 위반하여 취업하거나 사실상 노무를 제공하는 사람에 대하여 아동관련기관의 장에게 그의 해임을 요구하여야 한다.

② 제29조의4 제1항 각 호의 중앙행정기관의 장은 아동관련기관의 장에게 제29조의3 제1항을 위반하여 운영 중인 아동관련기관의 폐쇄를 요구하여야 한다.

③ 제29조의4 제1항 각 호의 중앙행정기관의 장은 아동관련기관의 장이 제2항에 따른 폐쇄요구를 정당한 사유 없이 거부하거나 1개월 이내에 요구사항을 이행하지 아니하는 경우에는 대통령령으로 정하는 바에 따라 해당 아동관련기관을 폐쇄하거나 그 등록·허가 등을 취소하거나 관계 행정기관의 장에게 이를 요구할 수 있다.

[본조신설 2014.1.28.]

제4장 아동에 대한 지원서비스

제1절 아동 안전 및 건강지원

제30조(안전기준의 설정)

국가는 대통령령으로 정하는 바에 따라 아동복지시설과 아동용품에 대한 안전기준을 정하고 아동용품을 제작·설치·관리하는 자에게 이를 준수하도록 하여야 한다.

제31조(아동의 안전에 대한 교육)

① 아동복지시설의 장, 「영유아보육법」에 따른 어린이집의 원장, 「유아교육법」에 따른 유치원의 원장 및 「초·중등교육법」에 따른 학교의 장은 교육대상 아동의 연령을 고려하여 대통령령으로 정하는 바에 따라 매년 다음 각 호의 사항에 관한 교육계획을 수립하여 교육을 실시하여야 한다. <개정 2015.12.29.>

1. 성폭력 및 아동학대 예방
2. 실종·유괴의 예방과 방지
3. 감염병 및 약물의 오남용 예방 등 보건위생관리
4. 재난대비 안전
5. 교통안전

② 아동복지시설의 장, 「영유아보육법」에 따른 어린이집의 원장은 제1항에 따른 교육계획 및 교육실시 결과를 관할 시장·군수·구청장에게 매년 1회 보고하여야 한다.

③ 「유아교육법」에 따른 유치원의 원장 및 「초·중등교육법」에 따른 학교의 장은 제1항에 따른 교육계획 및 교육실시 결과를 대통령령으로 정하는 바에 따라 관할 교육감에게 매년 1회 보고하여야 한다.

제32조(아동보호구역에서의 영상정보처리기기 설치 등)

① 국가와 지방자치단체는 유괴 등 범죄의 위험으로부터 아동을 보호하기 위하여 필요하다고 인정하는 경우에는 다음 각 호의 어느 하나에 해당되는 시설의 주변구역을 아동보호구역으로 지정하여 범죄의 예방을 위한 순찰 및 아동지도 업무 등 필요한 조치를 할 수 있다. <개정 2012.10.22.>

1. 「도시공원 및 녹지 등에 관한 법률」 제15조에 따른 도시공원
2. 「영유아보육법」 제10조에 따른 어린이집
3. 「초·중등교육법」 제38조 따른 초등학교 및 같은 법 제55조에 따른 특수학교
4. 「유아교육법」 제2조에 따른 유치원

② 제1항에 따른 아동보호구역의 지정 기준 및 절차 등에 필요한 사항은 대통령령으로 정한다.

③ 국가와 지방자치단체는 제1항에 따라 지정된 아동보호구역에 「개인정보 보호법」 제2조제7호에 따른 영상정보처리기기를 설치하여야 한다. <신설 2012.10.22.>

④ 이 법에서 정한 것 외에 영상정보처리기기의 설치 등에 관한 사항은 「개인정보 보호법」에 따른다. <개정 2012.10.22.>

[제목개정 2012.10.22.]

제33조(아동안전 보호인력의 배치 등)

① 국가와 지방자치단체는 실종 및 유괴 등 아동에 대한 범죄의 예방을 위하여 순찰활동 및 아동지도 업무 등을 수행하는 아동안전 보호인력을 배치·활용할 수 있다.

② 제1항에 따라 순찰활동 및 아동지도 업무 등을 수행하는 아동안전 보호인력은 그 권한을 표시하는 증표를 지니고 이를 관계인에게 내보여야 한다.

③ 국가와 지방자치단체는 아동안전 보호인력으로 배치하고자 하는 사람에 대하여 본인의 동의를 받아 범죄경력을 확인하여야 한다.

④ 제1항에 따른 아동안전 보호인력의 업무범위·활용 및 제2항에 따른 범죄경력 확인의 절차·범위 등에 필요한 사항은 대통령령으로 정한다.

제34조(아동긴급보호소 지정 및 운영)

① 경찰청장은 유괴 등의 위험에 처한 아동을 보호하기 위하여 아동긴급보호소를 지정·운영할 수 있다.

② 경찰청장은 제1항에 따른 아동긴급보호소의 지정을 원하는 자에 대하여 본인의 동의를 받아 범죄경력을 확인하여야 한다.

③ 제1항에 따른 아동긴급보호소의 지정 및 운영, 제2항에 따른 범죄경력 확인의 절차·범위 등에 필요한 사항은 대통령령으로 정한다.

제35조(건강한 심신의 보존)

① 아동의 보호자는 아동의 건강 유지와 향상을 위하여 최선의 주의와 노력을 하여야 한다.

② 국가와 지방자치단체는 아동의 건강 증진과 체력 향상을 위하여 다음 각 호에 해당하는 사항을 지원하여야 한다.
  1. 신체적 건강 증진에 관한 사항
  2. 자살 및 각종 중독의 예방 등 정신적 건강 증진에 관한 사항
  3. 급식지원 등을 통한 결식예방 및 영양개선에 관한 사항
  4. 비만 방지 등 체력 및 여가 증진에 관한 사항
③ 국가와 지방자치단체는 아동의 신체적·정신적 문제를 미리 발견하여 아동이 제때에 상담과 치료를 받을 수 있는 기반을 마련하여야 한다.
④ 제2항 및 제3항에 따른 지원서비스의 구체적인 내용은 대통령령으로 정한다. 다만, 제2항제3호에 따른 급식지원의 지원 기준·방법 및 절차 등에 필요한 사항은 대통령령으로 정하는 기준에 따라 해당 지방자치단체의 조례로 정한다.

제36조(보건소)
보건소는 이 법에 따라 다음 각 호의 업무를 행한다.
  1. 아동의 전염병 예방조치
  2. 아동의 건강상담, 신체검사와 보건위생에 관한 지도
  3. 아동의 영양개선

제2절 취약계층 아동 통합서비스지원 및 자립지원 등

제37조(취약계층 아동에 대한 통합서비스지원)
① 국가와 지방자치단체는 아동의 건강한 성장과 발달을 도모하기 위하여 대통령령으로 정하는 바에 따라 아동의 성장 및 복지 여건이 취약한 가정을 선정하여 그 가정의 지원대상아동과 가족을 대상으로 보건, 복지, 보호, 교육, 치료 등을 종합적으로 지원하는 통합서비스를 실시한다.
② 제1항에 따른 통합서비스지원의 대상 선정, 통합서비스의 내용 및 수행기관·수행인력 등에 필요한 사항은 대통령령으로 정한다.
③ 보건복지부장관은 통합서비스지원사업의 운영지원에 관한 업무를 법인, 단체 등에 위탁할 수 있다.

제38조(자립지원)
① 국가와 지방자치단체는 보호대상아동의 위탁보호 종료 또는 아동복지시설 퇴소 이후의 자립을 지원하기 위하여 다음 각 호에 해당하는 조치를 시행하여야 한다.
  1. 자립에 필요한 주거·생활·교육·취업 등의 지원
  2. 자립에 필요한 자산의 형성 및 관리 지원(이하 "자산형성지원"이라 한다)
  3. 자립에 관한 실태조사 및 연구
  4. 사후관리체계 구축 및 운영

5. 그 밖에 자립지원에 필요하다고 대통령령으로 정하는 사항

② 제1항에 따른 자립지원의 절차와 방법, 지원이 필요한 아동의 범위 등에 필요한 사항은 대통령령으로 정한다.

제39조(자립지원계획의 수립 등)

① 가정위탁지원센터의 장 및 아동복지시설의 장은 보호하고 있는 15세 이상의 아동을 대상으로 매년 개별 아동에 대한 자립지원계획을 수립하고, 그 계획을 수행하는 종사자를 대상으로 자립지원에 관한 교육을 실시하여야 한다.

② 제1항에 따른 자립지원계획의 수립・시행 등에 필요한 사항은 보건복지부령으로 정한다.

제40조(자립지원전담기관의 설치 · 운영 등)

국가와 지방자치단체는 자립지원 관련 데이터베이스 구축 및 운영, 자립지원 프로그램의 개발 및 보급, 사례관리 등의 업무를 전담할 기관을 설치・운영하거나, 그 운영의 전부 또는 일부를 법인, 단체 등에 위탁할 수 있다.

제41조(아동자립지원추진협의회)

① 보건복지부장관은 지원대상아동의 자립지원 정책을 효율적으로 수행하기 위하여 관계 행정기관의 공무원으로 구성되는 아동자립지원추진협의회를 둘 수 있다.

② 제1항에 따른 아동자립지원추진협의회의 구체적인 구성・운영 등에 필요한 사항은 대통령령으로 정한다.

제42조(자산형성지원사업)

① 국가와 지방자치단체는 아동이 건전한 사회인으로 성장・발전할 수 있도록 자산형성지원사업을 실시할 수 있다.

② 제1항에 따른 자산형성지원사업을 하여야 할 아동의 범위와 해당 아동의 선정・관리 등에 필요한 사항은 보건복지부령으로 정한다.

제43조(자산형성지원사업 관련 업무)

① 보건복지부장관은 제42조에 따른 자산형성지원사업을 효율적으로 추진하기 위하여 자산형성지원사업 운영업무 및 금융자산관리업무를 하여야 한다.

② 제1항에 따른 자산형성지원사업의 운영업무는 다음 각 호와 같다.

1. 자산형성지원사업 대상 아동의 관리
2. 자산형성지원사업의 후원자 발굴 및 관리
3. 자산형성지원사업에 관한 교육 및 홍보
4. 자산형성지원사업에 관한 조사・연구 및 평가
5. 그 밖에 자산형성지원사업과 관련하여 보건복지부령으로 정하는 사항

③ 제1항에 따른 금융자산관리업무는 다음 각 호와 같다.
1. 자산형성지원사업을 위한 금융상품의 개발 및 관리
2. 자산형성지원사업을 위한 금융상품의 운영에 관한 사항

제44조(자산형성지원사업 관련 업무의 위탁)

① 보건복지부장관은 제43조제2항에 따른 자산형성지원사업의 운영업무를 「사회복지사업법」에 따른 사회복지법인 등 대통령령으로 정하는 법인 또는 단체에 위탁할 수 있다.
② 보건복지부장관은 제43조제3항에 따른 금융자산관리업무를 「은행법」에 따른 은행, 「우체국예금ㆍ보험에 관한 법률」에 따른 체신관서, 「농업협동조합법」에 따른 농업협동조합중앙회, 「수산업협동조합법」에 따른 수산업협동조합중앙회 또는 「중소기업은행법」에 따른 중소기업은행에 위탁할 수 있다.

제5장 아동복지시설 <개정 2016.3.22.>

제45조(아동보호전문기관의 설치 등)

① 국가는 아동학대예방사업을 활성화하고 지역 간 연계체계를 구축하기 위하여 중앙아동보호전문기관을 둔다.
② 지방자치단체는 학대받은 아동의 발견, 보호, 치료에 대한 신속처리 및 아동학대예방을 담당하는 지역아동보호전문기관을 시ㆍ도 및 시ㆍ군ㆍ구에 1개소 이상 두어야 한다. 다만, 시ㆍ도지사는 관할 구역의 아동 수 및 지리적 요건을 고려하여 조례로 정하는 바에 따라 둘 이상의 시ㆍ군ㆍ구를 통합하여 하나의 지역아동보호전문기관을 설치ㆍ운영할 수 있다. <개정 2014.1.28.>
③ 제2항 단서에 따라 지역아동보호전문기관을 통합하여 설치ㆍ운영하는 경우 시ㆍ도지사는 지역아동보호전문기관의 설치ㆍ운영에 필요한 비용을 관할 구역의 아동의 수 등을 고려하여 시장ㆍ군수ㆍ구청장에게 공동으로 부담하게 할 수 있다.
④ 보건복지부장관, 시ㆍ도지사 및 시장ㆍ군수ㆍ구청장은 아동학대예방사업을 목적으로 하는 비영리법인을 지정하여 제1항에 따른 중앙아동보호전문기관 및 제2항에 따른 지역아동보호전문기관의 운영을 위탁할 수 있다.
⑤ 아동보호전문기관의 설치기준과 운영, 상담원 등 직원의 자격과 배치기준, 제4항에 따른 지정의 요건 등에 필요한 사항은 대통령령으로 정한다.

제46조(아동보호전문기관의 업무)

① 중앙아동보호전문기관은 다음 각 호의 업무를 수행한다. <개정 2014.1.28.>
1. 지역아동보호전문기관에 대한 지원
2. 아동학대예방사업과 관련된 연구 및 자료 발간
3. 효율적인 아동학대예방사업을 위한 연계체제 구축

4. 아동학대예방사업을 위한 프로그램 개발 및 평가
5. 상담원 직무교육, 아동학대예방 관련 교육 및 홍보
6. 아동보호전문기관 전산시스템 구축 및 운영

6의2. 제28조의2제3항에 따라 위탁받은 아동학대정보시스템의 운영

7. 그 밖에 대통령령으로 정하는 아동학대예방사업과 관련된 업무

② 지역아동보호전문기관은 다음 각 호의 업무를 수행한다. <개정 2014.1.28., 2016.3.22.>

1. 아동학대 신고접수, 현장조사 및 응급보호
2. 피해아동 상담·조사를 위한 진술녹화실 설치·운영
3. 피해아동, 피해아동의 가족 및 아동학대행위자를 위한 상담·치료 및 교육
4. 아동학대예방 교육 및 홍보
5. 피해아동 가정의 사후관리
6. 아동학대사례전문위원회 설치·운영 및 자체사례회의 운영
7. 그 밖에 대통령령으로 정하는 아동학대예방사업과 관련된 업무

제47조(아동보호전문기관의 성과평가 등)

① 보건복지부장관은 아동보호전문기관의 업무 실적에 대하여 3년마다 성과평가를 실시하여야 한다.

② 성과평가 및 평가결과의 활용 등에 필요한 사항은 대통령령으로 정한다.

제48조(가정위탁지원센터의 설치 등)

① 국가는 가정위탁사업을 활성화하고 지역 간 연계체계를 구축하기 위하여 중앙가정위탁지원센터를 둔다.

② 지방자치단체는 보호대상아동에 대한 가정위탁사업을 활성화하기 위하여 시·도 및 시·군·구에 지역가정위탁지원센터를 둔다. 다만, 시·도지사는 조례로 정하는 바에 따라 둘 이상의 시·군·구를 통합하여 하나의 지역가정위탁지원센터를 설치·운영할 수 있다.

③ 제2항 단서에 따라 지역가정위탁지원센터를 통합하여 설치·운영하는 경우 시·도지사는 지역가정위탁지원센터의 설치·운영에 필요한 비용을 관할 구역의 아동의 수 등을 고려하여 시장·군수·구청장에게 공동으로 부담하게 할 수 있다.

④ 보건복지부장관, 시·도지사 및 시장·군수·구청장은 가정위탁지원을 목적으로 하는 비영리법인을 지정하여 제1항 및 제2항에 따른 중앙가정위탁지원센터 및 지역가정위탁지원센터의 운영을 위탁할 수 있다.

⑤ 가정위탁지원센터의 설치기준과 운영, 상담원 등 직원의 자격과 배치기준, 제4항에 따른 지정의 요건 등에 필요한 사항은 대통령령으로 정한다.

제49조(가정위탁지원센터의 업무)

① 중앙가정위탁지원센터는 다음 각 호의 업무를 수행한다.

1. 지역가정위탁지원센터에 대한 지원
2. 효과적인 가정위탁사업을 위한 연계체계 구축
3. 가정위탁사업과 관련된 연구 및 자료발간
4. 가정위탁사업을 위한 프로그램의 개발 및 평가
5. 상담원에 대한 교육 등 가정위탁에 관한 교육 및 홍보
6. 가정위탁사업을 위한 정보기반 구축 및 정보제공
7. 그 밖에 대통령령으로 정하는 가정위탁사업과 관련된 업무

② 지역가정위탁지원센터는 다음 각 호의 업무를 수행한다.

1. 가정위탁사업의 홍보 및 가정위탁을 하고자 하는 가정의 발굴
2. 가정위탁을 하고자 하는 가정에 대한 조사 및 가정위탁 대상 아동에 대한 상담
3. 가정위탁을 하고자 하는 사람과 위탁가정 부모에 대한 교육
4. 위탁가정의 사례관리
5. 친부모 가정으로의 복귀 지원
6. 가정위탁 아동의 자립계획 및 사례 관리
7. 관할 구역 내 가정위탁 관련 정보 제공
8. 그 밖에 대통령령으로 정하는 가정위탁과 관련된 업무

제50조(아동복지시설의 설치)

① 국가 또는 지방자치단체는 아동복지시설을 설치할 수 있다.

② 국가 또는 지방자치단체 외의 자는 관할 시장·군수·구청장에게 신고하고 아동복지시설을 설치할 수 있다.

③ 아동복지시설의 시설기준 및 설치 등에 필요한 사항은 보건복지부령으로 정한다.

제51조(휴업·폐업 등의 신고)

① 제50조 제2항에 따라 신고한 아동복지시설을 폐업 또는 휴업하거나 그 운영을 재개하고자 하는 자는 보건복지부령으로 정하는 바에 따라 미리 시장·군수·구청장에게 신고하여야 한다. <개정 2016.3.22.>

② 아동복지시설의 장은 아동복지시설이 폐업 또는 휴업하는 경우에는 대통령령으로 정하는 바에 따라 해당 아동복지시설을 이용하는 아동이 다른 아동복지시설로 옮길 수 있도록 하는 등 보호대상아동의 권익을 보호하기 위한 조치를 취하여야 한다. <신설 2016.3.22.>

③ 시장·군수·구청장은 제1항에 따라 아동복지시설의 폐업 또는 휴업의 신고를 받은 경우 아동복지시설의 장이 제2항에 따른 보호대상아동의 권익을 보호하기 위한 조치를 취하였는지 여부를 확인하는 등 보건복지부령으로 정하는 조치를 하여야 한다. <신설 2016.3.22.>

제52조(아동복지시설의 종류)

① 아동복지시설의 종류는 다음과 같다. <개정 2016.3.22.>

1. 아동양육시설 : 보호대상아동을 입소시켜 보호, 양육 및 취업훈련, 자립지원 서비스 등을 제공하는 것을 목적으로 하는 시설
2. 아동일시보호시설 : 보호대상아동을 일시보호하고 아동에 대한 향후의 양육대책수립 및 보호조치를 행하는 것을 목적으로 하는 시설
3. 아동보호치료시설 : 아동에게 보호 및 치료 서비스를 제공하는 다음 각 목의 시설
   가. 불량행위를 하거나 불량행위를 할 우려가 있는 아동으로서 보호자가 없거나 친권자나 후견인이 입소를 신청한 아동 또는 가정법원, 지방법원소년부지원에서 보호위탁된 19세 미만인 사람을 입소시켜 치료와 선도를 통하여 건전한 사회인으로 육성하는 것을 목적으로 하는 시설
   나. 정서적 · 행동적 장애로 인하여 어려움을 겪고 있는 아동 또는 학대로 인하여 부모로부터 일시 격리되어 치료받을 필요가 있는 아동을 보호 · 치료하는 시설
4. 공동생활가정 : 보호대상아동에게 가정과 같은 주거여건과 보호, 양육, 자립지원 서비스를 제공하는 것을 목적으로 하는 시설
5. 자립지원시설 : 아동복지시설에서 퇴소한 사람에게 취업준비기간 또는 취업 후 일정 기간 동안 보호함으로써 자립을 지원하는 것을 목적으로 하는 시설
6. 아동상담소 : 아동과 그 가족의 문제에 관한 상담, 치료, 예방 및 연구 등을 목적으로 하는 시설
7. 아동전용시설 : 어린이공원, 어린이놀이터, 아동회관, 체육 · 연극 · 영화 · 과학실험전시 시설, 아동휴게숙박시설, 야영장 등 아동에게 건전한 놀이 · 오락, 그 밖의 각종 편의를 제공하여 심신의 건강유지와 복지증진에 필요한 서비스를 제공하는 것을 목적으로 하는 시설
8. 지역아동센터 : 지역사회 아동의 보호 · 교육, 건전한 놀이와 오락의 제공, 보호자와 지역사회의 연계 등 아동의 건전육성을 위하여 종합적인 아동복지서비스를 제공하는 시설
9. 제45조에 따른 아동보호전문기관
10. 제48조에 따른 가정위탁지원센터

② 제1항에 따른 아동복지시설은 통합하여 설치할 수 있다.

③ 제1항에 따른 아동복지시설은 각 시설 고유의 목적 사업을 해치지 아니하고 각 시설별 설치기준 및 운영기준을 충족하는 경우 다음 각 호의 사업을 추가로 실시할 수 있다.

1. 아동가정지원사업 : 지역사회아동의 건전한 발달을 위하여 아동, 가정, 지역주민에게 상담, 조언 및 정보를 제공하여 주는 사업
2. 아동주간보호사업 : 부득이한 사유로 가정에서 낮 동안 보호를 받을 수 없는 아동을 대상으로 개별적인 보호와 교육을 통하여 아동의 건전한 성장을 도모하는 사업
3. 아동전문상담사업 : 학교부적응아동 등을 대상으로 올바른 인격형성을 위한 상담, 치료 및 학교폭력예방을 실시하는 사업

4. 학대아동보호사업 : 학대아동의 발견, 보호, 치료 및 아동학대의 예방 등을 전문적으로 실시하는 사업
5. 공동생활가정사업 : 보호대상아동에게 가정과 같은 주거여건과 보호를 제공하는 것을 목적으로 하는 사업
6. 방과 후 아동지도사업 : 저소득층 아동을 대상으로 방과 후 개별적인 보호와 교육을 통하여 건전한 인격형성을 목적으로 하는 사업

제53조(아동전용시설의 설치)

① 국가와 지방자치단체는 아동이 항상 이용할 수 있는 아동전용시설을 설치하도록 노력하여야 한다.

② 아동이 이용할 수 있는 문화·오락 시설, 교통시설, 그 밖의 서비스시설 등을 설치·운영하는 자는 대통령령으로 정하는 바에 따라 아동의 이용편의를 고려한 편익설비를 갖추고 아동에 대한 입장료와 이용료 등을 감면할 수 있다.

③ 아동전용시설의 설치기준 등에 필요한 사항은 보건복지부령으로 정한다.

제53조의2(학대피해아동쉼터의 지정)

시장·군수·구청장은 제52조 제1항 제4호에 따른 공동생활가정 중에서 피해아동에 대한 보호, 치료, 양육 서비스 등을 제공하는 학대피해아동쉼터를 지정할 수 있다.
[본조신설 2016.3.22.]

제54조(아동복지시설의 종사자)

① 아동복지시설에는 필요한 전문인력을 배치하여야 한다.

② 아동복지시설 종사자의 직종과 수, 그 자격 및 배치기준은 대통령령으로 정한다.

제55조(아동복지시설 종사자의 교육훈련)

① 시·도지사 또는 시장·군수·구청장은 아동복지시설 종사자의 양성 및 자질향상을 위한 교육·훈련을 실시하여야 한다.

② 시·도지사 또는 시장·군수·구청장은 제1항의 교육훈련을 대학(전문대학을 포함한다) 또는 아동복지단체나 그 밖의 교육훈련시설(이하 "교육훈련시설"이라 한다)에 위탁하여 실시할 수 있다.

제56조(시설의 개선, 사업의 정지, 시설의 폐쇄 등)

① 보건복지부장관, 시·도지사 또는 시장·군수·구청장은 아동복지시설과 교육훈련시설(대학 및 전문대학은 제외한다)이 다음 각 호의 어느 하나에 해당하는 경우에는 소관에 따라 그 시설의 개선, 6개월 이내의 사업의 정지, 위탁의 취소 또는 해당 시설의 장의 교체를 명하거나 시설의 폐쇄를 명할 수 있다. <개정 2014.1.28., 2016.3.22.>

1. 시설이 설치기준에 미달하게 된 경우

2. 사회복지법인 또는 비영리법인이 설치·운영하는 시설로서 그 사회복지법인이나 비영리법인의 설립허가가 취소된 경우
3. 설치목적의 달성이나 그 밖의 사유로 계속하여 운영될 필요가 없다고 인정할 때
4. 보호대상아동에 대한 아동학대행위가 확인된 경우
5. 거짓이나 그 밖의 부정한 방법으로 경비의 지원을 받은 경우
6. 아동복지시설의 사업정지기간 중에 사업을 한 경우
7. 그 밖에 이 법 또는 이 법에 따른 명령을 위반한 경우

② 보건복지부장관, 시·도지사 또는 시장·군수·구청장은 아동복지시설과 교육훈련시설(대학 및 전문대학은 제외한다)이 제1항에 따라 사업 정지, 위탁 취소 또는 시설 폐쇄되는 경우에는 해당 시설을 이용하는 아동을 다른 시설로 옮기도록 하는 등 보호대상아동의 권익을 보호하기 위하여 필요한 조치를 하여야 한다. <신설 2016.3.22.>

③ 제1항에 따른 시설의 개선, 사업의 정지, 위탁의 취소 또는 해당 시설의 장의 교체나 시설의 폐쇄 처분의 기준은 위반행위의 유형 및 그 사유와 위반의 정도 등을 고려하여 대통령령으로 정한다. <개정 2016.3.22.>

제57조(아동복지시설의 장의 의무)

아동복지시설의 장은 보호아동의 권리를 최대한 보장하여야 하며, 친권자가 있는 경우 보호아동의 가정복귀를 위하여 적절한 상담과 지도를 병행하여야 한다. <개정 2016.3.22.>

[제목개정 2016.3.22.]

제58조(아동복지단체의 육성)

국가 및 지방자치단체는 아동복지단체를 지도·육성할 수 있다.

제6장 보칙

제59조(비용 보조)

국가 또는 지방자치단체는 대통령령으로 정하는 바에 따라 다음 각 호의 어느 하나에 해당하는 비용의 전부 또는 일부를 보조할 수 있다. <개정 2015.3.27.>

1. 아동복지시설의 설치 및 운영과 프로그램의 운용에 필요한 비용 또는 수탁보호 중인 아동의 양육 및 보호관리에 필요한 비용
2. 보호대상아동의 대리양육이나 가정위탁 보호에 따른 비용
3. 아동복지사업의 지도, 감독, 계몽 및 홍보에 필요한 비용
4. 삭제 <2016.3.22.>

4의2. 제26조에 따른 신고의무 교육에 소요되는 비용

5. 제37조에 따른 취약계층 아동에 대한 통합서비스지원에 필요한 비용

6. 제38조에 따른 보호대상아동의 자립지원에 필요한 비용
7. 제42조에 따른 자산형성지원사업에 필요한 비용
8. 제58조에 따른 아동복지단체의 지도·육성에 필요한 비용

제60조(비용 징수)

시·도지사, 시장·군수·구청장 또는 아동복지시설의 장은 제15조제1항제3호부터 제5호까지 및 같은 조 제4항 및 제5항에 따른 보호조치에 필요한 비용의 전부 또는 일부를 대통령령으로 정하는 바에 따라 각각 그 아동의 부양의무자로부터 징수할 수 있다.

제60조(비용 징수)

시·도지사, 시장·군수·구청장 또는 아동복지시설의 장은 제15조제1항제3호부터 제5호까지 및 같은 조 제5항 및 제6항에 따른 보호조치에 필요한 비용의 전부 또는 일부를 대통령령으로 정하는 바에 따라 각각 그 아동의 부양의무자로부터 징수할 수 있다. <개정 2016.3.22.>

[시행일 : 2018.3.23.] 제60조

제61조(보조금의 반환명령)

국가 또는 지방자치단체는 아동복지시설의 장 등 보호수탁자, 가정위탁지원센터의 장, 대리양육자 및 아동복지단체의 장이 다음 각 호의 어느 하나에 해당하는 경우에는 이미 교부한 보조금의 전부 또는 일부의 반환을 명할 수 있다. <개정 2016.3.22.>

1. 보조금의 교부조건을 위반한 경우
2. 거짓이나 그 밖의 부정한 방법으로 보조금의 교부를 받은 경우
3. 아동복지시설의 경영에 관하여 개인의 영리를 도모하는 행위를 한 경우
4. 보조금의 사용잔액이 있는 경우
5. 이 법 또는 이 법에 따른 명령을 위반한 경우

제62조(국유·공유 재산의 대부 등)

① 국가 또는 지방자치단체는 아동복지시설의 설치·운영을 위하여 필요하다고 인정하는 경우 「국유재산법」 및 「공유재산 및 물품 관리법」에도 불구하고 국유·공유 재산을 무상으로 대부하거나 사용·수익하게 할 수 있다.

② 제1항에 따른 국유·공유 재산의 대부·사용·수익의 내용 및 조건에 관하여는 해당 재산을 사용·수익하고자 하는 자와 해당 재산의 중앙관서의 장 또는 지방자치단체의 장 간의 계약에 의한다.

제63조(면세)

아동복지시설에서 그 보호아동을 위하여 사용하는 건물 및 토지, 시설설치 및 운영에 소요되는 비용에 대하여는 「조세특례제한법」, 그 밖의 관계 법령에서 정하는 바에 따라 조세, 그 밖의 공과금을 면제할 수 있다.

제64조(압류 금지)

이 법에 따라 지급된 금품과 이를 받을 권리는 압류하지 못한다.

제65조(비밀 유지의 의무)

아동복지사업을 포함하여 아동복지업무에 종사하였거나 종사하는 자는 그 직무상 알게 된 비밀을 누설하여서는 아니된다. <개정 2016.3.22.>

제66조(조사 등)

① 보건복지부장관, 시・도지사 또는 시장・군수・구청장은 필요하다고 인정할 때에는 관계 공무원이나 전담공무원으로 하여금 아동복지시설과 아동의 주소・거소, 아동의 고용장소 또는 제17조의 금지행위를 위반할 우려가 있는 장소에 출입하여 아동 또는 관계인에 대하여 필요한 조사를 하거나 질문을 하게 할 수 있다.

② 제1항의 경우 관계 공무원 또는 전담공무원은 그 권한을 표시하는 증표를 지니고 이를 관계인에게 내보여야 한다.

제67조(청문)

보건복지부장관, 시・도지사 또는 시장・군수・구청장은 제56조에 따른 위탁의 취소 또는 시설의 폐쇄명령을 하고자 하는 경우에는 청문을 하여야 한다.

제68조(권한의 위임)

이 법에 따른 보건복지부장관의 권한은 그 일부를 대통령령으로 정하는 바에 따라 시・도지사 또는 시장・군수・구청장에게, 시・도지사의 권한은 그 일부를 대통령령으로 정하는 바에 따라 시장・군수・구청장에게 위임할 수 있다. 다만, 제26조, 제29조의4, 제29조의5, 제75조에 따른 교육부장관, 문화체육관광부장관, 여성가족부장관, 국토교통부장관, 소방청장의 권한은 그 일부를 대통령령으로 정하는 바에 따라 시・도지사, 시장・군수・구청장 또는 교육감・교육장에게 위임할 수 있다. <개정 2015.3.27.>
[전문개정 2014.1.28.]

제69조(유사명칭의 사용금지)

이 법에 따른 아동복지시설이 아니면 아동복지시설이라는 명칭을 사용하지 못한다. <개정 2016.3.22.>

제70조(벌칙 적용에서의 공무원 의제)

아동복지시설의 장과 그 종사자는 「형법」 제129조부터 제132조까지를 적용할 때에는 공무원으로 본다. <개정 2016.3.22.>

제7장 벌칙

제71조(벌칙)

① 제17조를 위반한 자는 다음 각 호의 구분에 따라 처벌한다. <개정 2012.12.18., 2014.1.28.>

1. 제1호(「아동·청소년의 성보호에 관한 법률」 제12조에 따른 매매는 제외한다)에 해당하는 행위를 한 자는 10년 이하의 징역에 처한다.

1의2. 제2호에 해당하는 행위를 한 자는 10년 이하의 징역 또는 5천만 원 이하의 벌금에 처한다.

2. 제3호부터 제8호까지의 규정에 해당하는 행위를 한 자는 5년 이하의 징역 또는 3천만 원 이하의 벌금에 처한다.
3. 제10호 또는 제11호에 해당하는 행위를 한 자는 3년 이하의 징역 또는 2천만 원 이하의 벌금에 처한다.
4. 제9호에 해당하는 행위를 한 자는 1년 이하의 징역 또는 500만 원 이하의 벌금에 처한다.

② 다음 각 호의 어느 하나에 해당하는 자는 1년 이하의 징역 또는 500만 원 이하의 벌금에 처한다. <개정 2014.1.28., 2016.3.22.>

1. 정당한 사유 없이 제51조제2항에 따라 다른 아동복지시설로 옮기는 권익보호조치를 하지 아니한 사람
2. 삭제 <2014.1.28.>
3. 제50조 제2항에 따른 신고를 하지 아니하고 아동복지시설을 설치한 자
4. 거짓으로 서류를 작성하여 제54조제1항에 따른 아동복지시설 전문인력의 자격을 인정받은 자
5. 제56조에 따른 사업의 정지, 위탁의 취소 또는 시설의 폐쇄명령을 받고도 그 시설을 운영하거나 사업을 한 자
6. 제65조를 위반하여 비밀을 누설한 자
7. 제66조 제1항에 따른 조사를 거부·방해 또는 기피하거나 질문에 대하여 답변을 거부·기피 또는 거짓 답변을 하거나, 아동에게 답변을 거부·기피 또는 거짓 답변을 하게 하거나 그 답변을 방해한 자

제72조(상습범)

상습적으로 제71조 제1항 각 호의 죄를 범한 자는 그 죄에 정한 형의 2분의 1까지 가중한다.

제73조(미수범)

제71조 제1항 제1호의 미수범은 처벌한다.

제74조(양벌규정)

법인의 대표자나 법인 또는 개인의 대리인, 사용인, 그 밖의 종업원이 그 법인 또는 개인의 업무에 관하여 제71조의 위반행위를 하면 그 행위자를 벌하는 외에 그 법인 또는 개인에게도 해당 조문의 벌금형을 과(科)한다. 다만, 법인 또는 개인이 그 위반행위를 방지하기 위하여 해당 업무에 관하여 상당한 주의와 감독을 게을리하지 아니한 경우에는 그러하지 아니하다.

제75조(과태료)

① 다음 각 호의 어느 하나에 해당하는 자에게는 1천만 원 이하의 과태료를 부과한다. <신설 2014.1.28.>

1. 제27조의3을 위반하여 피해아동의 인수를 거부한 아동학대 관련 보호시설의 장
2. 제29조의5 제1항에 따른 해임요구를 정당한 사유 없이 거부하거나 1개월 이내에 이행하지 아니한 아동관련기관의 장

② 아동관련기관의 장이 제29조의3제3항을 위반하여 아동학대관련범죄 전력을 확인하지 아니하는 경우에는 500만 원 이하의 과태료를 부과한다. <신설 2014.1.28.>

③ 다음 각 호의 어느 하나에 해당하는 자에게는 300만 원 이하의 과태료를 부과한다. <개정 2012.10.22., 2014.1.28., 2015.3.27., 2016.3.22.>

1. 삭제 <2014.1.28.>

1의2. 제26조제3항을 위반하여 신고의무 교육을 실시하지 아니한 자

2. 제31조를 위반하여 교육을 실시하지 아니한 자
3. 제51조를 위반하여 아동복지시설의 휴업·폐업 또는 운영 재개 신고를 하지 아니한 자
4. 제69조를 위반하여 아동복지시설이라는 명칭을 사용한 자

④ 제1항부터 제3항까지에 따른 과태료는 대통령령으로 정하는 바에 따라 교육부장관, 문화체육관광부장관, 보건복지부장관, 여성가족부장관, 국토교통부장관, 시·도지사, 특별시·광역시·특별자치도 및 도의 교육감 또는 시장·군수·구청장이 부과·징수한다. <개정 2012.10.22., 2014.1.28.>

부칙 〈제14224호, 2016.5.29.〉 (정신건강증진 및 정신질환자 복지서비스 지원에 관한 법률)

제1조(시행일) 이 법은 공포 후 1년이 경과한 날부터 시행한다.

제2조부터 제19조까지 생략

제20조(다른 법률의 개정) ①부터 ⑫까지 생략

⑬ 아동복지법 일부를 다음과 같이 개정한다.

제29조의3 제1항 제11호를 다음과 같이 한다.

11. 「정신건강증진 및 정신질환자 복지서비스 지원에 관한 법률」 제3조에 따른 정신건강복지센터, 정신건강증진시설, 정신요양시설 및 정신재활시설

⑭부터 ㉒까지 생략

제21조 생략

부칙 〈법률 제14839호, 2017.7.26.〉 (정부조직법)

제1조(시행일) ① 이 법은 공포한 날부터 시행한다. 다만, 부칙 제5조에 따라 개정되는 법률 중 이 법 시행 전에 공포되었으나 시행일이 도래하지 아니한 법률을 개정한 부분은 각각 해당 법률의 시행일부터 시행한다.

제2조부터 제4조까지 생략

제5조(다른 법률의 개정) ①부터 <185>까지 생략

<186> 아동복지법 일부를 다음과 같이 개정한다.

제10조 제3항 제1호 중 "행정자치부장관"을 "행정안전부장관"으로 한다.

제68조 단서 중 "국민안전처장관"을 "소방청장"으로 한다.

<187>부터 <382>까지 생략

제6조 생략

참·고·문·헌

공계순 외(2003). **아동복지론**. 서울 : 학지사.

공계순 외(2013). **아동복지론**. 서울 : 학지사.

곽형식 외(2008). **아동복지론**. 경기 : 공동체.

교육과학기술부(2011). 2010 특수교육연차보고서.

______________(2012). 다문화학생 교육 선진화 방안.

교육인적자원부(2006). 다문화가정지원 실천사례나눔 대회자료집.

구은미 외(2012). **현대 아동복지론**. 서울 : 학지사.

구자현(1968). **아동복지**. 서울 : 한국사회복지연구소.

국가법령정보센터(2012). http://www.law.go.kr

권내현(2009). 조선 후기 입양의 확산 추이와 수용 양상. **역사와 현실**, 201-232.

권세은(2002). 시설보호아동과 일반아동의 사회적 기술, 정서조망능력과 자기역량지각의 비교. 서울대학교 대학원 석사학위논문.

권오희(2006). 국내 결혼이민자 가정의 자녀문제에 관한 연구. 경희대학교 행정대학원 석사학위논문.

권지성(2005). **공개입양가족의 적응**. 서울 : 나눔의집.

김갑성(2006). 한국 내 다문화가정 자녀교육 실태조사연구. 서울대학교 대학원 석사학위논문.

김경희·반정호(2005). 대체가정 서비스 유형에 따른 아동의 발달에 관한 탐색적 연구 : 시설보호 아동과 위탁가정보호아동의 입양 전 신체적 발달을 중심으로. **한국아동복지학**, **19**(1), 107-139.

김동배 외(1998). **인간행동이론과 사회복지실천**. 서울 : 학지사.

김명희(2009). **아동복지론**. 서울 : 교문사.

김미숙 외(2007). 한국의 아동빈곤실태와 빈곤아동지원방안. 한국보건사회연구원.

김민경(2012). **아동복지론**. 서울 : 형설출판사.

김민지(2010). 가정위탁제도에 관한 법적 고찰. **가족법연구**, **24**(2), 167-210.

김봉화(2010). 가정위탁아동의 자립기술 및 자립기술지원에 관한 연구. **청소년시설환경**, **8**(3), 43-58.

김상균 외(2001). **사회복지개론**. 서울 : 나남출판.

김성경 외(2012). **아동복지론**. 경기 : 양서원.

김소미(2011). 입양가정의 가족적응에 영향을 미치는 요인. 전북대학교 대학원 석사학위논문.

김유경 외(2010). 국내입양실태와 정책방안 연구. 한국보건사회연구원.

김정래(2002). **아동권리향연**. 서울 : 교육과학사.

김정원(2006). 외국인근로자 자녀교육문제와 다문화교육. **국회도서관보**, 43(5).
김종세(2008). 아동인권과 아동학대. **법학연구**, 31, 47-76.
김주아 외(2012). **아동복지론**. 서울 : 동문사.
김중현 역(2003). **에밀**. Rousseau, J. J. 저. 서울 : 학지사.
김태성 · 손병돈(2002). **빈곤과 사회복지정책**. 서울 : 청목출판사.
김통원 외(2005). 아동복지시설 발전방안 개발연구. 보건복지부. 한국아동복지연합회.
김호년 외(2011). **아동복지론**. 경기 : 양서원.
김효진(2008). 빈곤이 아동에게 주는 영향 분석. **보건복지포럼**, 139, 33-42.
남정희(2008). 다문화가정 아동의 학교생활적응 실태에 관한 연구. 광주대학교 대학원 석사학위논문.
노병일(2012). **아동복지론**. 경기 : 공동체.
노혜련(1998). 육아시설아동의 심리사회적 문제에 관한 연구. **한국사회복지학**, 34, 45-67.
도미향 외(2005). **아동복지론**. 경기 : 공동체.
도미향 외(2009). **가족정책론**. 서울 : 신정.
도미향 외(2013). **아동복지론**. 경기 : 공동체.
류방란 외(2011). 공정사회 실현을 위한 교육 · 복지정책 방안. **한국교육개발원**, 8(1).
류방란(2011). 사회통합을 위한 다문화교육의 현황과 과제 : 중도입국 청소년의 교육실태 및 지원 정책 방향. 국회입법조사처.
류연규 · 최현수(2003). 우리나라 아동 빈곤율 수준과 변화경향 : 1982~2002년 도시근로자 가구를 중심으로. **아동복지학**, 16, 135-165.
문선화 외(2013). **한국사회와 아동복지**. 경기 : 양서원.
박병현(2011). **사회복지정책론**. 경기 : 학현사.
박순자(2007). 빈곤아동 복지정책 개선방안에 관한 연구. 경희대학교 행정대학원 석사학위논문.
박영숙(2011). 사회통합을 위한 다문화교육의 현황과 과제 : 글로벌시대 다문화사회와 교육방향. 국회입법조사처.
박정란 외(2010). **아동복지론**. 경기 : 양서원.
박정란 외(2012). **아동복지론**. 경기 : 양서원.
박정원(2007). 초등학생의 국제결혼자녀에 대한 인식. 한국교원대학교 대학원 석사학위논문.
박정은(2014). 유아교사의 아동권리인식 연구. 부산교육대학교 교육대학원 석사학위논문.
박태영(2000). **사회복지시설론**. 서울 : 양서원.
박현선 외(2006). **아동복지론**. 서울 : 학지사.
배태순(1998). 현대사회에서의 입양의 이해와 입양의 성공. 경남 : 경남대학교출판부.
보건복지가족부(2009). 통계연보
________(2009). 한국아동청소년 종합실태조사.

보건복지부(2005). 국제결혼 이주여성실태 조사 및 보건·복지지원 정책방안.
_________(2006). 한국아동청소년 종합실태조사.
_________(2007). 아동복지사업안내.
_________(2008). 아동복지사업안내.
_________(2008). 장애인실태조사.
_________(2010). 다문화가정 지원사업 프로그램.
_________(2010). 등록장애인 현황.
_________(2010). 장애아가족 양육지원사업안내.
_________(2011). 보건복지통계연보.
_________(2011). 아동복지시설 및 보호아동 현황
_________(2011). 아동복지정책과 보도자료
_________(2012). 2011년 국내외 입양 현황통계.
_________(2012). 2011년 가정위탁현황.
_________(2012). 드림스타트사업안내.
_________(2012). 아동학대 예방/ 지원 보도자료.
_________(2013). 전국 가정위탁보호아동 지원센터기관.
서란숙(2007). 국내입양에 대한 대학생의 의식조사연구. 서울시립대학교 대학원 석사학위논문.
서보준(2017). 다문화가정 청소년이 지각한 부부갈등, 부모양육 태도, 부모-자녀 간의 의사소통이 학교생활 적응에 비치는 영향-자아탄력성과 사회적 지지의 매개효과. 대구한의대학교 대학원 박사학위논문.
서보준 외(2012). 다문화가정 모(母)의 부부관계 만족도가 자녀의 학교생활 적응에 미치는 영향. **한국복지행정학회**, 22(1), 127-155.
서봉연(1979). 발달심리학의 관점에서 본 아동복지대책, 아동 및 청소년 복지에 관한 자료집. 중앙대학교 사회복지학과.
서영숙 외(2004). **한부모가정과 이혼 이해교육**. 경기 : 양서원.
서울대사회복지연구소(2006). 중장기 아동정책과 국가행동계획.
서울시 한부모가족지원센터(2011). http://www.seoulhanbumo.or.kr
서울특별시 아동복지센터. http://child.seoul.go.kr/
설동훈 외(2006). 결혼이민자 가족 실태조사 및 중장기 지원정책방안 연구. 연구보고. 여성가족부.
성영혜 외(2001). **아동복지**. 서울 : 동문사.
성영혜 외(2002). **아동복지의 이론과 실제**. 서울 : 동문사.
송근원 외(1995). **사회복지정책론**. 서울 : 나남출판사.
송정애(2015). **아동복지론 이해와 실천**. 경기 : 양서원.
신수자(1995). 부자가정의 특성과 대책. 대구가톨릭대학교 대학원 석사학위논문.
신윤정 외(2007). 양육지원정책의 향후 발전방향 -국제비교를 중심으로. 한국보건사회연구원·저출산고령사회연구센터·저출산정책팀.

신혜령 외(2006). 한부모가족지원법안에 관한 연구. 여성가족부.

신혜령 외(2008). 아동복지시설 퇴소청소년 자립지원을 위한 정책 프로그램 개발연구 보고서. 보건복지가족부 중앙아동자립지원센터.

아동보호전문기관(2013). 2011년 전국아동학대 현황조사.

______________(2013). 2013년 아동학대 징후.

양정하 외(2002). **사회복지정책론**. 서울 : 양서원.

여성가족부(2011). 한부모가족 지원사업 안내.

_________(2012). 한부모가족 지원사업 안내.

여성가족부・중앙건강가정지원센터(2007). 결혼이민자 가족 아동양육도우미 양성교육교재.

오선영(2016). 아동의 인권침해경험이 심리적 안녕감에 미치는 영향 : 인권상황 인식과 인권 감수성의 매개효과를 중심으로. 이화여자대학교 대학원 석사학위논문.

오승환(2000). 소년소녀가장의 심리사회적 특성에 관한 비교 연구 : 아동과의 비교를 중심으로. **한국아동복지학**, 9, 99-126.

오정수 외(2011). **아동복지론**. 서울 : 학지사.

유의정(2011). 사회통합을 위한 다문화교육의 현황과 과제 : 한국 다문화사회의 특징과 한국인 대상 다문화교육의 필요성. 국회입법조사처.

윤영옥(2008). 비밀입양의 문제해결을 위한 국내입양 발전방안. 숙명여자대학교 대학원 석사학위논문.

이두호 외(1991). **빈곤론**. 서울 : 나남출판.

이성한 외(2016). **아동권리와 복지**. 서울 : 창지사.

이소희 외(2005). **아동복지론**. 경기 : 학현사.

이수정(2007). 제3국 체류 탈북청소년들의 실태와 정책 제언－다문화 청소년 정책 방향 탐색－. 2007 한국청소년정책연구원 고유과제 합동심포지움 발표문.

이숙종 외(1997). **아동복지의 이해**. 서울 : 학문사.

이순자 외(2013). **아동복지론**. 경기 : 정민사.

이순형 외(2011). **아동복지－이론과 실천**. 서울 : 학지사.

이영주(2007). 다문화가정 아동의 심리사회적 적응에 영향을 미치는 요인에 관한 연구. 공주대학교 대학원 박사학위논문.

이원영 외(2001). **영아의 애착형성을 도와주세요**. 서울 : 다음세대.

이은화 외(2011). **유아를 위한 복지의 이론과 실제**. 서울 : 창지사.

이재연 외(2011). 10대 미혼모의 유아입양 관련요인들에 관한 연구. **아동학회지**, 22(1), 67-82.

이재연 외(2011). **아동복지론**. 서울 : 학지사.

이재현(1996). 아동권리 보장과 보호. **정신건강연구**, 15, 46-54.

이정덕(1997). **아동발달학**. 서울 : 수학사.

이지애(2007). 다문화가정 아동과 일반가정 아동의 학교적응에 관한 비교연구－자아존중감을 중심으로－. 고려대학교 대학원 석사학위논문.

이태수(2001). 탈시설화의 현실적 대안, 공동생활가정(group home). **복지동향**, 31.

______(2003). 빈곤아동의 인권, 누가 지켜야 하는가?. **복지동향**, 10, 38-40.

이한우 외(2013). **아동복지론**. 경기 : 양서원.

임시아(2012). **아동복지론**. 경기 : 공동체.

______(2013). **아동복지론**. 경기 : 공동체.

장동일(2001). **한국사회복지법의 이해**. 서울 : 학지사.

장영인 외(2006). **아동복지론**. 서울 : 나눔의집.

장인협 외(1999). **아동・청소년복지론**. 서울 : 서울대학교출판부.

전남련 외(2011). **아동복지론**. 경기 : 형설출판사.

전남련 외(2012). **아동복지론**. 경기 : 정민사.

정상우(2008). 이주아동의 기본권 보장에 관한 연구. **한국법제연구원**, 34, 309-345.

정영숙(2003). **발달장애아동과 가족복지의 실제**. 경기 : 현학사.

정옥분 외(2012). **아동복지론**. 서울 : 학지사.

정옥분(2006). **아동발달의 이해**. 서울 : 학지사.

정하성 외(2008). **다문화청소년이해론**. 경기 : 양서원.

정확실 역(2011). **대교수학**. Comenius, J. A. 저. 서울 : 교육과학사.

조기제(2005). 아동인권과 학교폭력. **한국초등도덕교육학회**, 20, 163-189.

주수길 외(2010). **아동복지강론**. 경기 : 양서원.

주수길 외(2012). **아동복지강론**. 경기 : 양서원.

주정일 외(1985). **아동복지학**. 서울 : 교문사.

최선희(2003). 교육복지투자 우선지역 아동・청소년 실태 조사. 강북・노원지역사업담당자 워크숍. 서울특별시성북교육청・강북지역복지협의회・노원교육복지협의회.

최순남(2002). **인간행동과 사회환경**. 서울 : 법문사.

최순옥 외(2011). **아동복지의 이해**. 서울 : 태영출판사.

최영미(2012). 한부모가정 반편견 교육 프로그램이 아동의 자기표현력 및 자아존중감에 미치는 영향. 성균관대학교 사회복지대학원 석사학위논문.

최현미 외(2008). **다문화가족복지론**. 경기 : 양서원.

표갑수(2000). **아동・청소년복지**. 서울 : 나남출판.

______(2000). **아동복지론**. 서울 : 나남출판.

하상락(1989). **한국사회복지론**. 서울 : 박영사.

한겨레신문(2003.12.3). 혼혈인 차별 철폐.

한국보건사회연구원(2006). 2005년도 장애인실태조사보고서.

한국입양홍보회(2012). http://www.mpak.co.kr

한미현 외(2011). **아동복지**. 서울 : 창지사.

한성심 외(2009). **아동복지론**. 서울 : 창지사.

행정안전부(2011). 2011년 지방자치단체 외국인주민 현황 조사결과.

허남순(1998). 가정위탁양육 관련법 개정. **한국아동복지학회**, 7, 160-161.

허미화(2002). 한국사회의 이혼율 증가 원인 및 이혼가정 아동의 부적응에 관한 문헌적 고찰. **유아교육학회지**, 6(2), 183-205.

홍순정 외(1997). **아동교육사**. 서울 : 한국방송통신대학교출판부.

황성기(1994). 아동인권에 관한 연구. 서울대학교 대학원 석사학위논문.

Amato, P. R.(1993). Child's Adjustment to Divorce : Theories. Hypotheses. and Empirical Support. *Journal of Marriage and the Family*, 55, 23-38.

Antler, S.(1985). The social policy context of child welfare. In J. Laird & A. Hartman(eds.), *A Handbook of Child Welfare*. NY : The Free Press.

Aries, P.(1973). Lenfant et la vie familiale sous l'ancien regime. Editions du Seuil.

Berridge, D.(2001). *Foster Families*. In Children in Society : Contemporary Theory, Policy and Practice, edited by P. Foley, J. Roche and S. Tucker. London : Open University Press.

Conger et al.(1994). Economic stress, coercive family process and developmental problems of adolescents. *Child Development*, 65, 541-561.

Downs, S. W., L. B. Costin, & E. J. McFadden(2000). *Child Welfare and Family Services : Policies and Practice*(6th ed.). Boston : Allyn and Bacon.

Downs, S. W., More, E., & Mcfadden, J.(1996). *Child Welfare and Family Services Policies and practice*(5th ed.). Longman USA.

________________(2007). *Child Welfare and Family Services Policies and practice*(8th ed.). Pearson Education, Inc.

Duncan, G. J., & Brooks-Gunn, J.(2000). Family Poverty. Welfare Reform, and Child Development. *Child Development*, 71(1), 188-197.

Eamon,. K.(2001). The Effects of Poverty on Children's Socioemotional Development : An Ecological Systems Analysis. *Social Work*, 46(3), 256-266.

Fontana, V.(1973). *Somewhere a Child is Crying : Maltreatment-causes and Prevention*. NY : Macmillan.

Frederickson, H.(1957). *The Child and His Welfare*(2nd ed.). San Francisco : Freeman.

Gil, D.(1971). Violence against children. *Journal of Marriage and the Family*, 33.

Gustavsson, N. S., and E. A. Segal(1994). *Critical Issues in Child Welfare*. Thousands Oaks, CA : Sage.

Havighurst, R. J.(1972). *Developmental Tasks and Education*(3rd ed.). NY : David Mckay Co.

Horwath, J.(2001). The *Child's World*. Department of health London. UK : JKP.

Kadushin, A.(1980). *Child Welfare Service*. NY : Macmillan Publishing Co.

__________(1998). *Child Welfare Services*(4th ed.). NY : Macmillan Publishing Co. Inc.

Kadushin, A., & Martin, J. A.(1998). Child Welfare Services(4th ed.). NY : Macmillan Publishing Co.

Pecora, P. J., Whittaker, J. K., Maluccio, A. N., Barth, R. P., & Plotnick, R. D.(1997). *The Child Welfare Challenge : Policy, Practice, and Research*. NY : Aldine de Gruyter.

Pecora, Peter., James Whittaker., Anthony Maluccio., & Richard Barth., with Robert D. Plotnick(2002). *The Child Welfare Challenge*. NY : Aldine de Gruyter.

UNICEF(2006). The Sate of the Worlds Children 2007 : Executive Summary. New York : UNICEF.

WHO(1998). The World Health Report.

Wicks-Nelson, R., & Israel, A. C.(2006). *Behavior Disorders of Childhood*(6th ed.). New Jersey : Prentice Hall.

Zastrow, Charles(2008). *Introduction to Social Work and Social Welfare : Empowering People*(9th ed.). Belmont, CA : Thomson Brooks/ Cole.

Ziefert, M.(1985). Homemaker and day-care service. In J. Laird & A. Hartman(eds.), *A Handbook of Child Welfare : Context Knowledge and Practice*. NY : The Free Press, 417-438

Zimmerman, S. L.(1983). The Reconstructured Welfare State and the Fate of Family Policy. Social Casework, Oct.

Zuckerman, E.(1983). *Child Welfare*. NY : Free Press.

찾아보기

인 명

내 용

저/자/약/력

- **서보준**
  한국국제대학교 사회복지학과
- **김우호**
  성덕대학교 아동보육복지상담과
- **김극명**
  전주비전대학교 아동복지과
- **서명환**
  대구한의대학교 평생교육융합학과
- **송은희**
  호산대학교 병원행정의료정보전공
- **이정미**
  성덕대학교 사회복지심리상담과
- **전대성**
  경북전문대학교 사회복지과
- **정정란**
  진주보건대학교 사회복지행정계열
- **조 웅**
  고구려대학교 청소년복지상담과

아동권리와 복지

|공저자| 서보준 · 김우호 · 김극명 · 시명환
송은희 · 이정미 · 전대성 · 정정란 · 조 웅

|1판 1쇄| 발행 2017년 8월 31일

|발행인| 김 동 훈
|발행처| 공 동 체

|주소| 경기도 고양시 일산동구 호수로 358-39
동문타워 I 905호(백석동)
|전화| 031) 920-8305(대표)
|팩스| 031) 920-8308
|e-mail| compub@naver.com
|출판등록| 2005년 10월 6일
|등록번호| 제396-2005-36호

|ISBN| 979-11-6105-176-5
정가 20,000원

memo.

memo.